KB060422

탄소 관련 국경조정과 WTO법

Kateryna Holzer 저
박덕영 · 박영덕 · 이주윤 · 이준서 공역

박영사

이 번역서는 한국법제연구원의 재정적 지원과 더불어, 2013년 정부(교육부)의 재원으로 한국연구재단의 지원을 받아 수행된 연구임 (NRF-2013S1A3A2054969)

차 례

제 2 부
탄소 관련 국경조정에 관한 WTO 법적 이슈

제 3 부
WTO법에 불합치하는 탄소 관련 국경조정에 대한 해결책

역자 서문

역자는 지난 2010년부터 우리나라 교육부의 지원을 받아 SSK 기후변화와 국제법센터를 운영하고 있다. 그동안 기후변화와 국제법 관련 연구와 더불어 각종 세미나 개최 등을 통하여 기후변화 문제에 대한 인식의 확산과 연구 진작을 위해 진지한 고민을 해오고 있던 중 법제연구원의 전문서적 번역지원 사업의 도움을 받아 본서를 번역하게 되었다. 특히 지난해 12월 파리에서 새로운 기후변화협정이 채택되고, 우리나라에서도 기후변화에 관한 관심이 늘어나고 있는 현 시점에서 탄소 관련 국경조치와 WTO법이라는 책을 번역할 수 있게 되어 우리 센터의 연구 업무에도 많은 도움이 되고, 우리 기업들의 기후변화 관련 대응 업무에도 크게 기여할 것으로 확신한다.

본서의 원전은 Kateryna Holzer 박사가 자신의 박사논문을 바탕으로 2014년에 출간한 'Carbon－related Border Adjustment and WTO Law'이다. 기후변화에 관한 정부간 협의체(IPCC) 제 3 실무그룹의 제5차 평가보고서의 기여저자(contributing author)이기도 한 Holzer 박사는 기후변화에 대처하는 과정에서 국경조정조치(border adjust－ment measures)가 WTO 의무와 상충될 수 있다는 문제의식을 바탕으로 탄소 관련 국경조정조치가 WTO 의무와 양립할 수 있게 하는 여러 법·정책적 방안을 오랫동안 밀도 있게 연구해 왔다.

특히 Holzer 박사는 탄소 관련 국경조정조치의 WTO법 합치성이 공정 및 생산방법(PPM)에 관한 WTO 법제도와 크게 연관되어 있다는 점에 주목하고, 상품 무관련 PPM 조치인 탄소 관련 국경조정조치가 WTO 법체제와 조화될 수 있는 해석론을 본서의 원전에서 시도하였다. 지난 해 12월에 채택된 파리협약은 사실상 화석연료 시대의 종말을 선언하고 2020년 이후의 새로운 기후체제를 제시하고 있어, 각국은 지금보다 더 활발히 저탄소경제로 이행하기 위하여 갖가지 법제도를 도입할 것으로 예상되므로, Holzer 박사가 본서의 원전에서 밝히고 있는 그간의 연구성과는 향후 각국의 탄소 관련 국경조정정책 추진에 크게 기여할 것으로 생각한다.

본서는 크게 세 개의 부로 구성된다. 제1부는 탄소 관련 국경조정 문제를 기후변화의 차원에서 조망하면서, 기후정책과 국제무역체제 간의 상호관계와 국경조정제도를 개괄하였다. 제2부는 본서의 핵심 주제, 즉 탄소 관련 국경조정조치가 WTO 법체제와 양립할 수 있는 지의 법적 이슈를 다양한 GATT/WTO 판례와 함께 깊이 있게 분석하였다. 특히 제2부에서는 PPM의 개념, 탄소세와 허용배출량 요건의 국경조정적격성, 탄소집약상품과 저탄소상품의 동종성 여부, 탄소집약도 표준과 탄소라벨의 법적 지위, 탄소 관련 국경조정조치의 예외적 정당화 가능성과 같은 꽤나 전문적인 탄소 관련 통상법 이슈가 관련 판정문과 함께 논의되었다. 이에 GATT/WTO 판례법에 익숙하지 않은 독자를 고려하여 제2부에서는 상당한 분량의 역주가 추가되었다. 마지막으로 제3부에서는 탄소 관련 국경조정제도가 WTO 법체제와 합치될 수 없다는 불확실 문제를 해소하기 위한 다자·양자적 접근방식이 다각적으로 제시되었다.

본서가 나오기까지 많은 분들의 도움을 받았다. 먼저 법제연구원의 재정적 지원이 없었더라면 본서의 번역은 이루어지지 못하였을 것이다. 본서의 번역을 지원해 주신 법제연구원 이원 원장님과 이준서 박사에게 감사드린다. 이준서 박사는 본서의 번역에도 직접 참여하여 전문성과 가독성을 높여주었다. 항상 그렇지만, 외국 전문서적의 번역은 그리 간단한 과정이 아니다. 대학원 수업을 통하여 대학원생들과 같이 공부하는 과정을 거쳐 수차례에 걸친 검독과 교정 과정을 거쳐서 본서의 번역이 이루어졌다. 또한 번역에 참여하지 않은 분이 새로운 시각으로 읽어가면서 가독성을 높이기 위해 한국외대 김나영 박사의 도움을 받아 수정 과정을 거쳤다.

본서의 번역에 참여해 주신 모든 분들께 감사드린다. 박영덕 박사는 번역뿐만 아니라 출간을 총괄하여 지휘하여 주었고, 번역에 같이 참여하여 용어 하나하나에 진지하게 고민해 주신 이주윤 박사, 이준서 박사에게 감사드린다. 검독을 해주신 김나영 박사님, 교정 작업을 도와 준 연세대학교 박사과정 김명자 중국변호사, 윤연종 군에게도 감사한 마음을 전한다.

마지막으로 회사의 이익창출에 별반 도움이 되지 않는 전문 번역서의 출간을 허락해 주신 박영사 안종만 회장님과 조성호 이사님, 그리고 본서가 나오기까지 편집 작업을 도맡아 땀방울을 흘려주신 박영사 편집부 한두희 선생님께 진심으로 감사드린다.

공동번역 집필진을 대표하여
2016년 여름 박 덕 영 씀

추천의 글

이산화탄소 배출과 그 밖의 온실가스를 줄이려는 기후변화 감축 노력은 세계무역기구의 안팎에서 국제무역규제의 역할과 잠재력에 대한 면밀한 분석을 요구하고 있다. 다자간 기후정책은 유엔기후변화협약과 교토의정서 및 그 후속 체제 내에서 형성되어야 하지만, 무역규범이 다양한 공정 및 생산방법(PPMs) 하에서 상품의 수출입을 통제하기 때문에 무역규범은 여전히 매우 중요하다. 분명한 것은 정책과 기준이 다자적으로 합의되는 것이 가장 최선의 해결책이라는 점이다. 하지만 경제가 서로 경합하고 무임승차가 존재하는 현실 속에서, 각국이 공평한 경쟁의 장을 추구하고 탄소누출을 회피하면서도, 일방적이고 합법적으로 수입 기준을 부과하고 과세할 수 있는 정도와 한도에 대하여 연구할 필요성이 제기되고 있다. 이러한 조치들의 범위와 한계는 역외적용의 범위와 효과의 차원에서 본질적으로 WTO법에 의해 정해진다. Kateryna Holzer 박사가 쓴 이 책은 이러한 조치들의 범위에 대해서 매우 깊이 있게 탐색하고, 국경조정조치(BAMs)를 평가함에 있어서 정책입안자와 사법판정자에게 법적 지침을 제공하며, 국내 산업에 부과되는 탄소저감조치의 비용을 상쇄해 준다. 본 연구는 상품 무역에 초점을 맞추고 있다.

본 연구는 베른대학교의 스위스 국립기후연구역량센터(Swiss National Centre for Competence in Research on Climate: NCCR Climate)의 재정지원을 4년에 걸쳐 받았고 세계무역연구원(World Trade Institute: WTI)의 'NCCR 무역 규제의 무역과 기후변화에 관한 워킹패키지'(Working Package on Trade and Climate Change of the NCCR Trade Regulation)의 일환으로 수행되었다. 저자의 연구 결과를 인정하고 평가해 주는 글을 짧게라도 적게 되어 영광이다. Holzer 박사는 WTI의 국제법 · 경제학 석사(Master of International Law and Economics) 과정에서 뛰어난 학생이었다. 그리고 마침내 WTI 스탭으로 참여하게 되었다. 그녀는 박사논문을 작성하는 와중에 두 어린 아이들을 키워 냈고 기후변화에 관한 정부간 협의체(IPCC) 제 3 실무그룹의 제5차 평가보고서의 기여저자로서 기후변화 감축에 있어서 지역무역협정의 역할과 잠재력을 평가하는 등, IPCC 작업에도 크게 기여하고 WTI의 연구 성과에도 크게 기여한 역동적인 스탭이었다.

이 책은 본질적으로 그녀의 박사과정 연구에 바탕을 두고 있는데, 이 분야에 핵심적인 기여를 하고 있다.

베른대학교 유럽·국제경제법 명예교수
Thomas Cottier

감사의 글

이 책은 저자가 스위스 국립기후연구역량센터(NCCR Climate)에서 수행한 박사과정 연구의 결과물이다. 저자의 지도교수이신 베른대학교 세계무역연구원의 Thomas Cottier 교수님의 유능한 지도와 격려 그리고 지원이 없었더라면 본 연구는 완료될 수 없었을 것이다. 저자는 이 점에서 Cottier 교수님께 진심으로 감사를 드린다. 또한 저자는 국제연구개발대학원(제네바 소재)의 Joost Pauwelyn 교수님께도 감사드린다. Pauwelyn 교수님께서는 저자의 박사학위 논문이 한층 더 좋아질 수 있도록 꼼꼼히 살펴보시고 귀중한 코멘트와 제언을 해 주셨다.

저자는 자를란트대학교(자르브뤼켄 소재)의 Reinhard Quick 교수님과 서로의 견해를 주고받으며 아이디어를 떠올린 좋은 기억이 있어 Quick 교수님의 유익한 코멘트에 대해서도 감사드린다. 저자는 탄소 규제 분야의 전문지식을 공유해 주신 서식스대학교의 Peter Holmes 박사님과 같은 대학교에 계셨던 Thomas Reilly님께도 감사를 드리고 싶다. 저자의 남편인 Patrick Edgar Holzer 박사는 토론과 의견 교환이 활성화될 수 있도록 도와주었다.

저자는 베른대학교 기후과학프로그램 석사과정을 마친 Nashina Shariff님에게 감사를 표한다. 그녀는 지난 수년간 다수의 프로젝트에서 유익하게 협력해 주었고 이 책의 편집을 탁월하게 지원해 주고 책에 대한 귀중한 코멘트를 해 주었다.

이 책은 'NCCR 무역 규제의 기후와 무역에 관한 제5 워킹패키지'의 주간 회의에서 이루어졌던 토론들로부터 대단히 도움을 받았다. 이에 대해 저자는 모든 워킹패키지 멤버들에게 감사드린다. 저자는 특히 Dannie Jost 박사가 자신의 문헌 조사능력과 컴퓨터 실력을 유용하게 지원해 준 것에 대해 고마움을 느낀다.

많은 분들의 조언에 감사를 표하지만, 이 책의 모든 오류와 결점은 온전히 저자 본인에게 있음을 밝힌다.

또한 저자는 한결같은 지지와 이해를 보여준 남편에게 고마움을 표하고, 부모님(Larissa & Vladimir Gapotchenko)과 시부모님(Hanna & Walter Holzer)께 감사드리고 싶다. 이분들의 도움이 없었더라면 두 꼬마들의 엄마인 저자가 엄마 역할과 이 책의 출간을 병행할 수 없었을 것이다.

끝으로 저자는 재정적으로 지원해 준 Curt Rommel Stiftung과 베른대학교 법과대학 측에 감사드린다.

약 어

AB	Appellate Body
ACESA	American Clean Energy and Security Act
AD(s)	Antidumping duty(ies)
ADA	Anti-dumping Agreement (Agreement on Implementation of Article VI of the General Agreement on Tariffs and Trade 1994)
APEC	Asia-Pacific Economic Cooperation
Art.	Article
BA	Border adjustment
BAM(s)	Border adjustment measure(s)
BASIC	Bloc of four largest developing countries – Brazil, South Africa, India and China
BAT	Best available technology
BCAs	Border carbon adjustments
BTA(s)	Border tax adjustment(s)
CAFE	Corporate Average Fuel Economy standard
CBDR	Common but differentiated responsibility
CDM	Clean Development Mechanism
CERs	Certified emission reductions
COP	Conference of Parties
CRTA	Committee on Regional Trade Agreements
CTE	Committee on Trade and Environment
CU	Customs union
CVD(s)	Countervailing duty(ies)
DSB	Dispute settlement body
DSU	Dispute Settlement Understanding
EC	European Community/European Communities
ECJ	European Court of Justice
ed/eds	Editor/editors
EGS	Environmental goods and services

EISA	Energy Independence and Security Act
EPA	US Environmental Protection Agency
ETS	Emissions trading scheme
EU	European Union
FTA	Free trade area/agreement
G-20	Group of twenty major economies
GATS	General Agreement on Trade in Services
GATT	General Agreement on Tariffs and Trade
GDP	Gross domestic product
GHG	Greenhouse gases
GSP	Generalized System of Preferences
HS	Harmonized Commodity Description and Coding System of the World Customs Organization
ICAO	International Civil Aviation Organization
ICTSD	International Centre for Trade and Sustainable Development
IIFT	Indian Institute of Foreign Trade
IPCC	Intergovernmental Panel on Climate Change
IPR	Intellectual property right
ISO	International Organization for Standardization
JI	Joint Implementation
LCFS	Low-Carbon Fuel Standard
LDC	Least developed country
MEA	Multinational environmental agreement
MFN	Most-favoured nation principle/treatment
MRA	Mutual recognition agreement
MRV	Monitoring, reporting and verification procedures
NAFTA	North American Free Trade Agreement
NAMA	Nationally appropriate mitigation action
NGO	Non-governmental organization
NPA	Non-physical aspect
NPA measure	National measure related to an NPA
NT	National treatment

ODC	Ozone-depleting chemicals
ODS	Ozone-depleting substance
OECD	Organization for Economic Cooperation and Development
PPM	Process and production method
PPM measure	National measure related to a PPM
Ppm	Parts per million
PPP	Polluter pays principle
PTA	Preferential trade agreement
RTA	Regional trade agreement
SCM Agreement	Agreement on Subsidies and Countervailing Measures
SPS Agreement	Agreement on the Application of Sanitary and Phytosanitary Measures
SPS regulations	Sanitary and phytosanitary regulations
STO	Specific trade obligation in a multilateral environmental agreement
TBT Agreement	Agreement on Technical Barriers to Trade
TPP	Trans-Pacific Partnership
TRIPS	Agreement on Trade-Related Aspects of Intellectual Property Rights
TTIP	Transatlantic Trade and Investment Partnership
UN	United Nations
UNEP	United Nations Environment Programme
UNFCCC	United Nations Framework Convention on Climate Change
VAT	Value-added tax
VCLT	Vienna Convention on the Law of the Treaties
WMO	World Meteorological Organization
WTO	World Trade Organization

GATT 1947 보고서 인용목록

Belgium – Family Allowances: Belgian Family Allowances, G/32, adopted 7 November 1952, BISD 1S/5993

Canada – Alcoholic Drinks: Canada – Import, Distribution and Sale of Certain Alcoholic Drinks by Provincial Marketing Agencies, DS17/R, adopted on 18 February 1992, BISD 39S/27

Japan – Alcoholic Beverages I: Japan – Customs Duties, Taxes and Labelling Practices on Imported Wines and Alcoholic Beverages, L/6216, adopted 10 November 1987, BISD 34S/83

Sweden-AD Duties: Swedish Anti-Dumping Duties, L/328, adopted 26 February 1955, BISD 3S/81

Thailand – Cigarettes: Thailand – Restrictions on Importation of and Internal Taxes on Cigarettes, DS10/R, adopted 7 November 1990, BISD 37S/200

Tuna/Dolphin I *see* US-Tuna (Mexico)

Tuna Dolphin II *see* US-Tuna (EEC)

US – Canadian Tuna: United States – Prohibition of Imports of Tuna and Tuna Products from Canada, L/5198, adopted on 22 February 1982, BISD 29S/91

US – DISC: United States – Income Tax Legislation, L/4422, adopted 7 December 1981, BISD 23S/98

US – Malt Beverages: United States – Measures Affecting Alcoholic and Malt Beverages, DS23/R, adopted 19 June 1992, BISD 39S/206

US – Superfund: United States – Taxes on Petroleum and Certain Imported Substances, L/6175, adopted 17 June 1987, BISD 34S/136

US – Taxes on Automobiles: United States – Taxes on Automobiles, DS31/R, 11 October 1994, unadopted

US – Tuna (Mexico): United States – Restrictions on Imports of Tuna, DS21/R, 3 September 1991, unadopted, BISD 39S/155

US – Tuna (EEC): United States – Restrictions on Imports of Tuna, DS29/R, 16 June 1994, unadopted

WTO 보고서 인용목록

Argentina – Hides and Leather: Argentina – Measures Affecting the Export of Bovine Hides and the Imports of Finished Leather, Panel Report, WT/DS155/R and Corr.1, 19 December 2000, adopted 16 February 2001

Brazil-Retreaded Tyres: Brazil – Measures Affecting Imports of Retreaded Tyres, Panel Report, WT/DS332/R, 12 June 2007, modified by Appellate Body Report, WT/DS332/AB/R, 3 December 2007; Article 21.3 (c) Arbitration Report, 29 August 2008, WT/DS332/16, adopted 20 August 2009

Canada – Autos: Canada – Certain Measures Affecting the Automotive Industry, Panel Report, WT/DS139/R, WT/DS142/R, 11 February 2000, modified by Appellate Body Report, 31 May 2000, WT/DS139/AB/R, WT/DS142/AB/R, adopted 19 June 2000

Canada – Feed-in Tariff Program: Canada – Measures Relating to the Feed-in Tariff Program, Panel Report, WT/DS412/R, WT/DS426/R, 19 December 2012, modified by Appellate Body Report, 6 May 2013, WT/DS412/AB/R, WT/DS426/AB/R, adopted 24 May 2013

Canada – Periodicals: Canada – Certain Measures Concerning Periodicals, Panel Report,WT/DS31/R and Corr.1, 14 March 1997, modified by Appellate Body Report, 30 June 1997, WT/DS31/AB/R, adopted 30 July 1997

Chile – Alcoholic Beverages: Chile – Taxes on Alcoholic Beverages, Panel Report, WT/DS87/R, WT/DS110/R, 15 June 1999, modified by Appellate Body Report, 13 December 1999, WT/DS87/AB/R, WT/DS110/AB/R, adopted 12 January 2000

China-Auto Parts: China – Measures Affecting Imports of Automobile Parts, Panel Report, WT/DS339/R, WT/DS340/R, WT/DS342/R, 18 July 2008, upheld by Appellate Body Report, 15 December 2008, WT/DS339/AB/R, and modified by Appellate Body Report, 15 December 2008, WT/DS340/AB/R, WT/DS342/AB/R, adopted 12 January 2009

China-Publications and Audiovisual Products: China – Measures Affecting Trading Rights and Distribution Services for Certain Publications and Audiovisual Entertainment Products, Panel Report, WT/DS363/R, 12 August 2009, upheld by Appellate Body Report, 21 December 2009, WT/DS363/AB/R, adopted 19 January 2010

China-Raw Materials: China – Measures Related to the Exportation of Various Raw Materials, Panel Report, WT/DS394/R, WT/DS395/R, WT/DS398/R, 5 July 2011, modified by Appellate Body Report, 30 January 2012, WT/DS394/AB/R, WT/DS395/AB/R, WT/DS398/AB/R, adopted 22 February 2012 . 147, 155–6, 217

Colombia – Ports of Entry: Colombia – Indicative Prices and Restrictions on Ports of Entry, Panel Report, WT/DS366/R, 27 April 2009, adopted 20 May 2009

Dominican Republic – Import and Sale of Cigarettes: Dominican Republic – Measures Affecting the Importation and Internal Sale of Cigarettes, Panel Report, WT/DS302/R, 26 November 2004, modified by Appellate Body Report, 25 April 2005, WT/DS302/AB/R, adopted 19 May 2005

EC-Approval and Marketing of Biotech Products: European Communities – Measures Affecting the Approval and Marketing of Biotech Products, Panel Report, WT/DS291/R, WT/DS292/R and WT/DS293/R, 29 September 2006, adopted 21 November 2006

EC – Asbestos: European Communities – Measures Affecting Asbestos and Asbestos Containing Products, Panel Report, WT/DS135/R and Add.1, 18 September 2000, modified by Appellate Body Report, 12 March 2001, WT/DS135/AB/R, adopted 5 April 2001

EC – Bananas III: European Communities – Regime for the Importation, Sale and Distribution of Bananas, Panel Report, Complaint by Ecuador, WT/DS27/R/ECU, by Mexico, WT/DS27/R/MEX, by the United States, WT/DS27/R/USA, and by Guatemala and Honduras, WT/DS27/R/GTM and WT/DS27/R/HND, 22 May 1997, modified by Appellate Body Report, 9 September 1997, WT/DS27/AB/R, adopted 25 September 1997

EC-Bananas III – Article 21.5 (Ecuador): European Communities – Regime for the Importation, Sale and Distribution of Bananas, Second Recourse to Article 21.5 of the DSU by Ecuador, Panel Report, WT/DS27/RW2/ECU, 7 April 2008, modified by Appellate Body Report, 26 November 2008, WT/DS27/AB/RW2/ECU, adopted 11 December 2008

EC – Hormones: EC Measures Concerning Meat and Meat Products (Hormones), Panel Report, 18 August 1997, Complaint by Canada, WT/DS48/R/CAN, and by the United States, WT/DS26/R/USA, modified by Appellate Body Report, 16 January 1998, WT/DS26/AB/R, WT/DS48/AB/R, adopted 13 February 1998

EC – Sardines: European Communities – Trade description of Sardines, Panel Report, WT/DS231/R, 29 May 2002, modified by Appellate Body Report, 26 September 2002, WT/DS231/AB/R, adopted 23 October 2002

EC – Tariff Preferences: European Communities – Conditions for the Granting of Tariff Preferences to Developing Countries, Panel Report, WT/DS246/R, 1 December 2003, modified by Appellate Body Report, 7 April 2004, WT/DS246/AB/R, adopted 20 April 2004

India-Additional Import Duties: India – Additional and Extra-Additional Duties on Imports from the United States, WT/DS360/R, 9 June 2008, modified by Appellate Body Report, 30 October 2008, WT/DS360/AB/R, adopted 17 November 2008

Indonesia – Autos: Indonesia – Certain Measures Affecting the Automobile Industry, Panel Report, WT/DS54/R, WT/DS55/R, WT/DS59/R, WT/DS64/R and Corr.1, 2, 3, and 4, 2 July 1998, adopted 23 July 1998

Japan – Alcoholic Beverages II: Japan – Taxes on Alcoholic Beverages, Panel Report, WT/DS8/R, WT/DS10/R, WT/DS11/R, 11 July 1996, modified by Appellate Body Report, 4 October 1996, WT/DS8/AB/R, WT/DS10/AB/R, WT/DS11/AB/R, adopted 1 November 1996

Korea – Alcoholic Beverages: Korea – Taxes on Alcoholic Beverages, Panel Report, WT/DS75/R, WT/DS84/R, 17 September 1998, modified by Appellate Body Report, 18 January 1999, WT/DS75/AB/R, WT/DS84/AB/R, adopted 17 February 1999

Korea – Various Measures on Beef: Korea – Measures Affecting Imports of Fresh, Chilled and Frozen Beef, Panel Report, WT/DS161/R, WT/DS169/R, 31 July 2000, modified by Appellate Body Report, 11 December 2000, WT/DS161/AB/R, WT/DS169/AB/R, adopted 10 January 2001

Mexico – Taxes on Soft Drinks: Mexico – Tax Measures on Soft Drinks and Other Beverages, Panel Report, WT/DS308/R, 7 October 2005, modified by Appellate Body Report, 6 March 2006, WT/DS308/AB/R WT/DS308/R, adopted 24 March 2006

Philippines – Distilled Spirits: Philippines – Taxes on Distilled Spirits, Panel Report, WT/DS396/R, WT/DS403/R, 15 August 2011, modified by Appellate Body Report, 21 December 2011, WT/DS396/AB/R, WT/DS403/AB/R, adopted 20 January 2012

Shrimp/Turtle *see* US-Shrimp

Shrimp/Turtle – Article 21.5 *see* US/Shrimp – Article 21.5

Thailand-Cigarettes (Philippines): Thailand –Customs and Fiscal Measures on Cigarettes from the Philippines, Panel Report, WT/DS371/R, 15 November 2010, modified by Appellate Body Report, 17 June 2011, WT/DS371/AB/R, adopted 15 July 2011

Turkey-Textiles: Turkey – Restrictions on Imports of Textile and Clothing Products, Panel Report, WT/DS34/R, 31 May 1999, modified by Appellate Body Report, 22 October 1999, WT/DS34/AB/R, adopted 19 November 1999

US – Clove Cigarettes: United States – Measures Affecting the Production and Sale of Clove Cigarettes, Panel Report, WT/DS406/R, 2 September 2011, upheld by Appellate Body Report, 4 April 2012, WT/DS406/AB/R, adopted 24 April 2012

US – COOL: United States – Certain Country of Origin Labelling (COOL) Requirements, Panel Report, WT/DS384/R and WT/DS386/R, 18 November 2011, modified by Appellate Body Report, 29 June 2012, WT/DS384/AB/R and WT/DS386/AB/R, adopted 23 July 2012

US – FSC: United States – Tax Treatment for 'Foreign Sales Corporations', Panel Report, WT/DS108/R, 8 October 1999, modified by Appellate Body Report, 24 February 2000, WT/DS108/AB/R, adopted 20 March 2000

US – FSC (Article 21.5 – EC): United States – Tax Treatment for 'Foreign Sales Corporations– Recourse to Article 21.5 of the DSU by the European Communities, Panel Report, WT/DS108/RW, 20 August 2001, modified by

Appellate Body Report, 14 January 2002, WT/DS108/AB/RW, adopted 29 January 2002

US – Gambling: United States – Measures Affecting the Cross-Border Supply of Gambling and Betting Services, Panel Report, WT/DS285/R, 10 November 2004, modified by Appellate Body Report, 7 April 2005, WT/DS285/AB/R, adopted 20 April 2005

US – Gasoline: United States – Standards for Reformulated and Conventional Gasoline, Panel Report, WT/DS2/R, 29 January 1996, modified by Appellate Body Report, 29 April 1996, WT/DS2/AB/R, adopted 20 May 1996

US – Shrimp: United States – Import Prohibition of Certain Shrimp and Shrimp Products, Panel Report, WT/DS58/R and Corr.1, 15 May 1998, modified by Appellate Body Report, 12 October 1998, WT/DS58/AB/R, adopted 6 November 1998

US – Shrimp – Article 21.5: United States – Import Prohibition of Certain Shrimp and Shrimp Products – Recourse to Article 21.5 of the DSU by Malaysia, Panel Report, WT/DS58/RW, 15 June 2001, upheld by Appellate Body Report, 22 October 2001, WT/DS58/AB/RW, adopted 21 November 2001

US – Softwood Lumber IV: United States – Countervailing Duty Determination with Respect to Certain Softwood Lumber from Canada, Panel Report, WT/DS257/R and Corr.1, 29 August 2003, modified by Appellate Body Report, 19 January 2004, WT/DS257/AB/R, adopted 17 February 2004

US – Tuna II (Mexico): United States – Measures Concerning the Importation, Marketing and Sale of Tuna and Tuna Products, Panel Report, WT/DS381/R, 15 September 2011, modified by the Appellate Body Report, 16 May 2012, WT/DS381/AB/R, adopted in June 2012

1. 시작하며

약 100년 전 최초로 정확한 측정이 가능해진 이후 지난 30년은 가장 따뜻한 시기였다.[1] 기온의 상승은 장기간의 혹서, 폭풍우, 열대성 폭우, 홍수 및 가뭄을 포함하여, 극단적인 기상 악화 사태를 야기한 것으로 예상된다. 이러한 사태는 환경과 사회 및 경제체제에 심각한 영향을 미치게 될 것이다.[2]

지구 기온이 역사상 여러 차례 변경되었지만,[3] 현대의 기후변화는 특이하다. 기후변화에 관한 정부간 협의체(Intergovernmental Panel on Climate Change, 이하 'IPCC')는 수많은 과학적 연구를 기초로 하여, 지난 50년의 기온 상승은 지구 대기농도 중 온실가스(greenhouse gases, 이하 'GHG')의 예상치 못한 증가에 의해 십중팔구[4] 야기된 것 같다고 판단하였다.[5] 이러한 배출량 증가는 산업혁명 이후 바로 인간 활동의 결과인 듯하다.[6] 탄소배출량이 가장 집약적인 인간 활동은 인간 활동으로부터 나오는 이산화탄소 배출량의 75%를 구성하는 화석연료의 연소이다.[7] 메탄과 질소의 증가는 주로 농업에 의한 것이지만, 대기 중 이산화탄소농도는 토지사용의 변경에 의해서도 영향을 받는다.[8]

인간이 유발한 기후변화에 대한 유일한 해결방안은 GHG 배출량을 감축하는

---

1) J Houghton, *Global Warming: The Complete Briefing* (4th edition, Cambridge University Press 2009) 2.
2) Ibid 3-9.
3) 고생물학적 증거에 의하면, 지구는 존재한 이후부터 수십억 년에 걸쳐 수차례 특이하게 따뜻하고 습한 기간뿐만 아니라 빙하시대를 경험하였음을 보여준다. 심지어 지난 수천 년 기간 중, 11-14세기의 중세온난기(Medieval Warm Period), 15-19세기의 소빙하기(Little Ice Age) 동안 상대적으로 추운 기간이 존재하였다. 이는 자연재해와 다양한 태양활동으로 기인한 것일 수 있다. ibid 80-81 참조.
4) '십중팔구(very likely)'에 대해 과학자들은 90% 가능성을 생각한다. ibid 265 참조.
5) 예컨대, 가장 중요한 인위적인 GHG인 이산화탄소의 농도는 1750년 산업화 이전 약 280ppm에서 2005년에 379ppm까지 증가하였다. IPCC, *Climate Change 2007: The Physical Science Basis. Contribution of Working Group I to the Fourth Assessment Report of the Intergovernmental Panel on Climate Change*, S Solomon, D Qin, M Manning, Z Chen, M Marquis, KB Averyt, M Tignor and HL Miller (eds) (Cambridge University Press 2007) 2 참조. 이산화탄소(CO_2) 이외에도 메탄(CH_4), 수증기(H_2O), 아산화질소(N_2O) 등과 같은 다른 GHGs도 있다. GHGs는 온실가스 효과를 야기하기 때문에 그렇게 불리게 되었다: GHGs가 대기 중에 응축되었을 때, 지구 표면에서 방출된 열복사의 일부를 흡수하기 때문에 지구를 덥히게 된다. Houghton (n 1) 421 참조.
6) IPCC (n 5) 10.
7) Ibid 512.
8) Ibid 2.

것이다. 이러한 감축량을 달성하기 위한 가장 효과적인 수단이 배출량에 가격을 책정하는 것이라는 데는 광범위한 합의(consensus)가 존재한다.[9] 배출가격 책정은 배출권거래 또는 배출권세제의 형태 중 하나로 시장기반메커니즘의 도입을 통해 달성된다. 배출권 가격은 저탄소경제로의 전환을 용이하게 하고 기업의 기술적 결정에 영향을 줄 것으로 기대된다.[10]

동시에, 배출량 감축정책은 필요한 규모로 진행되는 경우, 산업에 상당한 비용을 부과하게 될 것이다. 배출감축체제(emissions reduction system)를 궤도에 올린 국가의 생산자들은 그러한 제한이 없는 국가의 생산자들과의 경쟁에 있어 불리할 것이다. 배출권 제한이 없는 국가의 생산비용은 낮을 가능성이 높고, 이러한 국가로부터 수입된 상품은 가동 중인 배출권 가격 책정 제도를 가지고 있는 국가에서 국내적으로 생산된 상품에 비해 가격이 저렴할 가능성이 높다. 경쟁 왜곡은 생산자들로 하여금 가동 중인 배출권 관리제도가 없는 국가로 배출량집약상품을 재배치하도록 하는 '탄소누출(carbon leakage)'로 불리는 현상을 야기할 수도 있다.

국경조정조치(border adjustment measures, 이하 'BAMs')를 통해 외국 생산자의 배출량에 비례하여 가격을 매기게 되면 탄소누출의 예방에 기여할 수 있을 것이다. BAMs가 자리를 잡게 되면, 국내산업은 배출량 감축제도에 참가하는 것을 덜 망설일 것이다. 또한 배출량을 감축하기 위한 유인은 외국 생산자도 마찬가지일 것이다: 자국 상품의 탄소 발자국을 저감함으로써 이들은 탄소법령이 존재하는 국가로 수출할 때 국경에서 보다 낮은 세금을 내면 될 것이다. 또한 BAMs는 주요 개도국들 – 세계의 주요한 GHG 배출국 및 탄소집약상품의 주요 수출국 – 이 선진국들의 BAMs로부터 면제될 수 있도록 보장하기 위하여, EU에 존재하거나 미국에서 현안인 배출권거래제도와 비견할 만한 제도를 고안하도록 장려할 수 있을 것이다.

그러나 기후변화 완화비용에 대한 부담을 어떻게 배분해야 하는지에 대한 개도국의 생각과 선진국의 입장은 차이가 있기 때문에, 선진국에 의한 개도국의 수출품에 대한 탄소 관련 BAMs의 적용은 개도국의 입장에서는 불공평해 보일 수도 있을 것이다. 결과적으로 개도국은 보복조치에 호소하고 심지어는 국제기후협상을

9) 예컨대, N Stern, *The Economics of Climate Change: The Stern Review* (Cambridge University Press 2006) vii–ix; S Dröge, 'Tackling Leakage in a World of Unequal Carbon Prices' (2009) *Climate Strategies*, 11 참조 <www.climatestrategies.org/research/our–reports/category/32.html> 2013년 8월 13일 방문.

10) Stern (n 9) 393.

방해할 가능성도 있다.

정치적 고려 이외에, 탄소 관련 BAMs의 적용은 관련 조치에 관한 법적 불확실에 의해 야기된 장애에 부딪힐 수 있다. 국경에서 소비세에 관한 조정은 일반적인 국제통상관행인 반면, 배출권에 연관된 국내조치의 국경조정은 상품에 직접적으로 부여되는 것이 아니라 상품과 관련이 없는 공정 및 생산방법(non-product-related processes and production methods, 이하 'npr-PPMs')에 부여되는 것이므로 WTO에서 특별한 조치로 인정되고 있다. 탄소세와 탄소규정의 PPM 성격과 배출권거래제(Emission Trading Scheme, 이하 'ETS')의 허용배출량 요건의 특이한 점은 WTO법상 탄소 관련 국경조정의 합법성에 관한 문제를 야기한다.

본서는 다양한 형태의 탄소 관련 국경조정과 WTO법의 일치성을 검토하고, 비준수 문제에 대한 가능한 해결점을 찾고자 한다. 그러나 경제적 효율성 또는 환경편의주의 관점으로부터 탄소 관련 BAMs의 규범적 평가를 내리는 것을 목적으로 하지는 않는다. 다만 탄소 관련 국경조정의 법적 함의를 검토하고, WTO에서 발생하는 분쟁 가능성을 최소화하기 위하여 WTO법과의 불일치성에 대해 가능한 해결안을 찾아내는 것을 목표로 삼고 있다. 이러한 조치가 실제 기후정책 목표의 달성에 기여할 수 있을지 여부의 문제는 다른 차원의 연구 대상일 것이다.

본서에서 제시하고 있는 연구 범위는 상품의 수입과 수출시 무역에 적용되는 탄소 관련 BAMs에 한정된다.

본서는 세 개의 부로 구성되어 있는데, 제1부는 탄소 관련 국경조정 문제를 기후변화의 맥락에서 검토한다. 제2장은 인간이 유발한 기후변화의 과제와 유엔기후변화협약(United Nations Framework Convention on Climate Change, 이하 'UNFCCC')이라는 다자적 골격 및 지방, 국내 및 지역적 차원의 범위에서 이를 다루기 위해 취해지고 있는 기존의 노력에 대해 논의한다. 또한 WTO체제상 국가들의 권리와 의무 간에 충돌의 위험성 및 미래 국제기후협정상 취할 수 있는 무역 관련 조치에 특히 중점을 두며, 기후정책과 국제무역체제 간의 상호관계를 검토한다. 제3장은 탄소누출의 문제가 배출감축체제와 관련이 있으므로 이를 강조하며, 국경에서 탄소조치의 조정을 포함한 문제를 다루기 위해 사용될 수 있는 가능한 수단의 범위에 대해 논의한다. 또한 기존에 또는 현안으로 되어 있는 배출감축체제가 구축된 국가들에서 탄소 관련 국경조정을 이행하기 위한 개괄적인 제안을 제공한다. 제4장은 국경조정의 개념을 소개하고, 국제통상에서 국경조정 관행의 역사 및 발전을 논의하며, BAMs

의 적용을 위한 WTO의 법적 골격을 개괄한다.

제2부는 BAMs가 기후정책을 이유로 적용될 수 있기 때문에 이에 관련된 법적 문제에 초점을 맞춘다. 제5장은 탄소 관련 BAMs와 연관하여 PPM 관련 문제를 다룬다. 여기서는 PPMs를 사용하여 이행된 BAMs에서 발생하는 주요 법적 문제를 강조한다. 그러니 제7장에서 논의할 탄소 관련 BAMs에 연관된 PPM과 관련되어 있지 않은 법적 문제를 다루지는 아니한다. 제5장은 WTO 맥락에서 PPM 논의, 상품의 동종성 관련 문제 및 WTO법상 국경조정을 위한 탄소 관련 조치의 적격성에 대한 영향을 간단히 정리한다. 그리고 탄소 관련 BAMs와 최혜국대우(Most-Favoured-Nation, 이하 'MFN') 및 내국민대우 간의 충돌 가능성을 계속해서 검토한다. 제6장은 GATT의 보건 및 환경 예외상 BAMs를 근거로 한 일련의 주장을 제시하며 이러한 주장의 장벽을 확인하는 것을 포함하여, 탄소 관련 BAMs가 GATT 제XX조에 의해 정당화될 수 있는 가능성을 다룬다. 제7장은 다양한 탄소 관련 BAMs의 형태와 해당 PPM과 관련되지 않은 측면의 검토와 함께, 제5장에서 다룬 BAMs의 법적 분석을 보완한다. 제8장은 이행 단계에서 WTO규범과 탄소 관련 BAMs의 불일치 가능성을 확인한다.

제3부는 탄소 관련 BAMs와 WTO법 간의 불일치성이 해결될 수 있는 방안을 검토한다. GATT 제XX조상 이러한 불일치에 대한 예외가 문제가 될 수 있음을 보여주는 제6장의 검토를 기반으로 하여, 제3부는 장기적으로 확실성을 제공할 수 있는 제도적 해결책을 구한다. 제9장은 UNFCCC와 WTO의 다자포럼에서 탄소 관련 BAMs의 이용에 관한 합의 가능성을 검토한다. 특히, 탄소 관련 국경조정의 이용, 관련 WTO규정의 유권해석, 또는 관련 WTO의 의무면제에 관한 복수국간 협정의 채택에 대한 전망을 논의한다. 컨센서스에 기반을 둔 다자접근의 한계를 확인하고, 이러한 문제를 해결하기 위하여 양자 및 지역적 협상 가능성을 검토한다. 제10장은 특혜무역협정(preferential trade agreements, 이하 'PTAs') 접근의 법적 함의와 실제적 실행 가능성에 특히 중점을 두며, 탄소 관련 BAMs의 적용 규정이 PTAs에 포함될 수 있는 가능성을 고려한다. 본서는 검토 결과의 주요 요약으로 끝을 맺는다.

제 1 부

탄소 관련 국경조정: 기후변화 맥락에서

탄소 관련 국경조정조치 또는 국경 탄소조정(border carbon adjustments, 이하 'BCAs')의 문제는 문헌에서 자주 언급되는 바와 같이, 기후변화의 지구적 과제를 다루기 위해 실시되고 있는 기후정책레짐의 중요한 일부이다. 기후정책 목표와의 관련성은 한편으로 탄소 관련 BAMs가 받고 있는 관심을 증대시키고 관련 조치의 합법성, 경제적 비용 및 환경적 효율성의 명확화를 요구하며, 다른 한편으로 필수적 공공정책 목적을 국제통상규범과 함께 다룸으로써 국경조정의 개념을 보다 복잡하게 만들고 있다. 본서의 제1부는 탄소 관련 BAMs와 관련하여 기후정책과 WTO 사이의 상호작용의 주요 요소들을 논의하며, 제2부에서 다루어질 WTO규범과 해당 조치의 준수에 관한 법적 분석을 위한 기반을 마련하고 있다.

2. 인간이 유발한 기후변화와 지구적 행동

지난 수십 년에 걸쳐, 과학자들은 다양한 과학적 증거에 의해 입증된 지구 기후의 인위적 변화에 정부, 정치가 및 시민사회의 주의를 끌어 모았다.[11] 기후변화는 자연재해의 위험을 증대시키며 세계 환경을 위협하여, 농업과 관광업을 포함한 매우 다양한 분야의 상당한 경제적 손실을 가져올 것으로 예상된다.[12] 기반시설이 빈약하고 재정 및 기술재원이 부족한 개도국들은 특히 기후변화의 악영향에 취약하다.[13] 기후변화에 대한 무시무시한 전망은 지구공동체, 국가, 기업 및 개인 차원의 즉각적인 행동을 요구한다.

그러나 기후변화의 시기, 규모 및 지역적 유형에 관해서는 과학적 불확실성이 존재하며, 결과적으로 필요한 관련 정책대응 역시 불확실성이 존재한다.[14] 어느 정도의 행동이 필요한지의 문제에 대한 대답은 배출량 감축의 달성 수준에 의존하고, 지구 생명의 보존과 안전을 보장하기 위한 기후체제에서 결국 최대한의 변화에 의존하게 된다. 후자에 대한 확실한 대답은 존재하지 않는다. 과학자들은 대기 중 GHG 농도가 450ppm에서 550ppm 사이에서 안정화된다면 기후변화의 최악의 영향은 억제될 수 있을 것이라고 추정한다.[15] 이러한 농도는 지구 기온을 산업화 이전 수치보다 약 섭씨 2도 올려 이른바 안전한 수준으로 유지시켜 줄 것이다.[16] 기후변화를 해결하고 해당 결과에 적응하는 데는 어마어마한 세계적인 제도적, 기구적 및 재정적 자원을 필요로 하지만, 기후변화에 맞서 행동하지 않는다면 인류는 스스로 파괴될 것이며,[17] 일부 경제학자들이 경고하는 바와 같이 기후변화에 대한 늦은 대처는 향후 인류에게 훨씬 더 많은 비용을 지불하게 만들 것이다.[18]

---

11) IPCC (n 5) 5ff.

12) Ibid 11ff.

13) Stern (n 9) 99.

14) Houghton (n 1) 262–263.

15) Ppm, 즉 'parts per million'은 대기 중 전체 물질 백만 개 중에 특정 물질(이산화탄소) 1개에 대한 비율을 의미한다. Houghton (n 1) 422–423 참조.

16) IPCC (n 5) 16–17. Stern (n 9) xvi 참조.

17) 배출량을 억제하지 않는다면, 지구 평균 기온은 다음 세기에 3도 또는 그 이상 상승할 것이다. 빙하기 사이에 빙하기의 가장 추운 시기와 따뜻한 시기 간의 지구 평균 기온의 차이가 단지 약 5–6도라고 할 때, 한 세기에 걸친 지구 평균 기온의 이러한 상승은 지구에 대단히 파괴적인 영향을 미칠 수 있다. Houghton (n 1) 13–14 참조.

18) 예를 들어, Stern은 대기 중 GHG 농도를 500ppm에서 550ppm 사이로 안정화시키기 위한 연

기후변화에 대한 행동은 GHG 배출량의 감축을 통해 원인을 줄여 나감으로써 기후변화를 완화하는 목적의 조치와, 조직 및 기술적 변화와 역량구축을 통해 부정적 효력을 줄여 나감으로써 기후변화에 적응하는 목적의 조치로 구성되어야 한다.[19] 이러한 행동은 모든 차원의 거버넌스 – 시민사회 및 사적 영역의 직접 참여와 함께, 다자적, 지역적 및 지방정부 차원에서 취해져야 한다.

본장은 유엔이 주도한 국제적 차원에서 기후변화를 해결하기 위한 현재의 노력을 검토하고, 배출권거래제도, 탄소세, 명령통제조치를 포함한 배출감축체제에 특별히 초점을 맞추어 국내, 지역 및 지방 차원에서 기후변화에 맞서기 위해 취해진 조치의 개요를 설명한다. 또한 다자무역과 기후체제 간의 효율적인 공존과 상호작용을 위한 전제와 조건, 그리고 WTO협정과 미래 기후협정상 부담해야 하는 무역 관련 약속에 따라 국가들의 권리와 의무 간의 충돌 위험과 결과를 논의한다. 기후변화에 대한 정책 대응, 특히 배출감축체제의 검토는 탄소누출 문제 및 다음 장에서 논의할 이러한 문제를 해결하기 위한 탄소 관련 BAMs의 역할을 이해하기 위해 필요하다. 국제기후와 무역체제 간의 관계 논의는 기후정책 목표를 달성하기 위해 실행되고 있는 BAMs의 법적 지위에 대한 이해를 도우며, 이러한 연구를 통해 WTO법과의 일치성 검토를 설명하려는 목적을 갖고 있다.

기후변화의 지구적 과제에 대한 국제적 대응

지구적 규모의 기후변화와 대기 중 GHG 배출량 농도 증가 효과의 초국경적 성격을 고려해 볼 때, 국가들은 다자적 골격 안에서 기후변화를 해결하고 자신의 노력을 조정하기 위해 함께 행동해야 한다. 기후변화에 관한 주요한 국제적 대화 창구는 지금까지 유엔의 감독 하에 수행되어 왔다.

GHG 배출량과 지구온난화를 야기하는 인간 활동 간의 긴밀한 연계에 관한 과학적[20] 초기 경보에도 불구하고, 지구공동체는 단지 1979년 제네바의 세계기상

간 비용이 단지 세계 GDP의 약 1%에 해당되는 반면, 기후변화에 대해 어떠한 행동도 취하지 않는다면 기후변화의 전체 비용과 위험 때문에 매년 세계 GDP의 최소 5%의 감소를 야기할 것이라고 추정한다. 따라서 즉각적이고 강력한 행동이 경제적으로 이익이 된다. Stern (n 9) xv–xvi 참조.

19) Houghton (n 1) 14.

20) 인간의 화석연료 사용으로부터 발생한 기후변화에 관한 GHG 배출량의 효과에 대한 최초의 과학적 우려는 1957년 캘리포니아 Scripps Institute of Oceanography의 Roger Revelle와 Hans

기구(World Meteorological Organization, 이하 'WMO')가 주최한 세계기후회의에서의 논의 이후, 1980년대에 비로서 이러한 문제에 관심을 갖기 시작하였다.[21] 기후변화에 대한 초기의 국제적 대응은 IPCC와 연관되어 있는 국제과학자들의 연구 활동으로 주로 구성되어 있었다.[22] IPCC는 WMO와 유엔환경계획(United Nations Environmental Programme, 이하 'UNEP') – 두 개 모두 UN의 기구 – 의 주도하에 설립되었으며, 1988년 UN총회 결의 43/53호 '인류의 현세대 및 미래세대를 위한 지구 기후의 보호(Protection of global climate for present and future generations of mankind)'에 의해 지지를 받았다. 동 결의는 기후변화를 인류의 지구적 관심사로 최초로 인정한 것이었다.[23]

마지막으로, 1992년 기후체제에 대한 위험한 인위적 개입을 막을 수 있는 수준에서 온실가스의 대기농도를 안정화하기 위한 목적으로 UNFCCC가 리우데자네이루에서 열린 환경과 개발에 관한 UN회의에서 기초되었다.[24] 동 협정은 1990년에 출간된 IPCC의 제1차 평가보고서의 권고를 주된 기반으로 하고 있다. UNFCCC는 1994년 3월 21일자로 발효하였다. UN조약인 UNFCCC는 보편적 참여의 특성을 갖는다.[25] 기후변화의 파멸적인 결과에 취약한 국가들을 보호하고 지구온난화에 대처할 필요성을 요구하는 최초의 다자협정으로서 UNFCCC가 가지는 중요성에도 불구하고, 동 협정의 규정은 주로 지구기후체제의 형성에 관한 원칙을 제시하는 선언적 성격을 갖고 있다.

1997년, 위 규정의 이행을 돕기 위해, UNFCCC는 발효 조건이 완수된 직후 2005년 2월 16일자로 발효한 교토의정서에 의해 보완되었다.[26] UNFCCC와 비교하여, 교토의정서는 제1공약기간인 2008년에서 2012년에 걸쳐 GHG 평균배출량을 1990년 대비 5% 삭감하기 위하여, 선진국들 및 시장경제전환국들(UNFCCC 부속서 I 의

Suess에 의해 표명되었다. Houghton (n 1) 23 참조.

21) T Epps and A Green, *Reconciling Trade and Climate Change: How the WTO Can Help Address Climate Change* (Edward Elgar 2010) 44–45.

22) IPCC는 기후변화와 이의 잠재적인 중요성에 대한 가장 최근의 과학, 기술 및 사회경제적 정보를 검토하고 평가하는 과학기구이다. 최근의 기후변화 관련 과학적 증거에 대한 IPCC의 평가보고서는 UNFCCC의 의사결정 절차에 영향을 미치고 있다.

23) Epps and Green (n 21) 45.

24) United Nations Framework Convention on Climate Change 1992, Art. 2.

25) 2013년 8월 현재, 195개의 국가가 UNFCCC의 당사국이다. UNFCCC official website 참조 <http://unfccc.int/essential_background/items/2877.php> 2013년 8월 13일 방문.

26) 교토의정서 제25.1조에 의하면, 동 의정서는 부속서 I 의 국가들(즉, 선진국들과 시장경제전환국들)의 1990년도 이산화탄소 총 배출량 중 55퍼센트 이상을 차지하는 부속서 I 의 당사자를 포함하여, 55개 이상의 협약의 당사자가 비준서 · 수락서 · 승인서 · 가입서를 기탁한 날부터 90일째 되는 날에 발효한다.

국가들로 불리는 총 37개 국가와 EU)에 의한 기후보호에 관한 보다 실질적 의무와 약속을 담고 있다.[27] 당시 GHG 지구배출량의 25%에 달하는 미국이나 GHG 지구배출량의 40% 이상에 달하는 개도국들은 제1공약기간에 배출량 감축의무[28]를 지지 않았다는 사실로 볼 때, 교토의정서는 GHG 지구배출량의 40% 미만에 대해서만 규율하고 있다.[29]

각 부속서 I 국가에 대한 배출량 상한은 교토의정서 부속서 B에 1990년 이산화탄소 환산(CO2 equivalent)[30] 배출량의 백분율로 규정되어 있다. 이러한 백분율에 5배를 한 수치가 2008-2012년 동안 각 국가에게 할당된 배출량이 되며, 동 국가는 추가적 배출권을 획득하지 않는 한 이를 초과할 수 없다.[31]

교토의정서는 배출량 목표를 국가들 간에 부분적으로 또는 전체적으로 이전 가능하게 하는 배출량 저감을 판매가능한 양으로서 접근하고 있기 때문에 혁신적인 국제협정이라 볼 수 있다. 부속서 B 국가들 간의 배출권거래제[32]는 청정개발체제(Clean Development Mechanism, 이하 'CDM')[33]와 공동이행(Joint Implementation, 이하 'JI')[34]

27) Houghton (n 1) 294-297. 배출량 감축의무는 국가에 따라 다양하다. 예를 들어, 전체로서의 EU는 1990년 대비 8%를 삭감하여야 하는 반면, 아이슬란드는 1990년 대비 10% 증감이 허용되었다. 교토의정서 부속서 B 참조.

28) 처음에는 미국이 배출량 감축의무 대상국에 포함되어 있었음을 주목할 필요가 있다. 미국은 교토의정서에 서명은 하였지만, 비준에는 실패하였다.

29) G Chichilnisky and P Eisenberger, 'Energy Security, Economic Development and Global Wanning: Addressing Short and Long-term Challenges' (2009) 3 *International Journal of Green Economics* 414, 429.

30) 교토의정서 부속서 A에 규정되어 있는 각 6개의 GHG(이산화탄소, 메탄, 아산화질소, 육불화황, 수소화불화탄소 및 과불화탄소)는 지구온난화 효과에 따라 특정한 지수가 할당되어 있다. 계산을 통해 비교가능하게 만들기 위해 각 가스는 지수를 기초로 하여 이산화탄소 환산으로 해석된다.

31) 1997년 교토의정서, 제3.7조.

32) Ibid 제17조.

33) Ibid 제12조. CDM은 선진국들로 하여금 교토의정서상 배출저감약속을 준수하기 위하여 개도국에서 청정에너지와 저탄소프로젝트에 투자하는 것을 허용한다. 부속서 B 국가들의 기업은 이러한 프로젝트를 통해 각 이산화탄소 환산 미터톤에 대해 인증된 배출감축량(certified emission reductions, 이하 'CERs')을 달성할 수 있으며, 배출량 상한을 준수하기 위해 이를 이용할 수도 있다. CDM은 개도국들로 하여금 개도국에 저탄소기술 배치를 통해 배출량을 감축하기 위한 UNFCCC 목표에 기여할 수 있도록 설계된 것이다. Houghton (n 1) 298 참조.

34) 1997년 교토의정서 제6조. JI의 작동은 그것이 부속서 I 국가들만을 대상으로 한다는 점을 제외하고는 CDM과 유사하다. 관련 프로젝트는 저렴한 배출량 감축 비용을 가진 부속서 I 국가들(즉, 시장경제전환국들)에서 수행되고 있다. 배출감축 실적 단위(emission reduction units, 이하, 'ERUs')는 배출량 감축 비용이 보다 높은 부속서 I 의 고수입국가들에게 이전된다. 따라서 CDM의 경우와 마찬가지로, 교토의정서 공약을 준수하기 위한 감축 비용을 줄일 수 있다.

과 함께, 국가들(의정서의 부속서 A 당사국들)에게 공약한 배출량 보다 높게 배출하도록 허용할 수 있는 추가적 배출권을 획득할 기회를 제공하기 때문에 교토의정서의 유연성체제라 불린다.[35]

지구기후정책에 관한 추가 협상을 포함한 UNFCCC하의 모든 사항들은 UNFCCC의 연례 당사국총회(conference of parties, 이하 'COP')에서 결정된다. 2005년 몬트리올에서 열린 제11차 COP 이후,[36] COPs의 주요 목표는 교토의정서의 제1공약기간 하의 공약이 만료된 이후 구체적이고 새로운 배출저감목표를 가진 지구기후변화체제의 연속성을 위해 교토의정서의 후속협정을 체결하는 것이 되었다.[37] 이러한 목표를 달성하기 위한 주요한 기대는 2009년 코펜하겐에서 열린 제15차 COP로 옮겨갔다. 그러나 코펜하겐 지구정상회의는 post-교토의정서 협정 초안을 채택하는데 실패하였다. 법적 구속력이 없으며 선언적 성격을 갖는 코펜하겐 합의(Copenhagen Accord)는 단순히 지구의 기온이 산업화 이전 수치보다 2도 높게 올라가지 않도록 보장하려는 국가들의 의도를 확인시켜 주었다. 동 합의는 미국과 BASIC 국가들(브라질, 남아프리카공화국, 인도 및 중국)에 의해 기초되었으며, UNFCCC의 다른 당사국들에 의해서는 단지 주목을 받았을 뿐이다.[38]

1년 뒤에, 칸쿤에서 개최된 제16차 COP 역시 새로운 기후변화 합의를 가져오는 데는 실패하였으며, 새로운 배출감축 목표치를 설정하는 목적에 접근하지 못하였다. 그러나 COP는 코펜하겐 합의하의 결정들을 UNFCCC 당사국들이 채택한 칸쿤 합의(Cancun Agreements)에 가까스로 수용하였다.[39] 이 단계에서, 국가들은 교토의정서가 2012년 제1공약기간이 만료하면 지속되어야 할지 여부의 근본적 문제에

35) R De Witt Wijnen, 'Emissions Trading under Article 17 of the Kyoto Protocol' in D. Freestone and C. Streck (eds), *Legal Aspects of Implementing the Kyoto Protocol Mechanisms: Making Kyoto Work* (Oxford University Press 2005) 407.

36) 2007년 발리에서 열린 제13차 COP는 기후변화에 관한 장기적 협력 행위를 증진하기 위한 발리행동계획(Bali Action Plan)을 포함하고 있는 post-교토의정서 협정을 2009년 코펜하겐에서 교섭할 수 있도록 2년짜리 발리로드맵(Bali Road Map)을 채택하였다. 2년간의 교섭과정은 4개의 구성요소로 구분되었다: 적응, 감축, 기술 및 재정 지원. Bali Action Plan, Decision 1/CP.13, FCCC/CP/2007/6/Add.1, 14-15 December 2007 참조.

37) 교토의정서상 부속서Ⅰ 국가의 배출감축 목표치는 원래 처음 5년의 공약기간을 위해 설정된 것이었다.

38) 아마도 코펜하겐 합의의 가장 중요한 업적은 개도국의 감축과 적응 요구에 대해 '여러 다양한 자원'을 통해 2020년까지 매년 1천억 달러(US)씩 지원하기로 한 선진국의 서약일 것이다. Copenhagen Accord, Decision 2/CP.15, FCCC/CP/2009/L.7, 18 December 2009, para 8 참조.

39) S Oberthür, 'Global Climate Governance after Cancun: Options for EU Leadership' (2011) 46 *The International Spectator* 5, 6-8.

대해 동의하지는 못하였다. (미국을 제외한) 선진국들이 지지하는 입장은 교토의정서를 포기하고, 주요 개도국을 포함한 세계의 가장 큰 GHG 배출국을 대상으로 하여 법적으로 구속력 있는 공약을 담은 새로운 기후협정을 체결하는 것이었다.[40] 개도국들이 지지하고 있는 대안적인 투트랙 접근에 따르면, 교토의정서를 제2공약기간으로 연장하고 교토의정서상 배출지감의무에 구속되지 않는 규모가 큰 GHG 배출국(예컨대, 미국, 중국, 인도 등)에 대해 일정한 의무를 부여하는 별개의 법적 문서에 의해 교토의정서를 보완하자는 것이었다.[41]

더반에서 개최된 제17차 COP에서, 당사국들은 2020년까지 발효할 수 있도록, 2015년까지 새로운 국제기후협정('의정서, 기타 법적 문서 또는 모든 당사국에 적용 가능한 협약상 법적 구속력이 있는 합의결과물')의 체결을 목표로 하여 교섭을 계속할 것에 동의하는 소위 더반 플랫폼(Durban Platform)에 서명하였다.[42] 중요하게도, 당사국들은 또한 당분간, 부속서 I 국가들(선진국)에 대해 새로운 배출저감의무를 부여하는 제2공약기간으로 교토의정서를 연장하는 데에 동의하였다. 2012년 12월 도하에서 개최된 제18차 COP에서 결정된 바와 같이, 교토의정서의 제2공약기간은 2013년 1월 1일에 시작하여 2020년 12월 31일에 종료되는, 즉 교토의정서를 대체하는 새로운 기후협정이 발효될 때까지 8년간 지속될 예정이다.[43] 그러나 캐나다, 일본, 러시아, 뉴질랜드의 교토의정서 탈퇴와 미국이 비준하지 않은 사실을 염두에 둘 때, 교토의정서의 제2공약기간 동안 달성될 배출량 감축은 미미할 것으로 추정된다.

지구공동체가 지금까지 post-교토의정서 기후협정을 채택하지 못한 주요 원인 중의 하나는 기후변화 감축과 적응 비용을 선진국과 개도국 사이에서 어떻게 배분해야 할지에 대한 견해의 차이 때문이었다. 이들의 견해 차이는 UNFCCC에 규정된 기후보호의 주요 전제, 특히 공동의 그러나 차별화된 책임 원칙(principle of common but differentiated responsibility, 이하 'CBDR')에 의해 인정되었다. 동 원칙에 의하면, 모든 국가들은 기후변화에 책임이 있지만, 기후보호에 대한 의무는 국가에 따라서 달리 배분된다. 이는 현재 구속력 있는 온실가스 감축목표로부터 개도국을 면

40) Ibid 9.
41) Ibid.
42) Establishment of an Ad Hoc Working Group on the Durban Platform for Enhanced Action, Decision 1/CP 17, FCCC/CP/2011/L.10, 10 December 2011.
43) 제2공약기간 동안 구속력 있는 온실가스 감축목표는 세계 GHG 배출의 단지 15%를 차지하는 EU회원국, 노르웨이, 스위스, 아이슬란드, 호주, 카자흐스탄, 백러시아 및 우크라이나를 포함한 일부 부속서 I 국가들에 의해서만 채택되었다.

제시켜 주고, 선진국의 개도국에 대한 재정 및 기술지원으로 나타나고 있다.[44]

기후 협상의 역사를 통틀어 CBDR 원칙은 기후레짐 내의 어떠한 원칙보다도 우선시 되어 왔다.[45] 이는 인류의 공동관심사 원칙, 오염자부담원칙, 사전주의 원칙 및 세대 간 책임 원칙을 미래 세대의 이익을 위해서나 부유한 국가들의 사치품에 대한 욕구를 만족시키기 위해 이들에 이익을 제공하기 위한 명목으로 자신들의 능력을 저해하지 않으면서 현재의 개발 필요를 충족하는 원칙들로서 승인하고 있는 개도국들에 의해 지지를 받고 있다.[46] 그러나 이러한 견해는 기후변화라는 지구적 과제에 대한 효과적이고 효율적인 해결책을 구하는 핵심 원칙들의 권한 재조정을 요구하는 선진국들과 공유되지는 못하였다. 결국 이것은 감축 비용의 부담을 후기산업국들과 개도국들 간에 동등하게 배분하는 '부자 국가'와 '가난한 국가' 사이의 새로운 구분선을 그어야 한다.[47]

중국, 인도, 브라질과 같은 주요 GHG 배출국인 선진개도국이 2015년에 예정된 새로운 기후협정상 법적으로 구속력 있는 배출저감의무에 참가할 가능성을 수락함으로써, 2011년 더반에서 개최된 제17차 COP의 결과는 기후변화에 대한 지구행동의 주요 전제에 대한 권한 재조정을 시작하였다는 데 의의가 있다. 이는 CBDR 해석의 변화, 즉 온실가스 감축목표는 법적으로 모든 국가를 구속하지만, 모든 국가들에게 동일한 것은 아니며, 각 국가의 능력과 개발 필요에 의존한다는 것을 의미한다.[48]

기후변화에 맞서기 위한 상향식 이니셔티브

선진국과 선진개도국 모두에 배출저감의무를 부여하는 post-교토 다자간 기후합의를 체결하는 데 있어 현재 어려움에 부딪히면서, 일부 국가들은 자발적으로

---

44) CBDR 원칙의 자세한 분석은 M Le Roux, 'A Critical Assessment of the Common but Differentiated Responsibilities Provision in the Climate Regime: Policy Options for Post-Copenhagen Negotiations' (MILE thesis, World Trade Institute, University of Bern 2010) 참조.

45) Ibid 8-18.

46) P Aerni et al., 'Climate Change and International Law: Exploring the Linkages between Human Rights, Environment, Trade and Investment' (2010) 53 *German Yearbook of International Law* 139, 150-151.

47) Ibid.

48) L Rajamani, 'The Changing Fortunes of Differential Treatment in the Evolution of International Environmental Law' (2012) 88 (3) *International Affairs* 605, 622-623.

관련 조치를 채택하기 시작하였다.[49] 국가 및 지역적 차원에서 취해진 행동들은 UNFCCC의 하향식 접근법에 대한 중요한 보완책으로 간주되는 소위 상향식 접근법의 일부이다.[50]

상향식 기후정책 합의는 국가들이 자발적으로 취하는 영역별 및 범경제적 배출저감의무뿐만 아니라 배출량 감축을 달성하기 위해 국가 및 지역 시장에 기반을 둔 수단(에너지 및 탄소집약도 기준, 보조금과 상계관세와 관련된 기후정책을 포함한 ETSs, 탄소세, 배출감독조치)의 이행을 포함하여, 국가 및 지역적 기후변화 감축 및 적응 조치로 구성되어 있다.

게다가, 기후정책 관련 조치는 통일된 세율을 가진 일부 국가 그룹 내에서 두 개 혹은 그 이상의 국가들 간 허용배출량의 상호 수락 또는 탄소세 도입에 관한 지역적 ETSs의 획립을 포함하여, 지역적 차원 또는 양자협정에 따라 개시될 수 있다. 또한 지역적 기후정책 합의는 두 개 혹은 그 이상의 국가들이 청정에너지와 저탄소기술 이전, 탄소정책기준의 조화, 도시계획, 기후변화적응계획 등에 관한 협정을 포함하여 기후보호 분야에서 체결하는 주제별 협정을 관장할 수 있다. 게다가, 기후관련 규정은 특혜무역협정의 일부가 될 수 있다.[51]

현재 작동 중인 상향식 기후정책조치의 예는 셀 수 없이 많다. 여기에는 2020년까지 1990년 대비 30% 만큼 배출량을 감축하기 위한 EU 배출권거래제도(EU ETS)와 EU의 자발적 약속, GDP 단위별 탄소집약도에 기초한 중국과 인도의 자발적 배출저감의무, 스위스와 뉴질랜드에 존재하는 강제적 ETSs, 일본의 자발적 ETS 및 호주와 한국에서 현안인 강제적 ETSs가 포함된다.

---

49) 다자기후협상이 지체되고 있음을 고려할 때, 상향식 이니셔티브의 유행은 향후 더욱 강화될 것 같다. Robert Keohane과 David Victor는 이러한 시점에서 UNFCCC 및 지역, 국가 및 시민사회에 의한 개별적 노력에 의해 채택된 국제기후정책을 구성하는 분리되고 유연한 체제가 포괄적이며 통합정도가 높은 국제체제 보다 더 효율적일 수 있다고 주장한다. R Keohane and D Victor, 'The Regime Complex for Climate Change' (2010) *The Harvard Project on International Climate Agreements Discussion Paper* no. 10-33, 16-19 참조.

50) 다자기후보호체제와 평행하게 발전된다면, 상향식 이니셔티브는 대안이 아니라 지구 기후변화 체제에 대한 보완책이 될 수 있을 것이다. 이것이 다자포럼에서 채택된다면, 다자적 차원의 협상을 고무시키며 점차 국제기후정책으로 변형될 수 있을 것이다. N Fujiwara and C Egenhofer, 'Do Regional Integration Approaches Hold Lessons for Climate Change Regime Formation? The case of differentiated integration in Europe' in C Carraro and C Egenhofer (eds), *Climate and Trade Policy: Bottom-Up Approaches Towards Global Agreement* (Edward Elgar 2007) 42-43 참조.

51) 국가(지방) 및 지역적 이니셔티브와 별개로, 기후보호에 대한 상향식 접근법은 또한 시민사회에 의한 행동과 사적 영역에 의한 기업가적 노력을 포함하고 있다. Fujiwara and Egenhofer (n 50) 49-50 참조.

또한 상향식 이니셔티브는 판매된 연료 단위에 상당하는 이산화탄소 그램을 측정하여 운송연료로부터 나온 탄소배출량에 제한을 부가하는 캘리포니아 주의 저탄소 연료기준(Low-Carbon Fuel Standard, 이하 'LCFS')[52]과 같은 미국의 주(州)차원에서 도입된 지방 총량제한 배출권거래제(cap-and-trade schemes), 지역온실가스계획[53]상 ETS, 서부기후계획과 중서부온실가스협정[54]상 예견할 수 있는 지역 총량제한 배출권거래제를 포함한다. 상향식 협정의 다른 예로는 핀란드, 스웨덴, 노르웨이, 덴마크, 슬로베니아, 이탈리아와 스위스에서 연료 소비에 따라 부여하는 탄소세, 호주에서 ETS로 전환 중인 범경제적 탄소세 및 스위스에서 예견되는 범경제적 에너지세와 탄소세를 들 수 있다.

게다가, 배출량을 감축하기 위하여 국가들은 다양한 탄소집약도 기준과 규정을 마련하여 왔다. 예컨대, EU는 자동차에 대해 킬로미터 당 탄소배출량을 그램으로 표시하는 강제적인 라벨링제도를 운영하고 있으며, 미국은 청정대기법(Clean Air Act) 제 I 부의 제C장과 제202조에 따라 고정오염원과 이동오염원으로부터 나오는 GHG 배출량의 한계를 설정하고 있다.

배출권거래제

배출권거래제(emissions trading scheme)는 배출량에 가격을 매김으로써 GHG 배출량을 감축하기 위한 정책적 접근법이다. ETS에서 배출량에 대한 목표를 설정하고, 국가나 개인은 자신의 감축의무를 준수하기 위하여 목표량의 범위 내에서 배출권을 사고팔게 된다.[55] 허용량의 공급과 수요가 배출량의 시장가격을 결정할 수

52) LCFS는 미국의 연방 배출권거래제도가 부재한 가운데, 기술규범을 배출권거래와 결합시키고 있다.

53) 2008년 9월, 허용배출량의 경매를 시작한 지역온실가스계획(Regional Greenhouse Gas Initiative)은 미국 동부의 10개 주(州) – 코네티컷, 델라웨어, 메인, 메릴랜드, 매사추세츠, 뉴햄프셔, 뉴저지, 뉴욕, 로드아일랜드와 버몬트 – 를 포함하고 있다.

54) 이러한 계획에 따라 배출권거래프로그램이 현재 입안 중에 있다. 서부기후계획(Western Climate Initiative)은 미국의 7개 주(애리조나, 캘리포니아, 몬태나, 뉴멕시코, 오리건, 유타 및 워싱턴) 뿐만 아니라, 캐나다의 4개 주(브리티시컬럼비아, 매니토바, 온타리오 및 퀘벡)를 포함하는 반면, 중서부온실가스협정(Midwestern Greenhouse Gas Accord)에 서명한 지역은 미국의 미네소타, 위스콘신, 일리노이, 아이오와, 미시건 및 캔자스 주(州)와 캐나다의 매니토바 주가 그것이다.

55) R Shapiro, 'Addressing the Risks of Climate Change: The Environmental Effectiveness and Economic Efficiency of Emissions Caps and Tradable Permits, Compared to Carbon Taxes' (2007) *Sonecon Study*, 4 <http://sonecon.com/docs/studies/climate_021407.pdf> 2013년 8월 14일 방문.

있도록 배출권 수의 제한은 배출권을 한정적 원천으로 만들고 시장지배력을 창설한다.

비록 '배출권거래'라는 용어가 일상적으로 사용되고 있긴 하지만, 거래가 이루어지는 것은 배출량이 아니라, 일정한 온실가스 양을 배출할 수 있는 권리이다.[56] 달리 말하면, 배출권거래는 실제로는 허용배출량의 거래인 것이다. 따라서 허용배출량은 배출권시장에서 일종의 화폐가 된다. 이는 배출할 권리, 특정한 GHG,[57] 허용할 가치가 있는 배출량 및 한정된 기간으로 구성되어 있다.[58] 원칙적으로 허용량은 보유자에게 온실가스 1톤을 배출할 권리를 부여한다.

ETS는 배출량을 감축하기 위한 양적 접근법이다.[59] 그러나 준수를 위해 선택권을 허용하지 않고 배출기준을 정하는 전통적인 명령통제정책상의 수단과는 달리, 배출권거래는 기업들로 하여금 ETS 준수를 위해 사용될 수 있는 접근법을 선택하도록 한다. 기업들은 배출량한도보다 낮게 배출하기 위해 필요한 감축조치를 취하고 탄소시장에서 여분의 허용량을 판매할 수 있거나, 배출량 감축에 실패하는 경우에는 배출량한도보다 높게 배출할 수 있기 위해 탄소시장에서 허용배출량을 구매할 수 있다.[60] 기업들은 장래의 배출량 감축 비용을 허용배출량의 현재 시장가격과 비교함으로써 배출량 감축에 대하여 결정을 내리게 된다. 기업은 두 개의 선택사항 중에서 비용이 저렴한 것을 기준으로 고른다. 결과적으로 배출량 감축은 최저 가격에서 달성될 수 있다.[61]

일반적으로 ETS는 두 개의 차원으로 구성되어 있다: 국가로부터 시장참여자들에 대한 배출권의 배분 및 경제적 용어로 발행시장(primary market)과 유통시장(secondary market)의 존재를 의미하는 참여자들 간 배출권의 거래. 게다가, ETS는 총량제한 배출권거래제와 감축실적 배출권거래제와 같은 두 개의 다른 방식으로 편제될 수 있다.[62]

총량제한 배출권거래제(cap-and-trade system)는 ETS의 가장 일반적 유형이다.

56) De Witt Wijnen (n 35) 403.
57) 예를 들어, EU ETS의 제1단계와 제2단계는 단지 이산화탄소 배출량만을 포함하였다. 교토의정서의 제1공약기간 하의 배출권거래제는 이산화탄소 및 의정서의 부속서 A에 규정된 6개의 온실가스 배출량을 포함하였다.
58) De Witt Wijnen (n 35) 404-405.
59) 배출감축에 대한 양적 접근법의 대안은 탄소세를 포함한 가격에 기반을 둔 접근법이다.
60) Epps and Green (n 21) 65.
61) UNEP, *An Emerging Market for the Environment: A Guide to Emissions Trading* (1st edition 2002) 6-8.
62) De Witt Wijnen (n 35) 403-415.

이 방식은 EU ETS의 기초를 형성한다.[63] 이는 다음과 같은 구조로 이루어져 있다. 정부 또는 초국가적 실체가 국내기후정책목표나 국제의무에 따라 국내배출총량을 결정한다. 최대량이 무상으로 또는 경매를 통해 배분된다. 최초의 배분 이후, 허용량은 배출의무 준수를 위해 사용될 수 있거나 시장에서 판매할 수 있다. 허용량을 유지할지 시장에 이를 내다팔지는 회사(또는 국가)가 회사의 배출감축조치 비용과 허용량의 시장가격을 비교한 뒤 결정한다. 허용량의 시장가격이 상당히 높은 경우, 회사에게는 – 저탄소기술에 대한 투자 또는 탄소집약도가 낮은 에너지원의 이용을 통해 – 배출량을 감축하고 시장에 여분의 허용량을 팔도록 하는 자극이 될 것이다.[64]

EU ETS의 제1단계(2005 – 2007년)에서, EU 배출권거래제에 참여하도록 요구된 산업체로는 발전기 및 열발생기 분야(20MW를 초과하는 발전 설비), 광유 정제, 철강(코크스오븐 포함), 펄프와 종이, 건축자재(시멘트, 유리 및 세라믹)가 포함되었는데, 이는 통틀어 EU GHG 배출의 약 40%를 책임지는 약 11,000개의 설비에 해당되었다.[65] 제2단계(2008 – 2012년)와 제3단계(2012 – 2020년) 동안, 허용량의 보다 엄격한 배분(대략 허용량의 반은 경매로 팔릴 예정)과 함께, 해당 제도의 대상(예컨대, 아산화질소와 과불화탄소 배출량 포함) 및 분야(예컨대, 항공업 포함)와 지리적 범위(아이슬란드, 리히텐슈타인, 노르웨이 참가)가 확대되어 왔다.[66]

또한 총량제한 배출권거래제는 현재 다자적 차원에서도 존재한다. 다자적 배출권거래제는 교토의정서에 의해 설립되었다. 이는 선진국들과 시장경제전환국들(교토의정서 부속서 B 국가들)이 취해야 할 배출감축목표 및 부속서 B 국가들 간의 배출권거래를 규정한 제17조 규정에 의해 형성되어 있다.

흥미로운 사실은 지구적 배출권거래제의 개념이 교토의정서를 기초하는 동안 미국에 의해 제안되었다는 점이다.[67] 미국이 탄소세보다 배출권거래제를 선호한 이유는 잘 이해되는 대목이다. 첫째, 미국 경제는 석탄 및 기타 탄소집약적인 에너지

63) S Marr, 'Implementing the European Emissions Trading Directive in Germany' in D Freestone and C Streck (eds), *Legal Aspects of Implementing the Kyoto Protocol Mechanisms: Making Kyoto Work* (Oxford University Press 2005) 432.
64) De Witt Wijnen (n 35) 405 – 406.
65) DG Clima official website 참조 <http://ec.europa.eu/clima/policies/ets/index_en.htm> 2013년 8월 14일 방문.
66) Ibid.
67) ZX Zhang, 'Greenhouse Gas Emissions Trading and the World Trading System' (1998) *MPRA Paper* no. 12971, 10.

원에 상당히 의존하고 있다. 탄소세는 미국 기업의 입장에서 볼 때, 매우 비싸게 느껴진다. 둘째, 세금 인상은 항상 유권자들의 눈에는 정당화되기 어렵기 때문에 탄소세보다 ETS가 보다 정치적으로 매력이 있다.[68] 셋째, ETS는 미국에서 탁월한 실적을 가지고 있다. 1990년에 제정된 아황산가스 배출거래프로그램이 예상 비용의 약 4분의 1로 미국의 산성비 문제를 해결하는데 일조하였다.[69] 그러나 오늘날 탄소세 개념의 열정적인 기획자인 EU가 성공적으로 EU 차원의 ETS를 수행하고 있는 반면, 미국은 현재 수년 동안 연방 차원의 총량거래방식의 실행에 애를 먹고 있다.

집약도에 기반을 둔 제도로 알려진 감축실적 배출권거래제(baseline–and–credit system)에서, 회사는 산출량 단위당 역사적 배출, 또는 배출전망치(business–as–usual, 이하 'BAU') 상황의 가정에 대한 정보를 근거로 정부 또는 기타 당국으로부터 기준배출량(baseline)을 할당받는다. 정부는 배출량 집약도 감축목표를 BAU보다 낮게 설정하여 회사의 배출량 집약도의 일정 퍼센트까지 감축하도록 설정한다. 공약기간(대개 1년)이 만료될 때쯤, 회사가 산출한 실제 배출량은 독립적인 기관에 의해 결정되고 확인된다. 회사의 실제 배출량이 정해진 기준배출량보다 낮게 나온 경우, 차액은 회사에 배출권(emissions credits)으로 전환된다. 회사는 탄소시장에서 이 배출권을 판매할 수도 있다. 그러나 회사의 실제 배출량이 정해진 기준배출량을 초과하는 경우, 회사는 해당 차액만큼 시장에서 배출권을 구매하여 배출감축의무를 준수해야 할 것이다.[70] 집약도에 기반을 둔 배출권거래제에 관한 주요 문제는 이것이 배출 상한을 설정하지 않으며, 산출량이 예상보다 높게 나오는 경우 분야/국가의 전체 배출량은 목표치를 초과할 수 있다는 점이다.[71]

---

68) M Jaccard, 'The Political Acceptability of Carbon Taxes: Lessons from British Columbia' in J Milne and M Andersen (eds), *Handbook of Research on Environmental Taxation* (Edward Elgar 2012) 175.

69) T Stern and W Antholis, 'A Changing Climate: The Road Ahead for the United States' (2007) 31(1) *The Washington Quarterly* 175, 178.

70) De Witt Wijnen (n 35) 406.

71) 보다 추가적인 자세한 사항은 M Bramley, 'Pembina Institute Comments on Environment Canada's Notice of Intent to Regulate Greenhouse Gas Emissions by Large Final Emitters' (2005) 4 참조 <www.pembina.org/pub/524> 2013년 8월 14일 방문(캐나다에서 제안된 감축실적 배출권거래제를 반영).

탄소세

(예컨대, 개인 또는 회사가 소비하는 전기, 석탄, 휘발유 또는 디젤의 양에 따른) 에너지세는 전통적으로 재정 목적을 위해 부가된(즉, 수입 증대 목적) 세입예산의 중요한 원천이다. 그러나 최근에 에너지세의 적용은 점차 환경보호와 관련을 가지게 되었다.[72]

아황산가스, 휘발성유기화합물(volatile organic compounds), 입자상물질(particulate matter) 및 염산과 같은 배출에 대한 세금은 환경세 중에서도 신세대에 해당된다.[73] 이러한 유형의 세금에는 또한 탄소세가 포함된다. 배출권거래제와 같이, 탄소세(GHG 배출세)는 배출을 줄이기 위한 시장에 기반을 둔 제도이다. 이는 배출감축이 가장 저렴한 비용에서 일어날 수 있도록 보장한다. 그러나 배출상한, 즉 배출량 제한에 기반을 둔 배출권거래와는 달리, 탄소세는 배출감축을 위한 가격기반접근법이다. 탄소세는 배출량에 가격을 매기고, 시장경제원리에 의해 일정한 수준의 배출감축을 장려한다. 달성해야 할 배출감축수준이 만족스럽지 못하다면, 정부는 세율을 변경할 수 있다.[74] 에너지세 및 탄소세로부터 나오는 세수(tax revenues)는 저탄소기술의 개발을 지원하고, 에너지 비용 증가에 가장 경제적으로 취약한 소비자들에게 보상을 제공하거나, 개도국의 감축 및 적응 프로그램의 재정지원을 하도록 재활용될 수 있다. 더 나아가 세수는 경제활동을 고무하고 경제침체기 동안 국가수입을 증대시키기 위하여 조세부담을 노동으로부터 탄소로 이전하는 데 사용될 수 있다.

경제적 관점에서 볼 때, 탄소세는 ETS 보다 이점을 가지고 있다. 탄소세는 높은 가격안정성을 제공하며, 세율의 조정을 통해 변하는 경제상황에 대처할 수 있으며, 세수는 자기자본을 보장하고 환경프로그램의 재원이 되도록 재활용될 수 있다.[75] 그러나 탄소세는 또한 ETS와 비교하여 단점이 있다. 가장 중요한 것은 정확한 배출목표를 달성하도록 보장하지 못한다는 점이다. 게다가, 다른 세금과 마찬가지로 유권자들의 저항을 이유로 입법자들이 채택하기에 어려운 점이 있다. 결과적으로

---

72) G Goh, 'The World Trade Organization, Kyoto and Energy Tax Adjustments at the Border' (2004) 38(3) *Journal of World Trade* 395, 397.

73) WTO, 'Taxes and Charges for Environmental Purposes – Border Tax Adjustment' (1997), note by the WTO Secretariat, WT/CTEAV/47, 3.

74) A Kasterine and D Vanzetti, 'The Effectiveness, Efficiency and Equity of Market–based and Voluntary Measures to Mitigate Greenhouse Gas Emissions from the Agri–food Sector' in *Trade and Environment Review* 2009/2010, UNCTAD/DITC/TED/2009/2, 91.

75) Ibid.

입법자는 배출세 보다는 배출권거래제를 채택하려는 경향을 가진다.[76)]

과세 기준에 따라, 탄소세는 두 가지 유형 중 하나가 될 수 있다. 탄소세는 상품의 제조시 화석연료의 사용에 따라 부과되고 연소된 화석연료의 탄소발자국에 기초하여 계산될 수 있거나, 제조 공정에서의 배출(예컨대, 시멘트 또는 철강 생산의 경우)에 대해 부과될 수 있다.[77)] 탄소세의 첫 번째 유형은 계산하기 용이하며, 보편적인 관행이 되고 있다.[78)] 두 번째 유형은 배출 정보의 획득과 확인에 연관된 행정적 어려움 때문에 거의 이용되고 있지 않다.[79)]

2010년 5월, EU집행위원회는 EU ETS가 다루고 있지 않는 EU경제의 관련 분야에 대해 EU차원의 탄소세를 제안하였다. EU차원의 탄소세는 2020년까지 20% 감축 대신 보다 야심찬 목표치인 30% 감축을 달성하는 데 기여할 수 있을 것이다. 탄소세는 EU ETS에 포함이 되는 EU농업분야에 도입되고, 연료의 탄소함유량에 따른 세금을 포함할 수 있다. EU세제관세동맹집행위원(Taxation and Customs Union Commissioner)은 연료에 포함된 이산화탄소를 1톤당 20유로의 비율로 연료에 탄소세를 부과하자는 공식적 제안을 하였다. 그러나 대규모 석탄 및 철강산업을 보유한 EU회원국들(예컨대, 독일과 폴란드)은 탄소세의 도입에 반대하였다.[80)]

정부가 자국 관할권 내에서 부과하는 세금의 유형, 비율 및 기준을 결정할 주권적 권리를 가진다는 사실을 주목하여야 한다. 그러나 세금이나 규제가 국내소비자, 생산자 및 국내적으로 생산된 상품과 관련이 있는 한에서만 정부는 세제 및 기타 규제적 사항에 대해 주권을 향유한다. 국내조치가 국제적으로 거래되는 상품(수입품과 수출품)으로 확대될 때, 국내세제의 계획과 운용은 WTO규범을 준수하여야

76) J Bacchus, 'Questions in Search of Answers: Trade, Climate Change, and the Rule of Law'; keynote address (Conference on 'Climate Change, Trade and Competitiveness: Issues for the WTO', Geneva, 16 June 2010) 8 <http://www.gtlaw.com/portalresource/bacchus1> 2013년 8월 14일 방문.

77) WTO, *Trade and Climate Change: WTO-UNEP Report* (World Trade Organisation 2009) 90.

78) 연료 소비에 따른 탄소세는 예컨대 핀란드, 스웨덴, 노르웨이, 덴마크, 슬로베니아, 이탈리아와 스위스에서 이용되고 있다. 화석연료의 탄소함유량에 차이가 있기 때문에 석탄과 석유와 같이 보다 탄소집약적인 에너지원은 일반적으로 가스와 같이 탄소집약도가 낮은 연료보다 높게 세금이 매겨진다.

79) 예컨대, 에스토니아에서 이러한 유형의 세금은 큰 연소식물의 배출에 대해 사용되어 왔다. WTO, *Trade and Climate Change* (n 77) 90 참조.

80) 'EU Carbon Tax Proposal Delayed' *EurActiv.com, 25* June 2010 <http://www.euractiv.com/climate-environment/eu-carbon-tax-proposal-delayed-news-495587> 2013년 8월 14일 방문.

한다.[81]

명령통제 배출감축조치 (Command-and-Control Emissions Reduction Measures)

위에서 논의된 양적 기반 및 가격 기반의 배출감축체제 이외에, 정부는 명령통제 접근법을 이용하여 배출을 관리하도록 선택할 수 있다. 그 명칭으로부터 알 수 있는 바와 같이, 환경규제에 대한 명령통제 접근법은 두 단계 – 기준을 설정하는 일반단계 및 정부기관이 기준을 감독하고 집행하는 통제단계 – 로 구성되어 있다.[82] 배출기준은 두 가지 유형 중 하나가 될 수 있다: 생산자 또는 상품에 대해 허용배출량 한계를 설정하는 성과기반 기준(performance-based standards)과 허용배출량 한계뿐만 아니라 사용되어야 하는 기술 유형 역시 규정하는 기술기반 기준(technology-based standards).[83] 명령통제 규제는 다음과 같은 역할을 수행한다. 정부는 특정 당사자가 행동을 취하거나 기준을 준수하도록 지시하거나 규율한다.[84] 일반적으로 이러한 정부 지침은 다양한 종류의 규제로 거듭나는데, 본질적으로 금지적 성격을 띤다: 예컨대, 상품 단위별 생산 중 탄소배출량이 일정한 수준을 초과해서는 안 된다. 만약 기업이 이러한 기준을 준수하지 못한다면, 그 상품은 시장 진입이 금지될 것이다. 또한 이러한 경우, 금지는 보통 수입품에도 적용된다.

명령통제제도와 시장기반제도 간의 주요한 차이는 전통적 명령통제조치의 경우 준수를 위해 선택권을 부여함이 없이 배출에 한도를 지정한다는 사실이다. 배출권거래제와 대조적으로, 생산자는 추가적 허용배출량을 구매하거나 시장에게 여분의 허용배출량을 판매할 수 없으며, 저탄소기술에 투자하고 싶은 시점을 선택할 수도 없다. 따라서 명령통제제도는 일반적으로 시장기반제도에 비해 비용 면에서 덜 효과적이다.[85] 그럼에도 불구하고, 명령통제제도는 선진국 및 개도국 모두에서 작

---

81) WTO *Environmental Taxes and Charges* (n 73) 6. 또한 *US-FCS*, AB report, paras 90 and 98 참조.

82) UNESCAP, 'Module V: "Role and Assessment of Environmental Measures"' (ESCAP Virtual Conference 'Integrating Environmental Considerations into Economic Policy Making Processes') <www.unescap.org/drpad/vc/orientation/M5_2.htm> 2013년 8월 14일 방문.

83) Ibid.

84) A Green, 'Climate Change, Regulatory Policy and the WTO: How Constraining Are Trade Rules?' (2005) 8(1) *Journal of International Economic Law* 143, 148.

85) De Witt Wijnen (n 35) 403.

동하고 있는 환경정책의 가장 일반적 유형이며, 이러한 제도는 시장기반제도 이전부터 오랫동안 이용되어 왔다.[86] 기후정책의 맥락에서, 명령통제제도는 영역별 탄소집약도 기준, 강제적인 탄소라벨링제도와 탄소집약상품의 판매에 대한 금지, 즉 양적 제한 또는 금지를 포함하고 있다.

탄소집약도 기준(Carbon-intensity standards)

탄소집약도 기준은 총량제한 배출권거래제(cap-and-trade system)에 대한 대안적 또는 보충적 접근법으로 이용될 수 있는 비재정적 탄소제한조치이다. 이는 성과기반 기준 또는 규제의 유형에 속한다.[87] 동 기준은 보통 상품 한 단위당 생산 중 배출되는 탄소량에 대한 1톤당 한도로 구현된다. ETS와 같은 시장기반제도와 달리, 탄소집약도 기준은 배출에 대한 확정적인 절대 허용한도를 설정하지 않으며, 탄소집약상품의 생산 또는 소비를 방해하지도 않는다.[88] 자동차에 대한 연비기준과 가정용 전자기기에 대한 에너지효율기준과 같은 에너지효율기준은 에너지의존도를 줄이고 에너지안보와 경쟁력을 증대시키기 위해 애쓰는 국가들에서 일반적 관행이 된 반면,[89] 탄소집약도 기준은 그 사용이 향후 증가될 것으로 기대되는 새로운 현상이다.[90]

운송 분야는 배출집약도 기준이 가장 보편적으로 적용되는 분야이다. 연료 사용에 적용되는 탄소집약도 기준이 EU와 회원국들에서 도입되어 왔다. 2008년 12월 유럽의회가 채택한 EU연료품질지침(Fuel Quality Directive)은 연료 사용과 관련 있는 탄소배출의 평균 주기를 2020년까지 10%만큼 감축하도록 요구하는데, 그 중에서 4%는 CDM 프로젝트의 크레딧, 가스 분출과 배출에서의 상류부문 감축과 탄소 포집저장기술(carbon capture and storage technologies)의 이용으로부터 획득한 감축을 통해 달성될 수 있다.[91] 또한, EU재생에너지지침(Renewable Energy Directive)은 디젤과 휘발

---

86) UNESCAP (n 82).

87) House of Representatives, Committee on Energy and Commerce, *Competitiveness Concerns/Engaging Developing Countries* (Climate Change Legislation Design White Paper, 2008) 10.

88) Ibid 11.

89) J Frankel, 'Climate and Trade: Links Between the Kyoto Protocol and WTO' (2005) 47(7) *Environment* 8, 17.

90) Aerni et al. (n 46) 166-167.

91) D Sperling and S Yeh, 'Toward a Global Low Carbon Fuel Standard' (2010) 17 *Transport Policy* 47, 48.

유 구성비율의 10%를 2020년까지 바이오연료에서 추출할 것을 요구하고 있다.[92]

운송연료용 탄소집약도 기준은 또한 미국의 주차원에서 존재한다. 예를 들어, 캘리포니아 주는 판매된 연료 단위에 상당하는 이산화탄소 그램을 측정하여 운송연료로부터 나온 탄소배출량을 제한하는 저탄소 연료기준(Low-Carbon Fuel Standard, 이하 'LCFS')을 채택하여 왔다.[93] LCFS는 배출권거래를 기술규범과 결합한 규제제도이다. LCFS를 준수하지 않는 연료공급업자는 연료의 실제 탄소집약도와 그 기준 간의 차이를 상쇄할 양만큼 탄소시장에서 구매한 허용배출량을 제출해야 한다. 초과 크레딧은 향후 사용을 위해 은행에 입금하거나 다른 연료공급업자에게 판매할 수 있다.[94] LCFS 목표는 2020년까지 10%만큼 캘리포니아 주에서 팔린 운송연료의 탄소발자국을 줄이는 것이다.[95] EU의 연료에 대한 배출감축에 대한 용량 접근법과 캘리포니아 주의 LCFS 접근법 간 차이점은 후자의 접근법상 더 높은 탄소감축의 효율성에 있다. 용량 접근법은 배출이 아닌 연료의 유형 – 바이오연료 – 을 목표로 삼고 있기 때문에 배출감축에 대해 제한적 효과를 가진다. 일단 판매된 연료에서 필요한 바이오연료 규범이 만들어지면, 바이오연료 관련 용량 접근법은 대안적 에너지원의 혁신과 이용을 통해 연료의 탄소발자국에 있어 추가 감축을 유도하지 않게 된다.[96]

캘리포니아 주의 LCFS는 2007년 에너지 독립 및 안보법(Energy Independence and Security Act, 이하 'EISA')에 의해 도입된 기업평균연비(Corporate Average Fuel Economy, 이하 'CAFE') 기준에 따른 미국 연방 연비기준에 일치된다. EISA는 재생연료 사용을 포함한 보다 효율적인 연료소비를 통해 자동차로부터 나오는 GHG 배출을 감축하기 위한 목적의 몇 가지 규정을 가지고 있지만, 연료의 탄소발자국을 규율하지는 않는다. 캘리포니아 주의 LCFS와 연방 CAFE 기준과의 결합은 자동차의 연료 소비집약도와 사용된 연료 유형뿐만 아니라 경량자동차 연료의 탄소집약도를 규율하며, 그렇게 함으로써 에너지 독립의 목적과 기후변화 완화의 목적을 추구한다.[97] 또한, 미국 환경보호국(Environment Protection Agency, 이하 'EPA')과 교통부의 국가고속도로교

---

92) D Andress, TD Nguyen and S Das, 'Low-carbon Fuel Standards – Status and Analytic Issues' (2010) 38 *Energy Policy* 580, 590.
93) Ibid 580-581.
94) Ibid 582.
95) Ibid.
96) Sperling and Yeh (n 91) 48.
97) Andress, Nguyen and Das (n 92) 581-582.

통안전국(Department of Transportation's National Highway Traffic Safety Administration)은 수송용 연료의 배출을 감축하고 연료경제를 개선하기 위하여 자동차에 대해 새로운 기준을 포함한 국가프로그램의 도입을 제안하여 왔다.[98] 또한 EPA는 고정오염원으로 나오는 GHG 배출의 문턱을 설정하였는데, 이는 배출을 줄이기 위해 '이용 가능한 최선의 통제 기술'의 허가 및 이용을 필요로 할 것이나.[99]

탄소라벨(Carbon labels)

강제적인 에너지효율라벨 – 즉, 가정용 전자기기가 소비하는 에너지양을 보여주는 라벨 – 과 함께, 탄소라벨 역시 쓰이기 시작하고 있다. 탄소라벨은 현재 유기농라벨 및 '식품 운송거리(food miles)' 제도의 일부로서 소매용 식품분야에서 광범위하게 사용되고 있다.[100] 탄소라벨링과 인승제도는 상품 주기의 다양한 단계(예컨대 자발적 EU에코라벨과 식품 운송거리) 혹은 상품을 사용하는 동안(예컨대 1km당 1그램으로 탄소배출을 보여주는 자동차에 대한 강제적인 EU라벨) 배출되는 양을 확인시켜 준다.[101] 라벨이 일반적으로 그러한 것처럼, 탄소라벨은 정보 제공의 기능을 수행한다.[102] 라벨의 목적은 소비자들에게 상품이 배출집약적인지 여부를 알려주는 것이다. 탄소라벨은 상품 주기의 특정한 단계 혹은 단계들, 보통은 탄소가 상대적으로 쉽게 추적될 수 있는 포장, 쓰레기 및 운송 단계에서 배출되는 탄소 양에 관한 정보를 제공해 준다. 탄소라벨링은 소비자의 선택에 영향을 미치며, 따라서 간접적으로 탄소집약적인 상품의 공급을 줄여준다. 이러한 관점에서 볼 때, 탄소라벨은 다른 전통적인 명령통제제도와는 달리, 소비자에게 선택권을 부여함으로써 불필요한 무역제한을 피하는 잠재적인 도구를 제공해 주기 때문에 기후변화에 있어 시장친화적인 대응으로 간주될 수 있다.[103]

이와 동시에, 라벨은 항상 특정한 소비자 선호로 나타나기 때문에 탄소라벨

---

98) Aerni et al. (n 46) 166, footnote 102.
99) Ibid.
100) Kasterine and Vanzetti (n 74) 101–102.
101) G Hufbauer and J Kim, 'Climate Change and Trade: Searching for Ways to Avoid a Train Wreck' (TAIT second conference 'Climate Change, Trade and Competitiveness: Issues for the WTO', Geneva, 16–18 June 2010) 11; Epps and Green (n 21) 64.
102) Epps and Green (n 21) 64.
103) S Charnovitz, 'The Law of Environmental "PPMs" in the WTO: Debunking the Myth of Illegality' (2002) 27 *Yale Journal of International Law* 59, 109.

기능에 있어 중요한 점은 시장이 저탄소상품에 대한 소비자 선호 및 기후변화의 부정적 결과에 대한 소비자들 간 높은 수준의 인식으로 특징지어진다는 것이다.[104] 이러한 의미에서 탄소라벨은 배출 감축에 있어 낮은 효율성을 이유로 비판받는다. 라벨은 단지 상품의 탄소에 대한 높은 함유량을 표시할 수 있으며, 관련 상품을 구매할지 여부의 선택은 소비자에게 달려 있다. 기후변화에 관심이 높은 사람들은 라벨이 표시된 상품을 결코 소비하지 않을 것이며(이는 특히 탄소라벨링제도가 단지 일차적 상품, 즉 철강, 알루미늄, 시멘트 및 화학제품과 같은 원자재에 적용되는 경우에 그러할 것이다), 이런 상품을 소비하는 사람들(예컨대, 일차적 상품을 소비하는 최종상품의 제조업자들)은 기후변화에 관심을 가지지 않음이 당연하다.[105] 게다가, 탄소라벨링제도는 일반적으로 상품 주기의 (식품 운송거리의 경우 수송과 같은) 단지 한 단계에서의 배출을 다루고 있기 때문에 배출감축과 기후변화 완화에 한정적인 영향력을 행사할 수 있다.[106]

배출집약적인 상품의 교역에 대한 수량제한

확실히 명령통제 환경정책의 가장 극단적인 예는 금지이다. 국가는 자국의 영토에서 환경적으로 유해한 상품의 제조, 그러한 상품의 자국 영토로의 수입, 또는 자국 시장에서 해당 상품의 판매를 금지할 수 있다. 국제무역에서 환경보호목적을 위해 채택된 판매 금지의 가장 유명한 예는 석면을 함유한 상품에 대한 프랑스의 수입금지[107] 및 바다거북을 죽이는 어업기법을 사용해서 잡은 새우에 대한 미국의 수입금지[108]에 관한 것이었다. 지금까지, 탄소집약적인 상품과 관련하여 적용된 수입이나 판매의 금지 사례는 존재하지 않는다. 그러나 이러한 금지가 배제될 수는 없다. 또한 국가들은 특정한 상품 수입에 할당량을 적용하거나, 특정한 기준을 준수하지 못하는 상품의 시장 진입을 방해함으로써 부분적 금지를 사용할 수 있을 것이다. 국가가 – 상품의 제조 또는 사용으로부터 나오는 – 일정한 배출 수준보다

104) Epps and Green (n 21) 64.
105) R Howse and D Regan, 'The Product–Process Distinction – An Illusory Basis for Disciplining "Unilateralism" in Trade Policy' (2000) 11(2) *European Journal of International Law* 249, 274.
106) A Appleton, 'Private Climate Change Standards and Labelling schemes under the WTO Agreement on Technical Barriers to Trade', in T Cottier, O Nartova and SZ Bigdeli (eds), *International Trade Regulation and the Mitigation of Climate Change: World Trade Forum* (Cambridge University Press, 2009) 134 and 151.
107) See *EC-Asbestos*, panel and AB reports.
108) See *US-Shrimp*, panel and AB reports.

많은 탄소발자국을 갖는 특정한 분야의 상품에 대해서만 시장접근을 금지하기로 결정한다면, 그러한 금지는 위에서 논의된 바와 같이, 실제로는 탄소집약도 기준에 해당하게 될 것이다.

기후정책과 국제무역규제 간의 관련성[109)]

무역과 기후변화 간에는 강력한 상호 영향력이 존재한다. 화석연료와 배출집약적인 상품의 전세계적 소비를 가능하게 함으로써, 무역은 기후에 부정적인 영향을 끼쳐 왔으며, 계속 그러한 상태에 놓여 있다.[110)] 산업오염원(예컨대, 아황산가스)과 달리, GHG 배출은 경제성장 및 무역자유화와 함께 증대되는 경향을 보인다.[111)] 이 부분에서 기후변화는 무역, 특히 농산품과 관련하여 실질적인 영향을 미칠 것으로 예상된다.[112)]

기후정책과 국제무역규제 간의 관련성은 점점 견고해지고 있다. 기후변화 완화 및 적응목표를 추구하는 기후정책은 추후 국제기후협정에 의해 권한을 위임받은 무역제한적인 조치의 이용을 필요로 할 수도 있다. 이와 동시에, 기후정책의 무역제한조치는 국제무역규범을 준수하여야 한다.

국제무역규범은 국제기후레짐에 있어 기후정책 목표 뒤에 숨겨진 보호주의의 안전장치로서 기능한다.[113)] 무역규범은 인류의 공통관심사로서 기후변화를 다루는

---

109) 이 부분은 본서의 필자가 작성한 NCCR Climate Working Paper 2010/06, 'Trade and Climate Policy Interaction: Dealing with WTO Law Inconsistencies of Carbon-related Border Adjustment Measures'에 기초하고 있다.

110) Steven Davis와 Ken Caldeira가 작성한 연구에 의하면, '2004년, 지구 이산화탄소 배출의 23%, 즉 62억 톤이 주로 중국 및 기타 개도국 시장으로부터 선진국 소비자로 수출을 통해 국제적으로 교역되었다.' 서유럽국가들에서 순수입배출량은 소비배출의 20-50%를 차지한다. S Davis and K Caldeira, 'Consumption-based Accounting of CO2 Emissions' (2010) 107(12) PNAS 5687, 5687 and 5690 참조.

111) 경제성장은 사람들의 청정대기에 대한 수요를 증대시키며, 무역자유화는 기술의 이전과 환경기준의 전파를 촉진한다. 따라서 일정기간이 지나면, 환경 쿠즈네츠곡선의 정점에 도달함으로써 산업오염원이 감소되는 경향을 보인다. Frankel (n 89) 11-12 및 S Ghosh and S Yamarik, 'Do Regional Trading Arrangements Harm the Environment? An Analysis of 162 Countries in 1990' (2006) 6(2) *Applied Econometrics and International Development* 15, 27 참조.

112) D Van Der Mensbrugghe and R Roson, 'Climate, Trade and Development' (TAIT second conference 'Climate Change, Trade and Competitiveness: Issues for the WTO', Geneva, 16-18 June 2010), 7-9.

113) Epps and Green (n 21) 6.

일방적 조치를 취할 수 있는 범위를 정의 내린다.[114)]

국제무역규범이 기후정책조치를 제한하는 것처럼 보이는 반면, 이는 또한 그 목적을 달성하기 위해 기후정책을 지원할 수도 있다.[115)] WTO규범과 무역조치(관세, 과세, 보조금 등)는 녹색기술의 이전, 대안적 에너지원의 이용 및 무역의 탄소함유량 감축을 촉진하기 위해 이용될 수 있다. 무역규범이 이미 기후변화 완화의 목적에 상당한 정도로 기여하여 왔음을 주목하여야 한다. 일부에서는 몬트리올의정서[116)]가 교토의정서가 의도한 바의 4배 정도 GHG 배출을 감축하여 왔다고 추정한다.[117)] 오존 배출감축의 성공은 대체로 몬트리올의정서에 의해 예견된 비당사국들과의 무역에 있어 수출 및 수입금지 도입의 위협 덕분이다.[118)]

아래에서는 무역과 기후레짐 간의 효과적인 공존과 상호작용을 위한 전제조건을 논의하며, WTO협정과 추후 기후협정상 취하게 될 무역관련 약속에 따른 국가들의 권리와 의무 간의 충돌 위험과 결과를 검토할 것이다.

국제무역과 기후레짐 간의 효과적인 상호작용을 촉진하기 위한 조건

WTO는 배타적인 자기완비적 체제(self-contained regime)가 아니다.[119)] 무역장벽(관세와 비관세조치)에 대해서만 한정적인 초점을 맞추고 있는 GATT 1947과는 달리, WTO법은 인권, 문화, 환경 및 기타 공공정책 관심사와 긴밀한 접점 하에 작동하

---

114) T Cottier and S Matteotti-Berkutova, 'International Environmental Law and the Evolving Concept of "Common Concern of Mankind"' in T Cottier, O Nartova and SZ Bigdeli (eds), *International Trade Regulation and the Mitigation of Climate Change: World Trade Forum* (Cambridge University Press 2009) 45.

115) Bacchus (n 76) 14.

116) 1989년에 발효한 몬트리올의정서는 오존 파괴에 책임이 있는 물질의 생산과 소비를 단계적으로 폐지함으로써 오존층을 보호하려는 목적을 지닌 국제조약이다. 동 조약은 지금까지 그 목적을 달성하는 데 있어 매우 성공적이었다.

117) S Barrett, 'Climate Change and International Trade: Lessons on their Linkage from International Environmental Agreements' (TAIT second conference 'Climate Change, Trade and Competitiveness: Issues for the WTO', Geneva, 16-18 June 2010) 13, citing G Velders et al., 'The Importance of the Montreal Protocol in Protecting Climate' (2007) 104(12) *PNAS* 4814.

118) Ibid 10ff.

119) 예를 들어, J Pauwelyn, *Conflict of Norms in Public International Law: How WTO Law Relates to Other Rules of International Law* (Cambridge University Press 2003) 37; T Cottier and M Oesch, *International Trade Regulation: Law and Policy in the WTO, the European Union and Switzerland; Cases, Materials and Comments* (Berne: Staempfli 2005) 513; C Conrad, *Processes and Production Methods (PPMs) in WTO Law: Interfacing Trade and Social Goals* (Cambridge University Press 2011) 122-124 참조.

는 서비스, 지식재산권, 투자, 정부조달 및 기타 규범적 영역까지 다루는 매우 광범위한 주안점을 보유하고 있다. 결과적으로, WTO 사법기관(패널과 AB)은 기타 정책 분야에 속하는 결정을 채택하여야 한다.[120]

WTO분쟁해결제도는 국제법의 해석에 관한 관습적인 규칙에 따라, WTO가 다루는 협정의 현존 규정을 명확히 하려 한다고 규정한 분쟁해결양해 제3.2조는 AB에 의해 '일반협정은 국제법으로부터 완전히 격리시켜 해석되어서는 안 된다'고 인정하는 것으로서 해석되었다.[121] 일부 WTO 전문가들은 더 나아가, 분쟁해결양해 제3.2조의 규정을 통해 WTO법이 광범위한 국제법 분야 중 하나라는, 즉 관련이 있는 경우 전체 보편적인 국제법규범을 WTO분쟁에 적용할 수 있음을 의미하는 증거로서 간주한다.[122] 이러한 전문가들에 의하면, 다양한 WTO회원들이 다른 국제협약상 국제의무에 충실했는지 여부에 따라 WTO 규정이 각 회원들에 달리 적용될 수도 있을 것이다.[123]

그러나 WTO법과 다른 기구의 국제법 간의 관계는 명확하지 않다. 기후변화의 맥락상, WTO와 UNFCCC 및 관련 법적 문서 간에 기후보호의 무역관련 측면에 대한 관할권 배분의 문제가 발생한다.

WTO는 그 설립 이후부터, 환경보호의 중요성을 인정하여 왔으며 환경 필요성의 검토에 전념해 왔다. WTO협정[124]의 서문은 특히, 동 협정의 당사국들이 다음을 인식하고 있음을 언급하고 있다

> 상이한 경제발전단계에서의 각각의 필요와 관심에 일치하는 방법으로 환경을 보호하고 보존하며 이를 위한 수단의 강화를 모색하면서, 지속가능한 개발이라는 목적에 일치하는 세계자원의 최적이용을 고려하는 한편 . . . 무역 및 경제활동 분야에서의 상호관계가 이루어져야 한다.

또한 환경에 관한 관심은 WTO협정의 규정(예컨대, GATT 제XX조, SPS협정과 TBT

---

120) Cottier and Oesch (n 119) 514.

121) *US-Gasoline*, AB report, p. 17.

122) 예를 들어, Pauwelyn은 DSU 제3.2조에서의 국제법의 해석에 관한 관습적인 규칙에 대한 언급이 국제법의 모든 다른 원칙을 배제하는 것은 아니라고 주장하며, WTO분쟁해결에 있어 국제법상 다른 규범의 비적용은 국가들로 하여금 다른 국제협정상 의무를 회피하게 함으로써, *pacta sunt servanda* 원칙(약속은 준수되어야 한다)을 위반하는 것이라는 견해를 제시하였다. Pauwelyn, *Conflict of Norms* (n 119) 117－18 and 461 참조; Conrad (n 119) 123－124 참조.

123) Pauwelyn, *Conflict of Norms* (n 119) 476.

124) Marrakesh Agreement Establishing the World Trade Organization 1994.

협정 등)에 포함되어 왔다.

환경을 다루기 위해 1994년에 WTO무역환경위원회가 설립되었다. 도하개발의제[125]에 따라, 동 위원회는 시장접근에 대한 환경조치, TRIPs의 관련 규정 및 환경목적의 라벨링요건의 효과를 검토하고 있다.[126]

WTO 사법기관은 수많은 분쟁에서 일반적인 공공정책 우선순위, 특히 환경적 고려에 대한 지지를 보여주었다. *US-Gasoline* 사건에서, GATT 제III:4조[127]의 비차별 원칙과 제XX(g)조[128]의 환경적 예외 간의 관계를 해석함에 있어 AB는 '고갈될 수 있는 천연자원의 보존에 관한' 술어는 제III:4조의 목적과 대상을 뒤엎을 정도로 심하게 확대되어 해석되어서는 안 된다고 판시하였다. 제III:4조는 제XX(g)조와 동 조항이 규율하는 정책과 이해관계를 사실상 무기력하게 만들 정도로 광범위하게 해석되어서도 안 된다.[129] AB의 이러한 판시는 GATT 제XX조의 규정이 환경보호를 위한 조치를 취하는 WTO 회원의 권리가 공허하지 않게 보장하도록 해석되어야 함을 시사하는 것이기도 하다.[130]

이후, *US-Shrimp* 사건에서 AB는 WTO 회원이 환경보호 목적을 준수해야 한다는 서문의 특정한 술어는 '일반적으로는 WTO협정, 그리고 특별히는 GATT 1994에 따른 회원국의 권리와 의무에 색감, 질감 및 명암을 입히는 것이다'라고 판시하였다.[131]

그럼에도 불구하고, 국제무역과 기후변화체제의 상관관계는 잠재적인 긴장과

---

125) WTO에서 무역자유화에 관한 지속적인 협상을 진행하고 있는 도하라운드는 2001년 11월 14일 도하에서 개최된 WTO의 제4차 각료회의에서 채택된 도하각료선언(Doha Ministerial Declaration)에 의해 감독되고 있다.

126) Doha Ministerial Declaration 2001, para 32.

127) GATT 제III:4조는 다음과 같다:
체약국 영역의 상품으로서 다른 체약국의 영역에 수입된 상품은 동 국내에서의 판매, 판매를 위한 제공, 구입, 수송, 분배 또는 사용에 관한 모든 법률, 규칙 및 요건에 관하여 국내 원산의 동종상품에 부여하고 있는 대우보다 불리하지 아니한 대우를 부여하여야 한다.

128) GATT 제XX조는 다음과 같다:
본 협정의 어떠한 규정도 체약국이 다음의 조치를 채택하거나 실시하는 것을 방해하는 것으로 해석되어서는 아니 된다. 다만, 그러한 조치를 동일한 조건하에 있는 국가 간에 자의적이며 정당화될 수 없는 차별의 수단 또는 국제무역에 있어서의 위장된 제한을 구성하는 방식으로 적용하지 아니할 것을 조건으로 한다.
(g) 고갈될 수 있는 천연자원의 보존에 관한 조치, 다만 동 조치가 국내의 생산 또는 소비에 대한 제한과 관련하여 유효한 경우에 한한다.

129) *US-Gasoline*, AB report, p. 18.

130) P Low, G Marceau and J Reinaud, 'The Interface between the Trade and Climate Change Regimes: Scoping the Issue' (TAIT second conference on 'Climate Change, Trade and Competitiveness: Issues for the WTO', Geneva, 16–18 June 2010) 12.

131) *US-Shrimp*, AB report, para 74.

충돌을 내포하고 있다. Gray Hufbauer와 Jisun Kim이 정확히 지적한 바와 같이, 두 정책 간의 충돌은 각자가 추구하는 목표의 성격에 이미 내재하고 있다.[132] 무역 자유화는 다양한 규제의 시장왜곡을 최소화하기 위하여 정부 간섭의 제한을 암시하는 반면, 기후변화 문제의 처리는 해당 사회의 배출비용을 내재화하지 못한 시장 실패를 교정하기 위해 정부의 간섭을 필요로 한다.

WTO협정상 국가들의 권리와 의무 및 국제기후조약상 잠재적 약속 간의 관계

국제무역과 기후레짐 사이에 존재하는 긴장상태의 위험은 WTO협정상 국가의 권리와 의무 및 UNFCCC/교토의정서 또는 추후 국제기후협정상 국가의 권리와 의무 간의 불확정적인 관계 때문에 대단히 추정하기 어렵다.

다자환경협정상 WTO 약속과 특정무역의무

WTO규범과 다자환경협정(multilateral environmental agreements, 이하 'MEAs')의 무역 관련 규정, 즉 보통 MEAs로 불리는 특정무역의무(specific trade obligations, 이하 'STOs') 간의 관계에 대해서는 오래 지속되어 온 논쟁이 존재한다.[133] 약 240개 이상의 MEAs가 무역에 영향을 끼칠 수 있는 반면, 30개 이상의 MEAs만이 STOs를 포함하고 있는 것으로 추정된다.[134] 문제는 MEAs의 일부 STOs가 WTO규범과 충돌 가능성이 있는 것처럼 보인다는 점이다.

MEAs에 의한 WTO규범의 가장 일반적 위반사항은 다음을 포함한다:[135]

(1) MFN 원칙의 위반. 예를 들어, 몬트리올의정서는 의정서의 당사국 간 오존층파괴물질의 거래를 허용하지만, 비당사국간에는 (수입과 수출금지를 통해) 이를 금지한다.

---

132) G Hufbauer and J Kim, 'The World Trade Organization and Climate Change: Challenges and Options' (2009) Peterson Institute for International Economics *Working Paper Series*, 4.

133) Report of the WTO Committee on Trade and Environment to the WTO Ministerial Conference in Singapore, 8 November 1996, para 5ff.

134) P Kuijper, 'Conflicting Rules and Clashing Courts: The Case of Multilateral Environmental Agreements, Free Trade Agreements and the WTO' (2010) ICTSD *Issue Paper* no. 10, 15.

135) T Deal, 'WTO Rules and Procedures and Their Implication for the Kyoto Protocol' (2008) USCIB *Discussion Paper*, 5-6 <www.uscib.org/docs/wto_and_kyoto_2008.pdf> 2013년 8월 14일 방문.

(2) 내국민대우 원칙의 위반. 예를 들어, MEAs는 주로 상품이 제조된 방법(예컨대, 몬트리올의정서상 ODSs의 이용 여부)에 기초하여 상품을 차별한다. 상품과 관련이 없는 제조공정방법에 기초한 수입상품과 동종의 국내상품의 차별대우는 GATT 제Ⅲ조상 비차별원칙을 통과하기 어렵다.
(3) GATT 제XI조상 수량제한 금지의 위반. 예를 들어, 몬트리올의정서상 예측 가능한 수입과 수출금지는 금지된 수입/수출 수량제한의 성격을 가질 수 있다.

Pieter Jan Kuijper는 MEAs의 STOs 성격 또는 MEAs를 지지하여 채택된 다음 조치에 따른 WTO와 MEAs 간의 다양한 충돌 정도를 확인하였다:

(a) MEAs에 의해 당사국의 무역상 의무로서 명시적으로 위임받은 조치(예컨대, 몬트리올의정서상 수출과 수입금지);
(b) MEA에 의해 (MEA에 특별히 언급된) 명시적으로 또는 (MEA에 특별히 언급되지는 않았으나 이론적으로 MEA의 목적 달성을 위해 이용될 수 있게) 묵시적으로 허용된 조치;
(c) MEA에 의해 권한을 위임받지는 않았으나 MEA를 지지하기 위해 당사국이 자발적으로 취한 조치.[136]

(a)에서부터 (c)로 갈수록 MEAs에 의해 취해진 조치의 합법성은 감소하고, WTO협정상 국가들의 권리 및 의무와의 충돌은 증대된다.[137] 해당 조치의 먼저 두 유형은 논쟁의 여지가 있지만, GATT 예외에 의해 합법적인 특정한 정책 목적에 필요하거나 관련 있는 조치로서 GATT 제XX조의 예외조항에 해당될 수 있지만, 세 번째 유형과 단지 '묵시적으로만' 허용된 조치는 WTO법상 받아들이기 어려울 것 같다.[138]

문제는 MEA상 당사국의 의무와 WTO협정상 의무의 충돌을 어떻게 해결해야 하는지 이다. 앞에서 살펴본 바와 같이, WTO법규범은 전체 국제법 중 일부를 차지하며, 국제법의 모든 규범은 WTO분쟁에 적용될 수 있음이 널리 인정되고 있다. 그러나 Christiane Conrad가 지적한 바와 같이, 우리가 전체로서의 전통국제법이

136) Kuijper (n 134) 18–19.
137) 일부 법학자들의 경우, 하나의 협정을 위반한 조치가 다른 협정에 의해 권한을 위임받거나 요구되며, 그 다른 협정상 단지 허용되지(금지되지 않는) 않는 상황에서만 다양한 국제조약의 규정들 간 충돌이 존재하는 것으로 간주하고 있음을 주목하여야 한다. 예컨대 J Trachtman, 'Toward Open Recognition? Standardization and Regional Integration Under Article XXIV of GATT' (2003) 6(2) *Journal of International Economic Law* 459, 472 참조.
138) Kuijper (n 134) 18–19.

문제의 조치에 적용되는 것은 알 수 있다고 하더라도 분쟁이 발생한 경우 어느 규범이 우선하는지의 문제는 알지 못한다는 것이다.[139)]

법적으로 말해 MEA와 WTO협정 간에 위계가 존재하지 않는다는 사실을 주목해야 한다. 양 규범은 국제법상 동등한 법적 가치를 가진다: 양 규범이 다른 포럼에서 확립되었다 하더라도 이들은 동등하게 국제공동체의 의지와 필요를 대변한다.[140)] 그러나 MEA 체제와 충돌하는 경우, WTO만이 강력한 이행체제를 갖춘 강제적 분쟁해결제도를 가지고 있기 때문에 WTO를 지지하는 '사실상의 위계'가 존재할 것이라는 주장이 있다.[141)]

WTO와 다른 국제조약 간의 잠재적 충돌을 해결하기 위해 가능한 몇 가지 도구 중 하나는 상호 지지성의 원칙(principle of mutual supportiveness)이다.[142)] 상호 지지성의 원칙은 무역체제, 지속가능한 개발과 환경 간의 관계의 맥락상 수 개의 MEAs (서문 또는 협정문) 및 2001년 WTO 도하각료선언에 확립되어 있다.[143)]

상호 지지성의 원칙은 기본적으로 충돌에 대한 추정이다. 이 원칙에 의하면, 두 개의 국제협정의 충돌 규정의 해석자는 두 개의 법적 체제가 서로 고려 및 지지하고 있으며, 관련 용어는 두 협정의 문맥 및 대상과 목적에 비추어 해석되어야 할 것을 보장해야 한다.[144)] 상호 지지성의 원칙은 양 규범의 원칙과 기본규범에 대한 상호인정(mutual recognition) 및 점진적 적응(gradual adaptation)을 요구한다.[145)] MFN 및 내국민대우 원칙과 같은 국제통상규범은 기후정책 중 무역과 관련된 일방조치가 이용될 수 있는 범위를 정할 수 있을 것임에 반면, 인류의 공동관심사와 같은 기후정책의 기본원리는 국제통상규범으로 하여금 특정 조치를 허용하도록 강제할 수 있을 것이다.[146)]

---

139) Conrad (n 119) 128.

140) The Relationship between WTO Rules and MEAs in the Context of the Global Governance System, Submission by the EC to the CTE, 24 March 2004, TN/TE/W/39.WTO, 5–6.

141) I Feichtner, 'The Waiver Power of the WTO: Opening the WTO for Political Debate on the Reconciliation of Competing Interests' (2009) 20(3) *European Journal of International Law* 615, 616 and footnote 3.

142) Kuijper (n 134) 14–15.

143) Doha Ministerial Declaration 2001, para 6.

144) Kuijper (n 134) 14–15. 조약의 문맥 및 대상과 목적에 비추어, 용어의 통상적 의미에 기반을 둔 해석 원칙이 조약법에 관한 비엔나협약 제31조 1항에 규정되어 있다.

145) WTO 회원으로 하여금 국제기준을 이용하도록 장려하는 SPS협정의 제3.2조와 같은 특정한 WTO규정은 이러한 체제의 상호 지지성에 기여함을 주목해야 한다.

146) Cottier and Matteotti–Berkutova (n 114) 45.

더 나아가, 잠재적인 충돌을 피하기 위해, WTO협정문에 대한 수개의 개정이 제안되어 왔다. 여기에는 GATT 제XX조의 개정, WTO협정의 보완책으로서 WTO와 MEAs 간의 관계에 관한 새로운 규정의 도입, 또는 WTO 회원에 의한 해석 결정의 채택이 포함되었다.[147] 이러한 방법으로, MEAs상 무역 관련 규정이 모든 WTO 회원에 의해 동의를 얻게 된다면 WTO규범의 예외를 구성하게 될 것이다.[148]

MEAs를 지지하는 무역조치 이용에 관한 합의는 양자협상을 통해서도 달성될 수 있을 것이다. 일부 특혜무역협정(preferential trade agreements, 이하 'PTAs')은 이미 PTA의 무역상 의무와 MEAs의 약속 사이의 관계를 어떻게든 명확히 하려고 하였다. 예를 들어, 북미자유무역협정(North American Free Trade Agreement, 이하 'NAFTA')은 NAFTA의 의무와 멸종위기에 처한 야생동식물종의 국제거래에 관한 협약(Convention on International Trade in Endangered Species of Wild Fauna and Flora), 오존층 파괴물질에 관한 몬트리올의정서(Montreal Protocol on Substances that Deplete the Ozone Layer) 및 유해폐기물의 국가간 이동 및 그 처리의 통제에 관한 바젤협약(Basel Convention on the Control of Transboundary Movements of Hazardous Wastes and Their Disposal)상 특정무역의무 간의 충돌의 경우, 후자의 의무가 불일치의 범위에서 우선한다고 규정하는 유보조항(saving clause)을 포함하고 있다.[149]

국제기후협정의 무역 관련 규정과 WTO규범 간의 충돌 가능성

현재 국제기후변화체제는 무역 관련 조치의 이용에 대해 명시적으로 규정하고 있지 않다. 그럼에도 불구하고, UNFCCC 제3.5조는 GATT 제XX조의 용어를 사용해서 '일방조치를 포함한 기후변화에 대처하기 위해 취해진 조치는 자의적이거나 정당화되지 않은 차별 또는 국제무역의 위장된 제한을 구성해서는 안 된다'며 경고하고 있다. UNFCCC에 이 문구를 사용한 것은 기후정책 목표를 위한 무역조치의 이용이 배제되어서는 안 됨을 시사한다.[150]

post-교토의정서 국제기후협정은 아마도 무역 관련 규정을 포함하게 될 것이

147) Cottier and Oesch (n 119) 518.

148) F Biermann et al., 'The Polluter Pays Principle under WTO Law: The Case of National Energy Policy Instruments' (2003) *Research Report*, Environmental Research of the Federal Ministry of the Environment, Nature Conservation and Nuclear Safety, iv.

149) OECD, *Environment and Regional Trade Agreements* (Paris 2007) 139.

150) WTO, *World Trade Report 2011: The WTO and Preferential Trade Agreements: From Co-existence to Coherence* (World Trade Organization 2011) 2.

다. 그렇다면 WTO의 무역의무와 국제기후협정의 무역상 의무 간의 관계는 어떻게 될 것인가? WTO협정과 MEAs의 접점에 관해 위에서 논의한 바와 같이, 대답은 명확하지 않다. WTO와 MEAs 간의 관계에 대한 명확화가 도하각료선언에 의해 WTO 회원에 할당되었다는 사실에도 불구하고, 도하라운드가 종료되지 않는 한 문제는 여전히 해결되지 않은 채 남아 있을 것이다.[151] 결과적으로 무역과 기후체제의 관계는 현재 상호회피(mutual avoidance)로 특징지을 수 있을 것이다. 기후 협상가들은 WTO에 무역 관련 기후정책 조치를 언급하는 반면, 무역 협상가들은 보통 기후문제에 대한 토론을 꺼리기 때문에 UNFCCC 포럼을 더 적합한 논의의 장으로 판단한다.[152]

무역 관련 조치의 문제에 대한 국제무역과 기후체제에 의한 상호회피는 양 체제의 효율성을 실질적으로 훼손할 수 있는 향후 분쟁의 회피까지 보장하지는 않는다. 따라서 국가들은 국제기후협정의 무역 관련 규정과 WTO 규정 간의 관계를 명확히 할 필요가 있으며,[153] WTO법과의 불일치가 발견되는 경우 해결책을 찾아야 한다.

WTO법과 일치되지 않는 무역조치가 다자무역체제와의 충돌을 피하기 위해 새로운 기후협정에 의해 권한을 위임받는다면, WTO 회원은 기후협정상 취한 무역조치를 WTO의무로부터 면제시켜 주어야 할 것이다. 그러나 그 문제는 여전히 기후협정의 당사국이 아닌 WTO 회원에게 남아 있다.[154] 만약 WTO 회원이 국제기

151) 도하개발의제에 포함된 두 개의 다른 환경 관련 과제는 (1) MEA 사무국과 WTO의 관련 위원회 간에 정기적인 정보교환을 위한 절차를 개발하는 것과 (2) 환경재 및 환경서비스에 대한 관세 및 비관세장벽의 감축 또는 제거이다. Doha Ministerial Declaration 2001, para 31 참조.

152) L Weischer et al., 'Introduction – Climate and Trade Policies in a Post–2012 World' in *Climate and Trade Policies in a Post-2012 World* (UNEP 2009) 3. 또한, 한 조약이 다른 조약보다 우위에 있거나 종속된다고 그 위계가 조약 그 자체 문안에 의해 확립되지 않는 한, 국제법상 어떠한 조약도 서명국의 수(양자 혹은 다자) 및 발효 방법(의회에 의한 비준 또는 입법기관에 의한 단순한 승인)에 상관없이, 다른 조약을 규제할 수 없다고 주장한 T Cottier and M Foltea, 'Constitutional Functions of the WTO and Regional Trade Agreements' in L Bartels and F Ortino (eds), *Regional Trade Agreements and the WTO Legal System* (Oxford University Press 2006) 51 참조.

153) 이 관계의 명확화는 무역과 기후정책의 상호 지지성을 강화시킬 것이다. Thomas Cottier와 Matthias Oesch가 지적한 바와 같이, 일관성과 지지성을 달성하기 위해 각 정책은 기획 단계에서 다른 정책의 목적, 이해관계 및 제한을 고려하여야 한다. Cottier and Oesch (n 119) 517 참조.

154) Deal (n 135) 12. 무역과 환경의 상호 지지성을 증대하기 위하여, 현재 도하라운드 협상은 '문제의 MEA 당사국 사이에서 기존의 WTO규범'의 적용가능성의 범위로 한정되어 있다. Doha Ministerial Declaration 2001, para 31 참조. 무역과 환경의 관계에 관한 도하의제에 대한 보다 자세한 사항은 M Panizzon, L Arnold and T Cottier, 'Handel und Umwelt in der WTO:

후협정의 당사국인 아닌 다른 WTO 회원을 상대로 WTO분쟁해결절차에 사건을 회부한다면 어떻게 될 것인가?

조약법에 관한 비엔나협약(Vienna Convention on the Law of Treaties, 이하 'VCLT')의 제31.3(c)조는 조약의 관련 규정의 문맥과 함께, '당사국들 간의 관계에서 적용 가능한 국제법의 여하한 관련 있는 규칙'을 고려하도록 규정하고 있다. *EC-Approval and Marketing of Biotech Products* 사건에서 WTO 패널이 해석한 바와 같이, VCLT의 제31.3(c)조상 '당사국들'은 해석이 필요한 조약(이 경우, WTO협정)의 모든 당사국을 의미한다.[155] 결과적으로 국제기후협정 규정의 WTO분쟁에의 적용 가능성은 분쟁의 모든 당사국들이 동시에 기후협정의 당사국일 뿐만 아니라 모든 WTO 회원이 동시에 기후협정의 당사국일 것을 요구하는 것이다.[156] 또한 이러한 추론은 제3국의 동의 없이 조약 규범의 준수를 요구하는 것은 가능하지 않다고 규정하고 있는 VCLT의 제34조에 의해 뒷받침될 수 있을 것이다. 국제기후협정의 당사국이 아닌 WTO 회원은 자신이 WTO의무를 위반한다면, 기후협정상 취해진 무역조치에 대해 쉽사리 이의를 제기할 수 있음이 분명하다.

무역 관련 규정이 post-교토의정서 협정에 포함되지 않는다면, 해당 협정의 당사국들이 협정의 목적을 달성하기 위해 (MEA에 의해 특별히 위임받지 않은) 무역조치를 여전히 이용할 수 있는지의 문제가 존재한다. 스위스는 그러한 조치가 MEA에 의해 명시적으로 권한을 위임받지 않았더라도, MEA의 이행을 지지하는 무역 관련 조치의 이용을 가능하게 할 수 있는 STOs의 해석을 제안하였다.[157] 이러한 해석으로부터 볼 때, MEA의 목표 이행과 달성에 기여할 수 있다면 모든 무역 관련 조치를 이용할 수 있을 것이다. 그러나 STO의 이처럼 광범위한 해석이 과연 WTO 회원에 의해 받아들여질지는 미지수이다.[158]

그런 까닭에 무역조치가 post-교토의정서 기후협정에 의해 권한을 위임받지

Entwicklungen und Perspektiven' (2010) 3 Umweltrecht in der Praxis Volume 199, 241 참조.

155) *EC-Approval and Marketing of Biotech Products*, panel report, para 7.68.

156) *EC-Approval and Marketing of Biotech Products*, panel report, para 7.72. 패널은 분쟁의 모든 당사국들이 MEA의 당사국은 아니었기 때문에 이 문제를 해결하지 않고 남겨 두었다. 그러나 MEA 양 당사국 간의 분쟁이라면 패널이 어떻게 결정할 것인지는 명확하지 않다.

157) Relationship between Specific Trade Obligations Set Out in MEAs and WTO Rules: Paragraph 31(i), Submission by Switzerland to the CTE Special Session, 10 February 2003, TN/TE/W/21, 70.

158) R Tarasofsky, 'Heating Up International Trade Law: Challenges and Opportunities Posed by Efforts to Combat Climate Change' (2008) 1 *Carbon and Climate Law Review* 7, 15-16.

않는다면, 무역조치의 사용을 피하는 것이 가장 안전한 방법일 것이다. 만약 권한이 없는 무역조치가 사용된다면, 이는 WTO규범에 일치되어야 하거나, GATT 제XX조의 일반예외에 따라 정당화를 허용하는 방법으로 고안되어야 한다.[159]

159) GATT 제XX조의 정당화를 위해 필요한 조건에 대한 개요는 제6장 참조.

3. 기후정책과 관련 있는 국경조정

본 장은 배출감축체제에 의해 야기된 탄소누출과 관련된 문제를 강조하며, 국경조정의 이용을 포함한 탄소누출 문제를 해결하기 위해 가능한 정책 도구의 범위에 대해 논의한다. 다양한 입법적 제안과 본 장에서 검토되고 있는 정치적 문건에 의해 고안된 탄소 관련 국경조정의 개념은 국제무역에서 사용되고 있는 전통적인 국경세조정보다 광범위한 것처럼 보인다.

탄소누출

제2장에서 논의된 바와 같이, 선진국 및 시장경제전환국들만이 CBDR 원칙에 기초하여 지금까지 제한적인 배출감축을 약속하여 왔다. 2015년 이후 생겨날 새로운 국제기후체제도 개도국은 강제적 배출감축의무가 없는 반면, 선진국은 다시 구체적인 배출감축의무를 이행하여야 할 동일한 원칙에 기반을 둘 것으로 보인다.[160]

탄소 제한의 일방적 도입은 국내 및 외국시장 간에 불평등한 경쟁조건을 창출한다. 이러한 현상은 탄소법이 없거나 느슨한 탄소법을 가진 국가에서의 외국생산자들은 탄소세를 지불하지 않으며, 탄소 배출 제한이 있는 국가의 시장 및 탄소세가 부과되지 않는 다른 국가의 시장에 자신의 상품을 판매할 것이기 때문에 발생한다. 이와 동시에, 국내생산자는 배출비용을 부담할 의무가 있으며, 수출시 이러한 비용에 대해 보상을 받지 않는다.

불공정한 가격경쟁이 국내소비자들로 하여금 보다 헐값으로 수입된 탄소집약적 상품의 소비를 증대하도록 만드는 반면, 국내기업의 경우 탄소집약적 상품을 배출 제한이 없는 국가 및 탄소세가 없는 국가, 즉 '오염피난처(pollution havens)'로 이전하도록 만들 수 있다. 결과적으로 엄격한 기후정책을 가동 중인 한 국가에 의한 배출감축은 탄소 배출 제한이 없는 다른 국가에서의 배출을 증대시키는 결과를 낳을 것이며, 이는 결국 기후변화에 대한 투쟁에서 어떠한 변화도 야기하지 못하게 될 것이다. 또한 '탄소누출'[161]이라고 알려져 있는 이러한 현상은 때때로 '탄소세탁

160) 그러나 2011년 말 제17차 COP에서 협상이 이루어진 더반 플랫폼은 선진개도국이 2020년 이후 배출감축약속의 이행 가능성을 창설하고 있음을 언급할 필요가 있다.

(carbon laundering)'이라고도 불린다.[162]

탄소누출은 또한 세계적인 탄소집약적 에너지원이나 상품의 가격 하락을 야기하는 배출가격을 도입한 대규모 시장을 갖춘 국가들에서의 탄소집약적 에너지원 및 상품에 대한 수요 감소의 결과일 수도 있다. 세계 시장에서 탄소집약적 에너지원 또는 상품의 가격 하락은 배출감축정책이 없는 국가들로 하여금 이러한 탄소집약적 에너지원과 상품을 보다 광범위하게 사용하도록 자극할 것이며, 이는 지구 배출의 추가적 증가를 야기할 것이다.[163]

탄소누출의 환경적 영향 이외에도, 탄소누출은 경제에도 중대한 영향을 끼칠 것 같다. 국내생산의 오염피난처로의 재배치는 기후정책을 추진 중인 국가의 GDP와 일자리를 감소시킬 것이다.[164]

탄소누출은 주로 경제의 하부 분야(산업) 또는 소분야의 책임으로 여겨지며, 산업의 경쟁력, 즉 시장점유율과 이익을 유지하기 위한 능력에 미치는 배출제한조치의 영향과 관련이 있는 문제이다.[165] 탄소누출의 경험적 증거가 희박하고 경험적 자료로부터 나온 결과물이 불확실하지만, 이론적인 경제학적 분석에 의하면 탄소누출은 일정한 상황에서는 발생할 수 있음을 보여준다.[166] 탄소누출과 경쟁력에 대한 배출제한의 영향은 하부 분야의 특정한 성격 및 가동 중인 배출감축조치의 계획과 관련

---

161) H Van Asselt, T Brewer and M Mehling, 'Addressing Leakage Competitiveness in US Climate Policy: Issues Concerning Border Adjustment Measures' (2009) *Climate Strategies*, 9 <http://climatestrategies.org/component/reports/category/32/112.html> 2013년 8월 16일 방문.

162) G Hufbauer, S Charnovitz and J Kim, *Global Warming and the World Trading System* (Washington DC: Peterson Institute for International Economics 2009) 65.

163) T Houser, 'In-session Discussion' in A Cosbey (ed), *Trade and Climate Change: Issues in Perspective* (Final Report and Synthesis of Discussions at the Trade and Climate Change Seminar, Copenhagen, 18-20 June 2008) 33. 또한 R Ismer, 'Mitigating Climate Change Through Price Instruments: An Overview of the Legal Issues in a World of Unequal Carbon Prices' in C Herrmann and J Terhechte (eds), *European Yearbook of International Economic Law* (Berlin: Springer- Verlag 2010) 211-212 참조.

164) P Wooders and A Cosbey, 'Climate-linked tariffs and subsidies: Economic aspects (Competitiveness and Leakage)' (TAIT second conference 'Climate Change, Trade and Competitiveness: Issues for the WTO', Geneva, 16-18 June 2010) 38.

165) Dröge (n 9) 21-39.

166) 탄소누출의 위험은 특히 장기적으로 투자자들이 '오염피난처'에 새로운 투자를 결정할 때 발생한다. Wooders and Cosbey (n 164) 21ff 참조. Peter Wooders와 Aaron Cosbey는 탄소누출의 경제적 시뮬레이션모델의 결점을 지적한다. 이러한 모델의 결과는 흔히 현실세계의 상황을 반영하지 않는 주요한 가정에 의존한다. 예를 들어, 동 모델은 경제의 다른 부분에서 선발되고 해방된 특정한 분야의 편파적인 균형분석이다. 또한 동 모델은 회사의 장기적 투자결정을 유인하는 요소들을 정확히 검토하지 않는다.

한 여러 요인에 의존하지만, 대체로 생산의 탄소집약도, 해당 분야의 국제무역에 대한 노출, 소비자에게 가격을 통해 비용을 전가하는 능력에 주로 의존한다.[167] 생산의 탄소집약도는 생산기술 및 생산 중에 사용되는 에너지 유형으로부터 결정된다.

탄소배출은 대개 생산 중의 에너지 사용으로부터 기인한다. 따라서 에너지 비용의 상승은 탄소 제한으로부터 야기될 수 있는 비용 증가의 가장 큰 부분을 차지한다. 그러나 최근의 연구가 보여주는 바와 같이, 에너지 비용은 대부분의 산업에 있어 운송비용의 단지 1－3%를 차지한다. 그러므로 탄소누출은 에너지 비용이 상당한 일부 산업에 대해서만 문제가 될 수 있다.[168] 이러한 분야에는 전력생산, 석유정제, 철강, 알루미늄, 펄프와 종이, 시멘트, 유리 및 산업용 화학물질 생산이 해당된다. 그러나 전기제품 및 섬유산업과 같은 노동집약적인 분야와 비교하여, 국제무역 및 이로 인해 가동 중인 탄소 제한이 없는 국가로부터 나온 동종상품의 경쟁에 덜 노출되어 있는 자본집약적인 분야도 존재한다.[169] 그럼에도 불구하고 일부의 경우 철강, 알루미늄, 시멘트, 펄프와 종이 및 화학물질의 무역 노출 정도는 탄소규제에 따른 생산자의 경쟁력에 충분히 위협이 될 정도로 높은 편이다.[170]

경제학자들은 탄소누출의 위험을 상대적으로 낮은 것으로 추정하지만, 탄소누출은 선진국의 정부가 기후변화에 맞서기 위한 야심찬 행동의 조치를 억제할 수 있는 확실히 정치적인 문제이다. 아마도 선진국의 탄소누출 문제는 기후정책 행동과는 상관없이 개도국의 보다 효율적인 중공업으로 인해 경쟁적인 지위를 잃게 될 것임에 집착하는 중공업의 경쟁력 문제로부터 발생할 수 있다.[171]

---

167) WTO, *Trade and Climate Change* (n 77) 98－99. 또한 Wooders and Cosbey (n 164) 21ff 참조.

168) C McLure, 'Border Adjustments for Carbon Taxes and the Cost of CO_2 Emissions Permits: Politics, Economics, Administration and International Trade Rules' (2010) 64 *Bulletin for International Taxation* 585, 586. 경제적 분석에 의하면, 선진국 GDP의 약 0.5－2%만이 기후정책에 따른 생산비용의 중대한 증가에 노출될 것이다. J Stephenson and S Upton, 'Competitiveness, Leakage, and Border Adjustment: Climate Policy Distractions?' (2009) OECD Round Table on Sustainable Development Paper SG/SD/RT(2009)3, 8. 다른 경제적 분석에 의하면, 예컨대 프랑스의 탄소집약적 분야에 대한 탄소세 비용 또는 허용배출량은 프랑스의 일반 부가가치세율 19.6%와 비교할 때, 부가가치세율 3%에서 6%를 차지할 것임을 예측한다. P Messerlin 'Climate Change and Trade Policy: From Mutual Destruction to Mutual Support' (2010) Working Paper, 11 참조 <www.gem.sciences－po.fr/content/publications/pdf/Messerlin－Climate Trade 042010.pdf> 2013년 8월 15일 방문.

169) McLure 'Border Adjustments' (n 168) 586.

170) T Houser et al., *Leveling the Carbon Playing Field: International Competition and US Climate Policy Design* (Washington DC: Peterson Institute for International Economics 2008) 8.

171) ICTSD 'Competitiveness and Climate Policies: Is There a Case for Restrictive Unilateral Trade

탄소누출을 해결하기 위한 정책적 도구

정부가 탄소누출 문제를 해결하기 위해 이용할 수 있는 수개의 정책적 도구가 존재한다. 그러나 어떠한 수단도 절대적인 성공을 보장하지는 못한다. 각각 장점과 단점을 가지고 있는 반면, 이러한 수단의 적절성은 무역 노출 정도, 비용구조, 자본 집중도, 기술적 현상유지 및 상품의 균질성을 포함한 탄소누출의 위험에 직면한 산업의 특정 부분에 의존한다.[172] 게다가 탄소누출을 막기 위해 이용되는 수단은 일관되고 예측 가능한 방법으로 탄소가격을 유지할 수 있어야 하며, 국가들 사이에서 탄소가격의 조화와 관련하여 다자기후협상의 진전을 고려하여야 한다.[173]

기후변화에 대한 최적화된 해결책으로서의 지구탄소가격제

경쟁력 중심의 탄소누출 문제에 대한 최선의 해결책은 의심할 여지없이 탄소에 대한 공통의 조화된 지구가격제를 설정하는 지구기후협정일 것이다. 모든 국가들로 하여금 자국 영토에서 발생하는 배출에 대해 책임을 지도록 의무를 부여하는 보편적 기후협정은 경쟁적인 관점에서 볼 때, 모든 국가의 생산자들을 대등한 지위에 놓을 것이고, 국가 간 분쟁을 예방하며, 환경보호와 관련된 '무임승차' 및 '죄수의 딜레마' 문제를 해결할 수 있을 것이다.[174] 심지어 전세계 모든 국가들이 지구기후협상에 서명할 필요도 없을 것이다. 지구탄소가격제를 설정하기 위하여 세계의 탄소배출 구성요소로부터 상위 10위에 해당하는 탄소배출국을 기후협상에 참여국으로 만드는 것만으로도 충분할 것이다.[175]

그러나 보편적 탄소가격에 대한 이러한 협정은 선진국으로 하여금 기후완화노력을 돕기 위해 개도국에 전례 없는 재정지원을 제공하고,[176] 지식재산권과 투자

Measures?' (2009) *ICTSD Information Note* no. 16, 6.

172) Dröge (n 9) 10 and 42–43.

173) Dröge (n 9) 9.

174) Biermann et al. (n 148) 7; M Lodefalk and M Storey, 'Climate Measures and WTO Rules on Subsidies?' (2005) 39 *Journal of World Trade* 23, 39; Dröge (n 9) 7.

175) Le Roux (n 44) 10 footnote 26.

176) EU가 예측한 바에 의하면, 개도국은 배출감축과 적응 노력에 2020년까지 천만 유로를 매년 필요로 할 것이다. Presidency Conclusions of the European Council, 15265/09, 29–30 October 2009 참조.

자극제의 실질적 변경을 통한 기술이전을 가능하게 하지 않는 한 실현될 것 같지는 않다.[177] 상위 10위권 내의 탄소배출국은 경제발전 차이의 측면에서 지구공동체의 소우주를 대변하기 때문에, 이러한 10개국 간의 기후협상은 세계의 모든 국가들 간의 협상과 마찬가지로 비현실적이다.[178] 다양한 국가들 간에 경제발전의 차이 때문에 보편적인 단일의 탄소가격제를 합의하기 위한 어려움 이외에도, 또한 국내 입법부가 재정정책문제를 결정하는 자신의 권한을 초국가적 권위에 기꺼이 내 줄 수 있으리라고 상상하기는 어렵다.[179]

염두에 두어야 할 것은 2015년 이후 국가들 간의 약속이 여전히 다르게 배분될 것, 즉 탄소누출 문제가 post－교토의정서 국제기후레짐에서도 지속될 것임을 의미한다는 사실이다.

영역별 협정

탄소누출 문제에 대한 대안적 해결책은 다양한 배출집약적 산업 분야에서 배출감축협정을 체결하는 것과 관련이 있는 영역별 접근법을 추구함으로써 달성될 수 있다.[180] 영역별 배출감축약속은 자발적이거나 강제적일 수 있다. 후자에 대한 협상은 정부 또는 국제기구에 의해 주도될 수 있으며 이행제도를 포함하게 될 것이다.

그러나 배출감축에 대한 영역별 접근법은 또한 불리한 측면도 가진다. 이는 경제적 차원의 배출감축체제에서 발생할 것으로 기대되는 효율성 개선을 침식시키는 다양한 탄소가격제로 인해 탄소시장을 분할하게 만들 것이다.

허용배출량의 무상할당과 세금공제

탄소집약적 산업을 배출 비용이 없는 국가로의 재배치를 방해하기 위한 또 하나의 방법은 허용배출량의 무상할당을 포함한 배출통제조치로부터 다양한 면제를

---

177) A Cosbey, 'Achieving Consensus: Multilateral Trade Measures in Post－2012 Scenarios', in *Climate and Trade Policies in a Post-2012 World* (UNEP 2009) 24－25.

178) Le Roux (n 44) 10 footnote 26.

179) Hufbauer and Kim (n 101) 24.

180) Ismer (n 163) 217－218.

부여함으로써 가장 취약한, 즉 탄소집약적이고[181] 무역에 노출된[182] 국내산업에 대해 가격 부담을 경감시키는 것이다.

허용량의 무상할당은 지금까지 EU에서 경쟁력과 탄소누출 문제를 처리하는 데 이용해 온 주요한 접근법이다.[183] 이는 대개 탄소누출 위험이 있는 것으로 알려진 모든 탄소집약적 산업에 대한 배출의 일성한 한계점을 기초로 하여 행해진다. 예를 들어, EU ETS 제3단계(2012–2020)에서, 허용량의 무상할당을 위한 기준은 가장 효율적인 기술을 고려한 일정 산업(2007–2008년 자료 기준)의 가장 탄소효율적인 설비의 평균 10% 달성에 기반을 둔 것이다.[184]

탄소누출을 막기 위한 허용량의 무상할당의 효율성에도 불구하고, 이는 분명히 단점을 보유하고 있다. 첫째, 허용량의 무상할당은 국가예산에 압박을 가하게 된다. 2012–2020년 기간 중 산업에 대한 허용량의 무상할당은 EU예산에서 약 천만 유로에 달하는 것으로 추정된다.[185] 둘째, 허용량의 무상할당은 생산자들로 하여금 배출을 줄이도록 하는 동기를 저하하며 기후정책의 환경적 효율성을 약화시킨다.[186] 셋째, 기업은 소비자에게 높은 비용을 전가할 수 있기 때문에 허용량의 무상할당은 기업에게는 초과이윤이 될 수 있다.[187] 초과이윤의 위험은 해당 제도가 배출허용량의 15% 이상을 무상으로 할당하는 경우 높아질 것으로 추정된다.[188] 마지막으로 허용량의 무상할당은 WTO에서 보조금 문제를 야기할 수 있다. 이러한

181) 어떤 산업이 탄소집약적인 것으로 간주될 것인지는 여전히 정의가 필요하다. 예를 들어, 1992년 유럽 차원의 탄소세/에너지세에 관한 EU초안에 따르면, 전체 에너지 비용이 부가가치의 최소 8%를 구성하는 경우 관련 활동은 에너지집약적인 것으로 간주되었다. J Hoerner and F Muller, 'Carbon Taxes for Climate Protection in a Competitive World' (1996) Paper prepared for the Swiss Federal Office for Foreign Economic Affairs, 7 참조 <www.rprogress.org/publications/1996/swiss_1996.pdf> 2013년 8월 15일 방문.

182) 산업이 무역에 노출된 것으로 간주되기 위해서는 수입 플러스 수출 대 선적 플러스 수입의 비율이 각각 EU와 미국에서 10%와 15% 이상이 되어야 한다. 'Carbon Allowance Rebates Seen as Possible Export Subsidies' *Inside U.S. Trade* 26 June 2009, 2 참조.

183) Dröge (n 9) 46.

184) 'EU floats method for handing out free CO_2 permits' *EurActiv.com*, 10 September 2010 <www.euractiv.com/en/climate-environment/eu-floats-method-handing-out-free-co2-permits-news-497653> 2013년 8월 15일 방문.

185) Ibid.

186) Hoerner and Muller (n 181) 46.

187) 초과이윤은 이로부터 이득을 얻은 사람들을 규제하지 못한 결과로 예기치 못하게 발생하는 이익이다. 초과이윤은 정부 세수를 줄이고, 공평한 경쟁의 장을 위한 정부 목적과 반대되게, 더 나아가 시장에서 경쟁조건을 왜곡시킨다.

188) Stern and Antholis (n 69) 178.

정책을 배출거래기간 종료시점까지의 조치로 고정시키는 것은 배출감축체제의 신뢰성을 약화시키며 국제기후협상을 방해할 수 있을 것이다.[189]

세금 혹은 허용배출량세수의 수입지원적 환원

배출권거래 또는 탄소세제도에 참여하는 가장 취약한 산업의 배출비용을 줄이고 탄소누출을 막기 위하여, 정부는 허용배출량 경매로부터 얻은 수입을 환원하거나 다양한 방법으로 이러한 의무에 구속되는 기업에 탄소세를 환급해 줄 수 있다.

세수 환원의 한 유형은 예컨대 법인세 같은 세금의 감축을 통해 경제적 차원의 세제개혁을 동반하는 것이다. 이는 비탄소비용의 부담을 줄임으로써 생산의 비용구조를 변경하는 결과를 야기할 것이다.[190] 세수를 환원하는 또 다른 방법은 배출권거래 또는 탄소세제도에 따라 기업으로부터 징수한 비용을 기업에 되돌려 주는 것이다.

탄소세 또는 허용배출량세입의 환원은 영향을 받는 산업의 경쟁력 문제를 해결하기 위한 효과적인 정책적 도구처럼 보이며, 탄소누출에 대한 장벽이 될 수 있을 것이지만, 이는 기업이 배출비용을 보상받는 두 번째 경우에 있어 특히 WTO에서 분쟁의 여지가 있는 보조금 문제를 야기할 수 있다. 어찌되었든 간에, 기후정책 맥락상 세수 환원 현상은 본 연구의 범위를 넘어서서 보다 철저한 검토를 필요로 한다.

보조금 또는 국가원조

탄소누출의 위험은 또한 영향을 받는 기업이나 분야에 대한 국가원조(보조금)를 제공함으로써 처리될 수 있다. 이러한 수단은 특히 높은 직간접적 배출비용을 가진 탄소집약적 분야에서 효과적일 수 있다. 예를 들어, 알루미늄 분야는 ETS에서 전력분야의 참여로 야기된 전력비용 증가의 결과로서 실질적인 간접 배출비용을 부담해야 할 것이다. 따라서 알루미늄 생산자에게 보조금을 주는 것은 이들의 배출비용 부담을 덜어 줄 수 있을 것이다.[191] 또한 국가원조는 용광로를 사용하는 철강 생산

---

189) Dröge (n 9) 9.
190) Ibid 41.
191) Ibid 54.

자의 기술 교체를 돕기 위해 부여될 수 있다.[192)]

그러나 회사에 대한 보조금 지급은 경쟁을 왜곡하고 정부지출을 증대시키는 것이므로 경제적 관점에서 볼 때 항상 효과적인 것만은 아니다.[193)] 게다가 보조금을 위한 정책적 여지는 보조금에 대한 국내법(예를 들어, EU의 국가원조규칙)과 WTO의 국제보조금규칙에 의해 제한되어 있다.[194)]

국경에서의 국내탄소제한의 조정

탄소누출 위험을 해결하기 위한 또 다른 접근법은 탄소집약적 상품 수입에 대해 무역제한을 부여하고/하거나 국경 탄소조정(border carbon adjustment, 이하 'BCA')을 통해 배출비용을 국내수출업자에게 보상해 주는 것이다. BCA의 개념은 점차 학자 및 정책입안자들로부터 지지를 얻고 있다.[195)] 이는 본서의 주안점에 해당되며, 본서의 나머지 부분은 이에 집중하고 있다.

기후정책에서 BAMs 이용을 위한 전망

탄소가격이 아직까지 실제로 드러나지 않은 현재, 탄소누출은 정치적 주장 그 이상인 것처럼 보인다: 보호무역론자의 이해관계에 따라 국내산업체 로비그룹에 의해 옹호되고 있지만 경제적 증거에 의해서는 지지를 받지 못하고 있다. 그럼에도 불구하고 정치적 고려는 배출감축체제가 존재하거나 현안에 있는 국가들에서 탄소 관련 국경조정 문제를 의제에 올려놓을 정도로 충분히 강력하다.

---

192) Ibid 42-43.

193) 보조금은 혁신 및 탄소집약도의 수준과 연계되어 있는 기준에 기반을 둘 것이 권고된다. ibid 54 참조.

194) 보조금 및 상계조치에 관한 WTO협정(SCM협정)은 수출보조금을 금지하고, 다른 WTO 회원국의 산업에 부정적 효과를 야기하는 특정한 보조금에 대해 구제조치를 취할 수 있는 가능성을 규정하고 있다. 일정한 객관적인 요건(예컨대, 기후친화적인 혁신의 수준)에 기초한 보조금 프로그램은 WTO에서 분쟁 제기에 영향을 덜 받을 수도 있다.

195) 예컨대 F Biermann and R Brohm, 'Implementing the Kyoto Protocol without the USA: The Strategic Role of Energy Tax Adjustments at the Border' (2005) 4 *Climate Policy* 289; J de Cendra, 'Can Emissions Trading Schemes be Coupled with Border Tax Adjustments? An Analysis vis-à-vis WTO Law' (2006) 15(2) *RECIEL* 131; J Pauwelyn, 'U.S. Federal Climate Policy and Competitiveness Concerns: the Limits and Options of International Trade Law' (2007) *Nicholas Institute for Environmental Policy Solutions Working Paper* 참조.

탄소 관련 BAMs를 위한 제안의 개관

탄소 관련 BAMs에 관한 입법제안은 현재 배출감축정책을 추구하거나 추구할 의사가 있는 국가들을 중심으로 진행되고 있다. 가장 광범위한 제안은 국내 ETSs에 일정한 분야의 수입품을 포함시키는 것으로, 관행상 수입업자에게 수입상품의 탄소함유량에 맞추어 허용배출량을 제출하도록 하는 요건을 의미하는 것이다.[196] 이러한 요건을 준수하기 위하여, 외국생산자나 수입업자는 수입국이 수락하는 경우 수입국가에 의해 승인된 제3국의 탄소시장으로부터, 수입국가에 의해 이러한 목적상 특별히 창출된 허용배출량을 구매하거나, 교토의정서상 CDM 프로젝트에서 얻은 허용량을 사용하게 될 것이다.

미국 입법자들은 특히 탄소 관련 국경조정 규정을 담고 있는 기후법안과 여타 제안을 발전시키는데 공을 들여왔다. 2007년 Lieberman－Warner 법안과 Bingaman－Specter 법안을 통해 연방 차원의 총량제한거래방식(cap－and－trade system)을 도입하기 위한 두 개의 시도가 이루어졌다. 2009년, Waxman－Markey 법안(미국 청정에너지 안보법)과 Kerry－Boxer 법안을 통해 두 개의 시도가 다시 이루어졌다. 2010년 멕시코 만의 원유유출 사고 이후 Kerry－Lieberman 법안(미국 전력법)을 통한 추가적 시도가 행해졌다. 그러나 이러한 법안 중 어느 것도 채택되지 않았으며, 결국 연방 차원의 총량제한 배출권거래제를 도입하려는 시도는 실패로 끝나고 말았다. 지금까지 가장 성공적이었던 것은 2009년 6월 미국 하원에서 가까스로 통과된 Waxman－Markey 법안이었다. 연이어 상원에 제출된 기후법안은 기각되었다.

2013년 제113차 의회의 시작은 미국 차원의 탄소세 도입에 관한 새로운 흐름의 기후 정책 관련 법안으로 특징지을 수 있다.[197] 이러한 법안이 법률이 된다면,

---

196) K Holzer, 'Proposals on carbon－related border adjustments: Prospects for WTO Compliance' (2010) 4 *Carbon and Climate Law Review* 51, 56.

197) Boxer－Sanders 법안은 거의 3,000개 설비에 대해, 이산화탄소 혹은 이에 맞먹는 메탄 1톤당 20달러의 비율로 세금을 부과하는 것을 예견하고 있다. Bill 'To address climate disruptions, reduce carbon pollution, enhance the use of clean energy, and promote resilience in the infrastructure of the United States, and for other purposes' (The Climate Protection Act of 2013), S. 332, 113th Congress, 14 February 2013 참조 <http://www.gpo.gov/fdsys/pkg/BILLS－113s332is/pdf/BILLS－113s332is.pdf> 2013년 8월 19일 방문. 하원의원 Waxman과 Blumenauer 및 상원의원 Whitehouse와 Schatz가 공동으로 제안한 또 하나의 법안은 관련 업체의 탄소배출량에 대한 연간 비용 증가와 함께 이산화탄소 1톤당 30달러에 달하는 탄소비용을 제안하고 있다. Discussion Draft of the Bill 'To require the payment of a fee for emissions of carbon pollution', 12 March 2013 참조 <http://democrats.energycommerce.

이는 의심할 여지없이 미국생산자들에게 공평한 경쟁의 장을 만들기 위해 국경조정제도와 함께 수행될 것이다.[198] 그러나 법안을 기초할 당시, 이러한 입법제안이 의회에서 기각된 이전 기후법안의 운명을 회피할 수 있을지는 의문이 들었다.

이미 언급한 바와 같이, EU는 이와 대조적으로 2005년 이후 강제적 ETS를 실시해 왔다. EU ETS 법률은 국경조정의 도입을 탄소누출 문제를 해결하기 위한 선택사항으로 간주하고 있다.[199] 일반적으로 EU의 ETS와 관련하여 국경조정제도의 이용에 관한 최종결정은 다양한 분야에 걸친 탄소누출의 위험평가 및 또한 post-교토의정서 기후협상의 결과에 의존할 것이다. 그러나 탄소 관련 BAM은 EU ETS에 국제항공을 포함시키기로 한 결정에 따라 예상보다 빨리 EU에서 이행될 수도 있다. EU공항에 착륙하거나 이륙하는 EU와 비EU출신의 승객 및 화물수송기는 이전년도에 행한 모든 항공기에 대한 허용배출량을 양도하도록 요구될 것이다.[200] EU의 이러한 조치는 국제적 차원의 분노와 많은 국가들로부터 격렬한 반대를 불러일으켰다. 다른 국가들은 EU 항공사에 이중과세를 야기하는 유사한 비용을 부과하고, EU 개별회원국과의 양자 항공자유화협정을 검토하며, WTO에서 전체 EU ETS와 WTO법과의 일치성 검토 요청을 포함하여, 국제민간항공기구와 WTO에 분쟁을 제기할 것이라며, EU에 경고하였다.[201] 중국은 에어버스와의 수십억 달러의 가치를 가진 계약상 유럽산 제트여객기의 구매를 중단하였으며, 자국항공사로 하여금 위 조치에 대한 준수를 금지하였는데, 미국도 이를 따랐다.[202] 또한, 미국 항공사

---

house.gov/sites/default/files/documents/Bill-Text-Discussion-Draft-Carbon-Pollution-Fee-2013-3-12.pdf> 2013년 8월 19일 방문.

198) J Hillman, 'Changing Climate for Carbon Taxes: Who's Afraid of the WTO?' (2013) *The GMF Climate and Energy Policy Paper Series*, 1.

199) Directive 2003/87/EC of the European Parliament and of the Council of 13 October 2003 establishing a scheme for greenhouse gas emission allowance trading within the Community as amended by Directive 2009/29/EC of 23 April 2009 so as to improve and extend the greenhouse gas emission allowance trading scheme of the Community [2009] OJ L140/63, Art. 10(b).

200) Directive 2003/87/EC of the European Parliament and of the Council of 13 October 2003 establishing a scheme for greenhouse gas emission allowance trading within the Community as amended by Directive 2008/101/EC of 19 November 2008 so as to include aviation activities in the scheme for greenhouse gas emission allowance trading within the Community [2008] OJ L8/3, Art. 16(3).

201) Joint declaration of the Moscow meeting on the inclusion of international civil aviation in the EU-ETS, 22 February 2012 <http://www.ruaviation.com/docs/1/2012/2/22/50> 2013년 8월 14일 방문.

202) J Orovic, 'China Blocks More Airbus Buys in EU Tax Row' *International Business Times* (16 March 2012) <http://www.ibtimes.com/china-blocks-more-airbus-buys-eu-tax-row-

는 EU사법재판소에 소송을 제기하였으나, 원고 승소 판결을 이끌어내지는 못하였다. EU사법재판소는 WTO법과 해당 조치의 일치성 문제에 대해서는 관할권을 갖고 있지 않았기 때문에 이에 대해 판단하지 않는 반면, 문제의 조치가 EU법 및 ICAO와 UNFCCC상 EU의 의무에는 일치된다고 판결하였다.[203)]

또한 입법제안은 ETS하에 발생된 비용의 수출 측면의 국경조정과 관련하여 행해지고 있다. 수출에 대한 허용배출량의 리베이트 목적상, 총량제한 배출권거래제(cap-and-trade system)에 따라 발급된 허용배출량의 일정한 양이 확보될 수도 있다. 예를 들어, EU에서 만들어진 하나의 제안은 EU ETS의 제3단계에서 발급된 총 허용배출량 중 2%를 EU수출업자에게 허용배출량의 환불 금액으로 배분의 목적상 확보할 수 있음을 예견하였다.[204)]

제7장에서 논의될 바와 같이, 다른 유형의 탄소 관련 BAMs는 탄소세의 BTAs, 수입품에 확대된 탄소집약도 기준 및 전통적으로 이해되는 BAMs의 특성을 가질 수 없는 국경 조치를 포함할 수 있다. 후자에는 탄소관세, 반덤핑관세와 상계관세 그리고 수출국에 의해 부과되는 수출세가 포함된다. 탄소 관련 BAM 유형의 선택은 다양한 경제적, 실제적 및 정치적 고려에 의해서 뿐만 아니라, 조정되어야 하는 국내조치 유형, 즉 한 국가에서 확립된 배출감축체제의 유형[205)]에 의해 영향을 받게 될 것이다.[206)] 특히, 이는 경제의 배출 원단위(emissions-intensity) 및 화석연료에

426174> 2013년 8월 14일 방문; J Crawley, 'US House votes to ban airline compliance with EU law' *Reuters* (Washington, 24 October 2011) <http://www.reuters.com/article/2011/10/25/usa-airlines-eu-idUSN1E79N12A20111025> 2013년 8월 14일 방문.

203) ECJ Case C-366/10, *Air Transport Association of America and others v. Secretary of State for Energy and Climate Change* [2011] ECR I-1133. 본서 집필 시점 당시, 국제공동체의 압력으로 인해 EU는 EU ETS 규칙을 영공 이원의 항공기에 대한 허용배출량 양도에 적용하려는 시도를 포기하려고 하였다. 그러나 EU의 이러한 양보는 2016년까지 세계적 차원에서 항공기 배출량을 감축하기 위한 ICAO의 모든 국가들에서 협상이 이루어져야 하는 '시장기반제도'의 도입을 조건으로 이루어진 것이다. C Dunmore and T Hepher, 'EU concession in aviation emissions row eases trade concerns' *Reuters* (5 September 2013) 참조 <http://www.cnbc.com/id/101011896> 2013년 9월 5일 방문.

204) Para 5 of Art. 29 'Future Allowance Import Requirement' of the 2007 version of draft proposal amending the EU ETS Directive, on file with the author.

205) 예를 들어, 탄소세는 국내산업이 ETS에 포함될 때 국경조정이 기반을 두고 있는 기본원칙에 위배될 수 있기 때문에 수입품에 대해 부과될 것 같지는 않다.

206) 예를 들어, 탄소세와 각각의 BTAs는 화석연료에 주로 의존하고 에너지효율수준이 낮으며 따라서 높은 탄소발자국을 가진 상품을 제조하는 국가들에게는 덜 매력적인 선택사항이다. 탄소세 비율이 점차 국가들 사이에서 동일해짐에 따라, 화석연료자원이 풍부한 국가들(예컨대 미국과 캐나다)의 생산자는 대체에너지로 대부분을 소비하는 국가들(예컨대 EU와 스위스)의 생산자에 비해 경쟁적인 면에서 불리한 입장에 놓이게 될 것이다. IIFT, 'Frequently Asked

대한 의존도에 달려 있다. 예를 들어, 교토의정서 협상 중에 미국은 배출권거래가 미국 정치체계에 의해 세금보다는 덜 부담스러운 조치로서 인정되었기 때문에 국제배출거래를 세계적 차원의 탄소세에 비해 선호하였다.[207] 배출권거래는 청정개발제도에 따라 비용이 덜 드는 방법으로 배출감축을 달성할 수 있는 경우, 개도국에서 이행되고 있는 프로젝트에서 얻은 배출감축 크레딧을 이용함으로써 배출감축 목표를 달성할 가능성을 제공하기 때문에, 탄소세와 비교하여 보다 유연한 배출감축 장치가 된다.

배출감축을 위한 시장기반 도구 및 BA 제도의 선택도 또한 정치적 고려에 기반을 두고 있다. 의회에서 GHG 배출에 세금을 도입하는 법 보다는 총량제한 배출권거래 입법(cap-and-trade legislation)을 통과시키는 것이 거의 틀림없이 보다 용이할 것이다. 유권자들의 마음속에 세금은 비용 및 가격의 증가와 직접적인 연관이 있는 반면, 배출권거래제도는 그렇지 않다.[208]

그러나 심지어 강제적 차원의 배출권거래제도의 채택도 에너지 및 탄소집약적 산업이 배출권거래에 대해 강력한 로비를 형성할 수 있는 미국과 같이 화석연료가 풍부한 국가들에게는 어려울 것처럼 보인다. 국내기후정책의 성공은 또한 기후변화에 대한 대중의 인식 수준에 달려 있다. 기후변화에 대한 대중적 인식과 기후행동에 대한 대중적 지지는 야심찬 국내기후정책에 영향을 미치는 중요한 요소이다. 기후변화 커뮤니케이션에 대한 연구에 의하면, EU시민이 미국시민에 비해(68% 대 48%) 기후변화의 과제에 대해 보다 많은 관심을 가지고 있음을 보여준다.[209] 따라서 EU가 보다 야심찬 배출감축정책을 추구하고 있으며, 처음으로 강제적 배출권거래제를 도입하였다는 사실은 놀랍지가 않다.[210]

그런 까닭에, 어떠한 유형의 배출감축을 위한 시장기반제도가 선택되었든 간에 탄소 관련 국경조정제도의 이용은 법적 분쟁 및 무역충돌의 위협을 포함한 동 제도의 이점과 위험에 대한 고려를 필요로 한다.

Questions on WTO Compatibility of Border Trade Measures for Environmental Protection' (Indian Institute of Foreign Trade, Centre for WTO Studies 2010) 11 참조.

207) Zhang, 'Encouraging Developing Country Involvement' (n 239) 1 and 10.

208) Jaccard (n 68).

209) *Guide on Public Perceptions of Climate Change* (Talking Climate 2012) <http://talkingclimate.org/guides/public-perceptions-of-climate-change/> 2012년 8월 20일 방문.

210) EU기후정책의 발전에 대한 검토는 J De Melo and N Mathys, 'Trade and Climate Change: The Challenges Ahead' (2010) *Discussion Paper Series* no. 8032, 17-18 참조.

탄소 관련 BAMs 이용의 이점

BAMs는 탄소세와 배출권거래제도, 특히 허용량이 온전히 경매에 들어가는 ETS에서는 탄소누출 문제를 해결하기 위해 필요한 정책적 도구인 것처럼 보인다. BAMs와 허용량 경매의 결합은 동 제도가 허용량의 무상할당이나 여타 영역별 공제를 가진 ETS 고유의 왜곡 없이도 야심찬 배출감축목표를 달성할 수 있도록 허용할 것이다.[211)]

탄소누출 문제와 별도로, 탄소 관련 BAMs에 대한 주요한 논의는 배출감축의무가 없는 생산자와 배출비용을 지불할 의무가 있는 생산자를 위해 공평한 경쟁의 장을 창설할 필요성에 관한 것이다. 이러한 논쟁은 BAMs 규정이 지금까지 의회에서 논의되었던 거의 모든 기후법안에 포함되었기 때문에 미국에서 특히 뜨겁다. 여하한 기후정책이 외국생산자에게 배출제한 부담을 확대함이 없이 연방기후법령의 채택을 허용하기 위하여 국내산업과 대중으로부터 충분한 지지를 얻을 수 있을 지는 상상도 할 수 없는 것처럼 보인다. 따라서 국경조정은 연방 배출감축체제를 확립하는 여하한 야심찬 기후법안의 '통과 대가(price of passage)'이다.[212)]

수입품에 적용되는 탄소 관련 BAMs는 기후법상 국내상품에 부과된 것과 동일한 부과금을 수입품에 부여함으로써 국내시장에서 국내 및 외국기업을 위한 공평한 경쟁의 장을 형성하게 될 것이다. 수출품에 적용되는 탄소 관련 BAMs는 상품 수출시 배출비용을 보상해줌으로써 국제시장에서 국내기업을 위한 공평한 경쟁의 장을 만들게 될 것이다.

수입품에 대한 BAMs의 부과는 부정적인 환경외부효과의 내부화를 요구하는 경제이론에 의해 지지를 받는다. 이러한 경우, 부정적인 환경외부효과는 탄소 제한을 부여하지 않는 국가의 상품으로부터 나오는 배출량이다. 이러한 외부효과의 내부화는 국경을 초월한 환경 분쟁을 해결하기 위한 기반으로 작용하는 국제환경법상의 오염자부담원칙과 연결되어 있다.[213)]

탄소 관련 BAMs는 소비(예컨대 가전제품과 운송에 대한 화석연료세)뿐만 아니라 생산

---

211) K Neuhoff, 'Border Adjustments: Economics versus Politics – Resolved with International Cooperation?' *Climate Strategies Issues and Options Brief* (7 July 2009) 1 <http://www.climatestrategies.org/component/reports/category/78/150.html> 2013년 8월 14일 방문.

212) Weischer et al. (n 152) 5.

213) Aerni et al. (n 46) 167–168.

에도 부과될 수 있다. 생산자와 소비자간 배출비용의 부담을 배분하는 정도는 세금을 매긴 상품의 수요탄력성에 달려 있을 것이다.[214]

BAMs는 제8장에서 논의될 배출의 기준수위에 기반을 둔 탄소발자국과 상관없이 일정 유형의 수입상품에 부과된 고정비용이거나 최종상품에 구현된 실제탄소에 기반을 둘 수 있다. 후자의 경우, BAM 제도는 탄소누출을 예방하고 경쟁력 문제를 해결하는 것 이외에 환경적 장점을 보유하게 될 것이다 – 이는 생산자에게 저탄소기술에 투자하고 보다 낮은 배출 원단위로 생산하도록 동기를 부여할 것이다.[215] 상품의 탄소발자국이 적으면 적을수록, 탄소법률이 있는 국가로 수출할 때 국경에서 지불해야 하는 부과금은 낮아질 것이다. 따라서 무역이 이루어진 상품의 탄소발자국에 기반을 둔 BAMs는 그 자체로 지구배출감축을 달성하기 위한 수단이 될 수 있다.[216]

탄소 관련 BAMs는 또한 수출국 정부로 하여금 배출에 가격을 매기도록 유도할 수 있다. 특히, 이것은 주요한 지구 GHG 배출국인 대규모의 개도국에게 EU에서 존재하거나 미국에서 현안에 있는 제도와 비견할만한 배출감축제도를 확립함으로써 배출감축의무를 지도록 동기를 제공할 수 있을 것이다.[217] 따라서 BAMs는 다자기후협상을 진전시키도록 도울 수 있으며, post–교토의정서 국제기후변화체제의 형성 과정을 가속화시키는 데 이용될 수 있다.[218]

흥미로운 사실은 BAMs가 실제로 시행될 것을 반드시 필요로 하는 것은 아니라는 점이다. BAMs 이용에 대한 단순한 위협(동 이용이 국제협정에 의해 예견될 수 있다면)이 국가들로 하여금 온실가스의무체제에 참여하거나 준수할 것을 권고하는 데 충분할 수 있다. 예를 들어, 국경 조치 부과에 대한 신뢰할 만한 위협은 대체로 몬트리올의정서의 성공에 기여하여 왔다. 국경 조치는 (비록 결코 이용된 적이 없는) 재정조치로서가 아니라 수량제한 – 의정서 비당사국들과 오존층파괴물질에 대한 수출입거래 금지 – 으로서 계획되어 왔다. Barett는 의정서상 이러한 조치의 포함이 'ODS

214) Ibid.

215) S Persson, 'Practical Aspects of Border Carbon Adjustment Measures – Using a Trade Facilitation Perspective to Assess Trade Costs' (2010) *ISTCD Programme on Competitiveness and Sustainable Development Issue Paper* no. 13, 19.

216) Ibid 1.

217) A Cosbey, 'Chapter Two: Border Carbon Adjustment: Key Issues' in A Cosbey (ed), *Trade and Climate Change: Issues in Perspective* (Final Report and Synthesis of Discussions at the Trade and Climate Change Seminar, Copenhagen, 18–20 June 2008) 21.

218) Persson (n 215) 1.

누출과 무임승차를 예방하는데 일조하였으며 참가와 준수를 고무시켜 왔다'고 주장한다.[219)]

탄소 관련 BAMs 부과와 관련된 위험

탄소 관련 BAMs를 지지하는 상기의 주장에도 불구하고 기후정책상 이러한 조치의 이용과 관련하여 상당한 정도의 회의론이 존재한다. 비판론은 이러한 조치의 경제적, 법적, 환경적 및 정치적으로 가능한 결과물에 초점을 맞추고 있다.

이론적인 경제적 분석은 잠재적인 낮은 조정 수치(즉, 조정 수치는 비의무국들의 기후정책에 영향을 미칠 정도로 충분하지는 않을 것이다)로 인한 제3국에 대한 BAMs의 미미한 영향력을 보여준다. BAMs의 수준은 저탄소가격, 조정 수치로부터 공제되어야 하는 허용량의 무상할당 및 기술적 어려움을 이유로 한 상품의 전체 탄소함유량(즉, 과세기준)을 포섭하지 못하는 능력 때문에 낮게 될 것이다.[220)]

탄소 관련 BAMs는 부정적인 법적 결과를 가질 수도 있을 것이다. 본서의 관련장에서 논의될 바와 같이, BAMs의 부과는 WTO협정상 국가들의 의무, 특히 GATT의 비차별원칙, (SCM협정상) 보조금 규칙과 (TBT협정상) 무역에 대한 기술장벽의 적용과 관련하여 위반을 야기할 수 있을 것이다. 더 나아가 탄소 관련 BAMs의 적용은 다른 국제조약과의 충돌을 일으킬 수 있을 것이다. 비WTO조약상 가능한 의무 위반에는 UNFCCC의 공통된 그러나 차별화된 책임 원칙 및 항공기에 적용되는 국내조치의 국경조정의 맥락에서 시카고협약상 의무와의 불일치가 포함될 것이다.[221)]

게다가 BAMs가 WTO법 및 다른 국제조약의 준수에 대한 평가를 통과한다 하더라도 이러한 조치의 환경효율성은 문제가 될 수 있다. 외국기업은 저탄소기술로 전환하거나 자국 정부로 하여금 수입국제도에 비견할만한 배출감축체제를 창설하도록 조장하기 보다는 비용을 조정하여 배출세를 지불하거나 허용배출량을 구매하기로 선택할 가능성이 존재한다.[222)]

---

219) Barrett (n 117) 10ff.

220) Wooders and Cosbey (n 164) 40–41.

221) 항공운송분야의 탄소 관련 BAMs는 시카고협약상 금지되는 연료뿐만 아니라 항공기의 입국, 출국 및 통과에 대한 부과금의 성격을 가질 수 있다. L Bartels, 'The Inclusion of Aviation in the EU ETS: WTO Law Considerations' (2011) ICTSD Global Platform on Climate Change, Trade and Sustainable Energy *Issue Paper* no. 6, 1–2 and footnote 36 참조.

222) J Haverkamp, 'International Aspects of a Climate Change Cap and Trade Program'

또한 BAMs를 우회하는 수단으로서 가격이 부과되는 경우, 배출집약적인 수출품을 BAMs를 부여하지 않는 제3국으로 다시 조정할 가능성도 존재한다. 심지어 그러한 제3국이 부속서 I 의 국가들이 될 수도 있다. 중개국에 운송된 상품은 이러한 선진국에서 가공됨으로써 부가가치가 창출되고 BAMs가 원자재에만 적용되는 최종 수출국에 최종상품으로서 수출되는 일차적 상품 또는 반가공상품이 될 수 있다. 개도국의 탄소집약적 투입은 비용이 저렴하기 때문에, 이러한 수입된 최종상품은 수입국에서 생산되는 동종상품보다 훨씬 비용이 덜 들 것이다. 결과적으로, BAMs는 실제로는 회피되고 탄소누출에 대한 기여는 미미할 것이다.[223] 따라서 일방적 BAMs는 세계 배출에 별 효과 없이 무역유형만을 변경할 수도 있을 것이다.

또한 BAMs의 적용이 개도국들로 하여금 지구적 차원의 배출감축 노력에 참가하도록 장려할 수 있을지는 의심스럽다. 2007년, 중국의 EU 및 미국에 대한 알루미늄, 철강 및 종이 수출은 그해 해당 상품의 중국 전체 생산량 중 단지 2%에 불과하였고, 위 국가에 대한 중국의 시멘트 수출은 그해 중국에서 생산된 모든 시멘트 중 단지 1%를 차지하였다.[224] 2007년 원자재 및 내장재 형태의 미국의 전체 철강 수입량은 철강 수출국의 전체 철강 생산량의 단지 5%를 구성하였다.[225] 비견할 만한 배출감축 노력을 다하기 위해 대규모 탄소배출국에 대해 생산량 중 5%를 대상으로 한 조치는 설득력 있는 주장이 될 수는 없는 것이다. 진정으로 효과를 가지기 위해서는, 수출국이 해당 제한조치에 의해 중대할 정도의 영향을 받고 결과적으로 자신의 정책을 변경하도록 자극을 받을 수 있도록 관련 일방적 조치가 상당한 양으로 수입된 상품을 대상으로 하여야 한다.[226] 반면에, 탄소집약적 상품에 대한 수요(및 구매)의 대부분은 탄소에 여하한 국경간 제한을 부과할 의도가 없는 개도국으로부터 나온다.[227]

(Testimony before the US Senate Committee on Finance, 14 February 2008) 15.

223) Cosbey, 'Chapter Two', (n 217) 25-26.

224) J Reinaud, 'Would Unilateral Border Adjustment Measures be Effective in Preventing Carbon Leakage?' in *Climate and Trade Policies in a Post-2012 World* (UNEP 2009) 77. 또한 Houser (n 163) 34 참조.

225) C Izard, C Weber and S Matthews, 'Scrap the Carbon Tariff' (2010) 4 *Nature Reports Climate Change* 10, 11.

226) OECD, 'Processes and Production Methods (PPMs): Conceptual Framework and Considerations on Use of PPM-based Trade Measures' (1997) OCDE/GD(97)137, 33.

227) ICTSD (n 171) 14.

개도국의 입장에서, 국경 탄소조정은 UNFCCC의 '형평' 및 '공동의 그러나 차별화된 책임과 각자의 능력' 원칙(UNFCCC 제3.1조)과 '당사자는 . . . 특히 개도국인 당사자가 지속적 경제성장과 발전 . . . 을 이룩할 수 있도록 지지하며 개방적인 국제경제체제를 촉진하기 위하여 협력하여야 한다'(UNFCCC 제3.5조)는 원칙을 위반하는 것이라고 주장한다.[228] 개도국으로부터의 탄소집약적 수입품에 대한 BAMs는 보복조치를 야기할 수도 있다.[229]

선진국의 BAMs에 대응하여 개도국들은 자국의 배출감축체제를 지원하는 BAMs를 부여할 수도 있다. 개도국의 BAMs는 개도국의 1인당 GHG 배출량 비율보다 훨씬 높은 배출량 비율을 가진 선진국의 수입품을 특히 목표로 삼는 1인당 배출량에 기반을 둘 것이다. 더 나아가 개도국들은 탄소 관련 BAMs를 기후정책에 적용하는 선진국의 무역 관련 규제시스템의 측면 중 일부, 예컨대 보조금과 같은 분야가 상충하는 것을 발견하고, 이를 상계관세와 기타 국경 조치로 상쇄하는 것을 선택할 것이다.[230] 최악의 시나리오에 따르면, 보복조치는 전면전으로 치달을 수도 있다. 보복적 성격의 제재는 EU ETS의 항공기 포함에 관한 ICAO 공동체에서의 기존 논의가 보여주는 바와 같이, 국가들의 여타 국제의무에 기반을 둘 수 있다.[231] 또한 국가들은 경제적 또는 정치적 성격의 다양한 제재를 부여함으로써 비무역적 조치로 보복을 취할 수도 있다.[232]

사실상 수입품에 대한 다양한 탄소제한 및/또는 수출품에 대한 배출비용 리베이트를 통해 국경에서 선진국들에 의한 배출비용의 조정은 개도국에게는 상당한 경제적 중요성을 가져올 수 있다. 만약 미국이나 EU가 국경 통과시 국경에서 탄소세를 거두기로, 즉 모든 수입품의 탄소함유량에 탄소세를 부과하기로 결정한다면, 이는 중국과 인도의 수출품에 대한 20% 이상의 수입관세와 동일한 효과를 갖게 될 것으로, 해당 국가에게는 20%에 달하는 수출제한의 결과를 낳을 것이다.[233] 개도국

228) 예컨대 IIFT (n 206) 40−41 참조; Promoting Mutual Supportiveness between Trade and Climate Mitigation Actions: Carbon−related Border Tax Adjustments, Communication from Singapore to the CTE, 30 March 2011, WT/CTE/W/248, 2.

229) R Quick, 'Border Tax Adjustment to Combat Carbon Leakage: A Myth' (2009) 4(11−12) *Global Trade and Customs Journal* 353, 357.

230) Stern and Antholis (n 69) 186.

231) Bartels (n 221) 2.

232) 예를 들어, 중국은 유럽의 항공기 생산자에게 불리한 결과를 가져올 수 있는 에어버스 구매 중단 결정과 함께 EU가 ETS에 국제항공기를 포함시킨 것에 대해 대응하였다. Bartels (n 221) iv 참조.

233) A Mattoo et al., 'Reconciling Climate Change and Trade Policy' (2009) *World Bank Policy*

에 대한 탄소 관련 BAMs의 경제적 효과는 관련 조치가 취해지는 규모, 즉 BAMs를 이용하는 국가의 수 및 BAMs가 적용되는 국가와 산업의 수치에 달려있게 될 것이다.[234]

비록 개도국들이 BAMs에 의해 직접적으로 목표가 되지는 않더라도 이들은 여전히 세계시장에서 탄소집약적 상품의 가격 변동을 통해 관련 조치에 의해 영향을 받을 수 있다. 국경에서의 탄소 제한은 탄소집약적 수입품을 보다 비싸게 만들 것이며, 따라서 국내시장에서의 수요를 낮출 수 있다. 결국 이것은 해당 상품의 공급 증가를 야기하고, 따라서 세계시장에서 동 상품의 가격을 낮추게 될 것이다.[235] 따라서 수출이 BAMs에 의해 직접적인 목표가 되는 일부 개도국들(짐작건대, 중국과 인도와 같은 고수입의 개도국들)은 BAMs를 부과하는 선진국에 대한 수출 저하와 세계시장에서의 가격 저하 때문에 경제적 손실을 경험하게 될 것인 반면, 다른 개도국들(짐작건대, 저수입의 개도국들)은 탄소집약적 상품을 수입할 때 세계시장에서 해당 상품의 낮은 가격으로부터 이득을 보게 될 것이다.[236]

이러한 이유로 많은 전문가들은 개도국으로부터의 수입품에 탄소 관련 BAMs의 부과에 대해 회의적이다. Frank Biermann과 Rainer Brohm은 대신에 개도국에 대한 재정 및 기술지원을 통해 탄소누출을 해결하여야 한다고 주장한다.[237] 청정산업의 투자와 기술이전의 간소화가 유일하게 진정으로 성공하는 방법이라고 간주하는 Aaron Cosbey[238]와 단지 위협으로서의 BAMs가 개도국들의 배출감축의무를 강제하기에는 충분하지 않다고 주장하는 ZhongXiang Zhang은 청정산업의 투자와 기술이전의 간소화 개념을 지지한다.[239] 위협은 격려에 대한 보완책(즉, 재정지원과 기술이전)으로서만 사용되어야 한다.[240] BAMs를 개도국에 대한 위협용으로 사용하는

Research Paper no 5123, 3.

234) ICTSD (n 171) 13–14.

235) 경제적 모델의 경우, 세계시장에서 에너지 및 여타 탄소집약적인 상품에 대한 가격을 낮춤으로써 탄소 관련 BAMs가 실제로는 탄소집약적인 상품의 소비를 증대하도록 고무할 수 있으며, 따라서 배출 증가를 야기할 수 있음을 보여준다. R Ismer and K Neuhoff, 'Border Tax Adjustment: A Feasible Way to Support Stringent Emission Trading' (2007) 24 *European Journal of Economic Law* 137, 150 참조.

236) ICTSD (n 171) 13.

237) Biermann and Brohm (n 195) 291.

238) Cosbey, 'Achieving Consensus' (n 177) 25.

239) ZX Zhang, 'Encouraging Developing Country Involvement in a Post–2012 Climate Change Regime: Carrots, Sticks or Both?' in *Climate and Trade Policies in a Post-2012 World* (UNEP 2009), 81.

240) Ibid.

대신, Mehdi Abbas는 일반특혜관세제도(Generalized System of Preferences, 이하 'GSP')[241] 의 이용을 제안한다. 이러한 시나리오에 의하면, EU는 기후변화와의 투쟁에 노력을 다하지 않는 개도국들에게는 GSP+에 따른 부가적 무역특혜를 배제할 것이다. 이러한 주장은 GSP 제도에 따른 보상이 이미 마약생산 및 밀매와 전쟁을 벌이거나 노동권 준수를 위해 노력을 다한 개도국들에 부여되어 왔다는 사실에 기반을 두고 있다.[242]

241) GSP는 선진국들 자신의 재량으로 (무역호혜를 부여하는 국가와 상품의 선택에 관해) 비상호주의 차원에서 개도국에게 제공하는 낮은 수입관세제도로 구성되어 있다. 현재, EU, 미국, 스위스, 일본 및 호주에서의 GSP를 포함한 13개의 제도가 WTO와 UNCTAD에 통고되었다. <http://unctad.org/en/Pages/DITC/GSP/About-GSRaspx> 참조. 2013년 8월 14일 방문.

242) M Abbas, 'Trade Policy and Climate Change: Options for a European Border Adjustment Measure' (2008) *Grenoble University LEPII Working Paper*, 7.

4. 국제무역의 국경조정 관행

국경조정에 관한 기후 정책적 시각에 관한 논의에 뒤이어 이제 본서는 국제무역의 관점에서 국경 탄소조정을 검토하고자 한다. 본장은 WTO에서 인정되고 있는 국경조정의 개념을 명확히 하고, 다양한 공공정책 목표를 달성하기 위해 이용되는 국경조정 관행의 역사와 발전과정을 논의하는 것으로 시작한다. 그 다음에는 WTO 협정상 확립된 BAMs의 적용에 대한 법적 골격을 살펴볼 것이다.

본장은 국경조정에 일반적으로 적용되는 WTO에서의 개괄적인 논의를 제시하고 있음에 주목하여야 한다. 제조공정에 기반을 두고 설정된 BAMs에 적용되고 특별히 상품의 탄소발자국과 관련 있는 WTO규범에 관해서는 제5장에서 논의될 것이다.

국경조정의 이행에 사용되는 개념과 기존의 관행

국경조정은 일반적으로 WTO에서 수락가능한 관행이다.[243] 국경조정은 수입품에 대한 국내규제조치의 확대 또는 국내수출품에 대한 국내조치의 비적용을 통해 국내 및 외국생산자를 위해 공평한 경쟁의 장을 형성하는 것을 주된 목표로 삼고 있다.[244] 세금에 적용되는 국경조정은 '국경세조정(border tax adjustments, 이하 'BTAs')'이라고 불리며, 다음과 같이 정의된다:

> 전체적으로 또는 부분적으로, 소비지과세원칙(destination principle)에 효력을 부여하는 여하한 재정조치(즉, 내국시장에서 소비자에게 팔린 유사한 국내상품과 관련하여 수출상품에 대해 수출국에서 부과된 세금의 일부 또는 전부를 경감시켜 주고, 유사한 국내상품과 관련하여 소비자에게 팔린 수입상품에 대해 수입국에서 부과된 세금의 일부 또는 전부를 부과할 수 있게 하는 원칙).[245]

달리 말하면, BTAs는 국내시장에서 동일한 상품에 적용되는 세금이나 여타 부과금에 해당하는 것을 수입상품에 부여함으로써 적용된다. 또한 BTAs는 국내시장

243) WTO, *Trade and Climate Change* (n 77) 100.

244) P Demaret and R Stewardson, 'Border Tax Adjustments under GATT and EC Law and General Implications for Environmental Taxes' (1994) 28(4) Journal of World Trade 5, 6.

245) GATT, Report by the Working Party on Border Tax Adjustments, L/3464, 2 December 1970, BISD 18S/97, para 4.

에서 지불한 부과금을 수출시 생산자에게 반환함으로써 한 국가의 수출상품에 적용된다. 따라서 이는 국내 및 해외에서 국내생산자의 경쟁적 지위를 회복시켜 주며, 그렇게 함으로써 무역상대국 간 조화된 세금제도가 부재한 가운데 국내세제의 무역중립성을 보장해준다.[246]

수입품에 세금을 매기고 수출품에 세금을 면제시켜 줌으로써, BTAs는 '상품이 소비되는 곳에서 세금이 부과되어야 한다'는 소비지과세원칙을 반영하고 있다.[247] 소비지과세원칙에 따라 VAT와 여타 소비세가 적용되고 국경에서 조정되면서 이는 보편적 규칙이 되었다. 이러한 국제적 관행은 세금제도를 위한 공평한 경쟁의 장을 창설하고, 상품이 두 번 과세되는 것 – 생산국에서 한 번, 상품이 수출되는 국가에서 다시 한 번 – 을 방지한다. VAT가 원산지원칙에 따라 적용되는 경우 BTAs가 필요 없게 될 것임은 흥미롭다.[248]

국경조정의 개념은 또한 비재정조치에 적용될 수 있다. 본장의 이후 부분에서 논의되겠지만, WTO의 법적 골격은 또한 표준, 요건 등과 같이 특히 수입시 국내규제의 국경조정을 규정하고 있다.

국경조정의 개념은 새로운 것이 아니다. 국경에서의 세금 조정은 18세기 이후 이루어져 왔다. 가장 오래 된 수입–BTA 관행으로 현재에도 가장 광범위한 것 중 하나는 VAT뿐만 아니라 알코올, 담배와 연료(예컨대, 원유)에 대한 개별소비세에 적용되는 BTAs이다. 이중과세의 방지를 목적으로 하는 국경에서의 소비세와 VAT의 조정에 관한 규칙은 19세기 이후 양자무역협정의 일부가 되어 왔다.[249]

최근에 VAT와 개별소비세와 같은 소비세의 국경조정은 실제 모든 국가들에서 이루어졌다.[250] 과세기준으로서의 국내소비의 이용은 무역정책의 특성이라기보다는 세금제도의 고유한 특성이다.[251] BAMs의 현대적 이용에 있어 가장 중요한 순간 중 하나는 1960년대 유럽공동체에 의한 VAT의 수출리베이트(export rebates) 도입이었다. 이러한 결정은 EC차원의 VAT 도입 이후, 외국경쟁업자, 특히 미국회사와

246) Goh (n 72) 398.
247) 이의 반대는 '상품이 생산되는 곳에서 세금이 부과되어야 한다'는 세금의 원산지원칙이다. 원산지원칙은 주로 소득세 및 급여세와 같은 직접세에 적용된다. Demaret and Stewardson (n 244) 6 참조.
248) Biermann et al. (n 148) 31.
249) Biermann and Brohm (n 195) 291–292.
250) GATT 'Border Tax Adjustments' (n 245), para 19; WTO, *Trade and Climate Change* (n 77) 100.
251) Hoerner and Muller (n 181) 20–21.

비교하여 유럽 생산자들의 국제시장에서의 경쟁적 불이익에 관한 우려에 의해 추진되었다. 이 당시, 수출 측면의 BTAs에 관한 정책결정은 VAT 수출리베이트에 의해 유럽의 수출업자에게 부여된 혜택이 EC의 VAT 도입의 결과로 일반적 가격 수준의 상승(임금 상승과 생산요소 가격 상승 포함)에 의해 상쇄되었기 때문에 유럽 생산자들의 경쟁적 지위를 회복시키지 못한 것으로서 심하게 비난을 받았다.[252]

국내 및 외국생산자를 위한 공평한 경쟁의 장을 형성하고 세수(budget revenues)를 증대시키는 것은 국제무역에서 BAMs를 적용하기 위한 두 개의 전통적 목적이다.[253] 그러나 최근 들어 BAMs는 또한 환경보호와 같은 수개의 특정한 목적으로 사용되고 있다. 이러한 경우, BAMs는 대개 수입원자재에 부과되는 환경세와 관련이 있으며, 잠재적으로 제조공정에서 부과될 수 있다.

환경 BTAs 중 가장 널리 인용되는 실례로는 슈퍼펀드세(Superfund tax)와 관련된 BTA와 오존층파괴화학물질에 대한 세금 – 둘 다 미국에서 도입된 – 이다.

1986년 미국의 슈퍼펀드 개정 및 재위임법(Superfund Amendments and Reauthorization Act)은 화학적 파생물질을 위해 투입되는 일정한 화학물질에 대해 개별소비세와 관련하여 수입세 및 수출리베이트로서의 BTAs를 도입하였다. 수입품에 대한 BTA는 다음을 위해 부과되었다:

> 세금이 부과될 수 있는 화학물질이 미국에서 수입물질의 제조 또는 생산에서의 이용을 위해 팔리게 된다면, 여하한 수입물질에 대한 세액은 슈퍼펀드법상 수입물질의 제조 또는 생산에서 이용된 화학물질에 대해 부과된 세액과 원칙적으로 동일하다.[254]

내국세의 목적을 가지면서 국경에서 조정하는 이유 중 하나는 독성화학물질의 처리를 위해 사용될 수 있는 세수의 확보를 위한 것이었다.[255] 슈퍼펀드 BTA는 발효되기에 앞서 GATT 분쟁해결제도에서 소송이 제기되었다. 그러나 GATT 패널은 화학최종상품의 화학적 투입에 부과된 BTA가 GATT규범에 일치된다고 판결하였다.[256]

이후 1989년 총괄예산조정법(Omnibus Budget Reconciliation Act)에 따라, 미국은 할

252) B Lockwood and J Whalley, 'Carbon-motivated Border Tax Adjustments: Old Wine in Green Bottles?' (2008) *NBER Working Paper* 14025, 13-15.
253) WTO, *Trade and Climate Change* (n 77) 100.
254) *US-Superfund*, GATT panel report, para 2.5.
255) *US-Superfund*, GATT panel report, para 2.1.
256) Ibid, paras 5.2.7 and 5.2.10.

론과 염화불화탄소와 같은 오존층파괴화학물질(ozone-depleting chemicals, 이하 'ODC')에 부과하는 개별소비세와 연계하여 수입 및 수출 측면의 BTA를 도입하였다. 1990년에 발효한 동 조치는 몬트리올의정서에 따라 오존층파괴물질의 생산을 단계적으로 폐지하기 위하여 미국의 의무 준수를 촉진하는 것을 목표로 삼았다.[257] ODC 세금과 이의 BTA는 ODCs를 포함하고 있는 국내 및 수입상품에 대해 미국에서 여전히 적용되고 있다. 화학적 변형물을 일정한 상품(예컨대, 전자제품) 속에 수용하거나 대기 중으로 방출하는 방법을 통해 ODC가 수입상품의 생산 중 투입요소로서 이용되거나 또는 ODC가 최종상품이 되는 경우, BTA가 부과된다. 수입업자들은 상품에서 발견되는 ODCs의 비중과 관련하여 수입업자와의 서신왕래를 통해 상품생산자에 의한 설명을 포함하여, 수입상품의 생산시 ODCs의 사용에 관한 정보를 관세당국에 제공해야 한다. 또한 ODC 국경조정제도는 수출 측면의 국경조정을 예견한다. 미국의 생산자들은 ODCs 또는 ODC-함유 상품을 수출하러 내보낼 때, 세금 납부가 면제된다.

BTAs의 이러한 두 가지 경우는 환경에 부정적 영향을 미치는 생산요소 투입과 연관되어 부여된 환경 BAMs의 실례가 된다. 제조공정 중 배출된 탄소와 관련하여 부여된 BAMs는 또한 환경 BAMs의 유형에 속하게 될 것이다. 제3장에서 논의한 바와 같이, 공평한 경쟁의 장을 유지하기 위한 전통적 목적 이외에, 탄소 관련 BAMs의 부과는 탄소누출을 예방하고, 탄소의 사회적 비용을 내부화하며, 배출감축체제를 가동 중인 국가의 배출을 보다 넓고도 깊게 줄이도록 하며, 국가들로 하여금 국제기후완화 노력에 참가하도록 격려하는 것을 포함한 환경적 목적을 달성하려는 의도를 가지고 있다. 그러나 위에서 논의된 슈퍼펀드와 ODC BTAs와는 대조적으로, 탄소 관련 BAMs는 최종상품에서 추적할 수 있는 투입용이 아니라, 상품의 물리적 특성상 추적이 불가능한 특성을 갖는 제조공정에 따라 부과될 것이다. 따라서 탄소 관련 BAMs는 합법적 목적을 추구하면서 전통적인 경제 및 규제원칙에 기반을 두는 한편, 정치적 허용가능성, 행정적 실행가능성 및 WTO 합법성의 관점에서 전통적인 BAMs보다 훨씬 더 많은 논쟁의 대상이 되고 있다.[258]

---

257) 오존층파괴물질에 대한 개별소비세의 부과는 동 물질의 가격 증가를 야기하였는데, 이는 산업체 소비자들로 하여금 해당 물질에 대한 수요를 줄이고 이를 다른 화학물질로 대체하도록 자극하였으며, 미국 시장에서 오존층파괴화학물질의 공급을 억제하여 왔다. 보다 자세한 사항에 대해서는 Biermann and Brohm (n 195) 294 참조.

258) Pauwelyn 'U.S. Federal Climate Policy and Competitiveness Concerns' (n 195) 5-8.

국경조정을 위한 WTO의 법적 골격

국경조정은 그 적용에 일정한 제한을 설정하는 WTO규범에 종속된다. 첫째, 국내정책조치의 모든 유형이 국경에서의 조정 대상이 되는 것은 아니다. 둘째, BAMs의 적용은 WTO협정상 규정된 일정한 원칙과 규칙에 종속된다.

WTO협정상 수입에 대한 국경조정과 수출에 대한 국경조정은 별개로, 즉 다른 규정에 의해 규율된다. 수입 측면의 조정은 GATT 제I조와 제III조에 규정된 MFN과 내국민대우 원칙을 포함한 비차별원칙의 적용을 받는 반면, 수출 측면의 조정은 GATT와 SCM협정에 규정된 WTO보조금규율에 속한다. 또한, 상품 특성에 적용할 수 있는 국내규정에 적용되는 BAMs뿐만 아니라 라벨링제도는 TBT협정의 규율대상에 속한다.

국경조정에 적용 가능한 국제무역규범에 대한 최초이자 지금까지 가장 보편적인 분석은 1970년 국경세조정에 관한 GATT 작업반에 의해 이루어졌다. 동 작업반은 GATT의 BTA 규칙이 '야심차며, 유사한 유형의 세금에 대해 다른 세금조정 관행을 조장한다'는 사실에 주목하였다.[259] 동 작업반은 특히 GATT 조약문 전체에 걸친 동일한 BTA 유형과 관련하여 사용되는 각양각색의 용어에 주목하였다. 예를 들어, GATT 조약문은 상품에 '부과되는(imposed on)', '적용되는(applied to)', '할당되는(levied on)' 및 '부담되는(borne by)' 세금과 부과금을 언급하고 있다. 작업반은 또한 용어의 모호성을 지적하고 있다. 예를 들어, '직접적 또는 간접적으로 적용을 받는(subject directly or indirectly)'과 '직접적 또는 간접적으로 적용되는(applied directly or indirectly)'이라는 용어가 조약문에 사용되고 있다. 이러한 모호함은 특히 PPM 관련 세금이나 부과금에 대한 BTAs와 관련하여 해당 규칙을 해석함에 있어 논쟁을 불러일으킬 수 있다. 더 나아가, GATT 조약문에 약 16차례나 등장하며, WTO 판례법에 의해 도입된 일련의 기준을 사용하여 사건에 따른 검토를 요구하는 '동종 또는 유사한 상품(like or similar products)'의 용어와 관련하여 불명확한 해석상의 문제가 존재한다.

---

259) GATT, Report by the Working Party on Border Tax Adjustments, L/3464, 2 December 1970, BISD 18S/97, p. 2.

국경에서 조정될 수 있는 조치

비록 전통적으로 국경조정의 관행은 수입품에 대한 국경세조정 및 수출품에 대한 세금리베이트와 연관이 있지만, 국경조정의 개념은 특히 수입품에 대해 국내 규제가 적용되는 비재정조치에도 적용될 수 있다.

재정조치

국내 재정조치에 수입 BTAs를 적용할 가능성은 GATT 제II:2(a)조와 제III조에 관한 주석에 규정되어 있다. 제II:2(a)조는 상품의 수입시 '제III조 2항의 규정에 따라 일치되게 부과된 내국세에 상당한 부과금(각주 생략). . .'의 부과를 허용하는 반면, 제III조에 관한 주석에 의하면 '수입상품과 동종의 국내상품에 적용되며 수입 시점 또는 지점에서 징수되는 . . . 여하한 내국세 또는 여타 내국부과금은 그럼에도 불구하고 내국세 또는 여타 내국부과금으로 간주되어야 한다'.

수출 BTAs의 허용 가능한 성격은 GATT 제VI:4조와 제XVI조에 관한 주석 및 SCM협정 각주 1의 규정을 따른다. 제VI:4조에 의하면, 수출 BTAs는 반덤핑관세 또는 상계관세의 적용을 받을 수 없다. 달리 말하면, 수출업자에 대한 국내규제조치의 비용에 대한 변제(예컨대, 세금 감면 또는 세금 면제)는 덤핑(즉, 국내시장에서보다 저렴한 가격으로 해외에 판매하는 것)도 보조금(즉, 국내상품에 혜택을 부여하는 정부의 재정적 기여)도 아닌 것으로 간주된다. 더 나아가, GATT 제XVI조에 관한 주석과 SCM협정 각주 1은 수출 BTAs가 보조금으로 간주될 수 없다는 설명을 보강하고 있다. 수출에 BTAs를 허용함으로써, BTAs에 관한 GATT 규정은 수입품과 수출품에 동일하게 소비지 과세원칙을 적용한다.

수출 BTAs가 덤핑으로 간주되지 않으며, 반덤핑관세의 적용을 받지 않는다는 사실은 *Swedish Anti-Dumping Duties*에 관한 GATT 패널보고서에 의해 확인되었다. 이 사건 패널은 '관세와 세금의 합법적인 반환을 검토할 의무와 관련하여 해당 당사국 간에는 의견 차이가 존재하지 않았다'라고 판단하였다.

BTAs에 관한 가장 중요한 규칙 중의 하나는 간접세와 간접부과금, 즉 생산자가 아닌 상품에 부과되는 세금과 부과금만이 BTAs의 적용을 받을 수 있다는 요건이다. 이러한 규칙은 (생산자가 아닌) 단지 상품에 대한 세금과 부과금을 의미하는 GATT의 모든 BTA 관련 규정으로부터 나온다. 예를 들어, 제II:2(a)조에 의하면, 국경조정의 대상이 될 수 있는 부과금은 '동종의 국내*상품과 관련하여* 또는 수입*상품이 제조된 물품과 관련하여*'(이탤릭체 강조) 내국세에 상당하여야 한다. 제III:2조는 수입상품은 '동종의 국내*상품*에 직접적 또는 간접적으로 *적용되는* 것을 초과하는' (이탤릭체 강조) 내국세의 부과대상이 되어서는 안 된다고 규정하고 있다. 제V:4조에 의하면, '*어떠한 상품도* 동종*상품*이 부담하는 관세 또는 세금으로부터 동 *상품*이 면제된다는 이유로 반덤핑관세 또는 상계관세의 부과대상이 되어서는 안 된다'(이탤릭체 강조). 또한 GATT 제VI:4조와 제XVI조에 관한 주석 및 SCM협정 각주 1에 포함된 수출 BTAs에 관한 WTO규정은 상품이 '부담하는(borne by)' 세금을 의미한다. '적용되는(applied to)' 또는 '적용을 받는(subject to)'이라는 술어 대신, '부담하는(borne by)'의 술어는 조정이 허용된 세금은 상품에 부과된 세금을 의미하는 것으로 해석상 차이를 야기하지 않는 단순한 용어 차이에 불과하다.[260)]

간접세만이 국경조정의 대상이 될 수 있음은 1970년 BTAs에 관한 작업반 보고서의 결과물에 의해 확인되었다:[261)]

> 상품에 직접적으로 부과되는 세금(즉, 간접세)이 세금조정의 대상이 된다는 점에 대해서는 견해가 일치하였다. 이러한 세금의 예로는 종량적 개별소비세, 판매세와 미공제 누적세 및 부가가치세가 해당되었다. TVA는 기술적 구성요건(부분적 징수)과는 상관없이, 이와 관련하여 직접적으로 부과되는 세금 - 소매세나 판매세 - 에 상당한 것으로 합의되었다. 더 나아가 작업반은 상품에 직접적으로 부과되지 않는 일정한 세금(즉, 직접세)은 세금조정의 대상이 되지 않는다는 점에 대해 견해의 합치가 존재한다고 결론을 내렸다. 이러한 세금의 예로는 고용주 또는 고용인에 대한 사회보장부과금 및 급여세가 해당된다.[262)]

이후, GATT 패널은 *US-DISC* 사건의 판결에서 연방소득세의 수출리베이트가

---

260) GATT, Report by the Working Party on Border Tax Adjustments, L/3464, 2 December 1970, BISD 18S/97, para 10.

261) Henrik Horn과 Petros Mavroidis에 의하면, GATT 작업반 보고서는 GATT 1994 제I(b)(iv)조의 범위에 속하는 체약국에 의한 결정 또는 WTO협정 제XVI조의 목적에 해당하는 전체 GATT법(즉, 관련 판례법이 향후 분쟁에서도 고려될 것이라는 WTO 회원의 합법적 기대)의 일부로서의 법적 지위를 가지고 있다. 전자의 경우, GATT 작업반의 결정으로서 동 보고서는 GATT 1994의 필수적 일부가 될 것이다. 그러나 둘 중의 어느 경우에나 BTAs에 관한 1970년 작업반 보고서는 법적으로 중요한 의미가 있다. H Horn and P Mavroidis, 'Border Carbon Adjustments and the WTO' (2010) *ENTWINED Research Paper*, 29 참조.

262) GATT, Report by the Working Party on Border Tax Adjustments, L/3464, 2 December 1970, BISD 18S/97, para 14. 또한 WTO, *Environmental Taxes and Charges* (n 73), paras 31 and 33 참조.

수출보조금에 해당한다고 결정하며, 직접세는 국경조정의 대상이 되지 않음을 확인하였다.[263]

더 나아가, 수출에 대한 직접세 조정의 금지는 SCM협정 제1부속서에 포함된 수출보조금 예시목록에 의해 규정되었다. 동 예시목록 제(e)호에 의하면, '산업적 또는 상업적 기업이 지불한 또는 지불해야 할 직접세(각주 생략) 또는 사회보장부과금을 명시적으로 수출과 관련하여 완전히 또는 부분적으로 면제, 경감 또는 유예하는 것(각주 생략)'은 수출보조금에 해당한다.

간접세에 국경조정을 허용하고 직접세에 국경조정을 금지하는 이유는 원래는 소비자에게 세금 비용을 전가시키는 능력에 있어 이 두 그룹의 차이 때문에 발생한다. 간접세, 즉 소비세(consumption taxes)는 상품의 가격에 반영되어 있으며 실제 소비자에 의해 지불된다는 점이 추정된다. 이러한 경우, 국경조정은 생산자에게 추가적인 부담을 부여하지 않으며, 단지 국내 및 외국 생산자 간에 공정한 경쟁의 장을 형성할 뿐이다. 이런 이유로 소비지과세원칙은 간접세에 적용되고 원산지원칙은 직접세에 적용된다는 점에서 차이가 있다.[264]

그러나 세금이 소비자에게 전가될 것이라는 가능성에 관하여 현대의 경제적 관점은 변화되어 왔다. 시장의 특성에 따라, 간접세와 직접세 둘 다 상품의 가격에 반영될 수 있다. 경제적 관점에서 볼 때, 급여세와 연료세는 매입세액이며 결국 최종 상품의 가격에 영향을 줄 것이기 때문에 이 양자 간에 차이는 존재하지 않는다.[265] 이러한 세금이 국경조정 규칙과 관련하여 처리되는 방식의 차이에 대한 진정한 이유는 행정적인 실행가능성을 들 수 있을 것이다: 외국 생산자에 부과하는 세금 보다 수입상품(또는 이러한 상품의 소비자)에 부과하는 세금을 추적하는 것이 훨씬 용이하다.[266]

BTAs의 목적상, 세금의 목적(환경 대 세수)이 아니라 세금의 유형(직접세 대 간접세)이 문제가 됨을 언급하는 것은 중요하다. GATT 패널은 *US-Superfund* 사건에서 다음과 같이 판시하였다:

판매세가 일반적 세수의 목적으로 상품에 부과된 것인지 또는 환경자원의 합

263) US－DISC, GATT panel report, para 69. 또한 WTO *Environmental Taxes and Charges*, (n 73), para XXXV 참조.
264) Low, Marceau and Reinaud (n 130) 10.
265) Demaret and Stewardson (n 244) 15.
266) Ibid 16.

> 리적인 이용을 촉진하기 위한 것인지 여부는 세금의 국경세조정에 대한 적격성을 결정하는 것과 관련이 없다.[267]

세금의 분류, 특히 국경조정에 적용되는 WTO법상의 이분법과 관련하여 WTO법도 경제이론도 명확한 본보기를 제공해 주지는 못한다. 직접세는 생산요소(즉, 노동, 자본)에 적용되고, 간접세는 상품에 적용되는 것으로 일반적으로 이해되고 있다.[268] WTO협정문 중, 오로지 SCM협정에만 동 협정의 목적상 세금의 정의를 발견할 수 있다. SCM협정의 제1부속서 각주 58에 의하면,

> '직접세'는 임금, 이윤, 이자, 지대, 사용료 및 다른 모든 형태의 소득에 부과되는 조세 및 부동산 소유에 부과되는 조세를 의미한다;
> '간접세'는 판매, 소비, 매상, 부가가치, 면허, 인지, 이전, 재고 및 설비에 대한 조세, 국경세 및 직접세 및 수입부과금 이외의 모든 조세를 의미한다.

비재정조치

국내 비재정조치(예컨대, 표준, 라벨제도 등)도 국경에서 조정될 수 있다. 재정조치 이외에, GATT 제III조에 관한 주석은 국내법, 규정 및 요건의 국경조정의 상황을 언급하고 있다. GATT 제III조에 관한 주석에 의하면, 여하한 내국세 또는 다른 내국부과금과 함께, '수입상품에 대하여 그리고 동종 국내상품에 대하여 적용되고 수입상품의 경우에는 *수입 시점 또는 지점에서* 징수되거나 시행되는 . . . 법률, 규정 또는 요건'(이탤릭체 강조)은 제III조 규정의 대상이 된다. 따라서 GATT 제III조에 관한 주석은 WTO법상 국내규제의 국경조정이 허용가능하다는 증거가 된다.

사실상, GATT 제III조에 관한 주석은 국경조정을 위한 GATT 규범 골격의 주요한 규정이다. Donald Regan은 GATT 제III조에 관한 주석이 그 자체로 국경세조정 원칙이라고 주장한다.[269] 이러한 주장은 또한 비재정조치를 포함하도록 확대되었음에 틀림없다. 따라서 필자의 견해상 GATT 제III조에 관한 주석은 일반적인 국경조정 원칙이며 (재정조치에 관한) 제III:2조와 제II:1조뿐만 아니라 (비재정조치에 관한) 제III:4조와 제XI:1조 간의 관계에 적용된다.

---

267) *US-Superfund*, GATT panel report, para 5.2.4.
268) Low, Marceau and Reinaud (n 130) 10.
269) D Regan, 'How to think about PPMs (and climate change)', in T Cottier, O Nartova and SZ Bigdeli (eds), *International Trade Regulation and the Mitigation of Climate Change: World Trade Forum* (Cambridge University Press 2009) 122.

GATT 제III조에 관한 주석에 규정된 상황(즉, 수입 시점 또는 지점에서 징수되거나 시행되는 내국세 또는 내국부과금)에 따라, 단지 어떠한 조치(즉, 내국세)가 동종의 국내상품에 부과된 세금을 초과하지 않게 수입품에 부과되도록 하는 제III:2조의 요건을 충족하는 한에 있어서만 제II:1조(관세율을 초과하는 관세로서)가 아닌 제III:2조(수입품에도 역시 적용되는 비차별적 내국세로서)의 범위에 속하게 된다. 이와 마찬가지로, GATT 제III조에 관한 주석에 규정된 상황(즉, 수입 시점 또는 지점에서 징수되거나 시행되는 법률, 규정 또는 요건)에 따라, 단지 어떠한 조치(즉, 어업방법에 관한 국내요건)가 동종의 국내상품에 부여된 대우보다 불리하지 않은 방법으로 수입상품에 부여되도록 하는 제III:4조의 요건을 충족하는 한에 있어서만 제XI:1조(수입품에 대한 수량제한의 금지로서)가 아닌 제III:4조(수입품에도 적용되는 비차별적 국내규제로서)의 범위에 속하게 된다. 따라서 GATT 제III조에 관한 주석은 허용 및 권한위임의 기능을 가지며, 제XI조의 범위로부터 제III:4조[270]의 범위로 그리고 제II:1(b)조의 범위로부터 제III:2조의 범위로 일정한 조치를 재배치하는 임무를 수행한다.

국경조정 원칙이 GATT 제III조에 관한 주석에 명시되어 있다면, 제II:2(a)조가 재정조치의 국경에서의 조정에만 적용되고 비재정조치에 대해서는 이에 상응한 규정이 존재하지 않는다는 점에서 동조의 목적이 무엇인지에 관한 문제가 발생하게 된다. 불행히도, 양 조항 사이의 관련성에 관하여 WTO 사법기관에 의한 해석이 결핍되어 있다. Donald Regan에 의하면, 제II:2(a)조의 목적은 상품 그 자체에 대한 내국세가 존재하지 않더라도 수입상품에 물리적으로 포함된 투입요소에 대한 세금과 관련한 BTAs를 수용하는 것이다. 그렇지 않다면 제II:2(a)조는 국경세를 포함한 국경조정 조치를 수용하는 GATT 제III조에 관한 주석의 존재에 비추어 볼 때, 무용지물이 될 것이다.[271]

필자의 견해로 물리적 투입요소에 대한 세금의 국경조정을 수용할 필요성에 관한 주장은 충분히 설득력이 있다고 보지는 않는다. 제II조 전체를 보다 자세히 살펴보면, 제II:2조의 (a)항뿐만 아니라 다른 두 개의 항 역시 제II:1조의 예외를 규정하고 있음이 명확하다. 이러한 예외는 (BTAs와 관련하여) GATT 제III조에 관한 주석, (반덤핑관세 및 상계관세와 관련하여) GATT 제VI조, (수입관세 및 수출관세와 내국세가 아닌 수입 및 수출과 연계되어 있는 요금 및 부과금과 관련하여) GATT 제VIII조와 같이 GATT의 특정

270) Howse and Regan (n 105) 257.
271) Regan (n 269) 122–123.

한 조항에 보다 자세히 구현되어 있다. 제II:2조가 제II:1조의 예외로서 기능한다는 사실은 *India-Additional Import Duties* 사건에서 확인되었다.

국경조정조치가 적용되는 방법

국경조정 對 수입품

재정조치의 국경조정을 규율하는 규정은 GATT 제II조에서 발견된다. 제II:2(a)조는 국가들로 하여금 국가의 양허표에 규정된 수준을 초과할 수 없는 관세 이외에, 수입상품에 '내국세에 상당하는 부과금'을 부여하는 것은 허용한다.

제II:2(a)조의 '상당하는'이라는 용어와 관련하여, 그 의미는 한 때 다음 사례와 함께 GATT의 기초자들 중 한 명에 의해 설명되었다:

> 향수가 알코올을 함유하고 있다는 이유로 부과금이 부여된다면, 그 부과금은 향수의 가치가 아닌 알코올의 가치, 즉 전체의 가치가 아닌 함유물의 가치를 고려하여 부여하여야 한다.[272)]

India-Additional Import Duties 사건에서, AB는 '상당하는'이라는 용어가 '효과'와 '양'의 요소를 포함하며, 따라서 그 성격상 양적이며 질적인 내국세의 비교 검토를 요구하는 의미로서 해석되어야 한다고 언급하였다.[273)]

제II:2(a)조에 추가적으로 규정된 바와 같이, 세금의 국경에서의 조정은 그 부과금이 '동종의 국내상품에 대하여 또는 당해 수입상품의 제조 또는 생산에 전부 또는 일부 기여한 물품에 대하여 제III조 2항의 규정에 일치되게 부과하는' 경우에만 가능하다. *India-Additional Import Duties* 사건에서, AB는 '"제III조 2항의 규정과의 일치성" 요건은 부과금 및 내국세가 "상당하는"의 요건과 함께 해석되어야 하며 그리고 그 요건에 의미를 첨가하는 것이며', 또한 '부과금이 관련 내국세를 "초과하여" 부과된 것인지 여부는 그 부과금이 제II:2(a)조에 따라 정당화될 수 있는지 여부를 결정하기 위한 분석의 필수적 부분이 되며', 그 결과 '제소국은 제III:2조에 따

---

272) The protocol E/PC/T/TAC/PV/26 of the Second session of the preparatory committee of the UN Conference on Trade and Employment, 25 September 1947, 21. 이러한 설명은 *US-Superfund* 사건에서 GATT 패널에 의해 인용되었다. *US-Superfund*, GATT panel report, para 5.2.7 참조.

273) *India - Additional Import Duties*, AB report, para 175.

라 국경부과금의 일치성 문제를 제기하고 싶다면 제III:2조에 대한 독립적인 위반 청구를 제기할 필요가 없게 된다.'[274]

달리 말하면, BTA를 위한 중요한 조건은 GATT 제III:2조에 규정되어 있는 내국민대우 원칙의 준수이다. 다음 장에서 보다 자세히 설명하겠지만, 동종상품에 대해 내국민대우 원칙은 수입상품에 대한 조세가 동종의 국내상품에 부과된 조세를 초과해서는 안 된다는 요건으로 해석된다(제III:2조, 1문). 직접적으로 경쟁적이거나 대체 가능한 상품에 대해서는 만약 수입상품과 국내상품이 동일하게 과세되지 않는다면 그 조세는 국내생산에 보호를 제공하기 위해 적용되어서는 안 된다(GATT 제III조 2항에 관한 주석과 연계하여 제III:2조, 2문 해석).[275] (수입상품에 대한 내국세의 확장으로서의 국내시장 및 국경세조정으로서의 국경에서) 수입상품에 내국민대우 원칙의 요건에 따라 세금을 부과하는 주요한 목적 중의 하나는 GATT 제II조에 따라 부여된 양허관세의 효과가 내국세 및 국내규제에 의해 방해받지 않도록 보장하기 위한 것이다.[276]

이것을 염두에 두고, 수입에 대한 BAMs가 수입국에서 전혀 생산되지 않은 상품과 관련하여서도 허용될 수 있는지의 문제가 제기될 수 있다. BTAs에 관한 1970년 작업반은 GATT 제III조가 '국내에서 생산되지 않은 상품에 대한 조세의 적용을 금지하는 것으로 해석될 수는 없다'는 점에 주목하였다.[277] 확실히, 이러한 관행은 VAT 및 개별소비세와 관련하여 존재한다. 관련 예로는 열대 개도국으로부터의 커피 또는 차와 같은 수입상품에 대해 선진국이 부과한 종량적 개별소비세뿐만 아니라, 동종상품이 국내에서 생산되었는지 여부에 상관없이 모든 수입상품에 부과되는 VAT가 포함된다.

우리에게 특히 관심의 대상이 되는 질문은 탄소세 역시 국내에서 생산되지 않은 상품의 수입시 부과될 수 있는지 여부이다. 대체로 이에 대한 대답은 탄소세가 세금으로 간주될 수 있는 그 유형에 달려 있다. 제5장에서 논의될 바와 같이, 탄소는 오염자 부담원칙과 배출집약적 상품의 소비를 줄이기 위한 목적으로 상품에 부과하는 환경세라는 점에서, 특정한 상품에 대해 부과되는 간접세 또는 소비세인 개별소비세(excise tax)의 성격을 띨 수 있다. 개별소비세는 해당 상품의 국내생산

---

274) Ibid, para 180.
275) BAMs에 대한 GATT 제III조 규정의 의미는 다음 장에서 보다 자세하게 분석할 것이다.
276) *Canada-Alcoholic Drinks*, GATT panel report, paras 5.30 – 5.31.
277) GATT, Report by the Working Party on Border Tax Adjustments, L/3464, 2 December 1970, BISD 18S/97, para. 32.

이 부재한 경우 수입상품에 부과될 수 있다. 시장에서 동종의 국내상품이 존재하지 않는 한, 수입에 대한 차별은 존재하지 않는다. 그러나 필자는 조정이 필요한 국내상품에 적용되는 조세는 존재하지 않기 때문에, 그러한 조세는 국경세조정이 아닌 수입상품에 부과되는 내국세라는 견해를 가지고 있다. 달리 말하면, 예컨대 알루미늄 같은 국내생산이 존재하지 않는 경우, 국가는 알루미늄에 수입 측면의 탄소 BTA를 부과할 수 없을 것이지만, 국내시장에서 수입 알루미늄에 대해 배출집약적인 알루미늄의 소비를 좌절시킬 수 있는 개별소비세로서의 탄소세는 여전히 부과할 수 있을 것이다.

수입 측면의 BTAs의 적용을 규율하는 규칙의 분석으로 돌아가 보면, 제II:2(a)조의 규정에 포함된 요건이 충족되는 경우 수입품에 부여되는 부과금은 국경세, 즉 관세가 아니라 수입품에 대한 내국세의 조정, 즉 BTA에 해당하게 될 것이다. *India-Additional Import Duties* 사건에서, AB는 '부과금이 제II:2(a)조의 요건을 충족하게 된다면 이는 제II:1(b)조의 위반이 되지는 않을 것이다'라고 판결하였다.[278] 수입상품에 대한 세율이 국내상품에 적용되는 기존의 세율보다 높을 수는 없으며 동일한 수준이거나 심지어는 낮은 세율을 설정해야 한다는 점을 염두에 두는 것이 중요하다.[279] 물론, 후자의 경우 BTAs는 국내생산자를 위해 바람직한 공평한 경쟁의 장을 제공할 수 없을 것이다.

국내 비재정조치(법률, 규정 및 요건)의 국경에서의 조정을 규율하는 주요한 규정은 GATT 제III:4조이다. 재정조치와 마찬가지로, 수입품에 대한 국내규제의 확대는 또한 내국민대우 조건을 준수하는 방법으로 이루어져야 한다. 비재정조치에 적용되는 내국민대우 원칙은 수입상품이 '국내 판매, 판매를 위한 제공, 구매, 운송, 유통 또는 사용에 영향을 주는 모든 법률, 규정, 요건에 관하여 국내 원산의 동종상품에 부여되는 대우보다 불리하지 않은 대우를 부여받아야 한다'는 것을 요건으로 하고 있다. *Korea-Various Measures on Beef* 사건에서 AB가 제III:4조의 규정과 관련 조치의 준수를 검토하면서 수입상품에 형식적으로 차별대우를 부여하는 동 조치가 그 자체로서 제III:4조를 위반하는 것은 아니라고 판시하였음은 중요하다.[280]

---

278) *India - Additional Import Duties*, AB report, para 153.

279) GATT, Report by the Working Party on Border Tax Adjustments, L/3464, 2 December 1970, BISD 18S/97, 3.

280) 다음 장에서 논의될 바와 같이, 제III:4조에 따른 위반의 분석은 GATT 제III조 2항에 관한 주석에서 설명한 바대로 제III:2조 2문상 대우의 형식적 차이가 차별을 증명하기에 충분할 뿐만

> 수입상품과 동종의 국내상품 간의 형식적 대우의 차이는 제III:4조의 위반을 입증하기에 필수적인 것도 충분한 것도 아니다. 수입상품이 동종의 국내상품보다 '불리하지 않은' 대우를 받았는지 여부는 대신에 해당 조치가 관련 시장에서 수입상품에 손해를 야기하며 경쟁조건을 변경하였는지 여부를 검토함으로써 평가되어야 한다.[281]

달리 말하자면, 상품의 원산지에 기초한 규제의 차이가 필수적으로 GATT 제III조를 위반하는 것은 아니다.[282] 수입상품과 국내상품의 차별 대우는 국내산업에 보호를 제공하는 방법으로 적용되는 경우에만 내국민대우 원칙을 위반한 것으로 판단될 수 있다. 이는 다음 장에서 보다 자세히 검토될 것이다.

더 나아가, 라벨링제도를 포함한 상품 특성을 규율하는 비재정국내조치에 적용되는 국경조정은 또한 GATT의 비차별규칙을 대체로 반영하고 있는 TBT협정의 규제 대상이 될 수 있다.[283]

내국민대우 원칙과의 일치성 이외에, 국내재정 및 비재정조치의 국경에서의 조정은 GATT 제I조에 규정된 MFN 규칙에도 일치되어야 한다. MFN 원칙은 다양한 무역상대국의 동종상품 간에 차별을 금지한다. 제I:1조에 의하면, MFN 의무는 또한 '제III조 2항과 4항에 규정된 모든 사항들', 즉 국내조치의 국경에서의 조정을 포함한 수입품에 대한 내국세 및 규제의 적용에 관해서도 적용된다.[284]

게다가, BAMs의 적용은 개도국에 특별한 권리와 유리한 대우를 부여하는 GATT의 특별하고도 차별적인 대우 규정에도 일치되어야 한다. GATT 제XXXVII:1(b)조와 제XXXVII:1(c)조는 명시적으로 선진국들로 하여금 WTO의 최빈국들을 위해 현재 및 잠재적으로 상당한 수출 중요성을 가진 상품에 대해 새로운 재정조치와

아니라 필요하여야 한다는 유일의 차이점은 존재하지만, (직접적으로 경쟁적이거나 대체 가능한 상품에 대한) 제III:2조 2문에 따른 분석과 유사한 편이다.

281) *Korea - Various Measures on Beef*, AB report, para 137.

282) Low, Marceau and Reinaud (n 130) 10.

283) *EC-Asbestos* 사건에서, AB는 GATT 제III:4조에 의해 포함된 모든 국내조치가 필수적으로 TBT협정상 기술규정에 해당하는 것은 아니라는 점을 지적하였다. EC－Asbestos, AB report, para 77 참조.

284) MFN 대우의 예외가 특혜무역협정상의 무역과 개도국 및 최빈개도국과 관련하여 가능하다는 점을 주목해야 한다. 후자의 경우, 선진국들은 GSP에 따라 다른 모든 WTO 회원에 특혜를 부여함이 없이도 비상호주의적 기반 하에 개도국의 수입품에 특혜관세를 적용할 수 있다. GSP제도의 법적 기반은 수권조항, 즉 1979년에 채택되어 원래 그 적용을 10년으로 의도하였던 기간을 초과하여 확대된 GATT 제I조에 대한 의무면제조항이다. GATT 1994는 수권조항의 지위를 GATT 제I조에 대한 상설적인 의무면제로서 확정지었다. GSP에 따라 선진국들은 일방적 특혜 제도에 어떤 상품과 어떤 개도국을 포함시킬지 여부를 스스로 결정할 수 있다.

비관세수입장벽의 적용을 삼갈 것을 요구하고 있다.

마지막으로 수입 측면의 BAMs가 수입상품을 국내상품의 가격수준으로 올리기 위하여 수입상품의 전체 가격 수준을 높이기 위한 목적으로 사용되어서는 안 된다는 점을 주목해야 한다. 달리 말하면, BTAs는 덤핑상품, 외국의 보조금 또는 수입의 갑작스런 급증의 가격 인하 효과를 상쇄시키기 위한 구제책으로서 이용되어서는 안 된다. 이러한 목적에 대해서는 다른 조치들, 즉 반덤핑관세와 상계관세 또는 세이프가드조치가 WTO법상 취해질 수 있다.[285]

국경조정 對 수출품

수출 BTAs를 규율하는 규칙은 GATT 제VI조, GATT 제XVI조에 관한 주석 및 SCM협정에 포함되어 있다. 수출보조금, 수출리베이트로 간주되지 않는 수출 측면의 국경조정은 국내소비를 위해 판매되는 동종상품에 부과되는 조세에 상당하거나 낮은 수치여야 한다. 이러한 규칙은 GATT 제XVI조에 관한 주석과 SCM협정의 각주 1 둘 다에 '. . . 관세 또는 조세로부터 면제시키거나, 동 관세 또는 조세를 발생한 금액을 초과하지 아니하는 금액만큼 경감시키는 것은 보조금으로 간주해서는 안 된다'라고 규정되어 있다. 이는 또한 SCM협정의 제1부속서에 포함된 수출보조금의 예시목록(즉, 금지보조금)에 의해 확인된다. (g)항에 의하면, 수출보조금은 '국내소비를 위하여 판매되는 동종상품과 . . . 관련하여 부과되는 간접세를 초과하는 . . . 간접세(각주 생략)의 면제 또는 경감'이라고 규정하고 있다.

더 나아가, 수출에 대한 BAMs는 WTO 회원으로 하여금 관행상 조세나 부과금은 모든 목적지에서 수출품에 대해 보상될 것을 의미하는 원산지에 기반을 둔 비차별원칙을 준수하도록 요구하는 GATT 제I조 MFN 원칙의 적용을 받는다.

재정조치의 수출 측면의 국경조정과는 달리, 비재정조치의 수출 측면의 국경조정은 특별히 WTO규범에 의해 규율되고 있지 않다. 그러나 필자는 수출시 다양한 비재정조치의 국경조정이 실행되는 경우 보조금에 관한 WTO규범의 적용을 받아야 한다는 견해를 가지고 있다. 관행상 수출시 비재정조치의 국경조정은 국내시장에서 팔리는 자국 상품과 관련하여 일정한 기술표준을 준수하는 국내생산자들이

---

285) J Pauwelyn, 'Testimony Before the Subcommittee on Trade of the House Committee on Ways and Means', 24 March 2009, 14－15 <www.docstoc.com/docs/9842017/Statement－of－Joost－Pauwelyn> 2013년 8월 17일 방문.

수출시 보다 낮은 표준으로 상품을 생산할 수 있음을 의미하는 것이다. 이러한 상황은 가능한 것으로 WTO규범에 의해서도 금지되고 있지 않지만, 국경조정의 관행이라기보다는 시장분할 기술을 제시해 주는 것이다.

BAMs의 적용을 규율하는 주요 WTO 규정의 개요는 [표 4.1]에 제시되어 있다.

[표 4.1] 국경조정에 적용 가능한 WTO 규정

국경조정	조세/부과금	국내규제
수입	GATT 제II:2(a)조, GATT 제III조에 관한 주석 & GATT 제III:2조(재정조치에 대한 내국민대우), GATT 제I:1조(MFN). 일치되지 않는 경우, GATT 제II:1(b)조에 따른 관세율을 초과하는 것으로서 금지됨.	GATT 제III조에 관한 주석 & GATT 제III:4조(비재정조치에 대한 내국민대우), GATT 제I:1조(MFN) 및 TBT협정(상품 특성과 관련이 있는 경우). 일치되지 않는 경우, GATT 제XI:1조에 따른 수량제한으로서 금지됨.
수출	GATT 제I:1조(MFN), 제VI:4조, 제XVI조에 관한 주석 및 SCM협정(SCM협정 부속서I 포함). 일치되지 않는 경우, SCM협정 제3.1조에 따른 수출보조금으로서 금지됨.	SCM협정의 규정

출처: K Holzer, 'Proposals on carbon-related border adjustments: Prospects for WTO Compliance' (2010) 4 *Carbon and Climate Law Review* 51.

수입에 관한 BAMs와 수출에 관한 BAMs: 단일제도 또는 두 개의 별개의 조치?

Superfund 사건의 GATT 패널은 국경조정에 대해 정부가 자유롭게 국내조치를 국경에서 조정할지 여부를 결정할 수 있음을 의미하는 의무가 아닌 권리라고 간주하였다.[286] 국경에서 국내조치를 조정할 의무는 존재하지 않는 반면, 정부가 수출이 아닌 수입시 국내조치를 조정하도록 선택할 수 있는지 또는 그 반대의 경우 어떠한지 여부의 문제가 존재한다. 이 문제는 제6장에서 검토할 GATT 제XX조상 탄소 관련 BTAs의 분석과 특히 관련이 있다.

BTA가 수입과 수출의 대칭적인 제도 또는 수입과 수출에 대한 별개의 제도로

286) *US-Superfund*, GATT panel report, para 5.2.5.

서 이행되어야 하는지 여부는 논쟁의 여지가 있다. 경제학자들은 보통 BTA를 수입시 내국세를 부과하고 수출시 내국세리베이트를 부여하는 대칭적인 제도로서 파악한다.[287] 이러한 견해를 뒷받침하는 BTAs가 수입과 수출에 대칭적으로 적용된다고 주장하기 위해 이들은 '세금 조정에 관한 GATT 규정이 수입품과 수출품에 동일하게 소비지과세원칙을 적용하도록 합의되었다'고 설명하고 있는 1970년 BTAs에 관한 GATT 작업반 보고서[288] 및 '수입 또는 수출에 대하여 또는 수입 또는 수출과 관련하여 부과되는 관세 및 모든 종류의 부과금에 관하여 . . . 타국을 원산지로 하거나 행선지로 하는 상품에 대하여 . . .'라고 규정한 GATT 제I조를 언급한다.[289]

필자의 견해로는 WTO협정상 수출과 수입에 대한 조정 간에 대칭에 대한 요건은 존재하지 않는다.[290] 따라서 정부는 수출이 아닌 수입에 대한 국내조치의 조정 또는 그 반대의 방법을 선택할 수 있다. BAMs는 관행상 이러한 방법으로 적용되어 왔다.[291]

관세, 국경세조정 및 내국세 간의 희미한 경계선

WTO규범상 국경조정에 관한 조치를 검토하게 되면, BAMs와 WTO협정상 포함되는 수입 또는 수출에 관한 여타 조치 간에 구별이 중요해진다.

수입품에 적용되는 재정조치는 다양한 유형을 띨 수 있다. GATT 제II:1(b)조에 정의되어 있는 관세(즉, 일반관세와 기타 관세 또는 부과금), GATT 제III조에 관한 주석에 정의되어 있는 BAMs 및 GATT 제III조에 정의되어 있는 수입품에 적용되는 내국세와 국내규제 간의 구별은 애매하다. 특히 BAMs와 GATT 제III조상 수입품에 적용되는 국내조치 간의 구별은 불분명하다.[292] *China-Auto Parts* 사건에서 AB가 확인한

287) C McLure, 'The GATT–Legality of Border Adjustments for Carbon Taxes and the Cost of Emissions Permits: A Riddle, Wrapped in a Mystery, Inside an Enigma' (2011) *11 Fla. Tax Rev.* 221, 238. 또한 Mattoo et al. (n 233) 14–15 참조.

288) GATT, Report by the Working Party on Border Tax Adjustments, L/3464, 2 December 1970, BISD 18S/97, para 10.

289) 예컨대 Demaret and Stewardson (n 244) 31; McLure 'GATT–Legality' (n 287) 238 참조.

290) 이러한 견해는 또한 Hufbauer, Charnovitz and Kim (n 162) 39에 의해 지지를 받고 있다.

291) 1930년대에 양자간 자유무역협정은 수출이 아닌 수입에 관한 BTAs를 포함하였다. R Floyd, 'GATT Provisions on Border Tax Adjustments' (1973) in McLure 'GATT–Legality' (287) footnote 30 참조.

292) Bacchus (n 76) 9.

바 있는 GATT 제II:1(b)조의 1문상 일반관세와 제III:2조상 내국세 또는 기타 내국부과금 간의 차이 그리고 *India-Additional Import Duties* 사건에서 AB에 의해 해석된 바 있는 GATT 제II:1(b)조상 일반관세와 제II:2(a)조상 BTAs 간의 차이와는 달리, BAMs와 국내조치의 차이는 아직 WTO 소송에서 다루어지지 않았다.

제II조의 1(b)항과 1(c)항은 수입에 대하여 또는 수입과 관련하여 부과되는 일반관세와 기타 관세 또는 부과금을 다루고 있다. 제II조의 2(a)항은 수입에 대하여 언제든지 부과되는 내국세에 상당하는 부과금을 다루고 있다. GATT 제III조에 관한 주석은 여하한 내국세 또는 내국부과금, 또는 수입상품에 적용되고 수입 시점 또는 지점에서 징수되거나 시행되는 여하한 법률, 규정 또는 요건을 언급하고 있다. 제III조는 내국세와 기타 내국부과금 및 상품의 국내 판매, 판매를 위한 제공, 구매, 운송, 유통 또는 사용에 영향을 주는 법률, 규정 및 요건뿐만 아니라, 특정 수량 또는 비율로 상품을 혼합하거나 가공 또는 사용하도록 요구하는 국내 수량규정을 다루고 있다.

BTA는 대체로 GATT 제II:2(a)조와 GATT 제III조에 관한 주석상 국경에서 시행되는 부과금으로 인정된다. 그러나 BTAs는 반드시 국경에서 징수될 필요는 없다:

> 작업반은 '국경세조정'이라는 용어상 그 조정이 반드시 그렇지 않음에도 불구하고 국경에서 발생하는 것을 의미하기 때문에 많은 혼동을 야기하여 왔음에 주목하였다... 일정한 조세제도에 따라, 수입국에서의 수입상품은 보통 국내상품과 마찬가지로 등록된 무역업자에 의해 다른 무역업자 또는 소비자에게 판매되는 시점에 세금이 매겨지므로, 상품이 국경을 통과한 이후에 조정이 발생하게 된다.[293)]

부과금이 징수되거나 규제가 시행되는 지점과 시점뿐만 아니라 국내입법행위상 이러한 조치에 부여되는 명칭은 관세, 국경조정조치 또는 내국세와 국내규제로 이들의 분류를 규율하는 결정적인 요소가 아니다.

아바나 회의에서의 소위원회 중 하나의 보고서는 다음과 같이 설명하고 있다:

> 소위원회는 내국세에 대한 일반적 정의를 시도하지 않았지만, 관련 국가가 제공한 정보에 의해 (a) 수입국에 상품이 들어오는 시점에 그리고 이를 조건으로 징수되고, (b) 동종의 국내상품에 대해 국내적으로 징수된 유사한 부과금

293) GATT, Report by the Working Party on Border Tax Adjustments, L/3464, 2 December 1970, BISD 18S/97, para 5.

과 어떠한 방법으로든 관련됨이 없이 배타적으로 수입상품에 적용되기 때문에 언급된 특정의 부과금이 내국세가 아니라 수입관세라고 판단하였다. 이러한 부과금이 수입국의 법률에 의해 내국세로 규정되고 있다는 사실 그 자체로 해당 부과금에 내국세의 지위를 부여하는 효력을 가지지는 못할 것이다...[294]

아바나 회의[295]에서 내국세 또는 국내규제가 수입 시점 또는 지점에서 징수되거나 시행된다는 단순한 사실로 제III조의 내국민대우 원칙의 적용을 받는 내국세 또는 국내규제가 되지 못하도록 하는 것은 아님을 명확히 하도록 GATT 제III조에 관한 주석이 채택되었다.[296] 또한 WTO 대다수의 회원에 의해 양허표 작성 시 이용되는 세계관세기구(World Customs Organization)의 통일상품명 및 부호체계(Harmonized Commodity Description and Coding System)는 문제의 부과금이 일반적인 관세인지 또는 내국세인지 여부의 결정을 규율하는 관련 문건이 될 수 없다.[297]

해당 조치의 분류를 결정하는 결정적인 기준은 그 조치를 적용할 권리 또는 그 조치를 준수할 의무가 발생하는 시점 및 그러한 권리나 의무(특정한 관세영역에 들어오는 것 대 특정한 시장에서 상품을 판매하는 것) 뒤에 숨어 있는 내재적 이유이다:

WTO 회원의 관세를 부과할 *권리* 및 그러한 관세를 지불할 수입업자의 *의무*는 상품이 수입을 통해 해당 국가의 관세영역으로 들어오는 바로 그 순간에 발생한다(각주 생략). 부과금이 *징수되거나 지불되는* 그 시점은 그것이 일반관세인지 또는 내국부과금인지 여부에 있어 결정적인 것이 아니다. 일반적인 관세는 수입 시점 *이후에도* 징수될 수 있으며, 내국부과금은 수입 시점에 징수될 수 있다(각주 생략). 그러나 부과금이 일반관세를 구성하기 위해서는 이를 지불해야 할 의무가 수입에 의하여 또는 제II:1(b)조의 의미상 수입에 '대하여' 및 바로 그 시점에 발생하여야 한다.[298]

또한 중요한 것은 조치를 준수할 의무가 대외적(수입) 요소에 의해 영향을 받았는지 또는 단지 대내적(국내시장에서의 판매) 요소에 의해서만 영향을 받았는지 여부이다:

---

294) Havana Reports, p. 62, para 42.
295) 무역과 고용에 관한 UN회의가 국제무역기구를 위한 계획을 추진한 쿠바의 아바나에서 1947년에 개최되었다.
296) WTO, *Analytical Index: Guide to GATT Law and Practice* (World Trade Organisation 1995) 136.
297) *China-Auto-Parts*, AB report, paras 155 and 163.
298) Ibid, para 158.

> 제II:1(b)조 1문과 관련하여 제III:2조의 적용 범위를 검토함에 있어, 부과금이 징수되거나 지불되는 시점은 결정적이지 않다. 부과금이 GATT 1994 제III:2조의 의미상 '내국부과금'에 해당되는지의 주요한 지표는 "대내적 요소'가 한 회원의 상품 *수입 이후에* 다른 회원의 영토에서 발생한다는 의미에서, 그러한 *대내적* 요소를 이유로(예컨대 상품이 국내적으로 *재판매되었거나* 국내적으로 *사용되었다*는 이유로) 그러한 부과금을 지불할 의무가 발생하는지 여부'이다 (각주 생략).[299]

China-Auto Parts 사건에서, AB가 문제의 조치를 관세가 아닌 내국부과금이라고 판단하게 만든 가장 중요한 사실 중의 하나는 그 부과금이 적용될지 여부를 결정하는 것은 바로 수입 시점에 행한 선언이 아니라 자동차 조립의 완성 또는 생산이 이루어진 이후에 행해진 지불의무의 선언이었다.[300] 문제는 BAM을 준수할 의무 또는 BAM에 의해 보상받을 권리 이면의 내재적 이유는 국경을 통과하였는지 혹은 국내시장에서 상품을 판매하였는지 여부이다.

WTO 사무국은 '세금 조정은 반드시 국경에서 일어나는 것은 아니다... 그러나 그 조정은 수입되거나 수출되었든 간에 상품이 국경을 통과하였기 때문에 이루어진다'는 사실에 주목한다.[301] 필자가 보기에, 이러한 근거는 논리적인 것 같지는 않다. 국경조정의 목적은 국내 및 외국상품을 동등한 경쟁적 지위에 놓기 위하여 국가들 사이의 조세와 규제시스템을 동등하게 만들기 위한 것이다. 상품은 국경이 아니라 시장에서 (국내 또는 세계에서든) 경쟁을 시작한다. 따라서 BAM은 (국경을 통과하여 통관절차를 준수하는) 대외적 요소 보다는 (수입 측면의 국경조정의 경우 수입국의 시장에서 상품을 판매하는) 대내적 요소에 의해 움직인다. 더 나아가, BAM이 대외적 요소에 의해 움직인다고 추론한다면 BAM이 GATT 제II:1조에 의해 관세의 성격을 획득하였다는 결론을 이끌어 낼 수 있을 것이다. 이는 수입 측면의 국경조정을 다루는 GATT 조문들 – GATT 제II:2(a)조와 제III조에 관한 주석 – 이 GATT 제III조 규정, 즉 수입품에 대한 국내조치(세금, 부과금 및 규제)의 적용을 규율하는 규정에 BAMs를 적용하는 것이기 때문에 잘못된 결론일 수 있다.

BAM을 준수할 의무 또는 BAM에 의해 보상받을 권리 이면의 이유가 대내적인 것이라면, BAM의 권리 혹은 의무가 발생하는 순간은 수입 또는 수출 시점인

---

299) Ibid, paras 162–163.
300) Ibid, para 173.
301) WTO, *Environmental Taxes and Charges* (n 73) 6.

것처럼 보이는데, 즉 조정 비용을 지불하지 않고서는 상품이 세관에서 통과될 수 없을 것이다(적어도 이것은 수입상품의 경우에는 사실이다). 따라서 *China-Auto Parts* 사건에서 AB가 사용한 관세와 내국세를 구분하는 기준은 BAMs를 관세 유형과 내국세 유형 어딘가에 위치시키는 것이었다: BAMs는 이를 지불할 권리 또는 의무가 발생하는 순간과 관련하여서는 관세와 유사하며, 그러한 권리 또는 의무 이면의 이유와 관련하여서는 내국세/부과금과 유사하다. 그러나 이것은 단지 BAMs가 수입과 수출에 적용되는 다른 조치로부터 구별될 수 있을 것이라는 WTO 사법기관에 의한 추정일 뿐이다. 이러한 논리가 사실상 BAM 문제와 관련된 분쟁에서 추종될지 여부는 여전히 두고 봐야 할 것이다.

India-Additional Import Duties 분쟁에서 패널과 AB는 제II:2(a)조의 의미상 BTAs의 성격을 가질 수 있는 국경 조치와 제II:1(b)조의 의미상 일반관세의 성격을 가질 수 있는 국경 조치를 구별하여야 했다.[302] 제소국인 미국은 인도의 추가 관세 및 여분의 추가 관세가 제II:1조에 해당한다고 생각하며, 이것이 양허관세율을 초과하였기 때문에 위반이라고 주장하였다. 이와 대조적으로 피소국인 인도는 해당 조치가 '관세를 부과하는 국가에서 생산되거나 제조된 동종의 주류에 대하여 부과되는 국가의 개별소비세(excise duties) 대신에 부과된 것'일 뿐만 아니라 '판매세, VAT 및 기타 지방세와 부과금을 상쇄하기 위한' 것이므로 제III조 및 제II:2(a)조에 속하는 것으로 판단할 것을 주장하였다.[303] 패널과 AB 모두 문제의 조치가 제III:2조의 내국민대우 원칙을 위반하여 적용되었다고 판결하며(동종의 국내상품에 대해서는 이에 상당한 조세가 없었다), 문제의 조치를 제II:2(a)조의 범위에서 제거하고 이를 제II:1(b)조에 적용하였으며, 이후 양허관세율을 초과하였으므로 동 규정의 위반이라고 결정하였다.

'제II:2(a)조에 언급된 조건에 따라, 동 조항이 제II:1(b)조의 범위로부터 부과금을 면제시키며'[304] 그리고 '부과금이 해당하는 내국세를 '초과하여' 부과되었는지 여부는 그 부과금이 제II:2(a)조에 따라 정당화될 수 있는지 여부를 결정하기 위한 분석의 필수적 부분이다'[305] (즉, 제III:2조와의 일치성은 해당 조치가 제II:2(a)조에 의해 정당화되기 위한 필수조건이다)는 AB의 언급을 기초로 하여, 재정적 국경 조치가 제II:1(b)

302) 동 분쟁의 대상은 인도가 주류 수입에 부과한 추가 관세 및 주류와 우유, 건포도, 오렌지주스, 계산기와 가공기계를 포함한 약간의 농산물과 공산품 수입에 부과한 여분의 추가 관세였다.
303) *India-Additional Import Duties*, AB report, para 4.
304) Ibid, para 153
305) Ibid, para 180.

조와 제III:2조에 동시에 속하는 것이 아니라, 제II:1(b)조의 범위에 속하든지 또는 제III:2조의 범위에 속하는 것으로 결론지을 수 있다.

[표 4.2]는 수입상품에 적용되는 재정조치의 주요한 특성을 설명하고 있는데, 이는 수입품에 부과된 관세, 국경세조정 및 내국세 간에 구별을 도울 수 있다.

따라서 BTA는 수입품에 부과되는 관세와 내국세 모두에 고유한 특성을 보여준다. BTA는 이를 지불할 의무가 수입에 의해 발생한다는 점에서는 관세와 유사하고, 그러한 의무 이면의 이유가 국내시장에서 상품을 판매하기 때문이라는 점에서는 내국세와 유사하다. 이러한 이유로 탄소세의 BTA는 관세와 구별되는 검사를 통과할 수 있을 것이다. 한편으로 탄소세를 지불할 의무는 수입 시점에 발생한다. 다른 한편으로 그러한 의무 이면의 이유는 국내탄소세제도에 의해 포함된 국내생산자에 대한 유사한 요건의 존재, 그리고 이런 이유로 수입상품과 동종의 국내상품 모두 국내시장에서 팔릴 때 이들을 위해 공정한 경쟁의 장을 형성하기 위해 외국생산자의 배출비용을 국내생산자의 배출비용에 맞춰 조정하고자 하는 의도가 존재하기 때문이다.

비재정적 BAMs와 관련하여, 이는 다음의 측면에서 여타 수입 혹은 수출규제와 차이가 있다. 수입을 방해하는 규제는 GATT 제XI조상 금지되는 수입에 대한 수량제한이 될 수 있다. 이는 또한 수입상품의 판매, 운송, 유통 및 사용에 영향을 미치는 규제가 될 수 있다. 만약 이것이 '국내생산에 보호를 제공하기 위해' 적용되지 않는다면, 이는 제III:4조의 규정에 따라 수입품에까지 합법적으로 확대될 수 있는 국내규제이다. 마지막으로 이는 또한 제III:4조와 제III조에 관한 주석에 일치되게 적용되는 비재정적 BAM, 즉 제III조에 관한 주석에서 언급한 바와 같이, '수입상품과 동종의 국내상품에 적용되고 수입 시점 혹은 지점에서 수입상품에 대해 징수되거나 시행되는 것이라면' 국경에서 조정되는 국내규제가 될 수 있다.

Tuna-Dolphin I 사건(비록 채택되지는 못했지만)에서 GATT 패널보고서는 제XI조에 규정된 수량제한과 비재정적 국내조치의 국경조정 간의 구별을 매우 명확하게 하였다:

> 패널은 수입에 대한 수량제한과 수입 시점 또는 지점에서 적용되는 국내조치 간의 구별을 검토하며, 다음에 주목하였다. 수입에 대한 제한은 제XI:1조에 의해 금지되는 반면, 만약 다음과 같은 경우 체약국들이 다른 체약국으로부터 수입한 상품에 대해 국내규제를 부과하는 것은 제Ⅲ:4조와 제Ⅲ조에 관한 주석에 의해 허용된다: 제I:1조의 최혜국대우 원칙을 위반하여 다른 국가의 상품

[표 4.2] 수입품에 적용되는 다양한 유형의 재정조치 간의 구분선

조치의 유형/특성	시행 또는 징수 시점	수입품에 대한 차별	조치를 적용할 권리 혹은 조치를 준수할 의무가 발생하는 시점	그러한 권리나 의무 또는 조치의 적용이나 준수에 영향을 미치는 요소 이면의 내재적 이유
관세	대개 국경에서, 반드시 그런 것은 아님	차별적: 동종의 국내상품에 대해 국내적으로 부여되는 유사한 부과금과 관련됨이 없이 배타적으로 수입상품에 적용됨	상품이 수입국으로/ 수입에 의하여/수입에 대하여 입국을 조건으로 관세영역에 들어오는 시점	왜냐하면 대외적 요소(수입)에 의해 영향을 받은/수입에 의하여/관세영역에 들어왔기 때문임
국경세조정 (제II:2(a)조와 제III조에 관한 주석)	대개 국경에서, 반드시 그런 것은 아님	비차별적: 대개 수입상품과 동종의 국내상품에 동일하게 적용됨. 유일한 예외는 국내적으로 생산된 동종의 상품이 없을 경우(예컨대, 북반구의 커피와 카카오 콩)	상품이 수입국으로/ 수입에 의하여/수입에 대하여 입국을 조건으로 관세영역에 들어오는 시점	왜냐하면 대내적 요소(예컨대, 수입국의 총량제한 배출권거래제의 존재)에 의하여 영향을 받은/특정한 국내시장에서 상품을 판매하거나 사용하기 때문임
내국세 또는 기타 내국부과금 (제III:2조)	대개 국내시장에서, 반드시 그런 것은 아님	비차별적: 수입상품과 동종의 국내상품에 동일하게 적용됨	상품이 판매 혹은사용에 대한/판매 혹은 사용에 의하여/ 판매 혹은 사용시 조건으로 국내시장에서 재판매되거나 사용되는 시점	왜냐하면 대내적 요소에 의하여 영향을 받은/특정한 국내시장에서 상품을 판매하거나 사용하기 때문임

을 차별하지 않는다면; 제Ⅲ:1조의 내국민대우 원칙을 위반하여 국내생산에 보호를 제공하기 위해 적용되는 것이 아니라면; 그리고 제Ⅲ:4조에 일치되게 국내 원산의 동종상품에 부여되는 대우보다 불리하지 않은 대우를 수입상품에 부여한다면...[306]

그러나 *Tuna-Dolphin I* 사건에서 황다랑어의 조업에 관한 미국의 해양생물보호법 규정에 따른 멕시코산 다랑어 및 다랑어 상품에 대한 미국의 수입금지가 제III:4조가 아닌 제XI:1조의 범위에 해당된다는 패널의 판결은 제III조가 PPMs가 아닌 상품에 영향을 미치는 조치만을 포함하고 있다는 판단에 따른 결과임을 주목하여야 한다.[307]

GATT 제XI조와 제III조의 적용 가능성에 관한 유사한 견해가 WTO의 *EU-Asbestos* 사건에서 패널에 의해 표명되었다. 패널은 석면의 특성을 정의하는 프랑스 법령이 모든 석면(즉, 국내 및 수입산)에 적용되며, '수입 시점 혹은 지점에서'(즉, GATT 제III조에 관한 주석의 용어에 따라) 수입상품에 적용되고 있기 때문에, 동 법령은 제XI조가 아닌 제III조에 따라 분석되어야 함을 언급하였다.[308] 패널은 이 두 개의 조문이 단지 수입품에 영향을 미치는 법령의 일부에 누적해서 적용될 수 있음을 언급하였으나 그 가능성의 검토는 거부하였음을 주목하여야 한다.[309]

앞서 말한 이러한 이유로 인해, 허용배출량을 제출함으로써 외국생산자 또는 수입업자에게 자신의 상품에 대한 배출부과금을 지불하도록 요구하는 규제는 BAMs로서 수입품에 확대 적용되는 허용된 국내규제와 금지된 수입수량제한을 구별하는 경계선에 안전하게 들어맞을 수 있을 것이다. 결과적으로 이러한 규제는 제XI조가 아닌 제III조에 관한 주석과 나란히 제III조의 범위에 해당하게 될 것이다. 그러나 이것은 다음의 조건이 충족되는 경우에 한해서이다: 유사한 부과금이 동종의 국내상품에도 부여되며, 제III조에 관한 주석의 조문에 의해 그러한 규제가 '수입 시점 혹은 지점에서 수입상품에 대해 시행되는 경우'.

306) *US-Tuna (Mexico)*, GATT panel report (unadopted), para 5.9.
307) Ibid, paras 5.8–5.14.
308) *EC-Asbestos*, panel report, paras 8.87–8.99.
309) Ibid, para 8.100.

제 2 부

탄소 관련 국경조정에 관한 WTO 법적 이슈

제2부는 본서의 주요 문제(즉 탄소 관련 BAMs가 WTO법과 양립할 수 있는 지의 문제)를 다룬다. 법적 양립가능성은 탄소 관련 BAMs 도입의 적절성에 관한 논의에서 핵심적인 이슈들 중의 하나이다. 이 이슈는 상당한 불확실성 그리고 BAMs를 일방적으로 적용함으로써 촉발될 수 있는 무역 분쟁과 보복 조치의 위험성에 관한 심각한 우려로 특징지어 진다. 법적 불확실성은 공정 및 생산방법, 디자인 옵션의 다양성과 여러 특이성, 이행 문제, 경제적 이익과 기후 보호 이익 간의 균형 잡기의 어려움 등과 탄소 관련 BAMs 간의 연계로부터 발생한다. 다음 장들은 탄소 관련 BAMs의 WTO법 상의 법적 지위를 밝히기 위해 시도하면서 법적 불확실성의 이러한 원인들을 알아본다.

5. WTO법상 PPM에 기초한 국경조정

국경에서 탄소세와 탄소 규제를 조정하는 행위의 합법성은 상품과 관련이 없는 공정 및 생산방법에 연계된 조치의 WTO법상 지위에 크게 의존한다. WTO 규정은 npr－PPM 조치에 관한 법적 불확실성을 다수 포함하며 이러한 조치의 합법성에 관한 논의는 여전히 미해결로 남아 있다.[310)]

본 장의 목적은 PPM이 관련되는 한, 탄소 관련 국경조정에 관하여 그 특수성의 맥락에서 발생할 수 있는 주된 법적 문제들을 강조하는 데에 있다. 본 장은 탄소 관련 BAMs의 PPM과 관련이 없는 법적 이슈에 대해서는 다루지 않는다. 이러한 이슈는 GATT의 일반예외에 따른 탄소 관련 BAMs의 정당화 가능성을 검토한 후에 본 장에서 시작된 탄소 관련 BAMs에 대한 법적 분석을 보완하고 끝마치면서 제7장에서 논의될 것이다.

본 장은 PPM 조치에 대한 정의와 가장 널리 사용되는 분류 방식을 제시하면서 시작한다. 본 장은 PPM 이슈의 역사와 발전을 계속해서 서술하고, GATT 초기 시절부터 WTO에서의 최근 PPM 관련 분쟁까지 이 이슈를 따라가 본다. 본 장은 탄소 세금과 규제의 PPM 특성을 고려하여, 국경조정에 대한 탄소 규제의 적격성을 살펴본다. 이후 본 장은 뒤에서 탄소 관련 BAMs의 GATT 제III조 상의 내국민대우 의무, GATT 제I조 상의 MFN 의무 그리고 TBT협정의 비차별 규범과의 합치성을 추후에 살펴보기 위하여 탄소집약상품과 저탄소상품의 동종성 이슈를 논의한다.

WTO에서의 PPM 논의

상품의 비물리적 측면에 연계된 조치의 합법성은 WTO법의 가장 논쟁적인 이슈들 중의 하나이다. 이에 대한 의견들은 여러 GATT/WTO 분쟁 패널들 사이에서도 그리고 법학자들 사이에서도 차이가 있다. 이러한 조치에 대해 주의해야 하는 정당한 이유도 있지만, 기후변화의 완화를 포함하는 환경 정책 목적을 달성하기 위해서 취해지는, 이러한 조치의 일부 유형에 대해서는 WTO 합법성을 인정하는 설득력 있는 주장도 있다.

---

310) npr－PPM 조치의 법적 지위에 대한 상세한 분석은 Conrad (n 119) 참조.

국제무역에서의 PPM의 개념

'공정 및 생산방법'이라는 용어는 WTO협정과 그 부속서들에서 여러 차례 언급되고 있지만,[311] WTO협정은 PPM을 정의하거나 PPM의 의미를 달리 설명하지 않는다. OECD에 따르면 PPM은 '상품이 제조되거나 처리되고 천연자원이 채취되거나 수확되는 방식'이다.[312] PPM의 맥락에서 부과되는 무역제한조치는 PPM 조치로 불린다. PPM 조치는 여러 형태의 무역 조치로 시행되는데, 해로운 유형의 생산을 중단시키거나, 이와 반대로 더욱 지속가능한 기술과 생산 공정의 채택을 위한 자극제를 생성하는데 그 목적이 있다.

경제학적 관점에서 PPM 조치는 시장이 효율적으로 그 기능을 수행할 수 없을 때 시장 실패의 상황에서 이루어지는 자유 시장에 대한 정부의 개입이다. 시장 실패는 소비자 정보의 부족과 같은 시장의 불완전성(market imperfection), 산업 오염과 같은 부정적인 시장 외부성(negative market externality), 노동자 권리의 오용과 같은 배분적 성격을 갖는 시장 실패 등의 3가지 형태일 수 있다.[313] PPM 조치는 시장의 불완전성을 대하는 PPM 조치 (예컨대 라벨링 제도), 부정적인 시장 외부성을 내부화하는 PPM 조치 (예컨대 탄소세), 배분적 성격의 시장 실패를 바로잡는 PPM 조치 (예컨대 아동 노동으로 생산된 상품에 대한 무역제한조치) 등의 3가지 유형으로 각각 구별될 수 있다.[314]

무역 규제의 관점에서, PPM 조치는 상품 관련(product-related) PPM과 상품 무관련(non-product related) PPM의 2가지 유형으로 일반적으로 구분되는데, 이는 일체화된(incorporated) PPM과 일체화되지 않은(non-incorporated) PPM으로 불리기도 한다.[315] 상품 관련 PPM(pr-PPM)은 최종상품에 물리적 영향, 즉 흔적을 남기는 PPM이다. 상품 무관련 PPM(npr-PPM)은 상품의 비물리적 측면에 연계되고 최종상품에 어떠한 흔적도 남기지 않는다.[316] Pr-PPM 조치는 소비의 외부성, 즉 (한 상품의 수

311) 예컨대 SPS협정 부속서 A의 제1항, TBT협정 부속서 1의 제1항과 제2항, 농업협정 부속서 2의 제12항, TRIPS협정 제51조 참조.
312) OECD (n 226) 7, footnote 30.
313) Conrad (n 119) 469-484.
314) Ibid.
315) Conrad (n 119) 28, footnote 75.
316) 상품의 비물리적 측면에 연계된 조치는 보건과 인권(노동 기준을 포함)에 연계된 조치를 또한 포함한다. Conrad (n 119) 28 참조.

명주기의 하류 단계에서) 소비 활동 중에 드러나는 환경 효과 또는 보건 영향을 다루는 반면, npr－PPM 조치는 생산의 외부성, 즉 생산 공정의 환경 효과를 다룬다.[317] 가장 일반적인 pr－PPM 조치는 야채 안의 농약 잔류물 또는 고기 속의 성장촉진 호르몬과 항생제와 같은, SPS협정에 의해 규율되는 식품안전기준이다. Npr－PPM 조치의 사례에는 특정한 어업 방법으로 어획된 어류에 대한 수입 금지가 포함된다.

PPM 논의의 발전

'산업 오염 통제와 국제무역'이라는 제목의 1971년의 GATT 사무국 노트(Note)는 상품에 관련된 조치와 PPM에 관련된 조치 사이의 차이가 논의된 최초의 GATT 문서 중의 하나이다.[318] 이 문서는 보호주의적 목적을 위해 사용되고 있는 오염 통제 조치에 관한 우려를 제기하였다. 이는 '... 노동, 사회보장, 과세 및 안전에 관한 국가 기준이 이미 한 국가에서 다른 국가로 비용에 다양한 영향을 주는데, GATT는 이러한 영향을 보호의 근거로서 인정하지 않는다'고 밝혔다.[319] 20년이 흐른 뒤 이러한 결론은 GATT 사무국의 1992년 무역과 환경에 관한 연구에서 되풀이되는데, 이 연구는 수입국 시장에 대한 시장접근을 수출국의 환경 정책과 관행을 조건으로 하는 것은 가능하지 않다고 서술하였다.[320]

2건의 GATT *Tuna/Dolphin* 분쟁에서 무역조치에 대하여 상품과 공정이 법리상 가장 두드러지게 구별되었는데, 패널은 첫 번째 분쟁에서 조치의 PPM 특성을 고려하였다.[321]

GATT *Tuna/Dolphin* 사건에서 패널은 돌고래를 죽이는 어법을 사용하여 어획된 다랑어에 대한 미국의 수입 금지를 GATT 제III:4조에 해당되는 것으로 인정하지 않았다. *US-Tuna I* 사건에서 패널은 제III조는 상품 그 자체에 적용되는 조치에만

---

317) OECD (n 226) 10.

318) PPM 조치가 연관된 최초의 사건은 1952년의 GATT *Belgian Family Allowances* 분쟁이다. 이 사건은 제I조의 맥락에서 PPM 이슈를 다루었다. 하지만 npr－PPM 조치의 지위는 그 당시 패널에 의해서 다루어지지 않았다. *Belgian Family Allowances*, GATT panel report, G/32－1S/59, 7 November 1952 참조.

319) GATT, 'Industrial Pollution Control and International Trade', Note of the GAIT Secretariat, L/3538, 9 June 1971, 13.

320) GATT, 'Trade and the Environment', GATT/1529, 13 February 1992, 10.

321) 이 2건의 분쟁보고서는 모두 채택되지 않았다.

적용된다는 의견을 피력하였다.[322] 이와 유사하게, 2005년의 WTO *Mexico-Taxes on Soft Drinks* 분쟁에서 패널은 GATT 제III:2조는 세금 또는 그 밖의 내국부과금을 일방으로 하고 과세된 상품을 타방으로 하여 양자 간에 간접적이라 할지라도 일부 연관성(connection)을 요구한다고 판정하였다.[323]

PPM에 대한 이러한 WTO 조항 해석은 '상품-공정' 이론(product-process doctrine)에 바탕을 두고 있는데, 이 이론은 2000년대 초반까지 무역전문가들의 마음을 지배하였다. 상품-공정 이론에 따르면 규제적 목적을 위해 상품을 생산 공정의 특성 또는 생산자의 특성과 같은, 상품과 관련이 없는 특성에 바탕을 두고 구별하는 것은 선험적으로(*a priori*) 불법인 것으로 여겨졌다.[324] 달리 말하면, 조치의 원인을 생산 공정으로 돌리는 것보다는 최종상품 간에 물리적 차이가 존재한다는 것이 조치의 GATT 상의 법적 지위에서 중요하다.[325]

WTO협정과 특히 GATT는 상품의 물리적 특성 이외의 측면과 연계된 국내조치를 허용하지 않는다는 믿음이 널리 유지되어 왔다.

반면에 '상품-공정' 이론은 너무 엄격해서 정부가 자신의 정당한 사회 정책 목적을 달성할 수 없도록 한다.[326] 환경 관점에서 볼 때, WTO법 하에서 PPM 관련 환경 조치를 합법성으로부터 배제하는 것은 잘못된 것으로 이해된다.[327] PPM 조치는 기후변화 완화를 위해 필수불가결한 것으로 보인다. 지구온난화가 생산 공정 중에 발생하는 배출로부터 야기된다면, npr-PPM에 부과되는 조치를 통한 배출 억제가 기후변화 문제를 해결할 수 있는 유일한 방안이다. Steve Charnovitz는 다음과 같이 서술한다:

> PPM을 생태제국주의(eco-imperialism)의 출현이라고 비판하기 쉬우나, 이러한 묘사는 지나치게 단순화된 것이다. PPM은 국제 환경 거버넌스 상의 기능장애

---

322) *US-Tuna I*, GATT panel report (unadopted), para 5.14. 흥미롭게도 *Tuna-Dolphin* 분쟁 시기(1980년대 말 - 1990년대 초)에 npr-PPM 조치는 GATT 하에서 허용된다는 믿음이 있었다. 따라서 미국은 피소국으로서 다랑어에 대한 금지가 생산방법에 기초했다고 패널을 납득시키려 하였다. *US-Tuna I*, GATT panel report (unadopted), paras 3.17-3.18 참조.

323) *Mexico-Taxes on Soft Drinks*, panel report, paras 8.42-8.45.

324) R Hudec, 'GATT/WTO Constraints on National Regulation: Requiem for an "Aim and Effects" Test' (1998) 8-11 <www.worldtradelaw.net/articles/hudecrequiem.pdf> accessed 15 August 2013.

325) Conrad (n 119) 27.

326) Hudec (n 324) 11-12.

327) Chamovitz (n 103) 63.

의 징후이다. 가장 큰 문제들 중에는 인류공동자산(global commons)의 부실한 관리, 초국경적 환경 위해(transboundary environmental harms)에 대한 책임 결여, 그리고 조약에의 무임승차가 있다. PPM은 서로 다른 발전 단계에 있는 국가들 간의 의견 차이에 대한 필연적인 대응이다.[328]

상품의 동종성을 결정할 때 PPM을 기반으로 하는 구별을 허용하지 않으려 하는 것은 이러한 구별이 일방주의(unilateralism)를 현실화하고 보호주의적 목적을 위해 남용되고 다자무역규범을 혹시라도 저해할 수 있는 GATT 상의 커다란 틈새를 확대할 거라는 두려움에 근거한다.[329] 이른바 미끄러운 경사(slippery slope)[역주: '미끄러운 경사' 논증은 일단 어떤 것이 허용되면 더 많은 것들이 허용될 가능성이 있기 때문에 처음부터 허용해서는 안 된다고 주장함]를 피하고 보호주의적 PPM과 비보호주의적 PPM을 구별하는 것 또한 쉽지 않다.

이러한 구별은 WTO 회원국 사이에서 교섭되거나 AB에 의해서 개발되는 지침 또는 합의를 분명히 요구하지만,[330] 법학자들은 보호주의적 PPM 조치와 비보호주의적 PPM 조치 사이를 구분하려고 시도해 왔다. Steve Charnovitz는 '정부 정책 PPM 기준'(government policy PPM standard), '생산자 특성 PPM 기준'(producer characteristics PPM standard) 그리고 '생산방법 PPM 기준'(how-produced PPM standard)을 약술한다. 정부 정책 PPM 기준은 PPM 조치가 대상으로 하는 외국 정부의 특정 기술규정(예컨대 유망어업(fishing with drift net)을 허용하는 국가로부터의 어류 수입을 금지하는 규정)을 명시한다. 정부 정책 PPM 기준은 부당한 방법(wrong method)으로 생산되는 상품뿐만 아니라 상품이 요구된 방식으로 생산되었더라도 '부당한' 국가를 원산지로 할 경우에는 이러한 상품까지도 제한하기 때문에 3가지 유형의 PPM 조치 중에서 가장 제한적이다.

'생산자 특성 PPM'은 생산자의 정체성에 좌우된다. 이러한 조치의 사례로는 캐나다 내에서의 일정 수준의 현지 제조 및 부가가치 요건을 갖춘 자동차 제조사에 대해서 캐나다가 취한 수입관세 면제를 들 수 있다.

---

328) Ibid 70.

329) J Jackson, 'World Trade Rules and Environmental Policies: Congruence or Conflict?' (1992) 11 <www.worldtradelaw.netlartic1es/jacksontradeenvironment.pdf> accessed 20 August 2013; Cosbey, 'Achieving Consensus' (n 177) 130.

330) R Quick and C Lau, 'Environmentally Motivated Tax Distinctions and WTO Law. The European Commission's Green Paper on Integrated Product Policy in Light of the "Like Product" and "PPM" Debates' (2003) 6(2) *Journal of International Economic Law* 419, 454.

생산방법 기준은 특정한 방법을 사용하여 생산된 상품을 원산지와 상관없이 제한한다. 이러한 근거를 바탕으로 Steve Charnovitz는 이러한 유형의 PPM 조치는 WTO와 일치할 수 있다고 주장한다.

유사하게, Donald Regan은 '국가 기반'(country-based) PPM, '공정 기반'(process-based) PPM 그리고 '생산자 기반'(producer-based) PPM으로 구별한다.[331] '국가 기반' PPM은 Steve Charnovitz가 '정부 정책 PPM'을 지칭할 때의 의미인데, 특정 PPM을 허용하는 국가를 원산지로 하는 수입품을 제한한다. '생산자 기반' PPM 조치는 특정 PPM을 사용하는 생산자에 의해서 생산되는 수입품을 금지한다.

'공정 기반' PPM 조치는 Steve Charnovitz의 '생산방법 PPM'에 상응하는데, 상품이 특정 PPM을 사용하여 생산된다면 원산지 및 생산자 특성과 상관없이 그 수입품을 제한한다. 따라서 공정 기반 PPM 조치는 위에서 언급한 PPM 조치들 중에서 가장 덜 제한적이므로 WTO규범과 일치할 수 있다.

이러한 결론은 여러 WTO 패널 판정 속에서 근거를 찾는다. 2000년에 *Canada-Autos* 사건 패널은 해당 조치가 상품에 어떻게 연계되는지가 아니라 PPM 조치가 원산지에 따라 차별하는지를 처음으로 주목하였다.[332] 캐나다가 생산자의 특성에 근거하여 자동차 수입관세를 면제한 행위가 GATT 제I:1조에 위반이라는 주장을 심리할 때, 패널은 '... 상품의 수입에 대하여 부여된 편의에 덧붙여진 조건이 제I:1조를 위반하는지는 이러한 조건이 상품의 원산지에 대해서 차별하는지의 여부에 좌우된다'고 판정하였다.[333]

1년 뒤, *Shrimp/Turtle* 분쟁의 결과는 PPM의 합법성에 대한 새로운 이해를 불러일으켰다. 이 분쟁은 설령 npr-PPM 조치가 GATT의 실체법을 위반한다 하더라도 제XX조에 규정된 GATT의 일반예외에 따라 정당화될 수 있음을 보여주었다. WTO에서 PPM 조치의 지위에 대한 현재의 이해는 이 분쟁에서의 AB 판정에 크게 기초하고 있다.

하지만 *Shrimp/Turtle* 분쟁은 WTO법 하에서의 PPM 조치의 지위에 대하여 명확한 판단을 제시하지 않았다. 패널은 GATT 제I조 상의 MFN 조항의 위반을 판정한 후에 소송경제를 행사하고[역주: GATT 제XI:1조 위반을 판정한 후에 제I:1조와 제XIII:1

331) Regan (n 269) 102.

332) *Canada-Autos*, panel report, para 10.29. 또한 N Bemasconi-Osterwalder et al., *Environment and Trade: A Guide to WTO Jurisprudence* (London: Earthscan 2006), 205-218 참조.

333) *Canada-Autos*, panel report, para 10.29.

조에 대해 소송경제를 행사함(*US-Shrimp*, panel report, paras 7.22–23)] GATT 제XX조의 일반예외 조항에 따라 해당 조치에 대한 심리를 계속했기 때문에, AB는 제XX조에 따른 조치의 심리를 즉시 개시하였고, 그 조치가 PPM에 연계된다는 사실은 전혀 AB의 판단을 받지 못했다. 따라서 조치의 PPM 특성이 인정되었는지의 여부에 대해서는 언급하기가 매우 어렵다. 분명한 것은 그 조치가 위법으로 판정되지 않았다는 것이다.

최근의 *US-Tuna II (Mexico)* 사건은 npr–PPM(다랑어가 어획되는 방법)에 근거해서 부과되는 조치('돌고래–안전' 라벨 요건)와 연관되었는데 이 사건에서 PPM 이슈는 패널에 의해서 논의되지 않았다. 하지만 라벨링 요건이 TBT협정의 적용을 받기 위해서는 단순히 '상품, 공정 및 생산방법'에 적용되기만 하면 되는데, 라벨링 요건이 이 분쟁의 중심에 있었기 때문에 필자는 이 사건에서 PPM 이슈가 무시된 것이 이해가 된다. 패널은 미국의 '돌고래–안전' 라벨 요건이 상품(다랑어)에 적용되고 TBT협정 부속서 1.1의 2문 상의 기술규정에 해당한다고 판정하였다.[334] 이러한 판정은 후속 단계에서 상소되지 않았다.

WTO 규범체계에서 검토되어온 법리와 npr–PPM 조치의 수용에 관한 찬반 논증은 탄소 관련 BAMs에 관하여 다음과 같은 함의를 가질 수 있을 것이다. WTO 패널이 상품–공정 이론을 따르기로 한다면 탄소 관련 BAMs의 WTO 합치성에 관한 판정은 부정적일 개연성이 매우 높다. 이와 동시에, *Shrimp-Turtle* 분쟁을 따를 경우에는 BAMs의 GATT법 위반은 환경 예외에 따라 항변될 공산이 크다. 더 나아가 WTO 법리는 npr–PPM 조치가 원산지 중립적인 한, 상품–공정 이론으로부터 npr–PPM 조치를 수용하는 방향으로의 움직임을 보여준다. 필자의 견해로는 상품의 원산국에 연계된 것이 아니라 상품의 탄소발자국에 연계된 탄소 관련 BAMs가 불균형적으로 큰 그룹의 국내상품에게 저탄소 기술로 제조된 더 작은 그룹의 외국상품에 우선하여 특혜를 주지 않는 한, 이러한 BAMs는 원산지 중립적으로 생각될 수 있다. 따라서 원칙적으로 이러한 조치가 WTO법 하에서 *그 자체로* 위법하다고 생각할 근거는 전혀 없다.[335]

---

334) *US-Tuna II (Mexico)*, panel report, para 7.78.

335) Charles Benoit가 지적한 바와 같이, 탄소 관련 조치, 특히 GHG의 수명주기 평가에 근거하는 조치는 특정 생산방법을 강제하기보다는 GHG 배출량을 한데 모은 뒤 그 환경 영향을 평가하려고만 하므로 이러한 조치는 허용되어야 한다. C Benoit, 'Picking Tariff Winners: Non–product–related PPMs and DSB Interpretations of 'Unconditionally' within Article I: I' (2011)

국경조정에 대한 탄소 기반 세금 및 규제의 적격성

BAMs의 WTO 합법성에 관한 핵심 문제 중의 하나는 조치의 국경조정에 대한 적격성이다. 오직 간접세, 즉 상품에 적용되는 세금이 국경에서 조정될 수 있는데, 반면 직접세, 즉 생산자에게 적용되는 세금은 그렇게 될 수 없다. 이러한 기준은 수입에 대한 BTA와 수출에 대한 BTA 모두에게 적용된다.

탄소 규제의 PPM 특성은 국경조정에 대한 이러한 규제의 적격성에 관하여 불확실성을 낳고 있다. 문제는 수입탄소세가 '동종 국내상품에 대하여 제III조 2항의 규정과 일치하여 부과되는 내국세에 상당하는 부과금'에 해당될 수 있는지에 있다. 이 규제가 이러한 부과금에 해당될 수 없다면 GATT 제II:1조의 적용을 받는 수입관세에 해당될 것이다. 이 규제가 양허관세를 초과하면 이 규정의 위반으로 판정될 것이다. 수출 측면의 국경조정에 관하여 npr-PPM에 연계된 세금이 '상품에 의해 부담되는' 세금에 해당될 수 없다면 수출에서 npr-PPM은 조정되는 것이 허용되지 않을 것이고, 그러한 경우, 수출 시 탄소세의 리베이트나 허용배출량 요건으로부터의 면제는 SCM협정 제3.1조에 위반되는 금지보조금으로 판정될 것이다.

국경조정으로 받아들여지는 간접세와 국경조정으로 받아들여지지 않는 직접세와는 별개로, 1970년 BTA에 관한 GATT 작업반이 세금의 세 번째 유형 - '보이지 않는 세금'(taxes occultes) (또는 '숨겨진 세금')을 언급했는데 이는 자본장비, 부수원료, 및 다른 과세대상 상품의 수송과 생산에서 사용되는 자본 설비, 보조 재료 및 서비스에 대한 소비세(예컨대 에너지, 기계류, 수송 및 광고에 대한 세금)를 포함한다는 점이 언급되어야 한다. 하지만 그 작업반은 BTA에 대한 '숨겨진 세금'의 적격성의 문제는 미해결로 남겨두었다.

탄소세

탄소세의 국경조정에 관한 적격성에 대한 주된 불확실성은 배출의 무형의 성격과 연관되어 발생한다. 탄소세는 생산 공정의 여러 단계에서 발생되지만 최종상품에서는 탐지될 수 없는 탄소에 부과되는 세금이다. 이러한 세금이 여전히 간접세

42(2) *Georgetown Journal of International Law* 583, 594.

로 고려될 수 있을까? 제4장에서 언급한 대로 GATT 제II:2(a)조는 상품의 원료가 되는 부분에 적용되는 세금에 대한 수입 국경조정을 허용한다. 특히 이 조항은 어떠한 상품의 수입에 대하여 다음을 허용한다:

> '동종의 국내제품에 대하여 또는 *당해 수입제품의 제조 또는 생산에 전부 또는 일부 기여한 물품에 대하여* 제III조 2항의 규정에 일치하여 부과되는 내국세에 상당하는 부과금(이탤릭체 강조).

'물품'(article)이라는 단어는 아마도 '투입물'(input)이라는 단어로 대체될 수 있을 것이다. 상품의 제조에서 사용된 투입물에 부과된 세금은 BTA를 위해 허용된다는 것은 확인되었다. *US-Superfund* 사건에서 GATT 패널은 생산 공정에서 사용된 투입물에 부과된 세금에 적용된 BTA를 인정하였다. 동 패널은 화학적 유도체(chemical derivative)를 가공하기 위하여 투입물로서 사용된 화학물질(즉 최종상품에서 실재하는 화학물질)에 대한 전단계(prior-stage) 종량세가 다음과 같은 이유로 국경조정에 적격하고 GATT 제III:2조와 일치한다고 판정하였다:

> 특정 수입 물질(substance)[역주: 패널보고서는 '원료로 사용된 화학물질'과 구분하기 위하여 '화학적 유도체'를 'substance'로 표현함]에 대한 세금은 그 수입 물질의 제조 또는 생산에서 원료로 사용된 화학물질이 미국 내에서 판매되어 왔다면 슈퍼펀드법에 따라 부과되었을 세액과 원칙적으로 동등하다. ... 세율은 원칙적으로 그 수입 물질의 가치와의 관계에서가 아니라, 사용된 이러한 화학물질의 양과의 관계에서 결정된다. 따라서 패널은 특정 수입 물질에 대한 세금이 특정 화학물질에 대한 세금으로 인하여 동종 국내 물질이 부담하게 되는 세금과 동등한 한도에서, 그 세금이 GATT 제III:2조 1문의 내국인대우 요건을 충족했다고 결론지었다.[336]

하지만 문제는 BTA의 적용을 받는 투입물이 반드시 최종상품 내에 물리적으로 실재하고 추적될 수 있어야 하는지의 여부에 있다.[337] 탄소세의 성격은 최종상품 내에 물리적으로 실재하지 않는 투입물에 부과되는 세금의 성격보다 훨씬 더 복잡하다는 점이 주목되어야 한다. 탄소세는 투입물이 아니라 생산 공정에서의 배

---

336) *US-Superfund*, GATT panel report, para 5.2.8. [역주: 원서 상의 'paras 5.2.7-5.2.8'은 오류이므로 'para 5.2.8'로 바로잡음]

337) 제II:2(a)조의 불어본(영어본과 동등한 정본임)은 '수입물품 내로 편입된 상품'으로 표현한다('une marchandise qui a été incorporée dans l'article importé').

출에 부과된다.

수입품에 대한 내국세의 적용(조정을 포함)을 규율하는 제III:2조는 '동종 국내상품에 직접적으로 또는 간접적으로 적용되는' 세금을 언급한다. 여기서 핵심 문제는 생산 공정에서의 배출에 부과되는 탄소세가 상품에 '간접적으로 적용되는' 세금으로 고려될 수 있느냐에 있다. 혹자는 '... 상품에 ... 간접적으로 적용되는'이라는 낱말들이 넓게 해석된다면 국경에서 PPM(탄소세를 포함)에 부과되는 세금의 조정이 허용될 수 있을 거라 주장한다.[338] 하지만 '간접적으로 적용되는'은 세금이 적용되는 방식에 관련되는 것이지, 반드시 세금의 성격에 관련되는 것은 아니다.[339] 이는 또한 *Japan-Alcoholic Beverages I* 사건에서의 GATT 패널의 의견이었는데 동 패널은 다음과 같이 판정하였다:

> '직접적으로 또는 간접적으로'의 표현은 조세 차별의 존재 여부를 평가함에 있어서 적용가능한 내국세의 세율뿐만 아니라 과세 방법(예컨대 내국세의 여러 유형, 최종상품에 대한 직접적인 과세 또는 생산의 여러 단계에서 상품 내에 사용된 원료에 과세하는 간접적인 과세)과 조세 징수에 관한 규칙(예컨대 평가의 기준)도 고려되어야 함을 함의하였다.[340]

이러한 점에서 GATT 협상사가 PPM에 기반하는 세금의 국경조정에 대한 적격성을 지지한다는 점이 주목되어야 한다.

Frank Biermann과 Raider Brohm은 미국의 아바나헌장 및 GATT 협상자였던 Oscar Ryder를 언급하는데, 그는 세금과 부과금의 부과에 관련되는 GATT 조항에서 '간접적으로'라는 낱말을 '직접적으로'라는 낱말에 덧붙이기로 선택한 것은 우연히 그리 한 것이 아니라 상품의 공정에 대한 세금의 국경조정을 또한 허용하려는 뜻이었다고 보고하였다.[341] Oscar Ryder는 그 표현은 '상품 그 자체에 대한 세금이 아니라 여기 '간접적으로'라는 낱말에 의해서 포함되는 상품의 공정에 대한 세금'의 국경조정을 허용하기 위하여 선택되었다고 설명하였다.[342] 더 나아가 GATT 제III:2조의 원안은 '동종상품에 대하여 또는 연관하여 적용되는'(applied on or in connection

338) Demaret and Stewardson (n 244) 18, Pauwelyn 'U.S. Federal Climate Policy and Competitiveness Concerns' (n 195) 20.
339) Goh (n 72) 410. 또한 WTO, *Trade and Climate Change* (n 77) 133 endnote 221 참조.
340) *Japan-Alcoholic Beverages I*, GATT panel, para 5.8.
341) Biermann and Brohm (n 195) 295.
342) Hoerner and Muller (n 181) 27.

with like products) 세금을 언급하였다. '대하여 또는 연관하여 적용되는'이라는 어구는 불어로 번역할 때의 어려움으로 인해 '직접적으로 또는 간접적으로 적용되는'이라는 어구로 대체되었다.[343] 하지만 조약법에 관한 비엔나협약 제32조에 따라 협상사는 단지 해석의 보충적 수단으로 도움이 될 뿐이므로 조약 해석의 최우선 근원으로 이용될 수는 없다.[344] 따라서 GATT 협상사는 GATT 규정을 해석할 때 고려될 수는 있을지언정 대단히 신뢰될 수는 없다.[345]

더 나아가 SCM협정은 전단계 누적 간접세(prior-stage cumulative indirect tax)에 대한 수출세 면제 또는 리베이트에 관해서 말하고 있다. 보조금 사건을 예시하면서, SCM협정 부속서 I 의 (h)항은 다음의 예를 제시한다:

> 국내 소비를 위하여 판매되는 동종상품의 생산에서 사용되는 상품 및 서비스에 부과되는 동종의 전단계 누적 간접세의 면제, 경감 또는 유예를 초과하는, 수출품의 생산에서 사용되는 상품 및 서비스에 대한 전단계 누적간접세[각주 생략]의 면제, 경감 또는 유예. 그러나 수출품의 생산에서 소비된 투입물에 (...) 전단계 누적간접세가 부과된 경우에는 국내 소비를 위해 판매된 동종상품에 대하여 전단계 누적 간접세가 면제, 경감 또는 유예되지 아니하는 경우에도 수출품에 대해서는 면제, 경감 또는 유예될 수 있다.

SCM협정 부속서 II 의 각주 61은 '생산과정에서 소비된 투입물은 생산과정에서 사용된, 물리적으로 편입된 투입물, 에너지, 연료와 기름 그리고 수출품을 얻기 위하여 이들이 사용되는 과정에서 소비된 촉매제'라고 설명하는데, 이 각주 61과 함께 해석하면 SCM협정 부속서 I 의 (h)항은 최종상품의 생산과정에서 투입물로서 사용된 에너지에 부과되는 전단계 누적 간접세의 리베이트는 수출에 대해서 허용될 수 있다고 암시하는 것으로 보인다.[346]

문제는 탄소세가 전단계 누적 간접세에 해당될 수 있느냐에 있다. 만약 해당될 수 있다면 수출에 대한 이러한 조정은 리베이트가 생산과정에서 실제로 배출된 탄소량을 초과하지 않을 것을 조건으로 가능할 수 있을 것이다. SCM협정 각주 58

---

343) Ibid.

344) WTO협정의 규정을 해석할 때, WTO 사법기관은 VCLT 제31조 1항에 따라 맨 먼저 문언적 방식을 따른다.

345) Jackson (n 329) 11.

346) BTA에 관한 GATT규범이 소비지과세원칙을 수입품과 수출품에 대하여 동일하게 적용한다고 가정하면, 이는 투입물에 대한 에너지세가 수출뿐만 아니라 수입에 대해서도 조정될 수 있음을 함의할 수 있다.

의 정의에 따르면, '"전단계" 간접세는 상품 생산에 직접적으로 또는 간접적으로 사용된 상품과 서비스에 부과된 조세'이고, '"누적" 간접세는 어떤 생산 단계에서 과세된 상품 및 서비스가 다음 생산 단계에서 사용되는 경우, 뒤이어 그 세액을 공제하기 위한 제도가 없는 다단계 조세'를 말한다. 그런데 탄소세는 반드시 다단계 조세로서 고안되는 것은 아니다. 탄소세가 어떤 한 단계에서만 적용되는 경우에는 누적 간접세에 해당될 수 없기 때문에 SCM협정 부속서Ⅰ의 (h)항에 따라 수출에 대하여 리베이트를 받을 수 없다.[347] 또한 SCM협정의 협상사는 SCM협정의 보조금 예시 목록에 (h)항을 포함시킨 것은 이러한 종류의 과세에 대하여 수출리베이트를 허용하려는 뜻은 아니었다는 다소간의 증거를 제시한다.[348]

US-Superfund 사건에서 GATT 패널은 BTA가 적용되는 투입물이 최종상품 내에 물리적으로 실재해야 하는지의 문제를 펼쳐놓았다. 정확히 말하면 GATT 패널은 이 논점에 대해서 부탁되지 않았기 때문에 이에 대해 결정하지 않았다. PPM 조치의 국경조정 가능성에 관하여 결정이 내려진 유일한 사건은 1990년대에 시작된 GATT *Tuna/Dolphin* 사건이었다. 그 당시 GATT 패널은 PPM에 관한 규정은 국경조정을 위해 허용되지 않는다고 판정하였다.[349] 하지만 이 사건에 관한 패널보고서는 채택되지 않았기 때문에 법적 효력이 없다. 따라서 탄소세의 BTA에 대한 적격성 이슈를 명확하게 밝힐 수 있는 판례법은 현재로서는 없다.

이러한 이슈에 대한 학설은 상당히 다양하다. Patrick Low와 Gabriel Marceau 그리고 Julia Reinaud는 탄소세가 간접세에 해당될 수 있다고 생각하지 않는다. 이들은 설령 탄소세가 소비자에게 전가된다 하더라도 탄소세가 여전히 생산 단계에서 생산자에게 부과된다고 주장한다.[350] 또한 Gavin Goh는 탄소세를 숨겨진 세금으로 분류하면서, 숨겨진 세금이 직접세와 개념적으로 유사하다고 결론짓는다.[351] 숨겨진 세금은 사회보장부담금(social security charge)과 원천징수 근로소득세(payroll tax)

---

347) M Schlagenhof, 'Trade Measures Based on Environmental Processes and Production Methods' (1995) 29 *Journal of World Trade* 123, 144; Hoerner and Muller (n 181) 33; de Cendra (n 195) 140; Pauwelyn 'U.S. Federal Climate Policy and Competitiveness Concerns' (n 195) 20, footnote 52; G Metcalf and D Weisbach, 'The Design of a Carbon Tax' (2009) 33 *Harvard Environmental Law Review* 499, 547.

348) 예컨대 우루과이라운드 협상 중에 미국이 에너지세의 수출리베이트에 반대 의사를 피력한 기록이 있다. Hufbauer, Charnovitz and Kim (n 162) 45 참조.

349) *US-Tuna I (Mexico)*, GATT panel report (unadopted), para 5.13.

350) Low, Marceau and Reinaud (n 130) 10.

351) Goh (n 72) 411.

처럼 생산 요소에 주로 부과되는 세금이다. 따라서 Gavin Goh는 이러한 세금을 상품에 적용되는 세금으로 분류하기는 어렵다는 견해를 보인다.[352)]

반면 Joost Pauwelyn은 탄소세의 의도가 탄소집약상품의 소비를 제한하는 것이므로(따라서 탄소세는 상품과 연결고리가 있으므로) 탄소세는 상품과 연관될 수 있다고 주장한다. 탄소에 가격을 부가함으로써 탄소세는 탄소집약상품을 더 비싸게 만들고 이에 대한 수요를 감소시킨다. 또한 세액이 상품의 가격에 반영되기 때문에 세금이 생산자가 아닌 소비자에 의해 지불되는데, 이는 간접세의 속성이다.[353)] J Andrew Hoerner와 Frank Muller도 탄소세를 간접세, 더 정확히는 '종량적 개별소비세'(specific excise tax)로 분류한다.[354)] 이와 비슷하게 Peter Wooders와 Aaron Cosbey는 탄소세가 비용을 소비자에게 전가하는 한, 판매세와 개별소비세와 같은 다른 간접세들과 거의 다르지 않다고 주장한다.[355)] ICTSD는 모든 국경세가 간접세로 분류되므로 탄소세가 국경에서 부과된다면 이를 근거로 탄소세는 간접세로 고려될 수 있다고 주장한다.[356)]

필자는 탄소세의 간접세 고려에 관한 상기 찬반 주장에 대한 평가를 바탕으로, 탄소세가 상품에 적용되는 조세로 볼 수 있어 국경에서 조정될 수 있다고 생각한다. 하지만 이에 대해서는 아직까지 최종 판정이 WTO 사법기관에 의해서 내려지지 않았다.

허용배출량 요건

허용배출량 요건의 국경조정 적격성 이슈는 탄소세보다 훨씬 더 복잡하다. npr－PPM 조치의 국경조정 적격성에 관해서 앞서 논의한 이슈와는 별개로, 수입품을 ETS에 편입시키는 것과 관련하여 발생하는 문제는 ETS 요건이 세금 또는 부과금에 해당되어 수입에 대하여 국경에서 조정될 때 GATT 제III:2조의 적용을 받게 되는지, 아니면 이 요건이 국내규정에 해당되어 수입품에 적용될 때 GATT 제

352) Ibid.

353) Pauwelyn 'U.S. Federal Climate Policy and Competitiveness Concerns' (n 195) 20.

354) Hoerner and Muller (n 181) 20.

355) Wooders and Cosbey (n 164) 18. 이들은 더 나아가 허용배출량이 적절하게 관리된다면 허용배출량은 간접세의 특성을 갖게 된다는 견해를 제시한다.

356) ICTSD (n 171) 9.

III:4조의 적용을 받게 되는지에 있다.

이 점에 대하여 전문가의 의견은 상당히 다양하다. Javier de Cendra와 Joost Pauwelyn은 세금의 정의가 '정부에 대한 대가 없는 지불' 또는 '납세자가 이에 대한 대가로 확인될 수 있는 그 어떠한 것도 수령하지 못하는, 정부에 의해서 부과되는 강제적인 부과금'이라는 점에 근거하여 허용배출량 요건은 국경에서 조정될 수 있는 세금에 해당될 수 있다는 견해를 제시한다.357) 이들은 설령 기업이 허용배출량 무상할당제도에 따라 이를 무상으로 수령한다 하더라도 허용배출량 요건이 세금에 해당될 수 있다고 주장한다.358) 이들은 기업이 배출량 상한을 줄이면 허용배출량을 시장에서 판매할 수 있다는 점에서 허용배출량의 보유가 기업에게는 기회비용을 창출한다고 주장한다.

반면 Charles McLure는 기업이 허용배출량의 비용을 지불하는 대가로 배출권, 즉 '이산화탄소를 주위 환경으로 방출할 특권'을 얻게 되므로 허용배출량은 정부에 대한 대가 없는 지불에 해당될 수 없다고 주장한다.359) 이러한 이유로 허용배출량의 비용은 세금, 즉 납세자가 이에 대한 대가로 확인될 수 있는 그 어떠한 것도 수령하지 못하는, 정부에 대한 지불(이에 대한 국경조정이 허용됨)로 고려될 수 없고, 수수료, 즉 정부에 의해서 제공된 서비스에 관한 정부에 대한 지불(이에 대한 국경조정이 허용되지 않음)로 고려될 수 있다. 이러한 점에 비추어 볼 때 허용배출량 요건이 수입품에 부과되는 통관수수료로 분류되지 않는다는 것은 중요하다. 국내조치의 국경조정과 관련하여 통관당국에 의해서 제공되는 서비스는 없기 때문에, 수입업자가 허용배출량을 제출해야 하는 요건이 GATT 제VIII조에서 정의된 통관수수료와 동등한 것으로 판정된다면 이는 수입과 관련하여 제공되는 서비스의 비용을 초과하는 통관수수료에 반드시 해당될 것이다.360) GATT 제VIII조는 송장 및 증명서, 허가부여, 외환 통제, 통계서비스, 분석 및 검사 등과 같은, 수입 또는 수출에 대해 제공되는 특정 서비스에 관한 수수료를 다루고 있기 때문에, 필자의 견해로는 허용배출량 요건이 제VIII조의 적용을 받게 될 가능성은 매우 적다. 허용배출량 요건은

357) de Cendra (n 195) 136; Pauwelyn 'U.S. Federal Climate Policy and Competitiveness Concerns' (n 195) 21–22. 또한 이러한 견해는 다음 자료에 의해서 뒷받침된다. R Ismer and K Neuhoff, 'International Cooperation to Limit the Use of Border Adjustment', workshop summary (workshop convened by Climate Strategies, South Center, Geneva, 10 September 2008) 9.

358) Pauwelyn 'U.S. Federal Climate Policy and Competitiveness Concerns' (n 195) 22.

359) McLure 'GATT–Legality' (n 287) 286.

360) Horn and Mavroidis (n 261) 24.

수입에 관련되는 어떠한 서비스와도 연관성이 없다. 대신 이 요건은 수입국의 ETS 및 기후 정책과 관련이 있다. 따라서 필자가 보기에 탄소 관련 BAMs의 맥락에서 GATT 제VIII조를 원용하는 것은 타당하지 않다.

또한 Roland Ismer는 허용배출량 요건의 조세 지위에 의문을 갖는다. 그는 기업이 허용배출량을 유통시장에서 구매할 수 있다는 사실을 지적한다. 경매의 경우에는 정부에 대한 지불이 애초에 다른 기업에 의해서 이루어지거나 허용배출량이 애초에 정부에 의해서 무상으로 배분되는 경우에는 정부에 대한 지불이 전혀 이루어지지 않기 때문에, 허용배출량이 기업에 의해서 유통시장에서 구매되고 정부로부터 직접적으로 구매되는 것이 아니라면 이는 정부에 대한 지불로 고려될 수 없을 것이다.[361]

Lorand Bartels도 허용배출량 요건이 세금이 아니라는 견해를 취한다.[362] 하지만 부과금은 공공서비스 이용에 대한 지불로서 국가에 의해서 부과되고 부과금액이 항상 미리 결정되는 고정금액이지만 허용배출량의 제출은 수요와 공급에 따라 항상 변화하는 허용배출량의 시장가격에 바탕을 두고 결정되므로, 그는 허용배출량 요건이 수수료나 부과금이 아니라는 의견을 보인다. 더 나아가 납부된 세금과 부과금은 납부의 대가로 추가적인 혜택을 부여하지 않지만, 허용배출량은 일정한 가치를 지니고 있어 기업이 배출량 감축의무를 준수하기 위하여 배출량을 필요로 하지 않는 경우에는 이를 재판매할 수 있다. 이러한 이유로 Lorand Bartels은 허용배출량 요건은 비재정조치, 즉 규정(regulation)으로 고려되어야 한다고 결론짓는다.[363] 이와 동일한 의견이 Gary Hufbauer와 Steve Charnovitz 그리고 Jisun Kim에 의해서 이보다 먼저 제기되었다.[364]

EU사법재판소는 EU ETS 항공 사건에 대한 최근 판정에서 항공사가 항공기에 대한 허용배출량을 제출하도록 요구하는 요건은 세금이 아니라고 판단하였다. 첫째, 종래의 세금은 사람이나 기업이 납부해야 하는 고정세율을 갖고 있으나, 기업에 대한 허용배출량 비용은 애초에 무상으로 할당된 허용량의 수와 기업이 ETS 하

361) Ismer (n 163) 220－221. 허용배출량 요건의 국경조정 적격성의 맥락에서 허용배출량의 무상배분의 이슈는 Reinhard Quick에 의해서도 제기된다. R Quick, '"Border Tax Adjustment" in the Context of Emission Trading: Climate Protection or "Naked" Protectionism?' (2008) 3(5) *Global Trade and Customs Journal* 163, 165－166 참조.

362) Bartels (n 221) 4.

363) Ibid.

364) Hufbauer, Charnovitz and Kim (n 162) 69.

의 의무를 준수하기 위하여 추가적으로 허용량을 구매할 필요가 있는 경우에는 허용량의 시장가격에 따라 다양하다. 둘째, 세금과 달리 허용배출량을 제출해야 하는 요건은 주로 정부의 재정수입을 창출하기 위해서 의도된 것이 아니다. 따라서 EU 사법재판소의 견해에서 허용배출량 요건은 연료분에 대한 종래의 세금이 아니라 시상에 기반하는 조치인 것이다.[365]

따라서 수입품에 대한 허용배출량 요건 부과가 수입품에게 확대적용되는 국내규정으로서 GATT 제III:4조와의 합치성이 심사될 개연성은 완전히 배제될 수 없다. 이러한 경우 조치가 국경에서 조정될 수 있기 위하여 간접세에 해당될 수 있는지의 문제는 더 이상 관련이 없게 된다. 허용배출량 요건이 규정에 해당되는 경우에 중요한 것은 npr-PPM에 기초하는 국내규정이 GATT 제III:4조의 적용범위에 속하는지의 여부이다. 이러한 국내규정이 제III:4조의 적용범위를 벗어나는 것으로 판정된다면 허용배출량 요건의 국경조정은 국제무역에 대한 수량제한으로서 GATT 제XI조 위반으로 판정될 개연성이 매우 높다. PPM 논쟁에 관한 섹션에서 논의한 바와 같이 GATT 제III:4조의 비차별요건을 충족하기 어렵다 하더라도 npr-PPM에 연계되는 규정이 이 조항의 적용범위에 속하지 않는다고 믿을 이유는 전혀 없다. 따라서 필자는 허용배출량 요건이 비재정조치로 판정된다면 이 요건이 수입에 대한 국경조정의 적격성을 갖는다고 생각한다.

허용배출량 요건이 세금이나 부과금이 아닌 국내규정에 해당된다면 문제는 예컨대 허용배출량 제출이 수출에 대하여 요구되지 않는 경우에도 이 요건이 수출에 대한 국경조정의 적격성을 갖는지가 될 것이다. 제4장에서 이미 언급한 바와 같이 WTO협정에는 비재정조치의 수출측면 국경조정 사안에 관련될 수 있는 규정이 없다. 그렇다고 국내규정의 수출측면 국경조정이 금지된다는 뜻은 아니다. 탄소세의 수출리베이트와 같이 탄소규정에 대해 이루어지는 수출측면 국경조정은 보조금에 관한 WTO규범에 의해서 규율될 것이다. 필자는 수출측면 BAMs에 대한 이러한 적용에 관하여 제7장에서 좀 더 자세히 살펴볼 것이다.

---

365) ECJ Case C-366/10, *Air Transport Association of America and others v. Secretary of State for Energy and Climate Change* [2011] ECR 1-1133, paras 142-144, 147.

결론

탄소세의 국경조정 적격성에 관한 문제는 최종상품 내에 물리적으로 실재하지 않는 투입물에 부과되는 세금의 조정가능성에 관한 문제와 밀접히 연관된다. *US-Superfund* 사건에서 GATT 패널은 BTA가 적용되는 투입물이 반드시 최종상품 내에 물리적으로 실재해야 하는지에 대한 문제를 미해결로 남겨두었다. 최종 판정은 WTO 사법기관에 의해서 이루어져야 하지만 탄소세가 국경조정에 적격인 간접세에 해당될 것이라고 믿을 만한 이유가 있다. BAMs가 수입에 대한 허용배출량을 제출해야 할 요건(즉 국내 ETS에 수입품을 편입시키는 것)으로 고안된다면 이는 세금이나 부과금으로서 제III:2조의 적용을 받는 것이 아니라 수입품에 확대적용되는 국내규정으로서 제III:4조의 적용을 받게 될 것이다. 국내 수출업자에게 수출상품에 대한 허용배출량을 제출할 요건을 면제해 주는 형식을 띠는 수출측면 국경조정이 WTO 보조금 규범에 합치된다면 이러한 국경조정도 가능하다.

탄소집약상품과 저탄소상품의 동종성

WTO법상 탄소 관련 BAMs의 합법성은 탄소집약상품과 저탄소상품의 동종성 이슈에 관하여 취해지는 입장에 따라 크게 좌우된다. 동종성의 문제는 국가들의 GATT 제I조 및 제III조 상의 의무의 맥락에서 특히 중요하고, TBT협정에 따른 탄소 관련 BAMs의 분석과도 관련된다.

GATT 제I조와 제III조 그리고 TBT협정의 규정들과 탄소 관련 BAMs의 일치성은 내장된 탄소(embedded carbon)[역주: 내장된 탄소는 상품을 생산하면서 배출된 탄소를 의미함]를 바탕으로 상품을 구별하는 것이 받아들여질 수 있는지에 따라 크게 좌우된다. 탄소집약적 기술로 생산된 상품과 저탄소 기술로 생산된 상품이 이종으로 판단된다면 탄소에 대한 수입제한은 MFN과 NT 의무를 준수하는 것으로 간주될 것이다. 반면 탄소집약상품과 저탄소상품이 동종상품으로 판단된다면 상품의 탄소발자국에 연계된 수입금지는 MFN과 NT 규정을 모두 위반하게 될 것이다. 달리 말하면 탄소집약 수입 상품에 대한 세금이 저탄소 국내 상품에 대한 세금보다 높은 상황은 결국 수입품에 대한 차별이 될 것이다.

하지만 일단 탄소세와 탄소규정이 국경에서 조정될 수 있는 것으로 판정된다면 탄소발자국이 상이한 상품들 간의 동종성 문제는 제기되지 않을 개연성이 있을 것이다. Joost Pauwelyn은 *US-Superfund* 사건을 언급하면서 'GATT 제III조의 실체적 심사기준 하에서 패널은 화학물질로 생산된 (과세된) 수입품이 화학물질로 생산되지 않은 미국 상품과 "동종"인지에 대하여 결코 의문을 제기하지 않았다'는 점을 지적한다.[366] 따라서 탄소발자국에 근거한 상품 간 구별은 당연한 것으로 받아들여져서, 고탄소상품과 저탄소상품이 이종인 것으로 판단되고 NT 원칙의 위반에 관해서는 어떠한 우려도 제기되지 않을 것이다.[367]

하지만 패널이 제III조 상의 차별에 관한 전통적인 심사기준에 따라 탄소 관련 BAMs를 심사하기로 결정한다면 탄소집약상품과 저탄소상품 간의 동종성 이슈는 면밀한 심리를 받게 될 것이다. 이러한 경우 동종성 이슈에 관한 GATT/WTO 법리, 특히 주류에 대한 과세와 석면 금지에 관한 사건들이 이러한 결정을 위한 지침으로서 패널과 AB에 의해서 원용될 것이다.

전통적인 동종성 심사

'동종상품'이라는 용어는 WTO협정에서 정의되지 않는다. 사실 동종성은 그 성질상 비교의 용어를 상징하므로 동종성을 절대적인 표현으로 정의하는 것은 불가능하다. 따라서 상품의 동종성 또는 이종성에 관한 판정은 불가피하게 비교를 위한 원리에 의존하게 된다.[368]

상품의 동종성 결정을 위한 기준은 WTO협정의 어디에서도 찾을 수 없다. 게다가 이러한 기준은 법리에서도 명확히 정의된 바가 없다. Robert Hudec은 그 이유를 동종성 개념이 서로 다른 목적들을 갖는 여러 WTO 규정들에서 사용되고, 상이한 맥락으로 인해 개별 사안에서 종종 달라진다는 사실에서 찾는다.[369] 실제로 WTO 법리상 동종성은 개별 사안에 기초하여(case-by-case basis) 해석되어 왔다.[370] *Japan-Alcoholic Beverages II* 사건에서 AB는 동종성을 아코디언에 비유하였다:

'동종성' 개념은 아코디언의 이미지를 불러일으키는 상대적인 것이다. *WTO협정*

366) Pauwelyn 'U.S. Federal Climate Policy and Competitiveness Concerns' (n 195) 28.
367) Ibid.
368) Conrad (n 119) 39.
369) Hudec (n 324) 10.
370) *EC-Asbestos*, AB report, para 102.

의 서로 다른 규정들이 적용될 때 '동종성'의 아코디언은 서로 다른 장소에서 확장하고 수축한다. 이러한 장소들의 어느 한 곳에서의 아코디언의 폭은 '동종의'(like)라는 용어가 마주치게 되는 특정 규정에 의해서뿐만 아니라 문맥 그리고 그 규정이 적용될 수 있는 일정한 사안에서 널리 존재하는 상황에 의해서도 결정되어야 한다.[371]

EC-Asbestos 사건에서 AB는 GATT 제III:4조 하에서 조치를 분석할 때 상품의 동종성 결정을 위하여 네 가지 기준을 원용하였다:

(i) 상품의 물리적 특성; (ii) 상품이 동일한 또는 유사한 최종용도에 기여할 수 있는 정도; (iii) 소비자가 상품을 특정한 필요 또는 수요를 만족시키기 위하여 특정한 기능을 수행하는 대체수단으로서 상품을 인식하고 대하는 정도; 그리고 (iv) 관세 목적상 상품의 국제적 분류.[372]

이러한 네 가지 기준은 전통적인 '동종상품' 개념에 따른 동종성 분석에서 WTO 사법기관을 위한 정통 지침(classical guideline)이 되어 왔다. 한편으로, 이들은 '관련 증거를 분류하고 심사하는 작업을 지원하는 단순한 도구일뿐, 상품의 법적 특성을 결정하는 기준들의 한정된 목록도 아니고 조약에 의해서 위임된 기준들의 목록도 아니다.'[373] 다른 한편으로, 이러한 네 가지 기준은 동종성 결정을 위한 최소수(minimun number)의 기준으로 항상 이용되어야 하는 것으로 보인다.[374] 이 모든 기준은 누적적으로 점검되어야 한다. 즉 '상품의 "동종성"은 단지 하나의 기준을 심사한 후에 증거에 대한 부분적인 분석에 기초하여 결정될 수 없다.'[375] 게다가 AB가 동종성을 아코디언에 비유한 것과 동종성은 개별 사안에 기초해서만 결정될

371) *Japan-Alcoholic Beverages II*, AB report, pp. 21－22.

372) *EC-Asbestos*, AB report, para 101. 첫 세 가지 기준(상품의 특성, 상품의 최종용도, 소비자의 취향과 습관)은 1970년 국경세조정에 관한 작업반 이후 반복되었고(GATT, Report by the Working Party on Border Tax Adjustments, L/3464, 2 December 1970, BISD 18S/97, para 18 참조), 네 번째 기준(관세 분류)은 *Japan-Alcoholic Beverages II* 사건에서 AB에 의해서 도입되었다(*Japan-Alcoholic Beverages II*, AB report, p. 114 참조).

373) *EC-Asbestos*, AB report, para 102.

374) *EC-Asbestos*, AB report, para 109. 최근 WTO 사법기관은 관세 분류에 더하여, 상품이 국내규제기관의 관점에서 다르게 인식되는지를 살펴보기 위하여 조치에 적용되는 국가의 국내규정에도 주목하고 있다. 예컨대 *Thailand-Cigarettes (Philippines)*, panel report, para 7.441; *Philippines-Distilled Spirits*, panel report, para 7.31 and AB report, para 167 참조. 국내규정은 아마도 동종성 결정을 위한 다섯 번째 기준으로 이해될 수도 있을 것이다. E McGovern, *International Trade Regulation* (issue 31, Globefield Press) 8.22－4 참조.

375) *EC-Asbestos*, AB report, para 109.

수 있다는 서술을 근거로, 이러한 네 가지 기준들의 각각은 사안의 사실과 원용되는 GATT 규정에 따라 동종성 결정에 있어서 서로 다른 비중을 가질 수 있다는 점이 도출될 수 있다.[376]

이는 석탄을 이용해서 생산된 철강과 재생에너지원으로부터 발전된 전기를 이용하여 생산된 철강이 이종으로 판정될 수 있는지는 사법기관이 네 가지 전통적인 동종성 기준들의 목록 중에서 저탄소 철강에 대한 소비자의 선호(이러한 선호가 존재한다면)에 부여하는 비중에 주로 좌우될 것임을 의미한다. 고탄소상품과 저탄소상품의 동종성을 분석할 때 전통적인 동종성 심사기준을 따르면 이들 상품은 물리적 특성, 최종용도 및 관세 분류가 동일하기 때문에 동종이라고 말할 수 있다.[377] 하지만 기후변화의 지구적 위협을 인식하고 탄소집약상품의 소비로부터 기꺼이 전환하고자 하는 소비자의 수가 늘어나고 있다고 가정한다면, 세 번째 기준, 즉 소비자의 선호(consumer preference)는 아마도 이러한 두 부류의 상품들을 이종으로 만들 수 있을 것이다. 소비자의 선호가 물리적으로 동일한 상품들의 동종성을 변경할 잠재적 가능성은 탄소 관련 BAMs의 WTO 비차별 규범과의 합치성을 판단하는 핵심적인 요소들의 하나이다. 패널과 AB가 소비자의 선호를 동종성 기준으로 고려하는 수가 늘다보면 결국에는 PPM을 상품의 동종성에 영향을 미치는 요소로서 받아들이게 될 수도 있을 것이다.

AB는 이미 소비자의 선호가 동종성의 다른 요소들에 영향을 미칠 수 있음을 인정하였다. AB는 모든 동종성 기준들이 상호연관적이고 상호작용적이고, 특히 '소비자의 인식이 상품의 전통적인 사용에 유사하게 영향을 줄 수 있음 – 이러한 사용을 변경하거나 심지어 쓸모없게 만들 수도 있음 – '을 인정하였다.[378] 이러한 서술은 탄소 관련 BAMs에게 중요하다. 두 상품이 물리적으로 동일하지만 소비자의 취향과 습관의 관점에서는 서로 다르다면 생산 공정에서의 배출 수준이 다르다는 것으로 인해 두 상품이 이종으로 될까?[379] 만약 그렇다면 이러한 상품을 다르게 대

---

376) Quick and Lau (n 330) 429.

377) 동종성 심사는 국가가 PPM들을 구별할 수 있는 8 단위 또는 10 단위 관세코드 단계가 아닌, 6 단위 관세코드 단계에서 이루어진다는 점이 주목되어야 한다. AB는 6 단위 관세 분류가 상품의 물리적 특성만을 보여주므로 그 자체만으로 동종성 판정에서 결정적일 수는 없다고 인정하였다. *EC-Asbestos*, AB report, paras 102 and 146.

378) *EC-Asbestos*, AB report, para 102.

379) Note, in *EC-Asbestos* 사건에서 '소비자의 취향과 습관'이라는 문구는 '상품에 대한 소비자의 인식과 행동'과 또한 '소비자가 특정한 필요 또는 수요를 만족시키기 위하여 특정한 기능을 수행

우하는 것은 적법하다.[380]

소비자의 선호는 특히 GATT 제III:4조와 TBT협정 제2.1조의 내국민대우조항에 따른 조치 분석에 관련된다. 이들 조항에 따라 동종성 기준을 사용하면서 상품의 대우를 분석할 때 WTO 사법기관은 시장에서 상품들 사이에 경쟁관계가 존재하는지를 면밀하게 점검한다.[381] 시장에서 상품 간에 강한 경쟁관계가 존재한다는 것은 동종성의 증거가 된다. 자유 시장에서의 상품 간 경쟁은 소비자 일부에게 존재하는 수요에 의해서 생성되므로, 상품의 대체가능성(substitutability)을 포함하는 상품 간 경쟁관계의 정도와 결국 상품의 동종성을 마지막 시점에서 결정하는 것은 상품에 대한 소비자의 선호라고 말할 수 있다.[382]

소비자의 선호는 다수의 분쟁에서 특별한 주목을 받았다. 석면 사건에서 패널은 계쟁 상품이 업계 소비자들에 의해서 소비된다는 이유로 소비자의 선호를 무시했지만[383] AB는 증거에 대한 언급 없이, 소비자는 비석면상품을 선호한다고 단순하게 가정하였고, 이는 AB가 석면함유상품과 비석면상품을 이종으로 판정하게 한 이유들 중의 하나가 되었다. 또한 GMO 사건에서 생명공학상품과 비생명공학상품에 대한 서로 다른 소비자의 인식이 불리한 대우 주장으로부터 조치를 구제해 주었다.[384]

더 나아가 *EC-Asbestos* 사건은 비전통적이고 비경쟁성의 기준, 즉 공공 정책적 우려(public policy concern)가 동종성 결정에서 결정적인 역할을 했기 때문에 독특한 사건이다. 상품의 동종성에 영향을 주는 핵심 요소는 상품의 건강에 대한 영향이었다. *EC-Asbestos* 사건은 특정 PPM으로 인해 초래되는 위험성을 포함하여 상품의 위험성은 소비자의 취향과 행동뿐 아니라 상품의 물리적 특성에도 영향을 미칠 수 있고 이는 상품을 이종으로 판단되게 하는 충분조건이 될 수 있음을 보여주었다.[385]

하는 대체수단으로서 상품을 인식하고 대하는 정도'로 바꾸어 서술되었다는 점에 주목하라. *EC-Asbestos*, AB report, para 101 참조.

380) M Doelle, 'Climate Change and the WTO: Opportunities to Motivate State Action on Climate Change through the World Trade Organization' (2004) 13 *RECIEL* 85, 92, footnote 46.

381) *EC-Asbestos*, AB report, para 99. 또한 *Philippines-Distilled Spirits*, AB report, paras 119 and 131 참조.

382) M Bronckers and N McNelis, 'Rethinking the "Like Product" Definition in GATT 1994: Anti-Dumping and Environmental Protection', in M Bronckers, *A Cross-Section of WTO Law* (Cameron May 2000) 48; Cosbey, 'Chapter Two' (n 217) 23.

383) *EC-Asbestos*, panel report, paras 8.138–8.140 and AB report, paras 123–126.

384) *EC-Approval and Marketing of Biotech Products*, panel report, para 7.2514.

385) *EC-Asbestos*, AB report, paras 113–126. Abbas (n 242) 7 참조.

특히 AB는 상품의 물리적 특성(발암성)을 심사할 때 건강에 대한 위험이 관련될 수 있다고 판정하면서도 건강에 대한 위험을 동종성의 개별적 기준으로 고려하는 제안은 받아들이지 않았다.[386] 여기에서 기후변화 위험과의 평행성이 도출될 수 있다. 다른 한편으로, 탄소집약상품이 기후변화를 야기하고, 이는 생명과 건강을 포함하는 인간의 건강한 삶(wellbeing)에 영향을 준다고 주장될 수 있다. 따라서 탄소집약상품의 이러한 특징은 이를 저탄소상품과 다르게(이종으로) 만들고 있다. 하지만 탄소집약상품의 건강에 대한 영향이 직접적이지 않다는 주장도 역시 가능하다. 실제로 탄소집약상품의 공중보건에 대한 영향은 석면함유 건축자재의 사례에서와 같이 탄소집약상품 하나의 구매와 소비에서 기인하는 것이 아니라 상품 생산 중에서 외부성으로서 배출되는 GHG의 총량으로부터 도출된다. 따라서 *EC-Asbestos* 사건에서의 AB의 논리를 원용한다면, 탄소집약상품의 공중보건에 대한 영향은 동종상품들을 구별하는 행위에 대한 정당한 이유가 되지 못할 것이다. 그러하다면, Henrik Horn과 Petros Mavroidis에 따르면, 교역 상품과 공공 위험 간의 관계의 차원에서 동일한 유추가 민주적 자유에 관한 PPM 조치를 제III조 하에서 수용하기 위하여 도출될 수 있다.[387]

최근의 *US-Tuna II (Mexico)* 분쟁에서 패널은 TBT협정 제2.1조의 맥락에서 상품의 동종성을 결정할 때 소비자의 선호가 고려될 수 있다는 가능성을 인정하면서도 결국 이를 고려하지 않았다.[388] 이번에는 AB가 수입품에 대한 조치의 유해한 효과에 관한 인식을 변경시킬 수 있는 요소로서 돌고래-안전 다랑어에 관한 소비자의 선호를 고려하지 않았다.[389] 따라서 이 분쟁에서 npr-PPM에 대한 소비자의 선호는 논의는 되었지만 고려되지는 않았다.

물리적으로 동일한 상품들을 구별함에 있어서 소비자의 선호에 우월한 역할을 부여하지 않는 것에 논쟁이 없는 것은 아니다. 결국 소비자의 선호는 주관적인 기준이라 측정하고 해석하기 매우 어렵다는 점을 명심해야 한다. 예컨대 일부 국가에서 외국 상품보다 자국 상품에 부여하는 선호와 같이 소비자의 선호는 원산지에

386) Ibid, paras 113 and 116.
387) Horn and Mavroidis (n 261) 32.
388) *US-Tuna II (Mexico)*, panel report, para 7.249. 중요한 것은 피소국인 미국이 다랑어의 이종성을 증명하기 위하여 PPM에 관해서 주장하지 않고, 조치가 멕시코산 다랑어 상품에 유해하도록 미국산 다랑어 상품에게 경쟁상의 편의를 부여하지 않았다고 주장하기를 선호했다는 점이다. *US- Tuna II (Mexico)*, panel report, para 7.237 참조.
389) *US-Tuna II (Mexico)*, AB report, para 239.

편파적일 수 있다. 이러한 유형의 소비자 선호를 상품 간 규제적 구별에 대한 정당한 이유로 고려하는 것은 WTO의 기본원칙에 반하게 될 것이다. 더 나아가 소비자의 '환경적 취향'은 종종 공공의 인식증진 캠페인과 국가의 환경정책의 산물이다. 따라서 이는 소비자의 독립적인 의지를 보여주는 것이 아니라 국가가 자국이 추구하는 규제정책에 기초하여 시민을 교육한 데에서 비롯된 소비자의 선택을 보여준다고 주장될 수 있다. 국가는 소비자의 선호에 영향을 미치기 때문에 보호주의 목적을 위해 이를 오용할 수 있다.[390] 이러한 이유로 '소비자의 취향과 습관'의 요소는 소비자의 선택이 정부의 개입 없이 이루어졌다고 증명될 수 있는 제한된 수의 상황에서만 결정적일 수 있다.[391]

더욱이 탄소 배출의 맥락에서 소비자의 취향과 습관의 요소를 물리적으로 동일한 상품 간 구별에 관한 근거로서 이용하는 것은 제한적이다. 탄소 관련 BAMs의 경우, 비교되는 상품은 업계가 일반적으로 추가 가공을 위해서 구매하는 원재료와 중간상품이 주가 될 것이다. 이들은 국가적 총량제한 배출권거래제(cap-and-trade system)로의 편입이 현재 제안되고 있는 상품이다(에너지, 철강, 알루미늄 등). 따라서 소비자가 예컨대 높은 탄소 배출로 생산된 철강보다 낮은 탄소 배출로 생산된 철강을 선호한다고 주장하는 것은 어려울 수 있다. 일반적으로 소비자는 중간상품을 취급하거나 중간상품에 관심을 갖지 않는다.[392] 소비자의 선호는 패널이나 AB가 구매업계의 관점에서 수요심사(demand test)를 수용하는 경우에만 동종성의 결정요소로서 기능할 수 있을 것이다.[393]

'목적 및 효과' 심사('aim and effect' test) 또는 규제적 의도를 바탕으로 동종성을 결정하는 방식은 소비자 선호의 역할을 강조하는 것과 유사하다. Robert Howse와 Donald Regan은 동종성 이슈가 물리적 유사성 이슈와 구별된다고 주장하면서 물리적으로 사실상 동일한 두 상품이 동종이 아닌 사례를 제시한다. 이들은 단 하나의 원자만 다른 매우 복잡한 분자들로 구성된 두 가지 화학물질을 언급한다. 하나의 화학 분자에서 원자는 무해하지만 다른 하나에서는 원자가 무서운 신경 독소(neurotoxin)를 구성한다. 따라서 이들 저자는 비보호주의적 규제 정책과 연관하여 동종성을 결정할 것을 제안한다. 즉 '상품들은 실제의 비보호주의적 정책과 관련되

390) Quick and Lau (n 330) 432-433.
391) Ibid 432.
392) Goh (n 72) 408. 또한 Cosbey, 'Chapter 2' (n 217) 23 참조.
393) Bronckers and McNelis (n 382) 51, footnote 88.

는 어떠한 측면에서도 다르지 않는 경우에만 동종이다'라는 것이다.[394] 이러한 동종성 방식을 탄소발자국이 서로 다른 상품들에 적용하면, 물리적으로는 동일하지만 배출 발자국이 서로 다른 강괴(steel ingot)는 규제 정책의 목적이 배출량 감축에 있다면 이종 상품이 될 수 있다.

하지만 동종성 결정에 관한 '목적 및 효과' 방식은 WTO 법리상 지지를 얻지 못한다. 상품의 동종성을 분석할 때 패널은 조치가 적용되는 그 의도를 고려하고자 여러 차례 시도하였다. 예컨대 *US-Taxes on Automobiles* 사건에서 GATT 패널은 과세의 선의적 규제 목적(bona fide regulatory purpose)을 바탕으로 두 가지 범주의 과세된 자동차들 간의 규제적 구별을 허용하였다.[395] 서로 다른 범주의 자동차들은 물리적 유사성에도 불구하고 이종으로 판정되었다. 하지만 패널보고서는 채택되지 않았고 후속 사건들에서 동종성에 대한 '목적 및 효과' 방식의 적용은 거부되어 왔다. 예컨대 *US-Gasoline* 사건에서 조치 목적에 대한 분석은 수행되지 않았고 국내 가솔린과 수입 가솔린은 그 화학적 동일성을 이유로 동종상품으로 판정되었다.[396] 더욱이 *Japan-Alcoholic Beverages II* 사건에서 AB는 제III:2조 1문의 '동종상품' 용어는 좁게 해석되어야 한다고 서술하였다.[397]

이러한 배경에서 '목적 및 효과' 방식이 '동종상품' 개념에 npr－PPM을 수용할 잠재적 가능성은 매우 제한적이다. 이는 npr－PPM 조치가 객관적 성질과 WTO 사법기관에 의한 좁은 해석을 특징으로 하는 GATT 제III조의 비차별요건보다는 '목적 및 효과' 방식을 위한 풍부한 여지를 갖는 GATT 제XX조의 일반예외의 개념적 틀과 더욱 양립될 수 있다는 우리의 초반 결론을 환기시킨다.

GATT 제III조에 따른 동종성 해석

GATT 제III조는 수입상품에 대한 내국민대우 원칙을 규정한다. 하지만 이는 외국상품과 '동종' 국내상품에 대해서 그리고 직접적으로 경쟁적이거나 대체가능한 외국상품과 국내상품에 대해서만 WTO 회원국에게 NT 의무를 부과한다.[398] '동종

394) Howse and Regan (n 105) 260.
395) *US-Taxes on Automobiles*, GATT panel report (unadopted), paras 5.5－5.15.
396) *US-Gasoline*, panel report, para 6.9.
397) *Japan-Alcoholic Beverages II*, AB report, p. 20.
398) Quick and Lau (n 330) 424.

상품'과 '직접적으로 경쟁적이거나 대체가능한 상품'(directly competitive or substitutable products)의 의미에서 동종성을 해석하는 것이 NT 의무와의 합치성을 결정하고 이 조항의 적용범위를 확정한다.[399] NT 의무는 상품의 동종성의 범주와 계쟁 조치의 유형(동종 vs. 직접적으로 경쟁적이거나 대체가능한, 그리고 세금 vs. 국내규정)에 따라 서로 다른 의무로 풀이된다.

제III:2조 1문

Japan-Alcoholic Beverages II 사건에서 AB는 제III:2조 1문의 의미에서의 동종성은 좁은 의미의 동종성이라고 밝혔다.[400] 환언하면 단순히 상호간에 경쟁 관계가 있어야 하는(즉 직접적으로 경쟁적이거나 대체가능해야 하는) 제III:2조 2문이 적용되는 상품과는 대조적으로, 제III:2조 1문이 적용되는 상품은 실제로 동종이어야 한다. 따라서 제III:2조 1문 상의 동종상품 간의 경쟁 관계는 제III:2조 2문 상의 직접적으로 경쟁적이거나 대체가능한 상품 간의 경쟁 관계보다 더 강하고, 또한 제III:4조 상의 동종상품 간의 경쟁 관계보다 더 강하다.[401] 제III:2조 1문에 따른 상품의 동종성을 심사할 때 WTO 사법기관은 특히 계량경제학적 기법을 이용하여 평가되는 상품 간 경쟁의 강도를 강조하면서, 아마도 위에서 논의된 동종성 결정에 관한 전통적인 기준을 원용할 것이다.[402] AB에 의해서 지적된 바와 같이 제III:2조 1문의 의미에서의 동종상품과 제III:2조 2문의 의미에서의 직접적으로 경쟁적이거나 대체가능한 상품 사이의 차이는 제III:2조 1문에서 요구되는 대체가능성의 정도가 더 크다는 점에 있다. 달리 말하면 제III:2조 1문의 의미에서의 동종상품이 훨씬 더 긴밀한 경쟁 관계에 의해서 특성지어 질 것이다:

> '동종성'은 '직접적으로 경쟁적이고 대체가능한'보다는 더 좁은 범주이다. 따라서 제Ⅲ:2조 1문에서 요구되는 경쟁 및 대체가능성의 정도는 제Ⅲ:2조 2문에서의 것보다 더 높아야 한다.[403]

동시에, 상품이 동종이 되기 위해서 반드시 동일할 필요는 없다. *Philippines-Distilled Spirits* 사건에서 AB는 다음과 같이 서술하였다:

---

399) Bronckers and McNelis (n 382) 15.
400) *Japan-Alcoholic Beverages II*, AB report, p. 17.
401) Quick and Lau (n 330) 430.
402) *Philippines-Distilled Spirits*, AB report, paras 119 and 131.
403) Ibid, para 148.

> 우리는 *Canada-Periodicals* 사건과 *Korea-Alcoholic Beverages* 사건에서의 상소기관의 서술을 완벽하게 대체가능한 상품들만이 제Ⅲ:2조 1문의 범위에 속할 수 있다는 의미로 이해하지 않는다. 이는 지나치게 좁은 해석이며 1문의 범위를 본질적으로 *동일한 상품(identical product)*으로 축소할 것이다. 오히려 우리는 완벽하게 대체가능한 것에 가까운 상품이 1문에 따른 '동종상품'이 될 수 있고, 반면에 경쟁의 정도가 덜한 상품이 2문의 범위에 속하게 될 것이라고 판단한다.[404]

제III:2조 2문

제III:2조의 주석과 함께 독해되는 제III:2조 2문은 직접적으로 경쟁적이거나 대체가능한 상품을 다룬다. WTO협정에는 직접적으로 경쟁적이거나 대체가능한 상품에 관한 정의가 없지만, *Japan-Alcoholic Beverages II* 사건에서의 패널의 풀이로부터 직접적으로 경쟁적이거나 대체가능한 상품이 공통의 최종용도를 갖는다는 점을 도출할 수 있다[405]:

> 두 상품이 직접적으로 경쟁적이거나 대체가능한지를 결정하기 위한 결정적인 기준은 이들이 공통의 최종용도를 갖는지의 여부이다... 하지만 '동종상품'이라는 용어의 표현(wording)은 최종용도의 공통성이 동종성을 정하기 위하여 필요한 기준이지 충분한 기준은 아니라는 것을 암시한다. ... '동종상품'이라는 용어는 두 상품이 이러한 범주에 속하기 위해서는 최종용도의 공통성과는 별개로 이들이 본질적으로 동일한 물리적 특성을 공유해야 한다는 점을 암시한다.[406]

따라서 동종상품은 직접적으로 경쟁적이고 대체가능한 상품의 하위범주를 구성하지만, 그 반대는 반드시 참은 아니다.

제III:2조 2문의 의미에서의 동종성은 더 넓은 의미의 동종성을 구성한다. 이 동종성은 필요하다면 대체탄력성(elasticity of substitution)을 계산하는 경제학적 기법을 사용하여 시장에서의 상품 간 경쟁 관계에 주목함으로써 평가된다.[407] 직접적으로 경쟁적이거나 대체가능한 상품의 맥락에서 상품 간 경쟁성(competitiveness)의 강도는 동종상품 간 경쟁성의 정도와 비교할 때 훨씬 더 낮다.[408]

'직접적으로 경쟁적이거나 대체가능한'이라는 용어는 *US-Cotton Yarn* 사건에서

---

404) Ibid, para 149.
405) WTO, *Environmental Taxes and Charges* (n 73) 11.
406) *Japan-Alcoholic Beverages II*, panel report, para 6.22.
407) *Korea-Alcoholic Beverages*, AB report, para 121.
408) *Philippines-Distilled Spirits*, AB report, para 148.

AB에 의해서 한층 더 발전적으로 풀이되었다. 우선, 직접적으로 경쟁적인 상품은 '상업적으로 호환가능한, 또는 ... 시장에서의 소비자 수요를 만족시키는 대안적 방식을 제공하는' 것이다.[409] 둘째, 수입상품과 국내상품 간 경쟁 관계는 잠재적일 수도 있고 실제적일 수도 있다.[410] 셋째, 직접적으로 경쟁적인 상품은 '수입상품과 동떨어진(remote) 또는 희박한(tenuous) 경쟁 관계만을 갖는' 국내상품은 지칭할 수 없다.[411] 달리 말하면 직접적 경쟁성은 경쟁 관계에 대한 상당한 깊이를 함의한다.

하지만 동종상품이 아니라 직접적으로 경쟁적이거나 대체가능한 상품에 해당되는 상품 간 경쟁 관계의 정도에 대해서는 명확하게 정해진 바 없다. 다만 *Canada-Feed-in Tariff Program* 분쟁에서 AB가 직접적으로 경쟁적이거나 대체가능한 상품과 관련하여 '상품 간 경쟁 관계를 구성하는 것은 상품을 생산하기 위해서 사용되는 투입물 및 생산 공정에 대한 고려를 요구할 수 있다'고 판정한 점은 주목할 만하다.[412] 이러한 판정은 탄소집약상품과 저탄소상품의 동종성 평가에 대하여 중요한 함의를 갖는다. 향후 분쟁에서 석탄으로 발전된 전기라는 투입물로 생산되는 알루미늄과 수력으로 발전된 전기라는 투입물로 생산된 알루미늄이 동종이 아니라고 판정되고, 이들 간의 규제적 구별을 WTO에 일치하는 것으로 만들 수 있는, 직접적으로 경쟁적이거나 대체가능한 상품의 범주에 해당될 개연성을 배제할 수 없다. 여하튼 '1문 상의 "동종상품"에서와 마찬가지로, 2문 상의 "직접적으로 경쟁적이거나 대체가능한 상품"의 적절한 범위를 결정하는 것은 개별 사안에 기초하여 이루어져야 한다.'[413]

탄소 관련 BAMs의 맥락에서 상품의 탄소발자국에 기초하는 구별이 수용된다면 제III:2조 2문의 규정은 관련될 것이다. 이러한 경우 탄소집약적 수입상품이 저탄소 기술로 생산된, 물리적으로 동일한 국내상품과 동종이 아닌 것으로 판정된다면, 그 대신 이러한 수입상품은 저탄소 국내상품과 직접적으로 경쟁적이거나 대체가능한 것으로 판정될 수 있고, 내국민대우 분석이 제III:2조 2문에 따라 수행될 것이다.

---

409) *US-Cotton Yarn*, AB report, para 96.
410) Ibid, paras 95–96.
411) Ibid, para 98.
412) *Canada-Feed-in Tariff Program*, AB report, para 5.63.
413) *Japan-Alcoholic Beverages II*, AB report, p. 25.

제III:4조

제III:4조는 국내규정(즉 비재정조치)에 대한 NT 의무를 규정한다. *EC-Asbestos* 사건에서 AB는 제III:4조 상의 '동종의'는 상대적으로 넓은 상품 범위를 갖으며 제III:2조 1문 상의 '동종의'보다는 더 넓고 제III:2조 2문 상의 '직접적으로 경쟁적이거나 대체가능한'보다는 더 좁다고 지적하였다:

> 우리는 ... 제Ⅲ:2조가 '동종상품'뿐 아니라 '직접적으로 경쟁적이고 대체가능한' 상품에게도 미친다는 점과 제Ⅲ:4조는 '동종상품'에 대해서만 미친다는 점에 주목한다. 이러한 서로 다른 표현을 고려하여 ... 우리는 제Ⅲ:4조의 상품 범위가 제Ⅲ:2조 1문보다는 더 넓지만 GATT 1994 제Ⅲ:2조의 두 문장의 합해진 상품 범위(combined product scope)보다는 확실히 더 넓지 않다고 결론짓는다.[414]

이렇게 언급한 후 AB는 제III조의 이 두 항 간의 상품 범위에는 전체적으로 볼 때 현저한 차이가 없다고 지적하였다. 이러한 견해를 지지하면서 AB는 다음에 주목하였다:

> 이 두 조항의 상품 범위에 현저한 차이(significant difference)가 있다는 이유로, 회원국이 일정한 상품의 국내 생산을 보호하기 위하여 어느 한 형식의 규정(regulation) – 예컨대 재정적 규정 – 을 사용하는 것은 방해되지만, 이러한 목적을 달성하기 위하여 또 다른 형식의 규정 – 예컨대 비재정적 규정 – 은 사용할 수 있다면 이는 조화롭지 못한 것이다. 이는 제Ⅲ:1조 상의 '일반 원칙'의 일관된 적용을 무산시키는 것이다.[415]

상품 간 경쟁 관계는 제III:4조의 조치 분석에서 동종성의 핵심적인 지표이다.[416] 상품의 물리적 특성이 다르다고 결정한 후라도 제III:4조의 목적상 상품의 동종성은 시장에서의 경쟁 관계를 통해 확인될 수 있다.[417] 동시에, AB는 시장에서의 상품 간 경쟁 관계가 경쟁성의 상이한 정도에 의해서 특징지어 질 수 있다는 점을 인정하면서도 동종성을 제III:4조의 의미 내에서 정확하게 정의하기를 거부하였다:

---

414) *EC-Asbestos*, AB report, para 99.
415) Ibid, para 99.
416) *EC-Asbestos*, AB report, para 103; *US-FSC (Article 21.5-EC)*, AB report, para 215.
417) *EC-Asbestos*, AB report, para 136.

> 시장에서의 상품의 '경쟁성' 또는 '대체가능성'의 정도의 스펙트럼(spectrum of degrees)이 있다. GATT 1994의 제Ⅲ:4조의 '동종의'라는 낱말이 이러한 스펙트럼에서 어디에 해당하는지를, 불가능한 것이 아니라면 추상적이라도, 정확하게 나타내기는 어렵다. 우리는 *약간의(some)* 경쟁 관계에 있는 상품들 *모두(all)*가 제Ⅲ:4조 상의 '동종상품'이라고 말하는 것이 아니다. 계쟁 조치에 대해 판정할 때, 우리는 또한 제Ⅲ:4조 상의 '동종의'라는 낱말의 정확한 범위를 정하려고 시도하지 않는다.[418]

탄소 관련 국내규정의 국경조정이 제III:4조와 합치하는 지를 심사할 때, 탄소집약적 수입상품이 저탄소 국내상품과 동종으로 판정될 개연성이 높다. 두 가지 범주의 상품은 동일 시장에서의 동일한 소비 목표, 즉 동일한 소비자를 가진 물리적으로 동일한 상품을 상징한다. 국내 탄소규정을 수입품에게 확대적용하여 국내상품과 수입상품의 공정한 경쟁의 장을 형성함으로써 탄소누출을 방지하려는 목적을 상기할 때, 고탄소상품과 저탄소상품이 동종상품이라는 결론은 한층 더 자명해 진다. 공정한 경쟁의 장을 형성한다는 것은 상품들이 경쟁적일 때만 의미가 있다. 경쟁 관계가 동종성의 징표가 되기 때문에 고탄소상품과 저탄소상품은 동종인 것으로 될 개연성이 높다.

GATT 제I조의 의미에서의 동종성

GATT 제I:1조는 MFN 원칙을 도입하고 있는데, 이는 WTO 회원국이 어떤 상품을 수출입할 때 부여한 편의를 다른 동종상품들(이들의 원산지나 행선지가 되는 국가를 불문)과 공유할 것을 의무화한다[역주: 여기서 다른 동종상품들의 원산지나 행선지가 되는 '국가'는 정확히 말하면 '그 밖의 모든 WTO 회원국'을 의미함].

GATT 제III조에서와 마찬가지로, 동종성의 해석은 제I:1조의 범위를 획정한다.[419] 하지만 제III조에 따른 조치 심사의 경우와 달리 상품의 동종성 평가는 제I:1조에 관한 WTO 법리의 핵심 요소가 아니다. 제I:1조 상의 상품의 동종성은 일반적으로 면밀한 심사 대상이 되지 못한다.[420] 이 조항에 따른 심사는 일반적으로 차별이 원산지에 근거하는지에 초점이 맞추어져 있다.

---

418) Ibid, para 99.
419) Bronckers and McNelis (n 382) 15.
420) *Canada-Autos*, panel report, para 10.16.

제I조에 따른 상품의 동종성 이슈가 제기되었던 몇몇 사건들 중의 하나가 *Indonesia-Autos* 사건이다. 이 분쟁에서 패널은 제III:2조에 따른 분석에서 적용되었던 것과 동일한 고려요소에 바탕을 두고 제I:1조의 의미에서의 상품의 동종성을 결정하였다. 패널은 조치로부터 혜택을 받는 것에 관한 기준(관세와 세금의 감면)이 *그 자체로* 상품의 물리적 특성 또는 최종용도에 영향을 미칠 수 있는 어떠한 요소에도 기초하지 않았음에 특히 주목하였다.[421] 따라서 탄소 관련 BAMs가 GATT 제I조에 합치되는 지를 심사할 때 패널은 탄소집약상품과 저탄소상품이 동종상품이라고 판정할 개연성이 있을 것이다.

TBT협정 상의 동종성

TBT협정은 상품의 특성에 관련되는 요건의 적용에 관한 규범체계를 제공한다. 따라서 일부 탄소 관련 BAMs, 예컨대 수입품에 대한 탄소집약적 표준과 라벨링 요건은 TBT협정의 규제 범위에 속하게 될 것이다. 탄소집약상품과 저탄소상품의 동종성은 TBT협정 상의 MFN 및 NT 의무의 맥락에서 이슈가 될 수 있을 것이다. TBT 조치의 맥락에서 상품의 동종성과 이와 관련되는 차별의 이슈는 *US-Clove Cigarettes* 분쟁에서 처음으로 심사되었다. AB는 TBT협정 상의 상품의 동종성이 계쟁 상품 간 경쟁 관계가 아닌, 정당한 공공 정책 목적에 기초해야 한다는(즉 '목적 및 효과' 방식을 반영해야 한다는) 패널의 판정을 번복하였다.[422] 이렇게 하면서 AB는 TBT협정 제2.1조 상의 동종성 결정을 GATT 제III:4조 상의 동종성 심사와 등치시켰다. 동시에 AB는 규제적 우려(regulatory concern)가 일정한 "동종성" 기준의 심사와 관련되고 상품의 경쟁 관계에서 반영되는 한도에서 규제적 우려가 동종성 결정에서 실제로 역할을 할 수 있다고 풀이하였다.[423] 따라서 AB는 *EU-Asbestos* 사건에서의 자신의 의견을 확인하고 다음과 같이 판정하였다:

> 일정한 상품과 연관되는 건강에 대한 위험과 같이 조치에 내재하는 규제적 우려는 해당 상품 간 경쟁 관계에 영향을 미치는 한도에서 GATT 제Ⅲ:4조에 따른 '동종성' 기준의 분석뿐 아니라 TBT협정 제2.1조에 따른 분석에도 관련될

---

421) *Indonesia-Autos*, panel report, paras 14.140－14.142.
422) *US-Clove Cigarettes*, AB report, paras 112 and 120.
423) *US-Clove Cigarettes*, AB report, paras 120 and 156.

수 있다.[424]

기후변화 우려와 연관되는 상품의 탄소발자국 특성이 물리적으로 동일한 상품 사이의 경쟁에 영향을 줄 수 있다면, 탄소 표준, 탄소라벨상품, 저탄소상품 및 탄소집약상품(예컨대 전기로에서 생산된 덜 탄소집약적인 철강과 순산소전로(basic oxygen furnace)에서 생산된 보다 더 탄소집약적인 철강)의 맥락에서 이러한 명제[역주: 조치에 내재하는 규제적 우려가 동종성 분석에 관련될 수 있다는 명제]를 적용하는 것이 두드러질 가능성이 있다. 환언하면, 이는 저탄소상품에 유리한 방식으로 소비자의 선택에 영향을 주어야 할 것이다. 더욱이 pr-PPM 조치인, 미국이 정향 궐련에 부과한 수입금지와 달리, 탄소 관련 BAMs는 npr-PPM 조치이다. 탄소발자국은 너무 추상적이라 동종상품들을 차별할 수 없는 상품의 특성으로 고려될 가능성이 있다. 그럼에도, 다음 섹션에서 논의되는 바와 같이, 설령 탄소집약적 방식으로 생산되는 상품과 저탄소 방식으로 생산되는 동일 상품이 동종상품으로 고려된다 하더라도, TBT협정의 MFN 및 NT 의무에 따른 차등대우는 조치가 공평하게(evenhandedly) 적용된다면 여전히 허용될 수 있다.

결론

WTO 사법기관이 GATT 제III조와 제I조 그리고 TBT협정 제2.1조 상의 동종성을 결정하기 위해서 사용하는 다양한 방식을 분석하면 다음과 같은 결론에 이르게 된다. 상품의 물리적 특성의 비교를 출발점으로 삼는 일련의 기준들에 바탕을 두는 동종성에 대한 전통적인 접근방식에 따르면 npr-PPM에 기초하는 상품들에 대해서는 규제적 차별이 불가능하다. 전통적인 '동종상품' 개념 하에서, 탄소집약상품과 저탄소상품은 동일한 물리적 특성, 최종용도, 소비자 선호 및 관세 코드를 갖는 한, 동종으로 판단될 것이다. 하지만 npr-PPM을 수용할 수 있는, 근래의 동종성 해석 경향이 등장하기 시작하고 있다. 특히, 상품 간 경쟁 관계 그리고 소비자 선호 및 규제 정책적 우려에 대한 고려에 바탕을 두는, GATT 제III:4조와 TBT협정 제2.1조에 따른 동종성 결정에 관한 시장기반적 접근방식이 원용된다면 탄소집약상품과 저탄소상품은 이종으로 판정될 수 있다. 하지만 최근의 TBT 법리에서 드러난 바와

424) Ibid, para 119. [역주: 원서 상의 'paras 118 and 138'은 오류이므로 'para 119'로 바로잡음]

같이, 이는 현재는 없는 것으로 보이는 어느 한 조건, 즉 저탄소상품에 대한 소비자 선호가 물리적으로 동일한 탄소집약상품과 저탄소상품 간의 경쟁 관계에 미치는 영향이 존재해야 한다는 것을 요구할 것이다. 탄소 관련 BAMs의 적용대상으로 의도된 상품의 소비자는 중간상품(예컨대 에너지, 철강, 알루미늄)을 소비하는 업계이지, 소비상품시장에서의 소비자가 아니다. 아마도 저탄소 중간상품에 대한 업계의 선호는 물리적으로 동일한 저탄소상품과 탄소집약상품 간의 경쟁 관계에 실질적으로 영향을 미칠 만큼 강하지는 않을 것이다.

탄소 관련 BAMs와 GATT 제III조 상의 내국민대우 원칙

GATT 제III조는 핵심적인 WTO 비차별 규범 중의 하나인 내국민대우 원칙을 규정한다. 제III조에 하에서 금지되는 차별은 국내상품과 비교하여 외국상품을 차별하는 것이다. 제III조의 중요 요건, 즉 '국내생산에 보호를 부여하도록'(so as to afford protection to domestic production) 내국세와 국내규정을 적용하지 않을 요건은 제III조 1항에서 표현된다. 제III조 1항은 제2항 및 제4항의 내용 중의 일부이고 이 조의 다른 항들에 영향을 준다. 하지만 제III:1조는 이들에게 서로 다른 방식으로 영향을 준다.[425] 제III:2조에 따른 차별은 (제1문 하에서는) '초과하는 세금'(taxes in excess of) 또는 (제2문 하에서는) '유사하게 과세되지 않은'(not similarly taxed)과 '보호적으로 적용되는'(applied protectively)을 함의하지만, 제III:4조에 따른 차별은 '불리한 대우'(treatment less favorable)를 함의한다.[426]

내국민대우 심사와 관련되는 핵심 이슈

GATT 제III조 상의 법적 분석 결과는 WTO 사법기관이 그 분석의 기초로서 선택할 수 있는 다수의 전제와 법적 개념에 의해서 좌우될 수 있다. WTO 사법기관이 내국민대우 심사에서 일반적으로 적용하는 방법론에 관련되는 핵심 이슈는 이하에서 논의된다.

---

425) *Japan-Alcoholic Beverages II*, AB report, p. 17. [역주: 이 사건에서 AB는 제III:1조가 제III:2조 1문과 2문에 서로 다른 방식으로 영향을 미친다고 강조함]
426) Quick and Lau (n 330) 430.

법문상 차별 對 사실상 차별

GATT 제III조의 NT 의무는 법문상(*de jure*) 차별과 사실상(*de facto*) 차별에 모두 적용된다.[427] 또한 제III:1조의 '보호를 부여하도록'의 규정은 표면상으로는, 즉 조치를 도입하는 법제상으로는 차별이 없다할지라도 시장에서 형성된 외국상품에 대한 불이익이 되는 암묵적인 차별과 관련이 된다.[428]

대부분의 사건에서 WTO 사법기관은 GATT 제III조에 따른 *사실상* 차별 사건을 처리해야 한다. 예컨대 *Argentina-Hides and Leather* 사건에서 패널은 제III:2조 1문은 고려하면서, 단순히 '명목상의 세금 부담'의 비교가 아닌 '실질적인 세금 부담'의 비교를 요구하였다[역주: 원서에서는 "a comparison of 'actual tax burdens' with merely 'nominal tax burdens'"로 기술되고 있으나, 이 사건 패널은 패널보고서(*Argentina-Hides and Leather*, panel report, para 11.183)에서 "a comparison of actual tax burdens rather than merely of nominal tax burdens"로 기술하고 있으므로 원서 상의 오류를 바로잡음. 여기서의 비교는 수입상품에 부과된 세금 부담과 국내상품에 부과된 세금 부담 간의 비교를 의미함]:

> 과세 차별이 존재하는지를 심사할 때 적용가능한 내국세의 세율뿐 아니라 과세 방법 ... 그리고 세금징수에 관한 규칙도 고려되어야 한다.[429]

npr-PPM과 연관되어 부과된 탄소 관련 BAMs는 GATT 제III조에 따른 *사실*

---

427) *EC-Bananas*, AB report, paras 213-214. WTO법에서 차별(discrimination)은 법문상 차별과 사실상 차별의 두 가지 형식으로 존재한다[역주: 일반적으로 '*de jure*'는 법문상(法文上), 법률상(法律上), 법규상(法規上), 법적(法的) 등으로 다양하게 번역되고 있는데, 본서에서는 '법문상'으로 번역함]. *법문상* 차별은 명시적인(explicit) 차별인데, 외국상품에 보다 더 부담스러운 규칙이 부과되면 차별은 법적 행위(legal act) 그 자체로부터 자명하다. 원산지 중립적(origin-neutral) 차별로도 알려져 있는 *사실상* 차별은 암묵적인(implicit) 차별인데, 차별이 법적 행위의 낱말들로부터 도출되지 않으며 실제로 외국상품에 대한 불리한 조건을 만들어 낸다. 조치가 한 부류의 상품과 다른 부류의 상품을 구별하는 행위는 원산지 중립적 조치에 의한 *사실상* 차별의 전형적인 원천이다. 예컨대 Jackson (n 329) 7; Hudec (n 324) 4 and 8; L Ehring, 'De Facto Discrimination in World Trade Law: National and Most-Favoured-Nation Treatment-or Equal Treatment?' (2002) 36(5) *Journal of World Trade* 921, 921-922 참조.

428) Jackson (n 329) 7.

429) *Japan-Alcoholic Beverages I*, GATT panel report, para 5.8. [역주: 여기서 소개된 인용문은 *Argentina-Hides and Leather* 사건의 패널이 *Japan-Alcoholic Beverages I* 사건의 GATT 패널보고서의 관련 부분(para. 5.8)을 자신의 패널보고서(para. 11.183)에 인용한 내용임. 따라서 원서 상의 '*Argentina-Hides and Leather*, panel report, paras 11.182-11.184'는 오류이므로 '*Japan-Alcoholic Beverages I*, GATT panel report, para 5.8'로 바로잡음]

상 차별의 사건으로 고려될 개연성이 있다. 하지만 *Dominican Republic-Import and Sale of Cigarettes* 사건에서의 AB의 판정으로부터 도출되듯이, 탄소 관련 BAMs 부과가 GATT 제III:4조와 TBT협정에 따라 심사된다면 *사실상* 차별로 고려되는 것을 회피할 수 있다. *Dominican Republic-Import and Sale of Cigarettes* 사건에서 AB는 다음과 같이 판정하였다:

> 조치로부터 발생하는 일정한 수입상품에 대한 유해한 효과(detrimental effect)가 수입업자의 시장점유율과 같은, 상품의 외국원산지와 무관한 요소나 정황에 의해서 해명된다면, 이러한 조치가 수입품에 불리한 대우를 부여한다는 것을 이러한 효과의 존재가 반드시 함의하는 것은 아니다.[430]

이와 유사하게, *US-Tuna II (Mexico)* 사건에서 AB는 TBT협정에 따른 분석의 맥락에서, TBT 조치는 특정한 상품 특성 또는 특정 PPM에만 바탕을 두는 규제적 구별을 설정할 수 있다는 점과 이러한 구별이 *그 자체로* '불리한 대우'에 이르게 되는 것은 아니라는 점을 인정하였다.[431]

탄소 관련 BAMs의 맥락에서 AB의 상기 판정은 상품 간 규제적 구별이 상품의 탄소발자국에 연계되는 경우, 수입품은 불리하게 대우되는 것이 아니고, 수입품에 대한 유해한 효과가 상품의 외국원산지와 관련이 없는 요소에 의해서 야기되었기 때문에 BAMs가 제III:4조와 일치한다는 점을 의미하는 것으로 해석될 수 있다.

규제 목적의 관련성

규제 목적의 관련성 또는 조치의 정책 목적 그리고 동종성의 맥락에서 앞서 논의되었던 '목적 및 효과' 방식의 적용가능성에 관한 문제는 GATT 제III조에 따른

---

430) *Dominican Republic-Import and Sale of Cigarettes*, AB report, para 96. 또한 AB는 TBT협정 제2.1조에 따른 '불리한 대우' 심사에 대하여 *사실상* 차별에 대한 이러한 접근방식을 확인해 주었다. AB는 구체적으로 다음과 같이 서술하였다:
계쟁 기술기준이 수입품에 대해 법문상으로 차별하지 않는 경우, 동종 국내상품군과 비교하여 수입상품군에 대한 경쟁 기회에 유해한 영향이 존재한다는 것이 제2.1조에 따른 불리한 대우를 결론짓는 것은 아니다. 대신 패널은 수입품에 대한 유해한 영향이 수입상품군에 대한 차별을 반영하는 것이 아니라 전적으로 정당한 규제적 구별(legitimate regulatory distinction)로부터 기인하는지를 한층 더 분석해야 한다. 이러한 결정을 내림에 있어서 패널은 사건의 독특한 정황(즉 계쟁 기술규정의 디자인, 구조, 드러난 구성, 작용 및 적용)과 특히 그 기술규정이 공평한지를 신중하게 심사하여야 한다.
US-Clove Cigarettes, AB report, para 182 참조.

431) *US-Tuna II (Mexico)*, AB report, para 211.

분석과 관련이 있다. '목적 및 효과' 방식에서, 조치의 차별성 여부는 조치의 무역 효과를 그 적용의 목적과 연계하여 분석하지 않고는 결론을 내릴 수 없다.[432]

US-Taxes on Automobiles 사건에서 GATT 패널은 목적에 대하여 다음과 같이 판정하였다:

> 조치가 채택된 정황에 대한 분석, 특히 선언된 국내 정책 목적을 달성하기 위하여 체약당사자에게 이용가능한 문서에 대한 분석을 통하여, 경쟁 기회가 국내 상품에게 유리하게 변경된 것이 단순히 정당한 정책 목적 추구의 뜻하지 않은 결과(incidental consequence)가 아니라 바라던 결과(desired outcome)였음이 증명된다면, 조치가 보호를 부여하는 목적을 갖는다고 표현될 수 있다.[433]

해당 조치의 효과에 대해서 패널은 '조치가 수입상품보다 국내상품에 더 큰 경쟁 기회를 부여했다면 조치는 국내생산에 보호를 부여하는 효과를 갖는다고 표현될 수 있다'고 판정하였다.[434] 하지만 패널은 목적과 효과가 모두 차별적이라고 판정되어야 하는지, 아니면 보호주의적 목적 또는 보호주의적 효과 중 어느 하나로도 제III조 위반의 초래가 충분한지에 대해서 명확히 하지 않았다.[435]

'목적 및 효과' 심사의 적용에 관한 문제는 원산지 중립적 조치에 대한 심사와 특히 관련이 있다.[436] 상품의 생산지와 무관하게 탄소집약상품에 저탄소상품보다 더 과중한 세금을 부과하는 탄소 관련 BAMs의 경우가 이에 해당될 것이다. 조치 목적에 대한 평가로 인해 탄소누출을 방지하려는 진정한 목적에 기여하는 BAMs는 제III조의 NT 규범과 일치하는 것으로 될 것이고 GATT 제XX조의 보건 및 환경 예외에 따라 정당화를 추구할 필요도 없어질 것이다.

하지만 WTO 패널과 AB는 제III조 상의 차별 분석에서 이러한 접근방식의 채

---

432) Hudec (n 324) 12–15.

433) *US-Taxes on Automobiles*, GATT panel report, para 5.10. [역주: 원서에서는 관련 인용문이 부분적으로 잘못 소개되고 있어서 패널보고서 원문과 동일하게 다음과 같이 바로 잡아서 번역함: 'A measure can be said' → 'A measure could be said', 'in favor of the domestic policy' → 'in favor of domestic products']

434) Ibid. 조치의 효과는 실질적인 영향의 차원이 아니라 경쟁 조건에 대한 영향의 차원에서 평가된다는 점이 주목되어야 한다.

435) Hoerner and Muller (n 181) 30.

436) 원산지 중립적 조치와 관련되는 NT 의무를 수반하는 사건에서 '목적 및 효과' 방식을 사용하는 편의에 대해 검토한 자료로는 W Zhou, 'The Role of Regulatory Purpose under Articles III:2 and 4 – Toward Consistency between Negotiating History and WTO Jurisprudence' (2012) 11(1) *World Trade Review* 81 참조.

택을 꺼려해 왔다.[437] 이 방식을 거부하는 이유 중의 하나는 제III:2조 1문과 제III:4조의 문면(text)이 제III:1조의 '보호를 부여하도록' 문구를 포함하지 않는다는 것이다.[438] WTO 사법기관의 설시로부터 도출되는 바와 같이, 일단 수입품이 초과적으로 과세되고 상품이 동종인 것으로 판정되고 나면 정책 목적이 보호주의가 아니라 할시라도 위반이 자동적으로 수반되기 때문에 '목적 및 효과' 방식은 제III:2조 1문에 대해서는 의미가 없을 것이다:

> 제Ⅲ:2조 1문은 제Ⅲ:1조를 특정해서 언급하지 않는다. 이 1문에는 WTO 회원국이 '보호를 부여하도록' 조치를 적용하지 못하도록 경고하는 제Ⅲ:1조의 일반원칙에 대한 구체적인 원용이 없다. 이러한 생략은 상당한 의미(some meaning)를 가져야 한다. 그 의미는 단순히, 과세 조치가 1문에서 규정된 일반원칙과 불일치힌다는 점을 입증하기 위해서 보호적 적용의 실재(presence)가 1문에 포함된 구체적 요건과는 별개로 증명될 필요는 없다는 것을 뜻한다고 우리는 생각한다.[439]

조치가 수입상품에 대하여 동종 국내상품에 부여된 것보다 불리한 대우를 부여한다면 국내생산을 위한 보호가 자동적으로 수반되기 때문에 제III:4조에 대해서는 보호주의적 목적 또는 효과를 밝혀낼 필요가 없을 것이다.[440] *Japan-Alcoholic Beverages II* 사건에서 AB는 심지어 제III:2조 2문에 따른 조치 분석에 대해서도 조치의 규제 목적에 대한 평가를 거부하였다.[441]

그럼에도 불구하고 제III조 1항은 조치의 목적을 지칭한다고 주장될 수 있다. 제III:1조는 재정적 및 비재정적 국내조치가 '국내 생산에 보호를 부여하도록 수입상품 또는 국내상품에 적용되어서는 아니 된다'고 기술한다. 이 조항의 요건을 언급하면서 *Japan-Alcoholic Beverage II* 사건에서 AB는 다음과 같이 서술하였다:

---

437) GATT/WTO 패널은 '목적 및 효과' 방식을 크게 세 차례 시도해 왔다. 첫 번째로 *US-Malt Beverages* (1992) 사건에서 GATT 패널이 '목적 및 효과' 방식을 따랐다. 이후 *US-Taxes on Automobiles* (1994) 사건에서 GATT 패널이 이를 따랐지만, 이 GATT 패널보고서는 채택되지 않았다. *EC-Bananas III* (1997) 사건에서 패널이 이 방식을 적용했지만 AB는 이를 지지하지 않았다.

438) *EC-Bananas III*, AB report, para 216.

439) *Japan-Alcoholic Beverages II*, AB report, p. 18.

440) *EC-Asbestos*, AB report, para 100. 또한 *EC-Bananas III*, AB report, para 216 참조.

441) *Japan-Alcoholic Beverage II*, AB report, pp. 27–28. 하지만 후속 사건인 *Chile-Alcoholic Beverages* 사건에서 AB는 정반대로, 즉 '조치의 디자인, 구조 및 구성에서 객관적으로 드러나는 조치의 목적은 그 조치가 국내 생산에 보호를 부여하도록 적용되는지를 평가하는 작업과 강하게 관련된다'고 서술하였다. *Chile-Alcoholic Beverages*, AB report, para 71 참조.

> 비록 조치의 목적은 쉽게 확인될 수 없는 게 사실이지만 그럼에도 불구하고 조치의 보호적 적용은 대개의 경우 조치의 디자인, 구조(architecture) 그리고 드러난 구성(revealing structure)으로부터 분별될 수 있다.[442)]

Robert Howse는 AB가 의미하는 '보호적 적용'은 사실상 '목적 및 효과' 방식의 의미에서의 규제 목적이라고 주장한다.[443)] 하지만 GATT 제III:1조와 제III:2조 2문의 문면에 있는 '적용되는'(applied)이라는 낱말은 *Japan-Alcoholic Beverage II* 사건에서 AB의 다음과 같은 풀이에 의해서 뒷받침되듯이, 조치의 효과만을 함의하는 것이 당연하다고 필자는 생각한다:

> 해당 특정 조세조치가 그럼에도 불구하고 제Ⅲ:1조의 '국내 생산에 보호를 부여하도록 수입상품 또는 국내상품에 적용되는' 문구에 반향을 불러일으키는 것이라면, 보호주의가 의도된 목적이 아니었다는 것은 관련이 없다. 이것은 해당 조치가 어떻게 적용되는지의 이슈이다.[444)]

동시에 *US-Clove Cigarettes* TBT 사건에서 AB는 TBT협정 제2.1조에 따라 조치를 심사하면서 규제 목적의 역할을 수용하였다. AB는 수입상품의 대우가 동종 국내상품보다 불리하지 않아야 한다는 요건이 수입품에 대한 유해한 효과가 전적으로 정당한 규제 목적으로부터 기인하는 것을 금지하는 것은 아니라고 풀이하였다.[445)] AB가 TBT협정 제2.1조에 따른 NT 분석을 AB가 GATT 제III:4조에 따라 수행한 NT 분석에 바탕을 두었다는 점을 고려하면, AB가 TBT협정 제2.1조의 '불리하지 않은 대우' 요건과 정당한 목적을 연결한 것이 GATT 제III조의 분석에서 '목적 및 효과' 심사를 부활시키기 위한 문을 열어 놓는다는 주장이 가능할 수 있다.

동종상품을 비교하는 방식

NT 심사에서 중요한 단계는 외국 상품에 대한 대우와 동종 국내상품에 대한 대우를 비교하는 방법을 선택하는 것이다. 다루어져야 할 문제는 '수입상품에 대한 대우가 여하한 동종 국내상품에 대한 대우와 비교되는가?', 아니면 '비교가 수입상품 전체에 대한 대우와 동종 국내상품 전체에 대한 대우 사이에서 이루어지는 것

---

442) *Japan-Alcoholic Beverage II*, AB report, p. 30.
443) 예컨대 Hudec (n 324) 19 참조.
444) *Japan-Alcoholic Beverages II*, AB report, pp. 28－29.
445) *US-Clove Cigarettes*, AB report, paras 180－182.

인가? – 즉 비교가 수입상품 그룹(유리한 대우를 향유하는 그룹과 불이익을 받는 그룹을 포함)과 국내상품 그룹(유리한 대우를 향유하는 그룹과 불이익을 받는 그룹을 포함) 사이에서 이루어지는 것인가?'에 있다.

첫 번째 비교 방식은 Lothar Ehring이 '규제 영향의 상반대우(相反待遇) 비교 심사'(diagonal test of regulatory impacts)라 부르는 방식을 따르지만, 두 번째 방식은 '비대칭 영향' 심사(asymmetric impact test)를 의미한다.[446] 비록 다수의 사건에서 WTO 패널과 AB는 특히 GATT 제III:2조 2문, GATT 제III:4조 및 TBT협정 제2.1조에 따라 조치를 심사할 때 비대칭 영향 심사를 따랐지만 WTO 패널과 AB에게는 각각의 비교 방식을 적용하기 위한 통일된 기준이 없는 것으로 보인다.[447]

탄소발자국이 수입상품보다 더 적어 수입상품보다 더 낮은 세금이 부과되는 동종 국내상품이 항상 존재할 수 있기 때문에, 상반대우 비교 심사에 따라 탄소 관련 BAMs 부과로부터 발생하는 차별을 판정하는 것이 비대칭 영향 심사보다 더 용이한 것은 명백하다. 반면에, 비대칭 영향 방식에 따른, 수입품 전체에 대한 조치의 부담과 국내상품 전체에 대한 조치의 비교는 탄소 관련 BA 제도를 설계함에 있어서 상반대우 비교 심사보다 더 큰 유연성을 허용한다.[448] 하지만 수입품은 주로 탄소집약상품으로 구성되나 국내상품은 대부분 저탄소기술로 제조되는 경우, 탄소발자국을 근거로 부과되는 BAMs는 동종 국내상품과 비교할 때 수입품에 대한 비대칭 영향을 가질 수 있기 때문에 GATT 제III조 상의 NT 의무에 위배될 것이다.

동종상품 대우를 비교하는 '상반대우 영향' 방식과 '비대칭 영향' 방식 이외에, WTO 패널과 AB는 제III조에 따른 차별이 발생했는지를 결정하기 위한 또 다른 심사 방식, 즉 '유리한 대우의 부인' 심사('the denial of favourable treatment' test)와 '합리적으로 이용가능한 유리한 대우' 심사('the reasonably available favourable treatment' test)를 사용한다.[449] 이러한 심사들에 따르면, 외국상품에 대하여 유리한 대우가 이용가능하지 않거나 외국생산자가 유리한 대우를 받기 위한 비용이 너무 높은 상황에서는

446) Ehring (n 427) 924–925.

447) Ibid 933–948. TBT협정 제2.1조의 맥락에서 비대칭 영향 심사의 적용에 대한 보다 추가적인 자세한 사항은 *US-Clove Cigarettes*, AB report, paras 180 and 193 참조.

448) 동종상품의 비교에 관한 상반대우 영향 방식과 비대칭 영향 방식에 대한 보다 자세한 사항은 Ehring (n 427) 926–927; Conrad (n 119) 240–244 참조.

449) Bartels (n 221) 6–7 참조. 이 책의 다음 인용도 함께 참조: *Korea-Various Measures on Beef*, AB report, para 146, *Dominican Republic - Import and Sales of Cigarettes*, AB report, para 96, and *US-Tuna II* (Mexico), panel report, para 7.310.

차별이 발생한다.[450]

또한 탄소 관련 BAMs의 맥락에서 상품이 비교를 위해 어떻게 선별될 것인지에 관하여 결정되어야 한다. 투입물(input)에 대한 내국세의 국경조정으로서 수입최종상품에 대해 세금이 부과된다면(예컨대, 에너지 사용에 부과된 탄소세), 어떤 상품이 비교되어야 하는지가 문제가 된다. 비교되어야 할 상품은 국내최종상품과 수입최종상품이어야 할까? 아니면 수입 투입물과 동종 국내 투입물이어야 할까? Gavin Goh는 관련되는 비교의 근거는 최종상품의 생산에 사용된 투입물에 적용되는 세금이 아니라 최종상품에 적용되는 세금의 수준이어야 한다는 견해를 보인다.[451] 실제로 *Superfund* 사건에서의 패널의 서술은 이러한 견해를 지지한다:

> 특정 수입 물질에 대한 세금은 그 수입 물질의 제조 또는 생산에서 원료로 사용된 화학물질이 미국 내에서 판매되어 왔다면 슈퍼펀드법에 따라 부과되었을 세액과 원칙적으로 동등하다. ... 따라서 패널은 특정 수입 물질에 대한 세금이 특정 화학물질에 대한 세금으로 인하여 동종 국내 물질이 부담하게 되는 세금과 동등한 한도에서, 그 세금이 GATT 제Ⅲ:2조 1문의 내국인대우 요건을 충족했다고 결론지었다.[452]

달리 말하면, 투입물에 대한 세금이 관련되는 경우, 국경조정 세율은 동종 국내 투입물에 부과되는 세금과 동등하게 정해져야 한다. 하지만 제III:2조 상의 NT 의무 합치성을 분석하기 위해서는 수입최종상품과 동종 국내최종상품 간의 비교가 이루어져야 한다. 따라서 에너지와 탄소의 과세 조정은 동종 국내상품에 동등하게 적용되지 않은 세금을 수입품에 적용함으로써 제III:2조를 위반할 개연성이 높다.

제III조의 범위에 대한 논의

탄소 관련 BAMs의 WTO법 합치성과 관련하여 특히 중요하다고 생각되는, 오랫동안 논의되고 있는 PPM 조치에 관한 쟁점이 하나 있는데, 이는 npr－PPM 조치가 GATT 제III조의 적용대상이 되는지의 문제이다. 이미 언급한 바와 같이, *US-Tuna I* 사건에서 GATT 패널은 npr－PPM 조치를 제III조의 범위 밖에 두었다. 패널은 제III조가 '상품 그 자체(products as such)에 영향을 미치는 조치에만 적용된다'는

450) Bartels (n 221) 6－7.
451) Goh (n 72) 409.
452) *US-Superfund*, GATT panel report, para 5.2.8.

판정의 근거를 동 조문에서 '상품'이 여러 차례 언급된 점에 두었다.[453] Robert Howse와 Donald Regan은 이 패널 판정에 완전히 반대하면서, 공정에 기반을 두는 조치(process-based measures)(예컨대, 해로운 방식으로 생산되는 상품에 대한 국내 금지)가 상품의 판매에 영향을 주기 때문에 제III:4조의 범위 안에 해당된다고 주장한다. 이들은 무엇보다도 상품의 판매에 영향을 주는 법률, 규정(規程) 및 요건에 관한 불리하지 않은 대우를 규정하는 제III:4조 조문을 언급하면서 npr-PPMs은 시장에서 판매되는 상품의 수량과 가격에 영향을 미치기 때문에 제III:4조의 규제 범위 안에 해당된다고 주장한다.[454]

또한 Steve Charnovitz도 제III조는 npr-PPMs에 부과되는 조치를 배제하지 않는다는 견해를 취한다. 하지만 그는 이러한 견해를 지지하면서도 다른 논증을 제시한다. 그는 사업의 특정 유통 단계(국내 판매, 수송 등)에 영향을 미치는 내국세 및 규정과 함께 '특정 수량 또는 비율로 상품의 혼합, *가공(processing)* 또는 사용을 요구하는 내국의 수량 규정이 국내 생산을 보호하기 위하여 수입상품 또는 국내상품에 적용되어서는 아니 된다'(이탤릭체 강조)고 명시하는 제III:1조 조문을 언급한다.[455] 이와 유사하게 제III조의 5항과 7항은 국내물(domestic content)에 연계되는 혼합 및 가공 규정과 국외 공급원 간에 비율을 할당하는 혼합 및 가공 규정을 금지한다. 따라서 모든 혼합 및 가공 규정이 PPM 조치인데 모든 혼합 및 가공 규정이 금지되는 것이라면 제III조는 특정한 유형의 혼합 및 가공 규정을 금지하는 이러한 규정을 포함할 수 없었을 것이다.[456]

그러므로 아래에서 논의하는 바와 같이 npr-PPMs 조치의 제III조 합치성이 난관에 직면할 수 있다할지라도, npr-PPMs 조치를 제III조의 범위에서 배제할 근거는 없다. 하지만 탄소 관련 BAMs에 대한 제III조에 관한 주석의 적용범위와 관련하여 이슈가 하나 발생할 수 있다. 제4장에서 언급한 바와 같이 BAMs가 GATT 제III조의 범위 안에 해당되기 위해서는 우선 제III조에 관한 주석의 범위 안에 있어야 한다. 내부 요인들에 의해 영향을 받기는 하나, 허용배출량을 제출하는 이유가 수입국의 ETS에 있기 때문에 탄소세를 납부하거나 허용배출량을 제출할 의무는 수입으로 인해 발생한다. 즉 특정 수입품이 BTA를 납부하지 않고 국경을 넘을 수

453) *US-Tuna (Mexico)*, GATT panel report (unadopted), para 5.11.
454) Howse and Regan (n 105) 254.
455) Charnovitz (n 103) 86.
456) Ibid.

는 없다. 제4장에서 여러 유형의 국경조치들 간의 구별을 논의하면서 보았듯이, 이러한 특성은 WTO 사법기관에 의해 제III조에 관한 주석의 범위 안에 해당되는 BAMs의 내재적 특성으로 인정될 가능성이 없지 않다. 하지만 이러한 특징으로 인해 탄소세 또는 수입업자 허용 요건이 제II:1(b)조 2문 상의 고정관세(binding tariff)를 초과하는 수입관세에 해당되어 WTO 약속에 위배될 위험 역시 존재한다.[457]

제III:2조 1문

탄소세가 GATT 제II:2(a)조의 의미 안의 '내국세 또는 내국부과금'에 해당될 수 있다면, 즉 국경조정에 적격하다면, 제II:2(a)조에 따라, 탄소세는 '제III조 2항의 규정과 일치하게' 수입품에 부과되어야 한다. 제III:2조 1문은 NT 원칙이 수입품에 대한 세금과 그 밖의 내국부과금에 대하여 준수될 것을 요구한다. 이 조항은 다음과 같다:

> ... 수입되는 ... 상품은 동종의 국내상품에 직접적 또는 간접적으로 적용되는 내국세 ... 를 초과하는 내국세 ... 의 부과대상이 직접적으로든 간접적으로든 되지 아니한다. ...

규제 목적의 역할에 관한 섹션에서 언급한 바와 같이, 수입상품이 동종 국내상품에 과세된 것보다 초과하여 과세된다면, 제III:2조 1문에 따라, 제소국은 NT 의무 위반의 추정을 위하여 조치의 무역 영향이나 보호적 목적을 입증할 필요는 없다.[458] 보다 더 중요한 것은 '초과하는 ... 아니한다' 요건을 문언 그대로 따르고 절대적으로 준수해야 한다는 점이다. 이 조항은 세율 상의 미소한 차이(*de minimis* difference)조차 허용하지 않는다.[459]

어떤 조치가 제III:2조 1문 상의 NT 원칙에 합치하는 지에 대한 분석은 *Japan-Alcoholic Beverages* 사건에서 AB가 제시한 순서에 따라 이루어진다:

> 1문의 문맥과 WTO협정의 전반적인 객체와 목적에 비추어 볼 때, 1문의 단어는 과세된 수입상품과 국내상품이 동종인지를 첫 번째로 결정하고, 수입품에 적용된 세금이 동종 국내상품에 적용된 것을 초과하는지를 두 번째로 결정함

457) Quick 'Carbon Leakage' (n 229) 356.
458) *Japan-Alcoholic Beverages II*, AB report, p. 18.
459) Ibid, p.22. 미소(*de minimis*)는 '중요성이 적거나 전혀 중요하지 않은 무엇'으로 이해된다. McGovern (n 374) 8.22−9 참조.

으로써 내국세 조치의 제Ⅲ조와의 합치성을 심사할 것을 요구한다.[460)]

따라서 탄소집약상품과 저탄소상품이 동종으로 판정된다면, 저탄소 국내상품과 탄소집약적 수입품 간의 세율 상의 사소한 차이는 NT 규범의 위반을 함의할 것이다. 위에서 논의한 바와 같이, 제III:2조 1문 하에서는, 탄소발자국은 상품 간의 규제적 구별을 위한 유효한 기준으로 고려될 것 같지는 않다. 더욱이 NT 원칙의 위반은 배출량 감축의 정책적 도구로서의 ETS의 특수성으로부터 도출될 수 있다. 허용배출량에 관련되는 비용을 낮추는 방법이 여러 가지가 있듯이, ETS에 참여하는 설비는 일반적으로 허용배출량에 대한 다양한 비용을 부담한다.[461)] 따라서 허용배출량 요건의 적용을 받는 수입상품이 동종 국내상품보다 더 높은 부과금을 납부함으로써 제III:2조가 위반될 가능성이 있다.[462)]

제III:2조 2문

동종성 이슈를 살펴볼 때, 동종성 평가를 위한 시장기반적 방식과 계량경제학적 수단은 탄소집약적 수입품과 저탄소 국내상품을 직접적으로 경쟁적이거나 대체가능한 상품으로 범주화할 수 있을 것이다. 이러한 경우, 탄소세는 다음과 같은 제III:2조 2문의 규정[463)]에 따라 심사될 것이다:

> 또한, 어떠한 체약당사자도 제1항에 명시된 원칙에 반하는 방식으로 수입상품 또는 국내상품에 내국세 또는 그 밖의 내국부과금을 달리 적용하지 아니한다.

제III:2조 2문의 의미는 다음과 같은 GATT 제III:2조에 관한 주석에 의해서 추가적으로 분명해진다:

> 제2항 1문의 요건에 합치하는 조세는 과세된 상품을 일방으로 하고 유사하게 과세되지 아니한 직접적으로 경쟁적이거나 대체가능한 상품을 타방으로 하여 양자 간에 경쟁이 수반된 경우에만 2문의 규정에 불일치하는 것으로 간주된다.

---

460) *Japan-Alcoholic Beverages II*, AB report, pp. 18－19.

461) 기업은 배출량을 줄이고 허용배출량 잉여분을 제2의 탄소시장에서 판매하기 위하여 생산량 감축을 선택할 수 있다. 또한 기업은 탄소집약적 생산을 줄이고 여분의 허용배출량을 판매용으로 이용가능하도록 해주는 저탄소 기술로 전환할 수도 있다.

462) Quick ‘Emission Trading’ (n 361) 165－166.

463) 이 규정의 연혁에 대해서는 WTO, Analytical Index (n 296) 159ff 참조.

제III조 1항에서 제시된 원칙은 체약당사자가 재정적 및 비재정적 내국조치를 '국내 생산에 보호를 부여하도록' 적용하지 않을 것을 요구한다. 따라서 제III:2조 2문은 직접적으로 경쟁적이거나 대체가능한 상품 간의 차등적인 과세가 국내 생산을 보호하는 결과를 초래한다면 이를 금지한다.[464] 이는 직접적으로 경쟁적이거나 대체가능한 수입품과 국내상품의 맥락에서, 모든 경우의 차등적인 과세가 금지되는 것이 아니라 국내 생산에 보호를 부여하는 차등적인 과세의 경우에만 금지된다는 것을 의미한다.

GATT 제III:2조에 관한 주석에서 언급되는, 제III:2조 2문 상의 '유사하게 과세되지 아니한'은 제III:2조 1문 상의 '초과하는'과는 매우 다르다는 점이 중요하다. '유사하게 과세되지 아니한'은 한층 더 완화된 요건인데, 차등적인 과세액이 미소수준(*de minimis*)보다는 분명히 더 크다는 것을 의미한다.[465]

제III:2조 2문에 따르면, 모든 조건이 충족되더라도(예컨대 국내상품과 수입상품이 직접적으로 경쟁적이거나 대체가능하고 이들 상품이 유사하게 과세되지 않은 경우), 조치의 보호적 적용이 여전히 입증되어야 한다:

> ... '직접적으로 경쟁적이거나 대체가능한 상품'이 '유사하게 과세되지 않는다'는 판정은 제Ⅲ:2조 2문의 위반 판정에 필요하다. 하지만 이것으로는 충분하지 않다. 非유사적 과세(dissimilar taxation)는 미소 수준을 넘는 것이어야 한다. 非유사적 과세가 미소 수준을 크게 넘는 수준이라 이러한 과세가 보호를 부여하도록 적용되었다는 것이 바로 그러한 차액으로부터 분명해 질 수도 있다.[466]

제III:2조 상의 NT 심사는 다른 섹션에서 논의하게 될 제III:4조 상의 '불리하지 않은 대우' 심사와 공통점을 지닌다. 제III:2조 2문에 따른 조치 심사는 조치의 상품 간의 경쟁 관계에 대한 영향에 초점을 맞추고 상품 대우의 비교에 대해서는 비대칭 영향 방식을 따른다. 더 나아가 제III:2조 2문에 따른 조치 심사에는 '목적 및 효과' 방식을 위한 여지가 있는 것으로 보인다.[467] 따라서 탄소집약상품과 저탄소상품이 동종이 아니라, 직접적으로 경쟁적이거나 대체가능한 것으로 판정된다면, 탄소 관련 BTA는 제III:2조 1문 상의 보다 엄격한 '초과하지 않는' 심사에 따른 심리

464) *Japan-Alcoholic Beverages II*, AB report, p. 23. 또한 *Korea-Alcoholic Beverages*, AB report, para 107 및 Canada－Periodicals, AB report, p. 22 참조.
465) *Japan-Alcoholic Beverages II*, AB report, pp. 26－7.
466) Ibid, p. 18.
467) *Chile-Alcoholic Beverages*, AB report, para 71.

와 비교할 때, 제III:2조 2문 상의 NT 심사 하에서 더 큰 유연성을 가질 수 있다.

제III:4조

제III:4조의 범위는 비재정조치, 즉 '국내 판매, 판매를 위한 제공, 구매, 운송, 유통 또는 사용에 영향을 주는 모든 법률, 규정 및 요건'을 포함한다. '영향을 주는' (affecting)이라는 단어가 있는 이 조항은 제III:4조의 적용범위를 이 규정에서 명시된 시장 활동에 영향을 주는 내국 규정으로만 제한되도록 정의하는데 도움이 된다.[468] 제III:4조에서 언급된 활동들의 목록은 폐쇄적 목록을 구성하므로, 그 밖의 활동들 (예컨대 보관, 광고, 등록 등)에 대한 영향은 어떤 조치가 이 조항의 적용을 받기 위한 요건으로서 중요하지 않다:

> *어떠한* '법률, 규정 및 요건'이라도 제Ⅲ:4조의 적용을 받게 되는 것이 아니라 이 조항에서 언급된 특정한 거래, 활동 및 사용에 '*영향을 주는*' 법률, 규정 및 요건만이 제Ⅲ:4조의 적용을 받게 된다. 따라서 '영향을 주는'이라는 단어는 제Ⅲ:4조에 규정된, 동종 수입상품에 '불리한 대우'를 부여하지 않을 의무에 합치해야 하는 조치의 유형들을 정의하는데 도움이 된다.[469]

US-FSC (Article 21.5-EC) 사건에서 AB는 *EC-Bananas* 사건에서 GATS 제I:1조 상의 '영향을 주는'이라는 단어에 대해 자신이 내린 해석을 바탕으로, 제III:4조 상의 '영향을 주는'이라는 단어를 그 적용범위에 있어서 넓게 해석하였다.[470]

제III:4조 상의 비재정조치에 대한 NT 규범의 적용은 다음과 같이 규정된다:

> ... 수입되는 ... 상품은 모든 법률, 규정, 요건에 관하여 국내 원산의 동종상품에 부여되는 대우보다 불리하지 않은 대우를 부여받아야 한다.

제III:4조 상의 NT 원칙에 대한 위반 판정은 제III:2조 2문에서와는 달리, '조치가 국내 생산에 보호를 부여한다'는 판정을 요구하지 않는다.[471] 어떠한 규정이 동종 국내상품에 부여되는 대우보다 불리한 대우를 수입상품에 부과한다면 국내 생산에 대한 보호 부여가 자동적으로 함의된다. 이는 제III:2조 1문 상의 요건에 비견

---

468) *US-FSC (Article 21.5-EC)*, AB report, para 208.
469) Ibid.
470) *US-FSC (Article 21.5-EC)*, AB report, paras 209–210.
471) *EC-Asbestos*, AB report, para 100. 또한 *EC-Bananas III*, AB report, para 216 참조.

될 수 있는데, 제III:2조 1문 하에서, 수입상품에 대한 세금이 동종 국내상품에 부과되는 세금을 초과하여 부과된다면 보호적 적용의 추정이 자동적으로 함의되기 때문이다.

제III:4조에 따른 조치 분석은 (1) 수입상품과 동종 국내상품이 다르게 대우되었는지의 결정과 (2) 차등대우가 수입상품에 대한 불리한 대우를 초래하는지의 결정의 두 가지 단계로 구성된다.[472] 어떤 상품이 제III:4조의 의미 내의 동종상품을 구성하는지는 앞서 논의되었다. 그 다음 질문은 '불리한 대우'라는 용어가 어떠한 의미를 갖는지에 관한 것이다. *Korea-Various Measures on Beef* 사건에서 AB는 수입상품에 부여된 다른 대우가 여전히 불리하지 않은 것으로 될 수 있고, 여전히 제III:4조의 요건에 완전히 합치될 수도 있다는 사실을 수용하였다.[473] 또한 *EC-Asbestos* 사건에서의 AB의 서술은 '불리하지 않은'(no less favourable) 대우가 '동일한'(identical) 대우를 함의하지 않는다는 해석을 지지한다:

> ... 회원국이 이러한 이유[역주: 국내생산에 보호를 부여하려는 이유]만을 위하여 동종 국내상품 그룹에 부여된 대우보다 불리한 대우를 동종 수입품 그룹에 부여하는 것이 아니라면, 회원국은 동종상품으로 판정된 상품들을 구별할 수 있다.[474]

AB의 이러한 서술은 동종상품을 다르지만 동등하게(differently but equivalently) 대우하는 것을 허용하는 것으로 해석될 수 있을 것이다.[475] 더 나아가 *Dominican Republic-Import and Sale of Cigarettes* 분쟁에서 이미 언급한 바와 같이, AB는 수입상품에 대한 유해한 효과가 상품의 외국 국적과 무관한 요소에 의해 야기된다면, 그 유해한 효과가 조치의 결과로서 존재한다는 것이 수입상품이 제III:4조의 의미 내에서 불리한 대우를 받았음을 반드시 의미하는 것은 아니라는 점을 인정하였다.[476] AB의 이러한 주목은 탄소 관련 규정과 크게 관련이 있다. 수입상품이 외국 원산지라는 사실 때문이 아니라 국내상품보다 더 높은 탄소 함량으로 인해 시장에서 덜 경쟁적인 것으로 판명된다면, 상품의 탄소 함량에 근거한 허용배출량 제출 요건은

---

472) *EC-Asbestos*, AB report, paras 96 and 98.
473) *Korea-Various Measures on Beef*, AB report, para 137.
474) *EC-Asbestos*, AB report, para 100.
475) Quick and Lau (n 330) 434; Tarasofsky (n 158) 9.
476) *Dominican Republic-Import and Sale of Cigarettes*, AB report, para 96.

국내상품과 비교하여 수입상품에게 불리한 대우를 야기하여 결과적으로 제III:4조 상의 NT 의무를 침해한 것으로 함의되어서는 안 된다. 배출량 감축의 기후변화 완화 정책의 목적은 '상품의 외국 원산지와 무관한 상황'으로 판단될 수 있다.[477] *EC-Approval and Marketing of Biotech Products* 사건에서 그러했다. 생명공학상품(biotech products)과 비생명공학상품(non-biotech products) 간의 상이한 대우는 원산지에 근거한 불리한 대우의 결과가 아니라 '생명공학상품과 비생명공학상품 간의 안전성에 기초한 인식상 차이의 결과'로 판정되었다.[478] 패널의 이러한 판정은 상품의 탄소발자국에 관한 상이한 소비자 인식에 바탕을 둔 동종상품 간의 규제적 차등화가 불리한 대우와 제III:4조 위반이 되지 못하고, 뒤에서 논의하는 바와 같이 TBT협정 제2.1조 위반으로도 간주되지 못한다는 점을 암시할 수 있다.[479]

결론

탄소 관련 BAMs의 GATT 제III조의 NT 의무와의 합치성 평가는 탄소 관련 BAMs가 수입상품에 대한 비차별 심사를 통과함에 있어서 발생할 수 있는 몇 가지 어려움을 보여준다. 제III:2조 1문에 따른 심사는 탄소수입세의 형태로 적용되는 탄소 관련 BAMs에게 가장 높은 장애물을 내놓는다. 수입품에 부과되는 세금이 동종 국내상품에 부과되는 세금을 초과해서는 안 된다는 요건은, 특히 동종상품 간의 과세 대우를 비교하는 상반대우 영향 방식을 바탕으로 평가되는 것이라면, BTA가 상품의 탄소발자국에 부과되는 경우 수입상품에 대한 차별 판정을 도출할 개연성이 있다. GATT 제III:2조 1문과의 합치성을 확보하기 위해서는 WTO 사법기관에 의해서 지금껏 해석된 바와 같이, BTA는 국내상품에 부과되는 최저 세율에 상응하는, 즉 가장 낮은 탄소발자국을 지닌 국내상품에 대한 과세 수준에 상응하는 수준에서 모든 수입품에 부과되어야 한다.

하지만 제III:2조 2문과 제III:4조에 따른 심사는 더욱 관대하다. 제III:2조 2문에 따른 심사는 탄소집약상품과 저탄소상품이 직접적으로 경쟁적이거나 대체가능한 것으로 판정된다면 탄소세의 BTA에 적용되지만, 제III:4조에 따른 심사는 탄소

477) Pauwelyn 'U.S. Federal Climate Policy and Competitiveness Concerns' (n 195) 30.

478) *EC-Approval and Marketing of Biotech Products*, panel report, para 7.2514.

479) C Verrill, 'Maximum Carbon Intensity Limitations and the Agreement on Technical Barriers to Trade' (2008) 1 *Carbon and Climate Law Review* 43, 48.

규제의 국경조정에 적용된다. 제III:2조 2문에 따른 심사를 통과하기 위해서는 BTA가 국내 생산에 보호를 부여하지 않도록 부과되어야 한다. 제III:4조는 탄소 규제가 동종 국내상품에 부여되는 대우보다 불리하지 않은 대우를 수입상품에게 부여하도록 요구한다. 비대칭 영향 방식이 조치의 규제적 목적에 대한 고려와 더불어 사용될 개연성이 높고 제III:4조 하에서 조치의 수입품에 대한 유해한 효과가 심사될 때 원산지 중립적 요소가 고려될 가능성이 있는데, 이는 탄소 관련 BAMs가 제III:2조 2문과 제III:4조 상의 NT 의무와 합치될 수 있는 충분한 유연성을 제공하는 것으로 보인다.

탄소 관련 BAMs와 GATT 제I조 상의 MFN 원칙

탄소 관련 BAMs는 다음과 같이 GATT 제I:1조에서 표현된 MFN 원칙과도 합치되어야 한다:

> 수입 또는 수출에 대하여 또는 수입 또는 수출과 관련하여 부과되는 ... 관세 및 모든 종류의 과징금에 관하여, 이러한 관세 및 과징금의 부과방법에 관하여, 수입 또는 수출과 관련된 모든 규칙 및 절차에 관하여, 그리고 제3조 2항 및 4항에 언급된 모든 사항에 관하여, [주석 생략] 체약당사자가 타국을 원산지로 하거나 행선지로 하는 상품에 대하여 부여하는 여하한 편의는 ... 다른 모든 체약당사자의 영토를 원산지로 하거나 행선지로 하는 동종상품에 대하여 즉시 그리고 무조건적으로 부여되어야 한다.

따라서 MFN 규범에 따라, 수출업자는 모든 WTO 회원국으로의 수출에 대한 탄소세 환급을 위한 자격이 부여되어야 하고, 특정 상품에 대한 탄소세의 수입 BTA 면제는 모든 WTO 회원국을 원산지로 하는 수입상품에 부여되어야 한다.

제I:1조는 법문상 차별뿐만 아니라 사실상 차별에도 적용되는데, 이는 이 조항이 탄소 관련 BAMs와 같은 원산지 중립적 조치에도 적용된다는 것을 의미한다.[480] 하지만 BAMs가 적용되는 목적은 BAMs의 제I조와의 합치성 분석과는 무관해 보인다.[481] 달리 말하면, MFN 의무와 합치되려면, 탄소 관련 BAMs 적용의 목적이 기후변화의 완화였는지 아니면 단순히 공평한 경쟁의 장을 만들기 위함이었는지는

480) *Canada-Autos*, AB report, para 78.
481) *US-Superfund*, GATT panel report, para 5.2.4.

중요하지 않다.

문제는 상품의 탄소발자국에 기초하는 BAMs가 MFN 의무와 일치할지의 여부에 있다. 대답은 탄소집약상품과 저탄소상품의 동종성에 대한 판정에 좌우될 것이다. 탄소집약상품과 저탄소상품이 동종으로 판정된다면, 예컨대 수력으로 생산된 B국산 수입 전기에 부과된 과세 부담보다 더 높은 과세 부담을 석탄으로 생산된 A국산 수입 전기에 부과하는 탄소 관련 BAMs는 MFN 의무 위반으로 판정될 것이다. 게다가, 상품의 동종성 이슈와는 별개로 발생하는 문제는 MFN 의무 위반이 BAMs를 탄소 규제가 없는 국가로부터 수입된 상품에만 적용하는 것으로부터 비롯될 것인지에 있다. 달리 말하면, 문제는 배출권거래제가 시행되어 탄소 BTA가 면제되는 A국산 상품이 배출 규제가 없는 국가로부터 수입되었다는 이유로 탄소세가 과세되는 B국산 상품보다 편의를 받는 것으로 생각될 것인지에 있다.

한편으로는 *Canada-Autos* 사건에서 패널은 MFN 대우가 국가에서 존재하는 상황을 조건으로 할 수는 없다고 판정하였다.[482] 다른 한편으로는 다수의 분쟁에서 WTO 사법기관에 의해 이루어진 '무조건적으로'(unconditionally)에 대한 해석과 WTO 협정의 전문의 문면은 MFN 대우의 맥락에서 조건은, 비차별적인 방식으로 부과되는 한, 받아들여질 수 있음을 암시할 수 있다.[483]

MFN 원칙으로부터의 이탈(derogation)을 위한 조건이 상품의 원산지에 근거한다면 이는 명백히 받아들여질 수 없다. 이러한 결론은 *Belgian Family Allowances* 사건에서 GATT 패널로 의해 오래전에 도출되었고, 이후 WTO *Indonesia-Autos* 분쟁에서 패널이 그러한 이탈은 '수입상품 그 자체와는 관련이 없는 기준을 조건으로 할 수 없다'고 판정하면서 확인되었다.[484]

하지만 원산지와 무관하게 적용되는, PPM을 기반으로 하는 조건에 대해서, WTO 사법기관의 결론은 덜 단정적인 것으로 보인다. *Canada-Autos* 사건에서 패널은 다음과 같이 기술하였다:

> 따라서 본 패널의 견해로는 편의가 제I조의 의미 내에서 '수입상품 그 자체와는 관련이 없는 기준을 조건으로 할 수 없다'는 서술[역주: *Indonesia-Autos* 사건 패널보고서 상의 서술]은 상품의 원산지에 따라 동종상품을 달리 대우하

482) *Canada-Autos*, panel report, para 10.23.
483) Benoit (n 335) 603.
484) *Belgian-Family Allowances*, GATT panel report, p. 9; *Indonesia-Autos*, panel report, paras 14.143–14.144.

게 하는 조건과의 관계에서 이해되어야 한다.[485]

또한 *Canada-Autos* 사건 패널은 조건적인 편의가 제I:1조 상의 MFN 의무와 불일치한다고 판정한 이전 패널보고서들에 대한 분석을 바탕으로, 다음과 같이 결론지었다:

> 이들 보고서에 대한 검토는 제I조와 불일치하는 것으로 판정된 조치가 수입상품에 관련이 없는 조건의 적용과 연관되었기 때문이 아니라 상품의 원산지에 따라 동종상품을 달리 대우하게 하는 조건과 연관되었기 때문에 이들 보고서가 이러한 조치에 관심을 보였다는 것을 보여준다.[486]

Charles Benoit은 패널에 의한 이러한 서술은 패널이 생산방법 PPM과 같은 진정한 원산지 중립 조건이 GATT 제I:1조로부터 이탈될 수 있다고 판정할 거라고 믿을 만한 근거를 제시한다고 주장한다.[487] 이렇게 되는 경우라면, 상품의 원산지와 상관없이 수입상품의 탄소발자국에 조건을 부여하는 탄소 관련 BAMs를 포함하는, 수명주기(life-cycle) 분석에 기초하는 조치는 MFN규범에 위반되지 않을 것이다. 탄소발자국에 기초하는 조치가 제I조 하에서 허용될 수 있다는 견해를 뒷받침하는 그의 추가적인 주장은 전세계 자원을 지속가능한 방식으로 가장 적정하게 사용할 필요를 언급하는 WTO협정의 전문의 문면과 관련이 있다. npr-PPM에 부과된 제한(예컨대 생산방법 조건)은 이러한 목적을 충족하기 위해 필수불가결한 것으로 보이므로 WTO법에 의해서 금지되어서는 안 된다.[488]

수입상품의 탄소발자국에 기초한 BAMs를 제I조 하에서 수용하기 위한 앞서 제시된 이유에도 불구하고, '필적가능한 행동'(comparable action)을 취하지 않은 국가로부터 수입된 상품에 대해서만 부과되는 탄소 관련 BAMs에 대한 MFN 의무의 위반을 회피할 가능성은 낮다. 탄소 감축 제도가 시행되지 않는 국가로부터 수입되는 상품에 대해서만 부과되는 BAMs는 국가를 기반으로 하는 PPM 조치의 예가 될 것이다. 조치의 적용 조건은 국가 또는 원산지에 부가될 것인데, 이는 MFN의 '무조건성'(unconditionality)에 대한 현재의 해석 하에서는 허용되지 않는다. 따라서 탄소

---

485) *Canada-Autos*, panel report, para 10.28.
486) Ibid, para 10.25.
487) Benoit (n 335) 597-598. 또한 Charnovitz (n 103) 85 참조.
488) Benoit (n 335) 601-602.

관련 BAMs는 국가가 배출량 감축 정책을 추구하는지의 여부와 상관없이, 모든 국가로부터 수입되는 특정 상품에 대해서 전면적으로 적용되어야 한다.[489]

탄소 관련 국경조정과 TBT협정의 비차별 규범

동종성에 관한 본 섹션에서 이미 논의된 바와 같이, 상품에 적용되는 탄소 기준의 PPM 특성은 TBT협정 제2.1조 상의 동종성 심사에 영향을 미칠 수 있다. PPM 이슈는 초반부, 즉 조치가 TBT협정의 적용대상인지에 관하여 심사되는 시점에서도 발생할 수 있다. 따라서 탄소 기준이 TBT협정의 MFN 및 NT 요건과 합치하는 지를 분석하기 전에, 이러한 조치가 TBT협정의 적용범위 내에 있는지를 명확히 할 필요가 있다.

TBT 규정의 적용범위

표준이 상품의 시장 진입을 위한 최대한도의 탄소집약도를 강행적으로 정하는 경우, 표면상으로는 TBT협정 상의 기술규정에 해당된다. 기술규정은 TBT 부속서 1.1에서 다음과 같이 정의된다.

> 적용 가능한 행정규정을 포함하여 상품의 특성(product characteristics) 또는 그 관련 공정 및 생산방법(their related processes and production methods)이 규정되어 있으며 그 준수가 강제적인 문서. 이는 또한 상품, 공정 또는 생산방법에 적용되는 ... 라벨링 요건을 포함하거나 전적으로 이들만을 취급할 수 있다.[490]

하지만 탄소집약도 기준의 PPM 특성으로 인해 이 기준이 TBT협정을 적용받

489) 하지만 이 경우, MFN 의무의 위반 주장은 배출량 감축 정책을 추구하는 국가로부터 나올 수 있다. 이러한 국가의 생산자들은 그들이 탄소 비용을 두 번(즉 자국에서와 자신들이 수출하는 국가에서) 지불하고, 탄소제한이 시행되지 않는 국가의 생산자들(이들은 자신들이 수출하는 국가의 국경에서 탄소 비용을 단 한차례만 지불해야 함)에게 부여되는 편의를 받지 못한다고 주장할 가능성이 있다. Joost Pauwelyn은 제소국이 이중과세 문제를 회피하기 위하여 자국의 생산자에게 수출 시에 비용을 할인해 주지 않는다는 점, 즉 수출측면 BTA를 적용하지 않는다는 점을 지적하면서, 이러한 제소는 반박될 수 있다고 주장한다. Pauwelyn 'U.S. Federal Climate Policy and Competitiveness Concerns' (n 195) 33 참조. 하지만 필자가 보기에 이에 대한 반대 논증은 수입측인지 또는 수출측인지를 불문하고, 국경조정은 의무가 아니라 단지 권리라는 것이다.

490) TBT협정에 따른 강행적 조치와 자발적 조치 간의 구별 기준은 제7장에서 논의된다.

게 될지에 대해서는 불확실성이 존재한다.

PPM이 기술규정의 상기 정의에 포함되는 것으로 특징짓는 '그 관련'(their related) 문구는 오직 상품의 특성에서 비롯되기 때문에 상품의 특성에 직접적으로 영향을 주는 PPM만을 함의하는 것인지, 아니면 이 문구가 생산 중에 사용되는 에너지 또는 생산 중에 배출되는 탄소까지 포함하는 것으로 확대 해석될 수 있는지는 분명하지 않다.

EC-Sardines 사건에서 AB는 '상품의 특성은 상품에 내재적인 특성일 수 있고, 또는 상품에 관련되는 특성일 수도 있다'고 서술하였다.[491] 일부 전문가는 AB의 이러한 서술이 TBT협정의 적용을 받는 PPM에 대한 더 넓은 정의를 뒷받침하므로 TBT협정이 상품에 관련이 없는 PPM에 대해서도 적용된다고 주장한다.[492] 필자는 상품의 제조 중에 방출된 배출량이 '상품에 관련되는 특성'으로 고려될 수 있는지는 여전히 논란의 여지가 있다고 본다. 이러한 이슈는 명백히 WTO 사법기관에 의해서 분명하게 풀이될 필요가 있다. 명심할 점은 배출량 집약도 기준이 TBT협정에 해당되는 조치로 판정되지 않는다면 GATT 제III:4조에 따라 고려되어야 한다는 것이다.[493]

반면에 탄소라벨의 법적 지위는 매우 명확하다. 최근의 WTO 법리로 볼 때 TBT협정이 탄소라벨에 적용되는 것은 확실하다. *US-Tuna II (Mexico)* 사건에서 npr-PPM과 연계된 라벨링요건은 TBT 조치로 확인되었다. PPM 이슈가 이 사건에서 논의되지는 않았지만, 패널은 미국의 돌고래 안전 라벨이 확인될 수 있는 상품(이 사건에서는 다랑어)에 적용된다는 이유로 미국의 돌고래 안전 라벨링요건을 TBT협정의 적용을 받는 조치로 판단하였다.[494] 패널의 이러한 결론은 TBT협정 상의 문언적 뒷받침을 확인해 준다. TBT협정 부속서 1 상의 기술규정(강행적 조치)의 정의와 표준(자발적 조치)의 정의는 모두 '상품, 공정 또는 생산방법에 적용되는 라벨링요건'을 포함한다. 라벨을 언급하는 이 정의의 제2문에는 상품과 '공정 및 생산방법' 사이에 '또는 그 관련'(or their related) 문구가 없어서, 아마도 PPM과 상품의 특성 간의 결합

491) *EC-Sardines*, AB report, para 176.
492) 예컨대 Verrill (n 479) 46-47 참조.
493) 제7장에서 논의되는 바와 같이, TBT협정이 탄소집약도 기준에 적용될 때, 이 기준은 또한 GATT에 따라 심사될 것이다.
494) *US-Tuna II (Mexico)*, panel report, paras 7.62, 7.78. 미국은 이 조치가 강행적이라는 패널 판정에 대해서는 상소했지만, 이 조치가 상품에 적용되었다는 패널 판정에 대해서는 상소하지 않았다.

이 제1문에 비해서는 더 느슨하다.[495] 이로 인해 TBT협정은 상품의 특성[496]에 관련되는 요건뿐 아니라 npr－PPM에 연계되는 라벨에도 적용된다는 결론이 도출될 수 있다.

TBT협정 상의 MFN 및 NT 의무

TBT협정 제2.1조는 WTO 회원국이 수입상품에 기술규정을 부과할 때 MFN 원칙과 NT 원칙을 준수하도록 요구한다.[497] TBT협정 제2.1조 상의 NT 의무 위반은 다음의 상황에서 발생한다:

> (i) 쟁점이 되는 조치는 기술규정이어야 한다; (ii) 쟁점이 되는 수입상품과 국내상품은 동종상품이어야 한다; (iii) 수입상품에 부여된 대우는 동종 국내상품에 부여된 것보다 불리하지 않아야 한다.[498]

GATT 제III:4조와 마찬가지로 TBT협정 제2.1조의 NT 심사를 위한 동종상품 간의 비교는 '비대칭 영향' 방식을 따른다. 즉 비교는 수입상품군과 동종의 국내상품군 사이에서 이루어진다:

> 제2.1조의 내국민대우 의무는 회원국이 각각의(each) 그리고 모든(every) 동종 국내상품과 비교하여, 각각의 그리고 모든 수입상품에 대하여 불리하지 않은 대우를 부여하도록 요구하지 않는다. 제2.1조는 수입상품군(*group* of imported products)에 부여된 대우가 동종 국내상품군(*group* of like domestic products)에 부여된 것보다 불리하지 않는 한, 동종으로 판정되는 상품 간의 규제적 구별을 배제하지 않는다.[499]

---

495) Charnovitz (n 103) 109; Pauwelyn 'U.S. Federal Climate Policy and Competitiveness Concerns' (n 195) 26－27; Conrad (n 119) 487.

496) 상품의 특성(product characteristic)의 의미는 *Asbestos* 사건에서 AB에 의해서 설명되었다. 상품의 특성은 '상품의 객관적으로 정의될 수 있는 "특징"(features), "특질"(qualities), "속성"(attributes) 또는 그 밖의 "두드러진 표시"(distinguishing mark)를 포함한다. 이러한 "특성"은 *특히* 상품의 구성, 크기, 모양, 색, 질감(texture), 경도, 장력(tensile strength), 가연성, 전도성, 밀도, 점성도(viscosity)와 관련될 수 있다.' 더 나아가 '상품 특성은 상품 자체에 내재하는 특징과 특질뿐 아니라 상품의 식별 수단(means of identification), 표상(presentation) 및 외관(appearance)과 같은 관련 "특성"을 포함한다'. *EC-Asbestos*, AB report, para 67 참조.

497) *US-Clove Cigarettes*, AB report, para 87.

498) Ibid.

499) *US-Clove Cigarettes*, AB report, para 193.

따라서 수입 철강에 대한 탄소집약도 기준의 국경조정은 탄소집약적인 방식으로 생산되어 그러한 조치에 의해 불이익을 받은 수입 철강의 비율이 그러한 기준에 의해 불이익을 받은 국내 철강의 비율보다 높지 않다면 TBT협정 제2.1조 상의 NT 의무와의 합치성 심사를 통과할 수 있을 것이다. 이러한 사안인지의 여부는 조치의 독특한 디자인과 조치가 적용되는 분야에 의해서 결정될 것이다.

하지만 TBT협정 제2.1조는 GATT 제III:4조와 동일한 것은 아니다.[500] *US-Clove Cigarettes* 사건에서 AB는 TBT협정 제2.1조의 목적은 무역자유화의 이익과 GATT의 제XX조와 다른 규정(예컨대 제XX조와 제III:4조) 간의 관계에 의해서 GATT 상에 표현되는 목적인 건강의 보호를 형량하는 것이라고 결정하였다.[501] 이는 TBT협정 제2.1조가 비차별 규범에 더하여 이러한 규칙에 대한 예외의 의미를 포함하므로, GATT 제XX조와 유사하게, 조치가 TBT협정 전문의 제6언명(sixth recital)에 따라 공평한 방식으로 이행되어야 한다는 요건을 담고 있음을 함의한다. AB는 특히 다음과 같이 판정하였다:

> TBT협정 제2.1조의 맥락에서 제소국은 수입상품에 부여된 대우가 동종 국내상품 또는 여타 국가를 원산지로 하는 동종상품에 부여된 것보다 '불리하다'는 점을 증명함으로써 자국의 주장을 입증해야 한다. 예컨대 제소국이 조치가 공평하지 않다는 점을 증명하기에 충분한 증거와 주장을 제기함으로써, 그렇게 하는 데에 성공한다면, 이는 그 조치가 제2.1조와 불일치한다는 것을 암시할 것이다. [각주 생략].[502]

TBT협정 제2.1조의 NT 의무에 따른 '불리한 대우' 심사는 GATT 제III:4조에 따른 '불리한 대우' 심사와 유사하다.[503] 중요한 것은 수입품에 대한 유해한 효과의 판정이 TBT협정 제2.1조의 위반 판정을 위한 필요조건일 뿐 충분조건은 아니라는 점이다:

> TBT협정의 문맥과 대상 및 목적은 제2.1조의 '불리하지 아니한 대우'가 전적으로 정당한 규제적 구별로부터 기인하는 수입품에 대한 유해한 영향을 금지하지 않는 것으로 해석하는 쪽으로 비중을 둔다.[504]

500) *US-Tuna II (Mexico)*, AB report, para 405.
501) *US-Clove Cigarettes*, AB report, para 109.
502) *US-Tuna II (Mexico)*, AB report, para 216.
503) *US-Clove Cigarettes*, AB report, para 180.
504) *US-Clove Cigarettes*, AB report, para 181. TBT협정 제2.1조에 따른 '불리하지 아니한 대우'에 대

달리 말하면, TBT협정 제2.1조 의미상의 NT 의무는 수입품에 대한 유해한 효과는 허용하지만 조치가 공평할 것을 요구하는데, 이는 수입품에 대한 유해한 효과는 전적으로 정당한 규제적 구별의 결과물이어야 함을 의미한다. 이는 TBT협정 제2.1조에 따른 심사가 GATT 상의 NT 의무와의 합치성 심사에서 받아들여지지 않았던 '목적 및 효과' 방식을 일반적으로 따르고 있음을 의미한다. *US-Tuna II (Mexico)* 사건에서 AB는 공평성(evenhandedness) 요건을 조치가 다루고자 목적하는 위험에 그 조치를 미세조정(calibration)하도록 요구하는 것으로 풀이하였다.[505] 즉 조치가 적용되는 방식이 상이한 상황에 따라 다를 수 있다(예컨대 대양의 상이한 지역에서 서로 다른 어업 방식을 요구하는 요건). 결국 중요한 것은 위험(예컨대 돌고래를 죽이는 위험)이 동등하게 다루어졌느냐에 있다. 따라서 공평성 요건은 규제적 구별조치를 부과함으로써 초래되는 수입품에 대한 자의적이고 정당화될 수 없는 차별을 방지하는 데에 그 목적이 있다.[506]

결론

최근의 TBT 법리에 따르면 탄소라벨이 TBT협정의 규제 범위에 해당된다는 점에는 의문이 없으나 탄소기준의 법적 지위는 여전히 불확실하다. npr－PPM에 기반하는 조치로서의 탄소집약도 기준이 TBT 조치에 해당될 수 없다면 GATT 제III:4조 하에서만 심사될 수 있다. 하지만 탄소기준이 일단 TBT 조치로 판정되고 나면 탄소기준의 PPM 특성은 TBT협정 제2.1조 상의 MFN 및 NT 의무와의 합치성 분석에서 주된 역할이 없을 것이다. 어떤 조치가 TBT협정의 이러한 규정과 합치되는 지에 관한 심사는 본서의 뒤에서 논의되는 GATT 제XX조에 따른 심사의 요소들을 포함한다. 탄소 관련 BAMs가 TBT협정 제2.1조에 대하여 *US-Tuna II (Mexico)* 사건에서의 AB의 접근방식에 따라 심사된다면 탄소 관련 BAMs는 그 PPM 특성에 대하여 심사되는 것이 아니라 조치의 목적과 조치가 적용되는 방식에 대하여 심사

한 이러한 해석은 또한 *US-Tuna II (Mexico)* 사건에서 AB에 의해서 확인되었다: '하지만 피소국이 수입품에 대한 유해한 영향이 전적으로 정당한 규제적 구별로부터 기인한다는 점을 입증한다면 피소조치는 제2.1조와 불일치하지 않는다는 결론이 도출된다.' *US-Tuna II (Mexico)*, AB report, para 216 참조.

505) *US-Tuna II (Mexico)*, AB report, para 297.

506) *US-COOL*, AB report, para 349.

될 것이다. 조치가 공평한 것으로 평가되기 위하여 적용되어야 하는(그래서 제2.1조의 요건과 합치되는) 방식은 여전히 향후 분쟁을 통해서 심사될 것이다.[507] 하지만 최근의 TBT 법리에 따르면 국내상품과 수입상품에 적용되는 탄소 관련 기준이 공평성 요건을 충족시키기가 매우 어려울 것으로 예측된다. 철강에만 라벨을 부여하는 '기후 친화적'(climate-friendly) 라벨을 부착하기 위한 요건이 특정한 단일 기술로 철강이 생산될 것을 요구한다고 상상해 보자. 철강 생산 공정에서 동일하거나 더 적은 탄소배출을 야기하는 생산 방법이 달리 존재한다면, 이러한 라벨링요건은 자의적이거나 정당화될 수 없는 방식으로 적용되어 공평하지 못한 조치로 판정될 것이다.

507) 현재까지 TBT협정 제2.1조에 따라 심판된 모든 조치는 이 요건을 위반한 것으로 판정되었다.

6. GATT 제XX조의 일반예외에 따른 항변 가능성

이전 장에서 논의한 바와 같이, 직접적으로 상품에 부과되는 것이 아닌, 생산공정 중에 방출된 탄소 배출에 부과되는 탄소세와 허용배출량 요건은 국경조정 적격성과 WTO협정의 관련 규정과의 합치성 이슈에 관하여 문제를 제기한다. 탄소제한조치가 국경에서 조정될 수 있다고 판단되더라도 이 조치는 고정 관세를 초과하여 부과되는 수입관세로서 GATT 제II:1(b)조의 위반으로 판정되거나 수입에 대한 수량 제한으로서 GATT 제XI조 위반으로 판정될 수 있다. 상품의 탄소발자국에 관한 표준 또는 라벨로서 고안된 BAMs는 TBT협정과 불일치하는 것으로 판정될 수 있다. 수출에 관한 탄소제한조치의 국경조정은 보조금에 관한 WTO규범에 위반될 위험에 노출된다. 이 모든 경우에 탄소 관련 BAMs가 GATT 제XX조에 따라 정당화될 수 있는지의 문제가 논의되어야 한다. GATT 제XX조는 WTO에 불일치하는 조치가 공중 보건과 환경 보호를 포함하는 정당한 공공 정책 사유로 취해지는 경우 이러한 조치가 항변될 수 있다고 규정하는 GATT 상의 유일한 조항이므로 제XX조의 원용은 불가피한 것으로 보인다.

제XX조는 다음과 같이 서술된다:

> 이러한 조치가 동일한 조건이 널리 존재하는 국가들 간에 자의적이거나 정당화될 수 없는 차별의 수단 또는 국제무역에 대한 위장된 제한을 구성하는 방식으로 적용되지 않는다는 요건의 적용을 받는다는 조건으로, 이 협정의 어느 것도 다음의 조치에 대한 체약당사자의 채택 또는 시행을 방해하는 것으로 해석되어서는 아니 된다:
> (b) 인간, 동물 또는 식물의 생명 또는 건강을 보호하기 위하여 필요한
> (g) 이러한 조치가 국내 생산 또는 소비에 대한 제한과 연계하여 유효하게 된다면, 고갈될 수 있는 천연 자원의 보존에 관한

UNFCCC의 지도원칙의 하나로 기능하는 UNFCCC 제3.5조는 GATT 제XX조의 도입조항(두문)(chapeau)의 문구를 포함한다:

> 일방적인 조치를 포함한, 기후변화에 대처하기 위하여 취해지는 조치는 자의적이거나 정당화될 수 없는 차별 또는 국제무역의 위장된 제한을 구성해서는 아니 된다.

UNFCCC 제3.5조는 탄소 관련 무역조치를 사용하고자 하는 국가에게 이러한 경우 WTO협정에 의해서 예기되는 국제무역규범에 대한 예외를 이용하기 위한 힌트를 제공한다.

GATT 제XX조의 예외는 모든 GATT규범에 적용된다. 이는 '일반예외'라는 이 조문의 제목과 '*이* 협정의 *어느 것도* ... 조치의 ... 채택을 방해하는 것으로 해석되어서는 아니 된다'(이탤릭체 강조)는 이 조문의 두문의 표현으로부터 추론된다. 또한 GATT 제XX조의 예외가 GATT[508] 규정의 위반을 정당화하기 위하여 원용될 수는 있지만 TBT협정[509]이나 SCM협정[510]의 위반을 정당화하기 위하여 원용될 수는 없다는 점이 이 표현으로부터 명백해 보인다.

GATT 제XX조를 항변으로서 원용한다는 것은 우선 GATT 규정의 위반이 입증되어야 한다는 점을 함의한다. 조치가 GATT 규정에 일치한다고 판정된다면 이를 정당화할 필요가 없을 것이다.[511] 더욱이 AB에 따르면 GATT 제I조, 제II조, 제III조 및 제XI조의 규정들과 GATT 제XX조의 규정들은 서로 형량되어야 하는 법적 권리

508) *China-Publications and Audiovisual Products* 사건에서 AB는 중국의 가입의정서(Accession Protocol)가 WTO협정 조항들에 대한 참고지시(reference)를 포함하므로, GATT 제XX(a)조 상의 항변은 가입의정서에 위반되는 중국의 조치를 정당화하기 위하여 원용될 수 있음을 인정하였다. 중국의 가입의정서는 외국 기업을 포함한 모든 기업에 무역권을 부여해야 하는 중국의 의무는 WTO 협정과 일치하는 방식으로, 즉 AB에 의해서 해석되었듯이, 또한 GATT 제XX조 상의 예외와 일치하는 방식으로, 무역을 규제할 중국의 권리를 침해하지 않는다고 특별히 서술한다. 이 분쟁에서 제XX(a)조 상의 항변은 중국의 조치가 제XX(a)조 상의 필요성 요건을 충족시키지 못했다는 이유로 결국 부인되었다. *China-Publications and Audiovisual Products*, AB report, paras 205−233 참조. *China-Raw Materials* 사건에서 중국의 가입의정서 위반에 대한 제XX(g)조 상의 항변은 가입의정서의 (수출관세에 관한) 관련 항에서 GATT 1994에 대한 참고지시가 없었다는 이유로 부인되었다. *China-Raw Materials*, AB report, para 293 참조.

509) GATT 제XX조의 원용이 TBT협정 위반 사건에서 이용될 수 없다는 것은 최근 TBT 사건에서의 TBT 규정에 대한 WTO 사법기관의 해석으로부터 도출된다. 예컨대 AB는 TBT협정이 GATT와 달리 일반예외조항을 포함하지 않는다고 언급하였다. 더욱이 AB는 TBT협정 제2.1조의 법적 내용을 풀이하면서, 제2.1조가 GATT 제III:4조와 GATT 제XX조 사이에서 유지되는 일종의 균형을 잡아준다고 지적하였다. 이는 기본적으로 제XX조의 법적 내용이 이미 TBT협정의 현존 조항들 속에 포함되어 있어 별도로 원용될 수 없음을 의미한다. *US-Clove Cigarettes*, AB report, paras 101 and 109 참조.

510) GATT 제XX조의 SCM협정에 대한 적용의 이슈는 현재까지 WTO 분쟁에서 제기된 바 없다. 위반이 WTO협정의 부속서 1A에 포함된 협정의 규정과 관련될 때 GATT 일반예외가 적용될 가능성이 있다는 의견이 논문에서 제시되었다. 이러한 견해에 따르면, SCM협정을 포함한 부속서 1A 상의 협정의 다수가 GATT 상의 현존조항들의 확장 또는 해석이므로 특별법(*lex specialis*)으로 간주되어야 한다. 따라서 GATT 제XX조가 GATT 규정들에 적용된다면 이 조문은 GATT 규정들의 확대 버전에도 적용되어야 한다고 주장될 수 있다. 예컨대 R Howse, 'Climate Mitigation Subsidies and the WTO Legal Framework: A Policy Analysis' (IISD, 2010) 17−19 참조.

511) Conrad (n 119) 147−148.

와 의무의 두 개의 독립된 집합체이다:

> WTO 회원국은 한편으로 어느 한 회원국이 제XX조의 (a)항 내지 (j)항에서 명시된 예외를 원용할 권리와 또 다른 한편으로 그 밖의 회원국의 GATT 1994 상의 실체적 권리 사이에서 권리와 의무의 균형을 유지할 필요가 있다. 한 회원국이 제XX(g)조와 같은 예외를 원용할 권리를 행사할 때 이러한 행사가 남용되거나 오용된다면 그러한 한도에서 이러한 행사는 다른 회원국의 조약상의 실체적 권리(예컨대 제XI:1조)를 침해하거나 무효화시킬 것이다.[512]

달리 말하면, 수출국이 시장에 접근할 권리와 수입국이 자국시장을 개방할 의무가 존재하는 한편, 다른 한편으로 수입국이 정당한 정책 목적을 추구할 권리와 이러한 권리를 남용하지 않을 의무가 존재한다.[513] 이를 주권의 맥락으로 환언하면, GATT 제XX조는 국내 정책 목적을 추구할 권리를 포함한 WTO 회원국의 주권과 WTO협정 하에서 약속된 국제적으로 구속력 있는 의무 사이에 존재하는 이분법을 반영한다고 말할 수 있다.[514] 따라서 어느 조치가 GATT 규정들의 하나를 위반하면 이는 GATT 위반에 해당되지만, 이 조치가 GATT 제XX조 상의 예외로 면책될 수 있다면 이는 GATT 하에서 여전히 합법적인 조치에 해당될 것이다.

---

512) *US-Shrimp*, AB report, para 156. Steve Charnovitz는 위에서 인용한 AB의 판정으로부터 GATT의 다른 조문들에 의해 규정되는 권리, 특히 제XI:1조 상의 권리는 실체적인 반면 제XX조에 의해 규정되는 권리는 그렇지 않다는 점을 도출한다. AB는 스스로 제XX조 상의 권리가 '실체적'이지 않은 이유를 설명하지 않았지만 Steve Charnovitz는 이는 수출업자와 자유무역을 지향하는 WTO의 성격에 의해 설명될 수 있다고 주장한다. 하지만 그는 WTO의 반덤핑조치에 대한 관대함, 보호주의적 관세 및 할당관세를 위한 현존하는 정책적 여지, 그리고 정부가 불합치적인 경우 양허가 '결백한' 수출업자에 대해서 정지될 수 있다는 가능성을 고려할 때, 자유무역에 대한 절대적인 권리가 존재한다고 추정할 이유가 없다고 믿는다. GATT 제XX조 조항과 그 밖의 GATT 조항들 간의 관계에 대한 이러한 견해는 이들 조항을 서로 다르게 위계화하여 제XX조 예외의 법적인 힘을 약화시킨다. 또한 이는 그 예외가 이러한 실체적 권리와 그다지 크게 상충하지 않기 위하여 매우 좁게 해석되도록 미리 결정짓는다. 이러한 경향은 두문에서 서술된 일정한 요건의 적용을 받는다는 조건으로 '이 협정의 어느 조항도 ... 조치의 채택 또는 시행을 방해하도록 해석되어서는 아니 된다'는 제XX조의 규정에도 불구하고 존재한다. Charnovitz (n 103) 81–82; S Charnovitz, 'The WTO's Environmental Progress' (2007) 10(3) *Journal of International Economic Law* 685, 703 참조.

513) Charnovitz (n 103) 80–81.

514) Conrad (n 119) 301.

탄소 관련 BAMs가 제XX조의 범위 내에 해당될 수 있는지의 심사

GATT 제XX조는 GATT규범에 적용되는 공공 정책에 관한 예외 목록을 담고 있다. 일반적으로 WTO 사법기관은 이러한 예외를 좁게 해석하면서[515] 이 예외가 '제한적이고 조건적'(limited and conditional)이라고 서술한다.[516] 제XX조 상의 예외 목록은 폐쇄적이다. 게다가 제XX조에 따른 조치의 정당화는 이 조에 기술된 특정한 조건이 충족되는 경우에만 가능하다. WTO 회원국이 제XX조에 따라 조치를 항변하기 위해서는 2단계 심사(two－tier test)를 통과해야 하는데, 첫째, 조치가 제XX조의 어느 항의 범위 내에 해당되고(조치는 그 항에서 명시된 정당한 목적의 충족을 촉진시키는 것이어야 함), 둘째, 제XX조 두문에서 요구되는 바와 같이 조치가 '동일한 조건이 널리 존재하는 국가들 간에 자의적이거나 정당화될 수 없는 차별의 수단 또는 국제무역에 대한 위장된 제한'을 구성하지 않는다는 점이 입증되어야 한다.[517] 주목할 점은 이들 조건이 충족된다는 점을 입증할 책임을 피소국이 부담한다는 것이다.[518]

탄소 관련 BAMs는 정당한 정책 목적으로부터 기인하는 것으로 평가될 수 있을까?

GATT 제XX조의 두 가지 예외조항, 즉 '인간, 동물 또는 식물의 생명 또는 건강을 보호하기 위하여 필요한 [조치]'에 관한 제XX(b)조와 '고갈될 수 있는 천연자원의 보존에 관한 [조치]'에 관한 제XX(g)조가 탄소 관련 BAMs의 목적상 관련된다. 표면적으로 기후정책은 제XX조의 예외조항에 언급되지 않는다. 하지만 제XX조 항들의 문면이 구체적인 용어가 아니라 일반적인 용어를 사용하는 넓은 방식으로 성안되는 한, 제XX조의 예외가 적용되는 공공 정책 목적에 대한 해석에서 넓고 발

515) Christine Conrad는 예외에 대한 협의의 해석은 '예외는 엄격하게 해석되어야 한다'(*exceptiones sunt strictissimae interpretationis*)는 법학방법론을 반영한다고 언급한다. GATT의 다른 예외(예컨대 GATT 제II:2(c)조와 GATT 제VI:3조)를 좁게 해석한 예가 있다. 하지만 그녀는 제XX조 상의 예외는 특별한 사실이 존재하고 예외의 원용 요건이 충족되는 한, 좁게 해석될 필요가 없다고 주장한다. 그녀는 *EC-Hormones* 사건을 언급하는데, 이 사건에서 AB는 예외가 반드시 좁게 해석되어야 하는 것은 아니며 오히려 AB는 조약 해석의 규칙에 바탕을 두는 예외 해석의 결과에 의존한다는 점을 인정하였다. Conrad (n 119) 265－267 참조.

516) *US-Shrimp*, AB report, para 157.

517) *US-Gasoline*, panel report, paras 6.20 and 6.35.

518) *US-Gasoline*, AB report, p. 22; *EC-Asbestos*, panel report, paras 8.177－8.178.

전적인 접근법이 아마도 가능할 것이다.[519] 기후변화 완화 정책은 사람, 동물 및 식물의 생명과 건강의 보호를 위한 정책과 고갈될 수 있는 천연자원으로서의 기후 및 자연 시스템의 보존을 위한 정책으로 모두 간주될 수 있다. WTO협정의 상이한 규정들이 동일한 조치의 상이한 측면들에 적용될 수 있으므로, 조치가 이 두 항에 따라 동시에 심사될 수 있다는 점은 주목될 만하다.[520] 지구온난화는 고갈될 수 있는 천연자원(기후, 동물 등)을 소진할 수 있고, 이는 또한 인간, 동물 및 식물의 생명과 건강을 (열파, 홍수, 열대병 등을 통하여) 위험에 처하게 할 수 있다.[521]

조치가 (b)항 또는 (g)항의 범위 내에 해당되기 위해서는 인간, 동물 또는 식물의 생명 또는 건강을 보호하기 위하여 필요한 것으로 입증되거나((b)항), 고갈될 수 있는 천연자원의 보존에 관련되고 국내 생산 또는 소비에 대한 제한과 연계하여 유효하게 되어야 한다((g)항).

제XX(b)조에 따른 심사

제XX조 (b)항에 따른 무역제한적 기후정책조치의 심사는 많은 문제를 야기할 수도 있다. 비록 기후변화가 인간, 동물 및 식물의 생명에 영향을 미친다는 것은 의심의 여지가 없지만 이러한 국경조치가 제(b)항의 의미 내에서 실제로 필요한지에 대해서는 의문이 제기될 수 있다. 제(b)항 상의 조치의 필요성을 결정하는 심사는 '수단 및 목적' 분석('ends and means' analysis)과 '비교형량' 심사('weighing and balancing' test)를 포함한다. *US-Gasoline, EC-Asbestos, Korea-Various Measures on Beef, US-Gambling,* 및 *Brazil-Retreaded Tyres* 사건에서의 WTO 사법기관의 판정을 바탕으로, 제(b)항[역주: 원서 상의 'paragraph (g)'는 오류이므로 'paragraph (b)'로 바로잡음] 상의 필요성 심사는 다음의 요소를 포함한다:

(1) 조치의 효과성 조사 (조치가 정책 목적에 기여하는지의 여부)

Korea-Various Measures on Beef 사건에서 AB는 조치가 필요한 것이 되기 위해서(비록 제(d)항의 맥락에서 이긴 하지만), 필수불가결하거나 절대적으로 필수적이거나 필연

---

519) Conrad (n 119) 310−311.

520) *EC-Bananas III*, AB report, para 221. *US-Gasoline* 사건에서 패널은 제XX조의 (b)항, (d)항 및 (g)항에 따라 조치(개질된 가솔린과 재래식 가솔린을 위한 미국의 표준)를 심사하였다.

521) B Condon, 'Climate Change and Unresolved Issues in WTO Law' (2009) 12(4) *Journal of International Economic Law* 895, 919−920.

적일 필요는 없다고 서술하였다.[522] 하지만 *Brazil-Retreaded Tyres* 사건에서 AB는 목적 달성에 대한 기여도는 실질적(material)이어야, 즉 현저해야 한다고 강조하였다.[523] 더 나아가 AB는 '추구되는 목적과 계쟁 조치 사이에 목적 및 수단의 진정한 관계가 있을 때' 조치가 공공 정책 목적에 기여한다고 서술하였다.[524] 동시에 AB는 다음을 인정하였다.

> 이는 수입금지 또는 다른 무역제한적 조치의 기여가 즉시 관찰될 수 없는 경우 그러한 수입금지 또는 조치가 제XX(b)조 하에서 정당화될 수 없음을 의미하는 것은 아니다. 우리는 특정 복잡한 ... 환경 문제가 다수의 상호작용조치로 구성되는 포괄적인 정책으로만 다루어질 수 있음을 인정한다. ... 특정한 조치들, 예컨대 지구온난화와 기후변화를 완화하기 위하여 채택되는 조치들로부터 획득된 결과는 ... 시간의 이점과 함께 오직 평가될 수 있다.[525]

기후정책 결과에 대한 입증의 지연가능성에 대한 이러한 인식은 탄소 관련 BAMs의 맥락에서 AB가 조치의 정책 목적 달성에 대한 기여도를 다른 맥락에서 평가하는 것보다 덜 엄격하게 평가할 것임을 암시하는 것일 수도 있다. 하지만 탄소 세금 및 규제에 관한 국경조정의 목적이 탄소누출 방지로 인한 배출량 감축에 대한 기여에 있다면, 본서의 앞에서 논의한, 탄소누출의 개연성이 낮다는 경제적 분석이 BAMs와 그 목적 사이의 연계(nexus)를 덜 명백하게 만들 수 있을 것이다.[526]

(2) 비례성 심사 (조치에 의해서 보호되는 가치가 얼마나 중요한가)

추구되는 목적 달성에 대한 조치의 기여도 평가와는 별개로, 조치의 필요성 분석은 조치에 의해서 보호되는 공통의 이익 또는 가치의 중요성과 같은 다른 요소들을 비교형량하는 과정을 수반한다.[527] 조치에 의해서 보호되는 공통의 이익 또

---

522) *Korea-Various Measures on Beef*, AB report, para 161.
523) *Brazil-Retreaded Tyres*, AB report, para 210.
524) Ibid.
525) Ibid, para 151.
526) 이러한 인식은 Charles McLure ('GATT—Legality' n 287)에 의해서 다음 문헌에 대한 참조와 함께 제시되었다. J Bordoff, 'International Trade Law and the Economics of Climate Policy: Evaluating the Legality and Effectiveness of Proposals to Address Competitiveness and Leakage Concerns' (Prepared for Brookings Forum 'Climate Change, Trade and Competitiveness: Is a Collision Inevitable?' 2008).
527) *Korea-Various Measures on Beef*, AB report, para 164. 또한 *Brazil-Retreaded Tyres*, AB Report, para 178 및 *US-Gambling*, AB Report, para 306 (이 사건은 GATS의 제XIV조(일반예외) 상의 필요성

는 가치에 대하여, *Korea-Various Measures on Beef* 사건에서 AB는 '추구되는 공통의 가치가 긴요하거나 중요할수록 이러한 목적을 달성하기 위하여 고안된 조치가 '필요한' 것으로 더 용이하게 인정될 것이라는' 점에 주목하였다.528)

국가가 조치로 정할 수 있는 보호수준에 대하여, *EC-Asbestos* 사건에서 AB는 'WTO 회원국이 일정한 상황에서 자국이 적절하다고 판단하는 건강의 보호수준을 결정할 권리를 보유한다는 점에는 다툼이 없다'고 판정하였다.529) AB는 특히 인간의 건강에 대한 위험일 때에는 심지어 위험 없음(zero risk)에 상응하는 보호수준을 인정한다.530) 사실 WTO법상 보호수준의 적정성(reasonableness)을 보장할 수 있는 실제적인 '비례성' 심사는 없다.531) 일반적으로 제XX조 (b)항 하에서 인간, 동물 또는 식물의 생명 또는 건강에 대한 위험의 존재에 관한 판정은 제XX조 (g)항 하에서 천연자원의 고갈가능성에 관한 판정보다 더 주관적으로 보인다.532)

(3) 조치의 적합성 조사 (덜 무역제한적이지만, 추구되는 목적 달성에 동등하게 기여할 수 있는 대안조치의 존재 여부)

관련 WTO 사건들은 제XX(b)조 상의 필요성 조건에 합치하기 위해서는 '합리적으로 이용가능한 대안'(reasonably available alternatives)의 부재가 중요함을 보여준다.533) *Thailand-Cigarettes* 사건에서 GATT 패널은 태국 정부의 보건 상의 우려가 정당하다고 인정하면서도, 궐련 수입금지보다 덜 무역제한적이면서도 동시에 보건 정책 목적을 달성하는데 있어서 그 만큼 효과적인, 예컨대 궐련 광고 금지와 같은 이용가능한 다른 조치가 있었음을 지적하였다.534) 덜 무역제한적인 대안의 이용가능성에 관한 입증책임(burden of proof)은 피소국으로부터 제소국으로 전환된다[역주: 엄밀히 말하면 이 입증책임은 종국책임(ultimate burden) 또는 심증형성책임(burden of persuasion)을 의미하는 것이 아니라 증거제출책임(burden of presentation of evidence)을 뜻하는 것임]. *US-Gambling* 사건에서 AB는 '피소회원국이 조치가 필요하다는 점을 증명해야 하지만,

심사와 관련됨) 참조.

528) *Korea-Various Measures on Beef*, AB report, para 162.

529) *EC-Asbestos*, AB report, para 168.

530) Low, Marceau and Reinaud (n 130) 12–13 and footnote 27.

531) Ibid 13, footnote 27.

532) Condon (n 521) 918–919, footnote 125.

533) *EC-Asbestos*, AB report, para 174; *Brazil-Retreaded Tyres*, AB report, para 211.

534) *Thailand-Cigarettes*, GATT panel report, para 81.

그렇다고 이 회원국이 목적을 달성하기 위하여 합리적으로 이용가능한 대안이 없음을 맨 처음 증명할 필요는 없다'고 판정하였다.[535] 이후 *Brazil-Retreaded Tyres* 사건의 AB 판정에서, 덜 무역제한적인 대안의 존재 여부를 분석할 때 한 국가의 개발 수준과 그 재정적 및 기술적 역량이 고려될 수 있다는 점이 도출된 것은 중요하다:

> 부분적으로 큰 비용이 들거나 선진 기술을 요구하는 구제조치를 이행할 한 국가의 역량은 이러한 조치 또는 관행이 '감당할 수 없는 비용(prohibitive costs) 또는 상당한 기술적 어려움'을 수반하지 않는 수입금지와 같은 예방조치에 대한 합리적으로 이용가능한 대안이 되는지의 여부에 대한 평가와 관련될 수 있다.[536]

제소국이 제XX(b)조 상의 필요성 심사를 어렵사리 통과한 분쟁들이 지금까지 몇몇 있었다. 그 하나가 *EC-Asbestos* 사건인데 이 사건에서 수입금지가 겨냥한 가치는 '최고도로 긴요하고 중요한' 것으로 판단되었고 어떠한 합리적인 대안도 이용가능하지 않은 것으로 판정되었다.[537] *Brazil-Retreaded Tyres* 사건에서는 수입금지가 마찬가지로 필요성 심사를 통과하기는 했으나 제XX조 두문과 불일치하여 부당한 것으로 판정되었다.[538] 탄소 관련 BAMs의 필요성 심사 통과는 탄소 관련 BAMs가 국외 PPM과 연결되는 조치라는 사실로 인해 곤란해 질 수 있다. 이러한 역외적 연계(extraterritorial nexus)로 인해 조치와 정책 목적 간의 인과적 연결이 필요성 심사를 충족시킬 정도로 강력해 질 수는 없을 것이다. 그 PPM이 규제국가의 영역 밖에서 사용되므로 규제국가는 규제 대상(즉 그 PPM)에 영향을 주는 입법관할권을 결여할 수 있다.[539]

제XX(g)조에 따른 심사

제(b)항 상의 필요성 심사를 통과하는 것과 탄소 관련 BAMs의 부과가 실제로 필요하다는 점을 증명하는 것이 상대적으로 어렵다는 점을 고려할 때, 탄소 관련 BAMs를 제XX조 (g)항 상의 환경 예외로서 항변하는 것이 보다 더 합리적인 것으로

535) *US-Gambling*, AB report, para 309.
536) *Brazil-Retreaded Tyres*, AB report, para 171. Low, Marceau and Reinaud (n 130) 16 참조.
537) *EC-Asbestos*, AB report, paras 172 and 175.
538) *Brazil-Retreaded Tyres*, AB report, paras 210–212.
539) Conrad (n 119) 391–394. 또한 Christine Conrad는 규제국가가 상당한 경제력을 지닌다면 외국에서의 행위에 대한 PPM 조치의 영향력이 조치를 유효하고 따라서 필요한 것으로 만들 정도로 강력할 수 있다는 점에 주목한다. 하지만 그녀는 WTO의 회원국 평등 원칙에 따라 한 국가의 경제력은 제XX조 상의 예외 적용에서 정당한 고려사항이 될 수 없다고 지적한다.

보인다.[540] *US-Shrimp (Article 21.5-Malaysia)* 사건은 국외에서 새우를 잡는 방식의 바다거북에 대한 위험을 근거로 하는 미국의 수정된 새우 금수조치가 제XX(g)조 하에서 성공적으로 정당화된 사례를 제시한다. Joseph Stiglitz는 *Shrimp/Turtle* 사건을 언급하면서 '사람들이 바다거북을 보호하기 위한 새우 수입 제한을 정당화할 수 있다면, 분명히 사람들은 우리의 대기를 불필요하게 오염시키는 기술로 인해 생산되는 상품의 수입을 제한할 수 있다'고 강조하였다.[541] 탄소 관련 BAMs의 목적상, 미국의 금지가 국외에 있는 고갈될 수 있는 천연자원의 보존과 관련된다는 사실뿐 아니라 그 조치의 PPM 특성도 주목하는 것이 중요하다. *Shrimp/Turtle* 분쟁은 GATT가 원칙적으로 PPM 관련 조치의 일방적인 부과를 허용할 수 있음을 보여주었다.[542]

하지만 탄소 관련 BAMs를 정당화하기 위한 제XX(g)조의 원용은 문제를 야기할 수도 있다. 예컨대 사람들은 기후가 제XX(g)조의 의미 내에서 고갈될 수 있는 천연자원으로 간주될 수 있는 지에 대하여 질의할 수 있다. 가장 간단한 주장은 기후[543]가 고갈될 수 있는 자원이 아니라면 국제사회가 기후변화 이슈에 높은 우선순위를 부여하지 않았을 것이라는 것이다.[544] *US-Shrimp* 사건에서 AB는 '고갈될 수 있는 천연자원'의 의미를 설명할 때 '환경 보호 및 보존에 관한 국가 공동체의 동시대적 우려'를 지적하였다.[545] *US-Gasoline* 사건에서 패널은 첫째 청정대기가 가치를 가지고 있고(따라서 이것은 자원임), 둘째 천연적이며, 셋째 비록 재생될 수 있으나 소진될 수 있다(따라서 이것은 고갈될 수 있음)는 이유로 고갈될 수 있는 천연자원이라고 판정하였다. 게다가 '그 소진되는 자원(depleted resource)이 그 특성에 대해서 정의되었다는 사실이 패널 판정의 결정적인 이유는 아니었다.'[546] 또한 기후는 일반적으로 평균 날씨 또는 장기간의 대기 조건으로 정의되므로 대기질의 차원에서 고려될 수 있다.[547] 더군다나 기후변화는 산림, 어장, 생물다양성 등과 같은 다른 고

540) Pauwelyn 'U.S. Federal Climate Policy and Competitiveness Concerns' (n 195) 34.
541) J Stiglitz, 'New Agenda for Global Warming' (2006) 3(7) *The Economists' Voice* 1, 2.
542) Pauwelyn 'U.S. Federal Climate Policy and Competitiveness Concerns' (n 195) 34–35; Hufbauer, Charnovitz and Kim (n 162) 73, footnote 17.
543) 여기서는 인간, 동물 및 식물의 생명 또는 건강을 위험에 노출시키지 않는 기후를 의미하는 '안전한 기후'(safe climate)라는 용어가 아마도 더 적절하다.
544) Bacchus (n 76) 11.
545) *US-Shrimp*, AB report, para 129.
546) *US-Gasoline*, panel report, para 6.37.
547) 'Glossary', in *Climate Change 2007: Working Group I: The Physical Science Basis* (IPCC 2007) <http://www.ipcc.ch/publications_and_dataJar4/wgl/enlannexlsglossary–a–d.html> accessed 24 August 2013 참조.

갈될 수 있는 천연자원의 소진을 견인한다. 따라서 *US-Gasoline* 사건에서 패널이 청정 대기의 소진을 줄이는 정책이 천연자원을 보존하는 정책이라고 판정한 것이라면,[548] 이와 유사하게, 기후변화를 초래하는 온실가스의 배출 감축을 목적으로 하는 BAMs도 제XX(g)조의 의미 내에 해당될 수 있을 것이다.

조치가 제(g)항에 해당되는지를 분석하는 다음 단계는 '목적과 수단의 밀접하고 진정한 관계'(a close and genuine relationship of ends and means)가 존재해야 한다고 요구하는 '관련성' 심사('relating to' test)이다.[549] 특히 입법은 '보호 및 보존의 정책 목적에 관하여 그 범위와 한계에 있어서 불균형적으로 넓어서는' 안 된다.[550] 탄소 관련 BAMs가 이 심사를 통과하기 위해서는 조치의 목적이 탄소누출의 방지와 배출량 감축에 있는 것이지, 국내생산자의 경쟁적 지위의 회복에 있는 것이 아니라고 주장하는 것이 중요하다.[551] BAMs가 본국시장과 세계시장에서의 국내생산과 국외생산을 위한 공정한 경쟁의 장을 만들어 내기 위하여 도착지원칙을 실행하는 재정조치로서 WTO에서 전통적으로 인식되고 있는 한,[552] 이러한 조치의 부과의 배경이 되는 경쟁 관련 진의(motive)를 숨기는 것은 어려워 보인다. 이러한 맥락에서 BAMs로 고안되는 조치보다는 탄소 수입관세로서 고안되는 조치를 제XX조 하에서 정당화하는 것이 더 용이할 것이다.[553]

제(g)항에 따라 충족되어야 하는 세 번째 조건은 고갈될 수 있는 천연자원의 보존에 관한 조치가 '국내 생산 및 소비에 대한 제한과 연계하여 유효하게 되어야' 한다는 것이다. *US-Gasoline* 사건에서 AB는 이것을 '제한 부과 상의 공평성(even-handedness)의 요건'으로 풀이하고 '국내상품과 수입상품의 동일한 대우(identical treatment)를 요구하는 문언적 근거(textual basis)는 없다'고 설명하였다.[554] 이는 탄소제한 조치가 국내상품에 대해서도 적용되어야 하지만, 동시에 이 조치가 수입상품과 국

548) '보존'(conservation)이라는 낱말의 의미에 대해서 AB는 옥스퍼드 영어사전(Shorter Oxford English Dictionary)을 토대로 '환경, 특히 천연자원의 보존(preservation)'으로 해석하였다. *China-Raw Materials*, AB report, para 355 참조.

549) *US-Shrimp*, AB report, para 136.

550) Ibid, para 141.

551) Bacchus (n 76) 13.

552) Demaret and Stewardson (n 244) 6.

553) 제7장에서 논의되는 바와 같이 상품의 탄소발자국와 연계되는 수입관세는 GATT 제II:1(b)조에 위반되는, 고정관세를 초과하는 통상적인 관세에 해당될 수 있다. 하지만 필자의 견해로는 이러한 조치는 기후 정책 목적을 가지고 자의적인 차별을 구성하지 않는 방식으로 적용되는 조치로서 GATT 제XX조의 범위 내에 해당될 가능성이 더 높을 것이다.

554) *US-Gasoline*, AB report, p. 21.

내상품에 동등하게(equally) 적용되어야 한다는 요건은 없다는 것을 의미한다.[555] 따라서 탄소세 또는 탄소규정이 국내상품보다 수입상품에 더 과중하게 영향을 미친다 하더라도, 이러한 탄소세 또는 탄소규정은 제XX(g)조 상의 '연계하여 유효하게 되는'(made effective in conjunction with)이라는 조건을 여전히 충족할 것이다. 더 나아가 *China-Raw Materials* 사건에서 AB는 '연계하여 유효하게 되는'이라는 문구를 조치의 목적이 국내 생산 및 소비에 대한 조치의 유효성을 보장하도록 요구하는 것으로 풀이하는 패널의 해석을 번복하였다.[556] 따라서 탄소 관련 BAMs가 국가 ETS 또는 국내 탄소세를 유효하게 하기 위하여 부과되었다고 주장할 필요는 없다. 또한 조치의 부과가 탄소누출의 우려로 인하여 추진되었다는 단순한 사실이 조치가 국내시장에 대한 제한과 연계하여 유효하게 된다는 점을 입증한다는 것도 주목되어야 한다.[557]

만약 조치가 역외적으로 적용된다면?

탄소 관련 BAMs의 제XX조에 따른 정당화 가능성을 분석할 때 사람들은 이러한 조치의 역외적 성질을 고려해야 한다. 문제는 탄소 관련 BAMs의 정당화 근거가 되는 제XX조 또는 제XX조의 특정 항이 지리적 범위 상으로 제한되는지의 여부에 있다. 이 문제는 국가주권 이슈에 관한 추가적인 문제들로 나뉠 수 있다. 한 국가가 자국의 조치를 통하여 기후 정책 표준을 다른 국가들에 대하여 부과할 수 있을까? 그리고 다른 국가들이 이러한 표준을 따르지 않을 때 이들 국가는 일방적인 무역규제의 결과를 참아내야 할까?

국제환경법, EU법 그리고 GATT 이전의 국제무역에서의 역외조치

역외관할적 성질의 조치가 환경 보호에 그 목적을 둔다면 국제환경법은 이러한 조치를 일반적으로 지지한다. 1972년에 스톡홀름에서 채택되고 국제환경법의 기본 연원으로 간주되는 UN인간환경회의 선언의 제21원칙(Principle 21)은 다음과 같다:

555) Pauwelyn 'U.S. Federal Climate Policy and Competitiveness Concerns' (n 195) 36.
556) *China-Raw Materials*, AB report, paras 356–361.
557) Bacchus (n 76) 11.

> 모든 국가는 국제연합 헌장 및 국제법의 원칙에 의해 자국의 자원을 그 환경 정책에 따라 개발할 주권을 보유함과 동시에 자국의 관할권 내의 활동이나 규제가 다른 국가의 환경이나 자국 관할권 외의 지역에 피해를 야기시키는 일이 없도록 할 책임이 있다.[558)]

초국경적 환경 위해에 대한 책임은 캐나다의 브리티쉬 콜롬비아 주에서 납과 아연의 제련에 의해 야기된 초국경적 대기오염에 관한 캐나다와 미국 간의 1941년 Trail Smelter 분쟁의 중재에서 기원한다.[559)] 이 중재재판소의 판정에 따르면 '어느 국가도 다른 영토 내에서 또는 다른 영토로 ... 피해를 야기하는 방식으로 자국 영토를 사용하거나 자국 영토의 사용을 허락할 권리를 갖지 않는다.'[560)] '다른 국가에 대한 위해의 금지'(no harm to other states) 또는 '선린주의'(good neighbourliness)의 원칙은 UN헌장 제74조에도 포함되어 있다:

> UN 회원국은 이 헌장이 적용되는 영역에 관한 정책이 ... 세계의 다른 지역의 이익과 복지가 적절히 고려되는 가운데에, 사회적, 경제적 및 상업적 사항에 관하여 선린주의의 일반원칙에 기초하여야 한다는 점에 또한 동의한다.[561)]

초국경적 환경 위해에 대한 국가 책임은 합치에 대한 기대를 불러일으킨다고 주장될 수 있다. 따라서 불합치는 일방적인 무역 관련 조치를 포함하는 국제 제재를 수반할 수 있다. 항공 사건에서의 EU사법재판소의 최근 결정이 이 이슈와 관련된다. EU사법재판소는 배출권거래제 상의 의무를 외국 항공사에게 확대하는 것을 지지하였다. 국제항공편에 대한 허용배출량 제출 요건은 국외에서 등록된 항공사에 의해서 운영되는 항공편에도 적용되므로 역외관할권을 갖는다. EU사법재판소는 외국 항공사의 항공편이 EU 공항에서 출발하거나 도착할 때 이 항공편으로 인해 야기되는 배출과의 영역적 연계(territorial nexus)가 충분하다고 판단하였다. 동 법원은 항공기가 출발 또는 도착으로 인해 EU 영역에 물리적으로 위치할 때에는 공항이 속하는 EU회원국과 EU 전체의, 환경 입법을 포함하는 제한 없는 관할권의 적

---

558) Declaration of the United Nations Conference on the Human Environment, Stockholm, 16 June 1972.

559) Le Roux (n 44) 8.

560) Reports of International Arbitral Awards: Trail smelter case (United States, Canada) vol. III, 2006, 1965.

561) Declaration of the United Nations Conference on the Human Environment, Stockholm, 16 June 1972.

용을 받기 때문에, EU 조치는 영토주의 또는 주권의 원칙을 침해하지 않는다고 판정하였다.[562] 특히 동 법원은 다음과 같이 판정하였다:

> 유럽연합의 환경 입법을 적용하는 맥락에서, 회원국의 하늘, 바다 또는 육지 영역의 오염에 원인이 되는 일정한 사안이 부분적으로 그 영역 밖에서 발생하는 사건에서 기원한다는 사실은 주된 절차에서 원용될 수 있는 국제관습법의 원칙에 비추어 볼 때, 그 영역에 대한 유럽연합법의 완전한 적용가능성에 의문을 불러일으킬 정도의 것은 아니다.[563]

또한 GATT 이전의 무역 법 및 관행은 역외조치가 공공 정책 목적을 위해 취해진다면 이러한 조치의 사용을 지지하였다. GATT 이전에 체결된 무역협정은 역외적 범위를 갖는 일부 도덕적 예외(moral exception)를 담고 있었다.[564] 이러한 조약 상의 예외는 아편, 외설 사진, 복권, 특정 조류의 깃털에 관한 조치, 즉 규제국가의 영역 밖에 있는 물체와 그 영향을 보호하는 것을 목적으로 하는 조치에 적용되었다. 이 점을 고려할 때, GATT 이전의 조약 상의 예외가 역외적 객체를 목적으로 하는 조치에 적용된다면 GATT의 일반예외의 적용범위로부터 이들을 배제시킬 이유는 없다고 주장될 수 있다.

GATT/WTO법 상의 역외조치

앞서 언급한, 환경 목적을 위해 취해진 역외조치에 관한 국제환경법, EU법 그리고 GATT 이전의 교역사에도 불구하고, 역외조치는 그 자체로는 WTO 내에서 환영받지 못한다. 국가들은 1648년에 민족 국가들의 웨스트팔리아 체제가 확립된 이래로 절대적인 권리로서 전통적으로 인식되고 있는 국가주권에 대한 침해를 우려한다.[565] 하지만 국가주권에 대한 현대적 인식은 변화되기 시작하였다. 정당한 국익(legitimate state interests) 개념이 현재 강조될 수 있는데, 이에 따르면 인권 보호와 같

---

562) ECJ Case C-366/10, *Air Transport Association of America and others v. Secretary of State for Energy and Climate Change* [2011] ECR 1-1133, paras 124-129.

563) ECJ Case C-366/10, *Air Transport Association of America and others v. Secretary of State for Energy and Climate Change* [2011] ECR 1-1133, para 129.

564) Conrad (n 119) 303-305. 1927년 수출입 금지 및 제한의 철폐를 위한 국제협약(International Covenant for the Abolition of Import and Export Prohibitions and Restrictions)과 1936년에 발효된 자연 상태의 동식물의 보존에 관한 협약(Convention Relative to the Preservation of Fauna and Flora in their Natural State)이 조약의 사례들로 언급되었다.

565) Cottier and Matteotti-Berkutova (n 114) 22-5.

은 분야에서의 국익은 영토관할권(territorial jurisdiction)을 넘어서도 미친다. 반면 영토주의의 중요성은 작아지고 있다.[566] 주권은 기후를 포함하는 인류공동자산에 파괴적인 PPM에 대한 고조되는 우려로 인해 특히 영향을 받고 있다. 따라서 주권은 더 이상 절대적일 수 없으며 지구상의 생명을 보존하기 위하여 제한될 필요가 있다.[567] 이러한 상황에서, 역외조치로 인해 침해될 수 있는 주권이 모든 국가에 의해 수락되는 것으로서 그로부터의 어떠한 이탈도 허용되지 않는 국제공법의 강행규범(peremptory norm)(즉 강행규범(*jus cogens*))을 구성하는지의 문제가 제기되어야 한다.[568] 만약 그렇다면 역외조치는 그 자체로 위법이며 수락될 수 없다. 하지만 어떠한 규범이 국제공법상 강행규범을 구성하는 지에 대하여 국가들 또는 법률가들 간에 어떠한 합의도 없기 때문에 문제는 여전히 남아있다.

하지만 Christine Conrad는 역외관할권을 갖는 PPM 조치가 주권을 침해하지 않기 때문에 주권이 강행규범(*jus cogens*)에 해당되는지의 문제는 관련이 없다는 결론에 도달한다.[569] 역외조치는 관할권의 역외적 행사를 통해 한 국가의 권한이 외국의 시민들, 그들의 행위, 법률관계 그리고 상황에 영향을 미치기 때문에 국가주권을 실제로 침해할 수 있다. 하지만 관할권의 모든 역외적 행사가 반드시 국가주권을 침해하는 것은 아니다. Christine Conrad는 무역조치의 객관적 요소와 법적 결과가 (비록 다른 국가에게 부작용을 갖는다할지라도) 규제국가의 국경으로 한정된다면, 무역조치는 국가주권을 침해하지 않으며, 역외관할권을 갖는 조치의 범주에 일반적으로 해당되지 않는다고 주장한다. 다른 국가가 전쟁에 참여할 역량에 영향을 미칠 수 있는 무기 수출금지가 하나의 예가 된다. 이와 대조적으로, 역외관할권이 다른 국가의 영역 내에서 또는 다른 국가의 물체에 대하여 외국이 그 다른 국가의 동의 없이 권한 있는 행위와 법집행을 행사하는 것을(예컨대 한 국가에 대한 외국 군대의 점령)을 함의할 때, 또는 외국의 권한 있는 행위의 법적 결과로 인해 다른 국가가 규제국가의 국경 밖으로 행위하도록 요구될 때, 이러한 관할권의 역외적 행사는 국제법상 위법이다. 관할권의 역외적 행사의 또 다른 사례는 권한 있는 행위의 법적 결과

566) Conrad (n 119) 305–7. 이 책의 다음 인용도 함께 참조: L Bartels, 'Article XX of GATT and the Problem of Extraterritorial Jurisdiction – The Case of Trade Measures for the Protection of Human Rights' (2002) 36(2) *Journal of World Trade* 353.

567) Cottier and Matteotti–Berkutova (n 114) 46.

568) Conrad (n 119) 275.

569) 역외조치와 주권 사이의 관계에 대한 상세한 법적 분석에 대해서는 Conrad (n 119) 275–281 참조.

가 규제국가의 영역 내에서 적용되지만 국외의 일정한 상황과 연계되어 역외적 연계를 갖는 조치의 범주에 해당되는 경우이다. npr－PPM 조치가 이러한 경우에 해당된다. 하지만 Christine Conrad는 npr－PPM 조치가 그 역외적 연계에도 불구하고 법규제정적 역외 규정(prescriptive extraterritorial regulation)이 아니라는 이유로 국가의 주권을 침해하지 않는다고 주장한다. 따라서 그녀는 역외적 관할권을 갖는 npr－PPM 조치는 WTO법상 *그 자체로* 위법이 아니며 이 조치에 대한 수락가능성은 WTO협정상의 특유의 법적 기틀에 달려있다고 주장한다.

더 나아가 WTO법상의 역외조치의 수락가능성은 일방적 또는 다자적 조치로서의 그 지위에 크게 좌우된다. 역외관할권을 행사하는 PPM 조치는 한 국가에 의해서 자발적으로 또는 다수 국가에 의해 서명된 국제협정상의 승인 또는 규범(prescription)(예컨대 국제조약에 의해서 정해진 국제표준)에 따라 적용될 수 있다. 전자의 경우, PPM 조치는 일방적 조치에 해당되지만, 반면 후자의 경우, PPM 조치는 다자적 조치가 될 것이다. 역외관할권을 행사하는 일방적 조치는 준보편적(quasi－universal) 참여를 갖는 국제기구(예컨대 UN)에 의해서 승인되거나 컨센서스로 취해지는, 역외적으로 적용되는 다자적 조치보다는 덜 바람직스러운 것으로 국제공법상 인식되고 있는데, 이는 국가주권의 원칙에 기반하는 현대국제공법의 차원에서 전혀 놀라운 일이 아니다.[570] 이는 다른 국제 정책 분야에서도(즉 안보, 무역 또는 환경 이슈일지라도) 유효하다. 예컨대 UN헌장 제2(7)조는 다음과 같이 서술된다:

> 이 헌장의 어떠한 규정도 본질적으로 어떤 국가의 국내 관할권 안에 있는 사항에 간섭할 권한을 국제연합에 부여하지 아니하며, 또는 그러한 사항을 이 헌장에 의한 해결에 맡기도록 회원국에 요구하지 아니한다.[571]

마찬가지로 환경과 개발에 관한 리우선언의 제12원칙은 다음과 같이 서술된다:

> 수입국의 관할권 밖의 환경적 문제에 대응하기 위한 일방적 조치는 회피되어야 한다. 초국경적 또는 지구적 환경 문제에 대처하는 환경적 조치는 가능한 한 국제적 합의에 기초되어야 한다.

---

570) John Jackson은 일방적 조치를 한 국가가 다른 국가의 행위 또는 다른 국가의 시민에 대하여 자국의 의사를 강요하고자하는, 역외적 범위를 갖는 조치로 정의하였다. Jackson (n 329) 3 참조.

571) UN헌장 제VII장 상의 안전보장이사회에 의해 승인되는 집행조치의 적용이 이에 관한 예외가 된다.

리우선언의 이러한 원칙은 WTO 법리에 반영되어 왔다. *US-Shrimp (Article 21.5 - Malaysia)* 사건에서 AB는 '명백하게 그리고 "가능한 한", 다자적 접근이 강하게 우선된다'고 서술하였다.[572] 동시에 일방주의의 개념과 역외주의의 개념을 구분하고, 이들의 긴밀한 관계에도 불구하고 일방주의의 주장[역주: 원서의 표현은 'unilateral arguments'인데, 저자가 인용한 문헌(Conrad (n 119) 108)의 표현이 'unilateralism arguments'인 점을 고려하여 '일방주의의 주장'으로 번역함]과 역외주의의 주장을 혼동하지 않는 것이 중요하다.[573] 비록 일방적인 역외조치는 WTO법상 정당화되지 않을 개연성이 높으나, 다자적 역외조치는 그렇지 않을 것이다.[574] 역외조치의 정당화는 국제표준이 사용을 위해서 직접적으로 규정되어 있는지 또는 단순히 참조(reference)로서 채택되어 있는지의 여부뿐만 아니라 이 조치를 명시하는 협정에 서명한 국가들의 수에 좌우될 수 있다.[575] 요컨대 일방적 조치는 나쁘고 다자적 조치는 좋은지의 문제에 대해서는 흑백이 분명한 답은 없다. Steve Charnovitz는 어느 조치의 법적 지위를 평가할 때, 고려되어야 하는 다자주의의 서로 다른 그림자들을 강조한다. 국제조약은 PPM 조치의 적용을 요구할 수 있는데, 협정의 비당사국[역주: 몬트리올 의정서의 비당사국]으로부터의 규제물질(controlled substance)의 수입을 금지할 수 있도록 허용하는 몬트리올 의정서가 그런 사례가 된다.[576] 또한 국제조약은 PPM 조치를 승인하고 당사국에게 PPM 조치의 적용 여부에 관한 선택권을 맡길 수도 있다. 적절한 사례가 유망에 관한 웰링턴협약(Wellington Convention on Driftnets)인데, 이 협약은 당사국이 유망으로 어획된 어류의 수입을 금지하기 위하여 국제법과 일치하는 조치를 취하도록 허용한다[역주: 이 협약 제1조 (b)항에 따르면 유망(driftnet)은 유자망(drifting gillnet) 등을 포괄하는 개념임].[577] 더 나아가 조치는 조약을 관장하는 기관(위원회, 사무국 등)에 의해서 승인되거나 권고될 수 있다. 몬트리올 의정서에서와 같이 직접적으로 규정되지 않는다면 다자포럼에 의해서 사용이 단순히 승인되거나 권고되는 조치는 성질상 일방적인 것이다. 왜냐하면 이러한 조치를 적용하는 국가는 이를 적용하지 않는 것을 택할 수도 있고 일방적으로 적용하는 것을 택할 수도 있었

572) *US-Shrimp (Article 21.5 - Malaysia)*, AB report, para 124.
573) Conrad (n 119) 108-110.
574) 하지만 Conrad는 이러한 상황에서는 WTO협정과 MEA와의 관계가 매우 중요하다는 점을 지적한다. Conrad (n 119) 109 참조.
575) Ibid.
576) Charnovitz (n 103) 105.
577) Ibid.

기 때문이다.578) 따라서 Christine Conrad에 의해서 정확하게 주목된 바와 같이 '주권과 역외주의의 측면은 정치적 성격뿐 아니라 법적인 성격을 띠지만, 일방주의는 차등을 위한 가능성 있는 도구가 된다.'579)

Henrik Horn과 Petros Mavroidis는 일방적으로 적용되는 역외조치의 적법성이 국제관습법의 기본 규칙을 사용하여 분석되어야 한다고 제안한다.580) 이는 국가가 자국의 관할권을 합리적인 방식으로 그리고 비례성(proportionality)을 토대로 행사해야 함을 의미한다. 비례성은 적용되는 관할권과 조치부과국에서 발생하는 행위(예컨대 PPM)의 외국 영역에 대한 효과 사이의 관계로 정의될 수 있다. 이는 국제공법상 관할권 행사의 이른바 '효과이론'(effects doctrine)을 반영한다. '효과이론'이 적용되기 위해서는 PPM 조치를 부과하는 국가에서의 행위가 외국의 영역에 미치는 효과가 실질석이고, 직접적이며 예견될 수 있어야 한다.581) WTO 사법기관이 역외관할권의 귀속 이슈에 대하여 국제공법의 기본 규칙을 적용한다면, 아마도 WTO 회원국이 규제적 권리, 즉 PPM 조치를 일방적으로 부과하는 권리를 보유하는지를 결정함에 있어서 이러한 규칙이 도움이 될 것이고 사법절차의 결과는 더욱 예측가능하게 될 것이다.582)

더욱이 일부에서는 조치의 목적이 인류공동자산의 보호에 있는 한, 일방적 조치의 역외적 효과는 용인될 수 있다고 주장한다.583) 기후변화를 국제조약에 따른 인류의 공동 관심사로 인정하는 것은 권한과 책임이 국경 내로 한정되는 영토주의의 전통적인 법제도를 재고하기 위한 근거를 제공할 수 있을 것이다.584) 하지만 사람들은 WTO 사법기관이 조치가 다른 국제협정의 규범과 합치하는지에 대해 판정하기를 일반적으로 꺼려한다는 점을 잊어서는 안 된다. 따라서 기후변화를 인류의 공동 관심사로 인정하는 것은 단지 UNFCCC의 전문에 있어 선언적인 성격이므로 이것이 고려될 것인지는 확실하지 않다.

다음으로 WTO 판례법으로 돌아가면 GATT/WTO 법리는 역외적으로 적용된 일방적인 무역제한조치의 정당화에 관하여 일반적으로 엄격하였다. 첫 번째 *Tuna-*

578) Ibid.
579) Conrad(n 119) 113.
580) Horn and Mavroidis (n 261) 37–45.
581) Ibid 43.
582) Ibid 47.
583) Demaret and Stewardson (n 244) 59.
584) Cottier and Matteotti–Berkutova (n 114) 45; Le Roux (n 44) 5.

Dolphin 분쟁에서 패널은 다랑어에 대한 금지가 조치부과국의 영역 안이 아닌 국외에 있는 돌고래를 보호하기 위해서 사용되었기 때문에 이러한 금지가 GATT 제XX(b)조 예외에 따라 정당화될 수 없다고 판정하였다. 패널은 제XX(b)조가 '수입국의 관할권 안의 ... 동물 또는 식물을 ... 보호하는 ... 조치의 ... 사용에 초점을 두었다'고 판정하고,[585] (한 국가가 다른 국가에 자국의 표준을 부과할 수 있다면) GATT가 '동일한 국내규정을 갖는 제한된 수의 체약당사자들 간의 무역에 대해서만 법적 안정성을 제공할 것'이므로 한 국가는 다른 국가에 자국의 표준을 부과할 수 없다고 판정하였다[역주: 원서의 표현만으로는 인용된 패널보고서의 의미가 왜곡될 우려가 있어 "(한 국가가 다른 국가에 자국의 표준을 부과할 수 있다면) GATT"을 추가함].[586] 하지만 이후 *Shrimp-Turtle* 분쟁에서 AB는 역외적 효과를 갖는 일방적 조치에 대해 보다 더 용인하는 듯 하였다.[587] 바다거북이 멸종위기에 처해 있고 고도회유성 동물(highly migratory animal)인 것으로 밝혀졌는데, 이는 바다거북을 죽이는 방식을 사용하여 국외에서 포획된 새우에 대해 국내조치(금지조치)를 부과함으로써 국외에 있는 바다거북을 보호할 수 있는 권리를 미국에게 부여해 주었다. AB는 심지어 다음을 인정하였다:

> 수입회원국에 의해서 일방적으로 규정된 정책 또는 정책들을 수출회원국이 준수하거나 채택하는지의 여부를 회원국 국내시장에 대한 접근을 위한 조건으로 하는 것은 얼마간은, 제XX조 (a)항부터 (j)항의 예외들의 하나 이상에 해당되는 조치들의 공통적인 측면일 수 있다.[588]

하지만 AB는 역외적으로 적용되는 국내정책조치가 정당한 것이 되기 위해서는 국외에서 발생하는 상황과 조치부과국에 대한 결과 간에 '충분한 연계'(sufficient nexus)가 있어야 한다고 판정하였다.[589] 이 사건에서의 AB의 논리를 활용하면, 탄소 관련 무역제한이 수입품에 정당하게 적용되기 위해서는 수입품의 원산지국가에서의 탄소 배출과 이러한 탄소 배출이 수입국에게 가져올 수 있는 기후변화의 영향 사이에 '충분한 연계'가 있어야 한다.[590] 한 국가의 공장에서 방출된 온실가스 배출물

585) *US-Tuna I (Mexico)*, GATT panel report (unadopted), para 5.26.
586) Ibid, para 5.27.
587) 심지어 이 사건은 국외 PPM을 목표로 하는 조치의 적법성을 확립한다고 주장되고 있다. Frankel (n 89); Deal (n 135) 참조.
588) *US-Shrimp*, AB report, para 121.
589) *US-Shrimp*, AB report, para 133.
590) Pauwelyn 'U.S. Federal Climate Policy and Competitiveness Concerns' (n 195) 35.

질의 특성이 이 행성 전체에 대해, 즉 이 세상의 모든 국가에서 기후변화를 야기한다는 점을 고려하면, 수출국에서 발생하는 상황과 수입국에 대한 위험 간의 연계를 입증하는 것은 전혀 문제가 없을 것이다.

더욱 최근의 *US-Tuna II (Mexico)* 분쟁에서 AB는 수입국의 환경적 우려에 바탕을 두는 조치가 수입국의 영역 안에서 집행되었다면 이러한 조치의 역외적용을 받아들이는 것으로 보인다.[591] 특히 패널은 미국의 돌고래 보호 정책과 소비자를 위한 기망적 정보 방지의 정책 모두가 TBT협정 제2.2조의 의미 안에서 조치의 정당한 목적이 된다고 판정하였다.[592]

그렇다 하더라도, 한 국가가 인류공동자산을 보호하고 지구적 외부성을 바로잡을 권리, 그리고 역외적 효과를 갖는 환경조치와 관련되는 최근의 WTO 판례법과 기후변화 이슈의 중요성에 대한 WTO의 인식 증가는 탄소 관련 BAMs가 역외적 범위라는 단순한 근거로 배척되지는 않을 것이라고 믿을만한 이유를 제공한다. 하지만 WTO 사법기관의 결정은 여전히 사건의 특정 사실과 상황에 좌우될 것이다.

탄소 관련 BAMs는 제XX조 두문의 조건을 충족할 것인가?

탄소 관련 BAMs는 제(b)항의 '필요성' 심사 또는 제(g)항의 '관련성' 심사를 통과한 후에 제XX조의 두문(chapeau) 조항을 또한 충족해야 하는데, 이 조항은 조치가 동일 조건이 널리 존재하는 국가들 사이에 자의적이거나 정당화될 수 없는 차별의 수단을 구성하거나 국제무역에 위장된 제한을 구성하는 방식으로 적용되지 말 것을 요구한다. WTO 패널과 AB가 조치의 순수한 기술적 특성에 방점을 두는 쪽에서 조치의 전반적인 디자인을 분석하는 쪽으로 선회하였기 때문에 탄소 관련 BAMs가 환경예외로서 항변되기 위해서는 두문 요건의 충족이 매우 중요해 보인다. 달리 말하면, 이들은 제XX조의 항들의 요건을 지나치게 강조하기보다는 두문의 조건을 보다 더 강조하는 경향이 있다.[593] AB가 두문 조건의 충족에 대한 피소

---

591) 이에 대하여 필자의 주의를 환기시켜 준 것에 관하여 필자는 Joost Pauwelyn에게 감사한다. 국제항공의 EU ETS에의 편입에 관한 분쟁에서 EU사법재판소도 과징금과 불응하는 항공사의 EU 영역 내로의 운항 금지(최후 조치)로 구성되는 배출권 요건의 집행이 전적으로 영역적(territorial)이라는 이유로, 배출권 요건의 역외적용을 지지하였다.

592) *US-Tuna II (Mexico)*, panel report, paras 7.413 and 7.425.

593) G Van Calster, 'Against Harmonisation – Regulatory Competition in Climate Change Law' (2008) 1 *Carbon and Climate Law Review* 89, 94.

국의 입증책임이 조치가 제XX조의 범위에 해당되는지에 대한 입증책임보다 필연적으로(of necessity) 더 무겁다는 AB의 판정으로부터 AB가 두문 조건과의 합치를 중시한다는 점이 또한 도출된다.[594] 예외를 원용할 WTO 회원국의 권리가 남용되는 것을 방지하고자 하는 소망이 예외의 사용에 대한 이러한 제한적인 접근방식을 설명해 줄 수 있다.[595] 두문에 포함된 규정은 신의성실의 원칙(principle of good faith)의 표현이다.[596] 두문은 계쟁 조치가 제XX조에 의해서 규정되는 예외 가능성을 오용하지 않고, 예외를 원용할 회원국의 권리와 GATT 상의 시장접근에 관한 다른 회원국의 권리 사이의 균형을 보장하도록 요구한다.[597]

US-Gasoline 사건에서 AB는 다음과 같이 판정하였다:

> 두문은 제XX조 예외가 법적 권리의 문제로서 원용될 수 있으나 일반협정의 실체적 규칙에 따른 권리보유자의 법적 의무를 무산시키거나 무효화하는 것으로 적용되어서는 안 된다는 원칙에 의해서 활성화된다. 달리 말해, 이러한 예외가 남용되거나 오용되지 않는다면 특정 예외에 해당되는 조치는 예외를 주장하는 당사자의 법적 의무와 관련되는 다른 당사자의 법적 권리를 모두 적절히 감안하여 합리적으로 적용되어야 한다.[598]

AB가 *US-Gasoline* 사건과 *US-Shrimp* 사건에서 조치를 두문에 따라 심사할 때 조치가 적용되는 방식에 대해서만 살펴보았다는 사실에도 불구하고,[599] AB는 *US-Shrimp (Article 21.5)* 사건에서 조치의 디자인에 대한 심사가 조치가 두문에 합치하는지를 결정하는 것과 관련이 있다고 판정하였다.[600] 따라서 조치가 적용되는 방식뿐 아니라 조치 그 자체, 즉 조치의 디자인, 내용 및 성격도 두문 심사에서 관련이 있어 보인다.[601]

두문 조건의 해석에 대한 판례법이 꽤나 모호하다는 점이 주목되어야 한다. '정당화될 수 없는 차별'(unjustifiable discrimination)과 '자의적 차별'(arbitrary discrimination)

---

594) *US-Gasoline*, AB report, p. 23.
595) D McRae, 'GATT Article XX and the WTO Appellate Body', in M Bronckers and R Quick (eds), *New Directions in International Economic Law: Essays in Honour of John H. Jackson* (Kluwer Law International 2000) 232.
596) WTO, *Trade and Climate Change* (n 77) 109; *US-Shrimp*, AB report, para 158.
597) WTO, *Trade and Climate Change* (n 77) 109.
598) *US-Gasoline*, AB report, p. 22.
599) *US-Gasoline*, AB report, p. 22; *US-Shrimp*, AB report, paras 149 and 160.
600) *US-Shrimp (Article 21.5 - Malaysia)*, AB report, para 140.
601) Hufbauer, Charnovitz and Kim (n 162) 54.

간의 차이에 대해서 여전히 명확한 게 없다. *US-Gambling* 사건에서 패널은 GATS 제XIV조의 두문 요건(GATT 제XX조의 두문 요건과 동일함)을 해석할 때 세 가지 모든 기준, 즉 정당화될 수 없는 차별, 자의적인 차별 및 국제무역에 대한 위장된 제한이 중첩된다고 판정하였는데, 이는 조치에 대한 일정한 불합리한 적용이 세 가지 기준 모두를 동시에 침해할 수 있음을 함의한다.[602] *US-Shrimp* 사건에서 AB는 공중도덕을 보호하기 위하여 필요한 조치와 교도소 노동 상품에 관련된 조치를 비교할 때 '자의적 차별'의 기준이 제XX조의 여러 항들에 해당하는 조치들에 대하여 서로 다를 수 있다고 판정하였다.[603]

동일한 조건이 널리 존재하는 국가들 간의 비차별 요건에 대한 탄소 관련 BAMs 심사

'동일 조건이 널리 존재하는 국가들 간의' 조치 적용에 있어서 자의적으로 차별하지 않아야 한다는 두문 요건은 GATT 제XX조 예외를 원용할 때 피소국에게 매우 중요하다. 이 요건은 여러 국가들 간에 존재하는 상황을 고려해야 하는 요건으로 해석될 수 있다. 하지만 AB는 'GATT 1994의 제XX조는 회원국이 *모든 개별* 회원국에서 널리 존재하고 전개되는 특정 조건을 예상하고 이러한 조건을 명시적으로 규정할 것을 요구하는 것은 아님'을 지적하였다.[604] 두문 상의 차별은 상이한 상황(different situations)에 대한 동종 대우(like treatment)뿐만 아니라 동종 사안(like cases)에 대한 상이한 대우(different treatment)를 포함한다[역주: 전자의 예로는 수출국인 A국과 B국 사이에 실제로 특정 조건상 차이가 있음에도 수입국인 C국이 A국과 체결한 양자협정과 B국과 체결한 양자협정 사이에 대우상 차이가 없는 경우를 들 수 있고, 후자의 예로는 A국과 B국 사이에 실제로 특정 조건상 차이가 없음에도 C국이 A국과의 체결한 양자협정과 B국과 체결한 양자협정 사이에 대우상 차이가 있는 경우를 들 수 있음].[605] 널리 존재하는 조건들 간의 비교는 조치를 부과하는 국가에 수출하는 모든 국가들 간에서 뿐만

602) *US-Gambling*, panel report, para 6.580. Conrad (n 119) 350–51 참조.
603) *US-Shrimp*, AB report, para 120.
604) *US-Shrimp (Article 21.5 - Malaysia)*, AB report, para 149.
605) R Quick, 'The Community's Regulation on Leg–Hold Traps: Creative Unilateralism Made Compatible with WTO Law through Bilateral Negotiations?' in M Bronckers and R Quick (eds), *New Directions in International Economic Law: Essays in Honour of John H. Jackson* (Kluwer Law International 2000) 254.

아니라 수입국과 수출국 간에서도 이루어진다는 점이 주목할 만하다.[606] 중요한 점은 제XX조 상의 차별이 GATT 제I조와 제III조와는 '성질과 특성'(nature and quality)에서 상이하거나[607] 제I조와 제III조에서 다루어지는 차별을 '뛰어 넘는다'[608]는 데에 있다.[609] GATT 실체규정 상의 차별은 차별 효과(discriminatory effect)의 측면에서 더 큰 차별인 반면, GATT 예외조항 상의 차별은 차별 의도(discriminatory intent)의 측면에서 더 큰 차별이라는 점이 주목되어야 한다.[610] *Brazil-Retreaded Tyres* 사건에서 AB는 차별이 자의적이거나 정당화될 수 없는지를 분석하는 것은 일반적으로 차별의 원인(cause) 또는 이유(rationale)에 주로 관련되는 분석을 수반한다고 판정하였다.[611] 특히 동일 조건이 널리 존재하는 국가들 간의 차별은 '이러한 차별의 이유가 제XX조의 어느 항의 적용범위에 해당하는 목적과 합리적인 연계가 없을 때' 자의적이고 정당화될 수 없다고 AB는 판정하였다.[612] 이것은 특히 추구되는 목적 또는 인식된 위험에 관한 정책 일관성(policy consistency)의 요건이다. 탄소 관련 BAMs의 맥락에서 관련되는 문제는 제XX조 예외가 수입에 대한 BAMs뿐 아니라 탄소세의 수출리베이트 또는 허용배출량 요건의 수출에 대한 면제를 포함하는 탄소 관련 국경조정제도를 항변하기 위하여 여전히 원용될 수 있는지에 있다. Gary Hufbauer, Steve Charnovitz, Jisun Kim은 수입품에는 부과되고 국내생산자에게는 수출 시에 경감되는 탄소세가 제XX조에 일치하는 지에 관하여 사려 깊은 소견을 제시하고 다음과 같이 서술하였다:

> GATT 제XX조는 국외 선적(outward shipment)에 대한 BTA가 수출보조금인지와는 직접적으로 관련이 없지만, 수출품에 대한 에너지세의 리베이트는 수입품에 대한 BTA 적용을 위한 제XX조의 환경 정당화를 저해할 수 있다. 예컨대 미국법이 바다거북 배제장치 없이 포획된 새우가 미국에 의해서 수출되도록 허용했다면 패널이 미국의 새우 수입 금지를 어떻게 평가했을 지를 생각해 보라. 이러한 상황에서는 수입 금지가 자의적이거나 정당화될 수 없는 차별로 보였을 것이다.[613]

606) *US-Gasoline*, AB report, pp. 23–24.
607) *US-Shrimp*, AB report, para 150.
608) *US-Gasoline*, AB report, p. 28.
609) Pauwelyn 'U.S. Federal Climate Policy and Competitiveness Concerns' (n 195) 37.
610) Quick and Lau (n 330) 439.
611) *Brazil-Retreaded Tyres*, AB report, para 225.
612) Ibid, para 227.
613) Hufbauer, Chamovitz and Kim (n 162) 69.

따라서 수입 국경조정과 수출 국경조정의 병행 사용은 BAMs가 GATT 제XX조에 따라 정당화될 수 있는 가능성을 배제하는 것으로 보인다.[614] BAMs를 수입품과 수출품에 대하여 균형 있게 적용하는 것이 선진국 산업의 경쟁력 우려를 충분히 다루고 개도국의 무역 이익을 다루며 높은 수준의 세계적 효율성을 대체적으로 달성한다는 전망으로부터 얻게 되는 경제적 이익을 고려해 볼 때, 일반적으로 경제학자들은 이를 국경조정에 관한 WTO 법적 기틀의 상당한 결점으로 생각한다.[615]

탄소 조치가 '동일 조건이 널리 존재하는 국가들 간의 자의적이거나 정당화될 수 없는 차별'을 구성하는지를 심사할 때 WTO 사법기관이 제기할 수 있는 몇 가지 쟁점들이 있다.[616] 쟁점 하나는 BAMs를 부과하는 국가가 수출국이 부과국의 기후 정책을 그대로 따르도록 요구할지, 또는 수출국의 기후조치가 부과국 자신과 상이하더라도 부과국이 수출국의 기후 조치를 수용하고 고려할지에 있다. AB는 애초에 미국의 새우 수입 금지를 '외국 정부의 특정 정책 결정에 대한 의도되고 실제적인 강제효과(intended and actual coercive effect)'를 갖는 것으로 보아 받아들이지 않았다.[617] '수출국이 바다거북의 보호와 보존을 위하여 채택할 수 있는 다른 특정 정책 및 조치는 고려되지 않는' 반면에, 미국은 모든 수출국이 '본질적으로 동일한 정책을 채택할 것'을 요구하였다.[618] 이후, 수입 금지는 더 이상 '본질적으로 동일한 프로그램의 채택'을 요구하지 않고 미국의 프로그램에 '*효과상 필적가능한*(comparable in effectiveness) 프로그램의 채택'을 요구하는 것으로 미국에 의해서 개정되었는데, 이러한 수입 금지는 "자의적이거나 정당화될 수 없는 차별'을 회피할 정도로 조치의 적용에 있어서 충분한 유연성(flexibility)을 허용하는' 것으로 간주되어 AB의 심사를 통과하였다.[619]

AB의 이러한 두문 해석은 탄소 관련 BAMs에 대하여 다음과 같은 함의를 가질 수 있다. 한편으로, 이러한 해석은 EU 생산자가 EU ETS에 따라 배출비용을 이

---

614) 배출 집약적 수출산업에 대한 리베이트는 환경 관점에서 이해될 수 없다는 견해는 Julia Reinaud에 의해서도 지지된다. Reinaud (n 224) 74 참조.

615) Mattoo et al. (n 233) 14−−15.

616) 조치를 두문에 따라 심사하기 위한 이러한 기틀은 Joost Pauwelyn에 의해서 처음으로 구조화되었다. Pauwelyn 'U.S. Federal Climate Policy and Competitiveness Concerns' (n 195) 38−41 참조.

617) *US-Shrimp*, AB report, para 161.

618) Ibid, paras 161 and 163.

619) *US-Shrimp (Article 21.5 - Malaysia)*, AB report, para 144.

미 지불했다면 예컨대 미국에게 EU 수입품을 탄소 BTA로부터 면제할 권리를 부여할 수 있을 것이다.[620] 다른 한편으로, 에너지 집약 수출품에 대한 수출세와 같은 중국의 기후 정책 조치 또는 향상된 에너지 집약도 목표(energy intensity target)는 어쩌면 중국 수입품에 대한 더 낮은 탄소세를 부과함으로써 어느 정도는 또한 고려되어야 한다. 어쨌든 이는 서로 다른 국가들의 배출량 감축 시스템과 기후 정책 간의 비교를 요구할 것인데, 비교가 특히 가격에 바탕을 두는 기후 정책 조치(예컨대 탄소세, 배출상한제)와 가격에 바탕을 두지 않는 기후 정책 조치(예컨대 배출 표준, 금지) 사이에서 이루어질 때 그러한 비교는 매우 어려운 작업이 될 것이다.[621] 어떤 수출국은 배출권거래제를 시행할 수 있고, 다른 수출국은 탄소 집약적 생산자에 대해 국내 탄소세를 부과할 수 있고, 또 다른 수출국은 예컨대 탄소 집약적 기술 등을 보유하는 오래된 공장을 폐쇄하는 것과 같은 그 밖의 완화 노력을 경주할 수도 있다.[622] 이러한 국가들 모두에서 동일 조건이 널리 존재하는가? 답변은 명확하지 않다.[623]

Shrimp/Turtle 분쟁으로부터 도출되는 교훈을 토대로 미국은 '필적가능한 행동'(comparable action)이라는 용어를 기후변화 법안에 포함시켰다.[624] 특히 이 법안은 기후 변화에 대적하는 필적가능한 행동을 취한 국가로부터 수입되는 상품의 허용배출량 제출 요건을 면제할 수 있도록 허용할 것을 제안한다. 관련되는 쟁점은 한 국가의 기후 행동이 다른 국가들에 의해서 정당한 정책 목적으로 간주될 수 있는지 그리고 누가 이러한 목적 달성에 있어서 조치의 효과성을 평가해야 하는지에 있다. 미국에서는 예컨대, 필적가능한 기후 행동을 수출국에서의 GHG 배출량의 백분율 변화가 같은 기간 동안 미국에서의 GHG 배출량의 백분율 변화와 동일하거

620) EU 기후 입법은 국내선에 배출 제한을 부과하는 국가로부터 도착하는 항공편에 대해 허용배출량 요건을 면제하기 위하여 EU ETS를 개정하는 내용을 규정한다. Directive 2003/87/EC of the European Parliament and of the Council of 13 October 2003 establishing a scheme for greenhouse gas emission allowance trading within the Community as amended by Directive 2008/101/EC of 19 November 2008 so as to include aviation activities in the scheme for greenhouse gas emission allowance trading within the Community [2008] OJ L8/3, Art. 25a 참조.

621) Low, Marceau and Reinaud (n 130) 17.

622) 또한 '노력의 필적가능성'(comparability of efforts)이라는 용어가 국제 기후 협상에서 적용된다. 특히 발리 행동 계획(Bali Action Plan)에서 이 용어가 선진국의 완화 행동에 관하여 언급되었다. Bali Action Plan, Decision lICP.13, para l(b)(i) 참조.

623) J Wiers, 'Multilateral Negotiations and Unilateral Discrimination from a World Trade Organization Legal Perspective', in *Climate and Trade Policies in a Post-2012 World* (UNEP 2009) 93.

624) House of Representatives, Committee on Energy and Commerce, *Competitiveness Concerns/Engaging Developing Countries* (Climate Change Legislation Design White Paper, 2008) 9.

나 이보다 더 나은 상황으로 정의하도록 제안되었다.[625] 하지만 필적가능한 노력에 대한 다자적으로 합의되는 정의는 국가 상황 상의 차이, 한 국가의 발전 수준, 한 국가의 역사상의 그리고 현재의 배출량을 고려해야 한다.[626] 일부에서는 BAMs 부과에 대해서 결정할 때 기후 보호 분야에서의 여러 국가의 행동들을 비교하기 위한 적용 기준에 관한 다자적으로 합의되는 국제 기준을 찬성하는 주장을 한다.[627] 이러한 비교 기준이 없는 경우 WTO 패널은 *Shrimp/Turtle* 분쟁에서 지침을 구해야 하고, 어쩌면 미국에 의해서 정해지는 필적가능한 기준에 의해서 영향을 받을 지도 모른다.[628]

여러 국가들에서 널리 존재하는 조건들을 고려해야 하는[629] 두문의 요건으로 인해 탄소 조치를 부과하는 국가가 국가 조치의 엄격성(strictness)을 국가 발전을 바탕으로 차등화하고 심지어 최빈개도국 상품을 면제하는 것이 가능하게 될 수도 있을 것이다.[630] Joost Pauwelyn은 경제발전의 수준과 같은 '상이한 조건'(different condition)들이 상이한 국가들에서 널리 존재하는 한, 두문의 표현이 이러한 국가들로부터 수입되는 상품들 간의 구별을 허용한다고 믿는다.[631] 그는 가난한 국가에서 생산된 상품에 대한 보다 더 완화된 탄소 조치는 '동일 조건'이 이러한 국가들에서 널리 존재하지 않는다는 이유뿐만 아니라 수권조항(Enabling Clause)으로 인해 선진국이 개도국에게 호혜적이지 않은 기준으로 관세 우대를 부여하는 것이 허용된다는 이유로 해서 정당화될 수 있다고 주장한다.[632] AB는 수권조항이 유사한 조건을 갖는 국가를 유사한 방식으로 대우하는 한, GSP 제도 내의 국가들 사이에서 차별적인 특혜 대우를 허용하는 것으로 해석하였다.[633] 탄소 관련 BAMs의 맥락에서 개

---

625) Persson (n 215) 6.
626) Zhang, 'Encouraging Developing Country Involvement' (n 239) 84.
627) J Werksman, 'How Should a Post-2012 Climate Agreement Address Trade-Related Environmental Measures?' in *Climate and Trade Policies in a Post-2012 World* (UNEP 2009) 31.
628) Ibid.
629) '... 다른 회원국들의 영역 내에서 발생할 수 있는 상이한 조건들을 고려해야 하는'이 보다 더 정확한데, 이는 *US-Shrimp* 사건에서 AB에 의해서 공식화되었다. *US-Shrimp*, AB report, para 164.
630) Pauwelyn 'Testimony Before the Subcommittee on Trade' (n 285) 12.
631) Pauwelyn 'U.S. Federal Climate Policy and Competitiveness Concerns' (n 195) 43. 아마도 규제적 차등화를 위한 가능한 조건들의 목록은 배출량의 역사상의 수준, 1인당 배출량 수준, GDP 대비 배출량 등을 또한 포함할 수 있을 것이다.
632) Pauwelyn 'U.S. Federal Climate Policy and Competitiveness Concerns' (n 195) 40, footnote 120.
633) *EC-Tariff Preferences*, AB report, para 173. Low, Marceau and Reinaud (n 130) 20 참조.

도국에 대한 더 유리한 대우는 또한 WTO협정의 당사국이 '상이한 경제발전 단계에서의 각각의 필요와 관심에 일치하는 방식으로 환경을 보호하고 보존하며 이를 위한 수단의 강화를' 모색한다는 이 협정의 전문 상의 표현과 합치할 것이다.[634] 이는 기후 체제와 무역 체제 간의 조화를 강화하는 '공동의 그러나 차별화된 책임과 각자의 능력'(common but differentiated responsibilities and respective capabilities)의 UNFCCC 원칙과도 합치할 것이다.[635] 상이한 국가로부터 수입되는 상품에 대한 차등대우는 수입품의 원산지와는 무관하고 한 국가의 개발 단계를 포함하는 국가의 상황과 관련되는 객관적인 요소에 바탕을 두는 한, 받아들여 질 수 있다.[636] 동시에, 교토의정서의 비준 또는 불비준은 제XX조 두문에 따른 국가들 간의 차별에 대한 유효한 이유가 될 수 없다.[637]

다른 국가에서 널리 존재하는 조건을 고려한다는 것은 수입품에 BAMs를 부과하는 국가가 다른 국가로부터 수입되는 상품에 대하여 유사한 탄소세가 수입품의 본국에서 아직까지 과세되지 않았고 수출 시에 세금 리베이트를 수령하지 않았음을 점검하고 보장할 것임을 함의할 수도 있다. 그렇지 않으면 다른 국가에서 널리 존재하는 조건을 무시한 결과로 이중과세의 문제가 발생할 것이다.

Harro van Asselt, Thomas Brewer 그리고 Michael Mehling은 제XX조 두문 요건을 충족시키는 것에 대하여 사려 깊은 소견을 제시하였다.

> 흥미롭게도 국경조정조치가 상이한 국가들을 더 차등화하면 할수록, 이 조치가 MFN조항을 위반할 가능성은 높아지지만 두문 조건에는 더 많이 합치하게 될 것이다. 반대로, 모든 국가에 국경조정조치를 적용하는 것이 MFN 원칙 위반을 회피할 수 있게는 하지만 이 조치가 예외에 해당되지 못하게 할 것이다. 본질적으로 이는 국경조정조치를 고안하고자 원하는 국가가 GATT 상의 약속 및 원칙의 위반을 회피하는 것에 기초를 두거나 일반예외의 조건을 충족시키는

634) Low, Marceau and Reinaud (n 130) 21. 또한 Christine Conrad는 저개발국가에 대한 특별하고 차등적인 대우의 원칙이 제XX조 두문의 해석에 영향을 준다고 주장한다. Conrad (n 119) 489-490 참조.

635) Low, Marceau and Reinaud (n 130) 21.

636) Pauwelyn 'Testimony Before the Subcommittee on Trade' (n 285) 12.

637) Goh (n 72) 418. 하지만 이러한 차별의 선례는 국제 환경 체제에서는 존재한다. 특히 이러한 유형의 차별은 오존층파괴물질의 거래에서는 허용된다. 몬트리올의정서는 이 협정에의 참여를 바탕으로 국가들 간의 차별을 규정한다. 몬트리올의정서는 이 의정서의 비당사국인 국가로부터 기원하는 오존층파괴물질을 함유하는 상품에 대하여 수입 금지를 예기하고 이 의정서의 당사국인 국가들 간에는 이러한 물질의 거래를 허용하고 한다.

것에 기초를 두는 전략을 의식적으로 선택할 필요가 있다는 것을 의미한다.[638]

'자의적이고 정당화될 수 없는 차별'에 대하여 제기될 수 있는 또 다른 쟁점은 조치의 시행(administration)이 '기본적인 공정성과 적법 절차'(basic fairness and due process)의 조건을 충족하는지의 여부에 있다.[639] 이러한 점에서 WTO 사법기관은 조치를 적용하기 위한 절차를 주목할 것이다. 탄소 관련 BAMs의 맥락에서, 다른 국가가 자국의 수출품이 BAMs의 대상이 되기 전에 '필적가능한' 기후 완화 행동으로 응답하도록 이러한 국가에게 BAMs 입법에 따라 주어지는 시간을 고려하는 것이 중요할 수 있다. 한 국가의 ETS 도입과 '필적가능한 행동'을 취하지 않는 국가로부터 수입되는 상품에 대한 BAMs 부과 사이의 일정한 기간, 즉 경과 기간(phase-in period)이 있을 것으로 기대하는 것은 합리적이다. 이러한 기간의 길이는 다른 국가가 자국의 자원을 조정하고 반응할 수 있도록 합리적이어야 한다. *US-Shrimp* 사건에서 AB는 다음을 주목하였다:

> '경과' 기간의 길이는 인증을 바라는 수출국에게는 사소한(inconsequential) 것이 아니다. 이 기간은 인증의 필수 조건(requisites)을 준수해야 하는 부담감과 새우 수출의 대안시장을 찾아내고 개발할 수 있는 현실적인 실행가능성(practical feasibility)과 직접적으로 관련된다. 이 기간이 짧을수록 ... 준수해야 하는 부담은 더 과중해 진다.[640]

일부 전문가들은 수입국에서의 강제적인 ETS의 확립과 수입 허용배출량 구매요건(import emissions allowance purchase requirement)의 도입 사이에 개도국을 위한 '유예 기간'(grace period)이 ETS 운영 개시 후 적어도 10년은 되어야 한다고 믿는다.[641] 더 짧은 시한 내에 '필적가능한 행동'을 취하는 것은 개도국의 한정된 자원, 미약한 환경 단체, 상대적으로 높은 생산의 탄소집약도, 심지어 EU와 미국과 같은 부유한 국가에게도 국가적 차원의 배출권거래제를 고안하고 준비하기 위하여 시간이 요구된다는 점을 고려해 볼 때, 개도국에게는 불가능할 것이다.[642]

'자의적이고 정당화될 수 없는 차별'에 관한 심사의 또 다른 중요한 요소는 국

638) Van Asselt, Brewer and Mehling (n 161) 55.
639) *US-Shrimp*, AB report, para 181.
640) Ibid, para 174.
641) Zhang 'Encouraging Developing Country Development' (n 239) 82.
642) Ibid.

가가 국경조정제도를 도입하기에 앞서 덜 무역 제한적인 수단으로, 즉 기후 변화 행동에 관한 '양자적 또는 다자적 협정의 체결을 목적으로 하는 전면적인 협상(across-the-board negotiations)'을 통하여 문제를 처리하고자 시도하는지의 여부에 대한 조사일 것이다.[643] 이 요건은 일방적인 조치에 대하여 WTO에서는 다자적인 해결책을 선호한다는 것을 반영한다. 협상은 관련되는 모든 국가들과 비차별을 기초로 하여 수행되어야 한다.[644] 하지만 협정 타결 그 자체가 요구되는 것은 아니다. 즉 '국제협정을 교섭하기 위하여 ... 경주되는 진지하고 신의성실한 노력으로' 충분할 것이다.[645] 이것으로 인해 post-교토 국제기후협정에 관한 현재의 협상이 실패하더라도 일방적인 탄소 관련 BAMs가 허용될 수 있을 것이다. 하지만 일방적인 조치를 원용하는 수입국이 이 조치에 의해서 추구되는 목적에 관련되는 현존하는 모든 국제협정에 따라 적극적으로 참여하고 약속할 것으로 또한 기대된다는 점이 언급되어야 한다. *US-Shrimp* 사건에서 AB는 바다거북을 구하려는 목적을 위해 새우에 대한 금지조치를 내렸던 미국이 이에 앞서 바다거북 보존에 관련되는 세 가지 MEA에 비준하지 않았던 점에 주목하였다.[646] AB의 이러한 주목은 국제 기후 정책의 맥락에서 교토의정서 또는 향후의 국제기후변화협정의 불비준(non-ratification)이 GATT 제XX조에 따라 탄소 관련 BAMs의 정당화를 구할 권리를 국가로부터 박탈할 것인지에 관한 문제를 제기한다.[647] 또 다른 문제는 교토의정서의 당사국인 국가가 일방적인 BAMs를 부과하기 전에 협정을 체결할 목적으로 여전히 다자간 협상을 구해야 하는지에 있다. 어쩌면 교토의정서에 참여한 것은 조치를 부과하기에 앞서 문제의 해결책을 찾기 위하여 한 국가에 의해서 취해지는 다자간 노력으로, 즉 두문에서 요구되는 것으로 간주될지도 모른다.[648]

AB가 다른 국가와 다자간 협정을 교섭하는 노력을 제XX조 (g)항을 다루는 분쟁이었던 *US-Shrimp* 사건에서만 의무적인 요건이라고 판정하였고, 반면 제XX조의

643) *US-Shrimp*, AB report, para 166.
644) Ibid, paras 169-72.
645) *US-Shrimp (Article 21.5 - Malaysia)*, AB report, para 134.
646) *US-Shrimp*, AB report, para 171, footnote 174. [역주: 각주 174에서 AB는 미국이 CITES의 당사국임에도 바다거북에 관한 해당 이슈를 CITES 상임위원회에 제기하지 않은 점을 지적하였고, 미국이 이동성 야생동물종의 보전에 관한 협약과 UN해양법협약을 서명하지 않은 점과 생물다양성협약을 비준하지 않은 점을 예시함]
647) Hufbauer, Chamovitz and Kim (n 162) 74.
648) Goh (n 72) 417.

다른 항에 해당되는 분쟁에서는 이러한 요건이 특별히 제기되지 않았던 점은 주목할 만하다. *US-Shrimp* 사건에서의 AB의 설시[649]에 의해서 뒷받침되는 이러한 사실로 인해 Bradly Condon은 제XX조 두문 요건은 조치가 해당되는 제XX조의 항에 따라 달리 해석될 것이라는 결론에 이르게 된다.[650]

무역상대국과 교섭할 요건을 제(g)항에 귀속시키는 것은 이 항에 해당되는 조치의 성격에 의해서 설명될 수 있다.[651] Bradly Condon에 따르면, 이 항이 적용되는 조치는 초국경적 환경 이슈(예컨대 이동성 동물, 대기 등)에 관련되는 반면, 제XX조의 다른 항은 국내 이슈(예컨대 도덕, 공중 보건 문제 등)를 다룬다. 제(g)항에 따른 '관련성' 심사를 통과하는 것이 제(b)항에 따른 '필요성' 심사보다 더 용이하다는 사실에도 불구하고, 제(g)항과 관련하여 두문의 무역상대국과 교섭할 요건은 조치의 제(g)항에 따른 정당화를 제(b)항에 따른 정당화(제(b)항에 따른 필요성 심사는 엄격하지만 다자간 협상에 관여하도록 요구하지 않음)만큼 어렵게 만들거나 제(b)항에 따른 정당화보다 더 힘들게 만들 것이다.[652] 하지만 제XX조에 대한 이러한 해석은 조치가 제XX조의 다른 항에 동시에, 예컨대 제(b)항과 제(g)항 모두에 해당될 수 있다는 점을 고려하지 않는다. 따라서 필자는 *US-Shrimp* 사건에서의 AB의 설시는 제XX조 두문 요건이 일정한 조치에 적용될 수 있는 *제XX조의 서로 다른 항*(different paragraphs of Article XX)에 따라 반드시 변한다는 점을 암시하는 것이 아니라, 이러한 요건이 *조치의 서로 다른 유형*(different types of measures)에 따라 변할 수 있다는 점을 암시하는 것으로 이해되어야 한다고 생각한다.

국제무역에 대한 위장된 제한에 관한 탄소 관련 BAMs 심사

탄소 관련 BAMs가 충족해야 하는 두문의 또 다른 중요한 요건은 BAMs가 '...

649) AB는 특히 다음을 주목하였다:
"조치의 어느 한 범주에 대하여 '자의적인 차별' 혹는 '정당화될 수 없는 차별' 또는 '국제무역에 대한 위장된 제한'으로 대략적으로 특성화될 수 있는 것이 조치의 또 다른 그룹 또는 형식에 대하여 그렇게 될 필요는 없다. 예컨대 두문에 따른 '자의적인 차별'의 기준이 공중도덕을 보호하기 위하여 필요하다고 주장하는 조치와 교도소 노동상품에 관련되는 조치에 대하여 서로 다를 수 있다."
US-Shrimp, AB report, para 120 참조.

650) Condon (n 521) 917.

651) Ibid 917－918.

652) Ibid 919.

국제무역에 위장된 제한을 구성하는 방식으로' 적용되어서는 안 된다는 것이다.

비록 이 요건은 명확하게 해석된 적이 없지만 과거 분쟁들에서는 '제한'(restriction)이라는 낱말보다는 '위장된'(disguised)이라는 낱말에 방점이 찍혔다. *EC-Asbestos* 사건에서 패널은 특히 다음과 같이 서술하였다:

> '논리적으로 두문 규정은 실체적 규칙의 위반이 발생했다고 결정짓는 것과 동일한 기준을 참조할 수 없다'는 소견[역주: 이 소견에 대해서는 *US-Gasoline*, AB report, p. 23 참조]을 또한 언급하면서, 우리는 '국제무역에 대한 위장된 제한'의 적용범위를 이해하기 위한 열쇠는, 본질적으로 제XX조에 해당되는 조치는 국제무역에 대한 제한이므로 '제한'이라는 낱말이 아니라 '위장된'이라는 낱말이라고 판단한다.[653]

조치가 '국제무역에 대한 위장된 제한'을 구성하는지를 심사할 때 패널과 AB는 '공표성'(publicity) 심사, 조치의 적용이 자의적이거나 정당화될 수 없는 차별도 되는지의 고찰, 그리고 조치의 디자인, 구조 및 구성에 대한 검토라는 세 가지 기준을 사용해 왔다. '공표성' 심사는 '위장된'이라는 낱말의 문자 그대로의 뜻을 반영하여 특히 무역 제한 조치가 발행(publication)을 통하여 공식적인 출처에서 공표되었는지의 여부를 점검한다. *US-Canadian Tuna* 사건에서 GATT 패널이 이러한 접근방식을 사용하였다.[654] 하지만 *US-Gasoline* 사건에서 AB는 '국제무역에서의 *숨겨지거나 공표되지 않은*(concealed or unannounced) 제한 또는 차별이 "위장된 제한"의 모두를 의미하지는 않는다'는 점에 주목하였다.[655] 더 나아가 AB는 자의적인 차별, 정당화될 수 없는 차별, 및 국제무역에 대한 위장된 제한이 되는 제한(restrictions)은 서로 더불어(side by side) 해석될 수 있다고, 즉 이들 각각은 서로에게 의미를 나누어준다고 서술하였다[역주: AB보고서 원문 상에는 원서 상의 'although'가 없으므로 이를 바로잡아 해석함].[656] 따라서 AB는 '국제무역에 대한 위장된 제한'의 실재를 결정할 때 조치가 '자의적이거나 정당화될 수 없는 차별'을 구성하는지를 결정하기 위해서 사용되는 것과 동일한 고려사항이 사용될 수 있다고 판정하였다:

> 우리는 '위장된 제한'이 그 밖에 무엇에 적용되든지 간에, 형식적으로는 제XX

653) *EC-Asbestos*, panel report, para 8.236.
654) *US-Canadian Tuna*, GATT panel report, para 4.8.
655) *US-Gasoline*, AB report, p. 25.
656) Ibid.

> 조에서 열거되는 예외의 요건에 속하는 조치의 외형을 띠고 취해지는, 국제무역에서의 자의적이거나 정당화될 수 없는 차별이 되는 제한을 포괄하는 것으로 적절히 해석될 수 있다고 판단한다. 다소 달리 말하면 특정 조치의 적용이 '자의적이거나 정당화될 수 없는 차별'이 되는지를 결정할 때 관련되는 고려사항의 유형은 국제무역에 대한 '위장된 제한'의 실재를 결정할 때에도 고려될 수 있다.[657]

이는 이전 섹션에서 논의된 '자의적이거나 정당화될 수 없는 차별'에 대한 탄소 관련 BAMs 분석의 다양한 측면을 다시 떠올리게 한다. 결국, 조치가 국제무역에 대한 위장된 제한을 구성하는지를 점검할 때 패널 또는 AB는 조치의 디자인, 구조 및 구성에 또한 주목할 수 있다.[658] *EC-Asbestos* 사건과 *US-Shrimp (Article 21.5-Malaysia)* 사건에서 패널은 조치가 GATT 제III:4조의 의미 내에서 수입품에 대한 차별이 되는지를 결정하기 위하여 애초에 사용했던 '조치의 디자인, 구조 및 드러난 구성'에 대한 분석을 바탕으로 이러한 접근방식을 채택하였다.[659]

결론

탄소 관련 BAMs가 GATT 제XX조 예외조항에 따라 정당화될 수 있는지의 여부는 조치를 자의적이거나 정당화될 수 없는 차별 또는 국제무역에 대한 위장된 제한을 구성하는 방식으로 적용하는 것을 금지하는 제XX조 두문 상의 조건을 해당 조치가 충족시킬 수 있는지에 달려있다. BCA 제도가 적용되는 수입품의 범위를 정의할 때에는 다른 국가의 조건들을 고려하는 것이 중요하다. 실제상으로 이는 어떠한 형태로든 배출 감축을 위한 노력을 경주해 온 국가로부터 수입되는 물품을 더 유리하게 대우하고, 한 국가의 경제 발전 수준에 따라 차등적인 규제적 대우를 허용할 수 있을 정도로 조치가 유연하다는 것을 의미한다. 또한 이는 조치가 UNFCCC 또는 향후의 기후협정에 따른 수출국의 권리와 의무를 고려해야 함을 의미한다.[660]

---

657) Ibid.

658) WTO, Trade and Climate Change (n 77) 110.

659) *EC-Asbestos*, panel report, para 8.236; *US-Shrimp (Article 21.5-Malaysia)*, panel report, para 5.142.

660) 상품의 탄소발자국에 연계되는 수입관세는 고정관세를 초과하는 통상적인 관세에 해당될 수 있어 GATT 제II:1(b)조 위반으로 판정될 가능성이 있다. 하지만 이러한 조치는 기후 정책 목적을 가지고 자의적인 차별을 구성하지 않는 방식으로 적용되는 조치로서 GATT 제XX조의 범위 내에 해당될 가능성이 더 높을 것이다.

7. 여러 형태의 탄소 관련 BAMs에 대한 WTO 합치성 심사

앞서 논의되었던 국경조정에 관한 WTO 법적 기틀을 바탕으로, 그리고 이러한 기틀이 PPM 조치에 대해서 불확실하다는 점과 환경예외에 따라 정당화되기 위해서 요구되는 조건과 더불어, 이번 장은 탄소 관련 BAMs의 여러 가지 가능한 디자인에 대한 WTO법과의 합치성을 심사한다. 탄소 관련 BAMs의 PPM 성격으로부터 기인하는 WTO의 법적 이슈는 제5장에서 논의되었으므로 이번 장은 이러한 이슈를 간략하게만 요약한 후, 구체적인 유형의 탄소 관련 BAMs와 관련이 있는 PPM 무관련 이슈에 대한 심사와 함께 법적 분석을 보완한다. 탄소 관련 BAMs가 WTO 법과 일치하는지에 대한 심사는 전통적인 순서를 따른다.[661] 첫째, 심사되는 조치에 대한 WTO 대상협정의 관련성이 결정된다. 둘째, 조치가 대상협정 상의 실제 의무의 범위에 속하는지가 분석된다. 셋째, 조치에 대한 협정 규정의 적용범위가 일단 확인되면(협정을 위반하기 위해서는 조치가 의무 범위 내에 속해야 함), 위반 또는 비위반에 대한 분석이 이루어진다. 조치가 규정의 적용범위 밖에 있는 것으로 판정되면 WTO 합치성 심사는 두 번째 단계에서 종료될 것이다. 조치가 규정의 적용범위 안에 속하는 것으로 판정되면, 네 번째 단계에서는 위반이 제XX조의 일반예외에 의해 정당화될 수 있는지가 심사된다.

수입품을 국가 배출권제도에 편입하기

수입업자로 하여금 수입품의 생산 중에 발생된 배출량과 동등한 허용배출량을 제출하도록 하는 요건은 탄소 관련 BAMs에 관하여 널리 논의되는 제안이다. 수입업자의 허용배출량 요건은 국가 ETS에 참여하는 국내회사에 대한 동일한 요건에 상응할 것이다. 국가는 수입업자가 허용배출량을 제출하도록 요구함으로써 수입품을 기본적으로 자국의 ETS에 포함시키고, 이러한 경우 ETS는 국경조정제도 내의 '내국조치'(internal measure)에 해당될 수 있다. 제5장에서 탄소 관련 BAMs의 PPM 특성을 검토함으로써 도출된 대로, 수입품에 대한 ETS 편입에 관한 WTO 합치성은 npr-PPM 조치가 GATT 제III조에 따른 동종성 심사와 내국민대우 심사를 통과할

661) Conrad(n 119) 117.

수 있는지에 크게 좌우될 것이다. 하지만 PPM 이슈에 더하여, 허용배출량 요건의 국경조정은 수많은 PPM 무관련 문제를 제기한다.

적용대상 수입 품목, MFN 의무 및 제XX조 두문 요건 합치성에 관한 전망

국가 ETS에 수입품을 편입시키는 것에 관한 몇몇 제안에는 일정한 범주의 수입품에 대한 적용면제(exemption)가 포함된다.[662] 예컨대 EU ETS 지침은 항공 분야에서 유사한 배출 감축의무를 부과하는 국가로부터 도착하는 항공편에는 허용배출량 요건을 제외하는 옵션을 규정한다.[663] 따라서 PPM 이슈와는 무관하게 제기되는 문제는 수입업자의 허용배출량 요건의 적용범위로부터 특정 수입품을 배제하는 것이 MFN 의무와 합치하는지, 그렇지 않으면 달리, GATT 제XX조의 일반예외에 따른 정당화 조건을 충족하는지에 있다. 한편으로, 제5장에서 논의된 바와 같이, 수입품의 원산지에 바탕을 두는 수입품에 대한 적용면제는 MFN 대우에 관한 GATT 제I조를 위반할 개연성이 있다. 다른 한편으로, 제6장에서 논의된 바와 같이, 서로 다른 국가로부터 수입되는 상품들을 규제적으로 구별하는 것은 조치를 GATT 제XX조 상의 예외로서 항변하기 위하여 필요하다. 예를 들면 허용배출량 요건에 대한 국경조정은 개도국에 대한 특별하고 차등적인 대우에 관한 GATT 규정을 고려해야 한다. 특히 제XXXVII:1(c)(i)조는 선진국이 저개발국으로부터 수입되는 상품에 대한 새로운 재정조치 부과를 삼가도록 의무화한다. 따라서 국경조정의 목적상 수입품 적용범위에 관한 선별과 수입품 적용면제에 관한 기준은 수입업자의 허용배출량 요건의 WTO 일치성을 위하여 꼭 필요하다.[664]

예컨대 미국의 Waxman-Markey 법안은 어느 국가가 (a) 전체 경제에 구속력 있는 국가적 약속이 적어도 미국의 약속만큼 엄격한 국제협정의 당사자이고, (b) 어떤 분야에 대한 연간 에너지 또는 배출 집약도가 미국의 동등 분야에 필적가능

662) Holzer (n 196) 59.

663) Directive 2003/87/EC of the European Parliament and of the Council of 13 October 2003 establishing a scheme for greenhouse gas emission allowance trading within the Community as amended by Directive 2008/101/EC of 19 November 2008 so as to include aviation activities in the scheme for greenhouse gas emission allowance trading within the Community [2008] OJ LS/3, Art. 25a.

664) Holzer (n 196) 59.

하거나 더 나으며, (c) 그 분야에 대한 양자적 또는 국제적 배출 감축협정의 당사자인 경우, 이러한 국가의 상품을 85% 넘게 수입하는 분야에 대해서는 수입 허용배출량 요건의 적용을 배제한다.[665] 수입 적용면제에 관한 이러한 기준은 GATT 제XX조 두문요건을 충족시키지 못할 개연성이 있다. *Shrimp/Turtle* 법리로부터 도출되는 바와 같이, 무역상대국으로 하여금 수입국의 기후에 관한 법과 표준만큼 엄격하거나 수입국의 동등 분야에 필적가능하거나 더 나은 법과 표준을 채택하게 하는 요건은 강제적인 것으로, 즉 '외국 정부가 내린 특정 정책 결정에 의도되고 실제적인 강제효과'를 갖는 것으로 판단될 수 있다.[666] 미국의 새우 금지에 대한 제XX조에 따른 정당화는 그 금지로부터 국가 또는 분야를 적용배제하는 기준이 무역상대국으로 하여금 동일한 프로그램을 필수적으로 채택하도록 요구하는 것으로부터 '효과상 필적가능한 프로그램의 채택'을 요구하는 것으로 변경된 후에야 비로서 이용가능하게 되었는데, AB는 이러한 '효과상 필적가능한 프로그램의 채택'이 '"자의적이거나 정당화될 수 없는 차별"을 회피할 정도로 조치의 적용에 있어서 충분한 유연성'을 제공했다고 판단하였다.[667]

국제항공의 특별한 사례

수입업자의 허용배출량 요건에 관한 법적 이슈에 대한 앞선 논의는 개정된 EU ETS 지침에서 규정된, EU ETS에서의 국제항공의 편입이 WTO법을 준수하는지에 대한 평가와 관련이 있다.[668] 국제항공 분야는 국제선을 운영하는 국내선과 국제선을 모두 포함하는데, 이러한 국제항공 분야의 특이성으로 인해 EU ETS에서의 국제항공의 편입은 BAMs에 해당될 수 있다. 이러한 편입이 실제로 실행된다면 이는 최초로 실행되는 탄소 관련 BAMs가 될 것이다. 하지만 이는 항공수송이 서비스라는 사실 때문에 탄소 관련 국경조정의 특별한 경우가 될 것이다. 따라서 이러한 조치를 따르는 것은 GATT규범뿐 아니라 GATS 규정에 따라 평가될 것이다.[669]

---

665) American Clean Energy and Security Act of 2009, Part IV, Section 401.
666) *US-Shrimp*, AB report, para 161.
667) *US-Shrimp (Article 21.5 - Malaysia)*, AB report, para 144.
668) 이 조치는 제3장에서 보다 자세하게 논의되었다.
669) GATT 상의 위반은 화물항공편과 여객항공편에 의한 상품 운송비의 증가로 인해 촉발될 것인 반면, GATS 위반은 여객항공편에서의 항공료 인상으로 인해 발생될 것이다. 하지만 GATS 규정의 항공조치에 대한 적용에 관한 문헌 상의 견해들은 상이하다. Lorand Bartels는 운수권

더 나아가, WTO협정에 따른 이슈에 더하여, 이러한 조치는 다른 국제협정, 특히 시카고협약에 따른 이슈를 제기할 것이다.[670] 본 연구의 범위가 상품무역에서의 국내 탄소조치에 관한 국경조정에 한정되므로, 본 섹션은 GATT에서 제기되는 법적 이슈에 주로 초점을 맞출 것이다.

항공을 EU ETS에 편입시키는 것은 GATT 제I조 상의 MFN 원칙에 대한 *사실상* 위반을 촉발할 것이다. 항공기로 원거리 운송되는 수입상품은 근거리 운송되는 수입품보다 더 높은 비용을 부담하게 될 공산이 크다.[671] 예컨대 케이프타운에서 프랑크푸르트로 항공 운송되는 식용포도는 프랑크푸르트에서 이스탄불로 항공 운송되는 식용포도에 비해서 차별 받는 것이 될 것이다.[672] 같은 이유로 EU 조치는 또한 NT 의무 위반을 촉발할 수 있다. EU ETS에 항공을 편입시키는 것은 GATT 제III:4조에 적용을 받는 국내규정(internal regulation), 즉 '국내 판매에 영향을 미치는' 규정에 해당될 개연성이 높다.[673] 실제로, 항공편에 대한 허용배출량 제출 요건은 운송을 더욱 비싸게 만들어, EU 시장으로 운송되는 상품의 가격과 판매에 '영향을 미칠' 것이다. 동종 EU 상품이 항공로로 운송되는 거리에 따라, 또는 동종 EU 상품이 항공로 대신에 육로 또는 뱃길로 운송된다면, 수입상품은 동종 국내 상품에게 부여되는 것보다 불리한 대우를 받게 될 수 있는데, 이는 GATT 제III:4조 요건에

(traffic right) 또는 운수권의 행사에 관련되는 서비스에 영향을 미치는 조치는 GATS 적용이 배제되고(항공 운송 서비스에 관한 부속서 제2항 참조) 시카고협약과 양자간 영공개방협정에 의해 주로 규율된다고 주장한다. Bartels (n 221) 15–16 참조. 이와 대조적으로, Joshua Meltzer는 EU ETS 관련 항공 부담은 동 GATS 부속서와 시카고협약의 의미에서 운수권에 속하게 되는 관세 및 부과금이 아니므로, 이는 GATS의 규제 범위에 속한다고 지적한다. J Meltzer, 'Climate Change and Trade – The EU Aviation Directive and the WTO' (2012) 15 *Journal of International Economic Law* 111, 124–128 참조.

670) 하지만 *Air Transport Association of America and others v. Secretary of State for Energy and Climate Change* 사건에서의 EU사법재판소 판결에 따르면, 시카고협약 규정은 EU에 대해서 구속력이 없는 것으로 보인다는 점이 주목되어야 한다. 모든 EU 회원국이 시카고협약의 당사자이므로 그로 인해 ICAO 회원국이 되지만 EU는 ICAO 회원국이 아니며 회원국이 될 수도 없다. 항공을 EU ETS에 편입시키는 것은 EU ETS 지침에 따라 제정되는 조치를 구성하기 때문에, 전체로서의 EU에 대해서만 제소될 수 있으며 EU 회원국의 일부 또는 전부에 대해서는 별도로 제소될 수 없다. 하지만 EU가 시카고협약 규정을 위반한다는 주장은 이 규정이 시카고협약의 비당사자인 EU에게는 구속력이 없기 때문에 충족될 수 없다. ECJ Case C–366/10, *Air Transport Association of America and others v. Secretary of State for Energy and Climate Change* [2011] ECR 1–1133, paras 60–63 참조.

671) Bartels (n 221) 9.

672) 그리고 성안 당시 발표한 대로, EU는 EU 영공에 대한 배출에 대해서만 부담을 부과하였지만, 원산지가 서로 다른 동종상품들이 직면하는 배출비용은 항공편이 들어오는 방향과 EU 목적지까지의 거리에 따라 상이할 것이다.

673) Bartels (n 221) 5.

위반된다. 포도 무역의 사례를 활용하면, 이스탄불에서 프랑크푸르트로 항공 운송되는 식용포도는 발렌시아로부터 프랑크푸르트로 항공 운송되거나 토리노에서 트럭을 통해 프랑크푸르트로 운송되는 식용포도에 비해서 차별 받는 것이 될 것이다. 제5장에서 이미 언급한 대로, AB는 조치가 수입 상품에게 유해하게 경쟁 조건을 변경한다면 수입 상품은 동종 국내 상품보다 불리하게 대우된다고 표명하였다.[674] 불리한 대우는 '불균형적 영향'(disproportionate impacts)의 관점과 제III:4조 상의 차별에 대한 '합리적으로 이용가능한 유리한 대우' 심사로부터 모두 부여될 수 있다.[675] 예컨대 더 많은 외국산 오렌지가 항공로로 운송된다면 '불균형적 영향'이 판정될 것이고, 반면에 외국산 오렌지를 가장 가까운 EU 공항에 가져갈 때 이를 육로로 운송하기에는 비용이 너무 많이 든다면 유리한 대우는 '합리적으로 이용가능한' 것이 될 수 없다.[676] 항공편에 대한 허용배출량 제출 요건이 제III:4조 2문에 담겨 있는, NT 의무에 대한 적용배제에 해당되지 않는다는 점이 주목할 만한데, 제III:4조 2문에 따르면 제III:4조의 규정은 '상품의 국적에 기초하지 아니하고 전적으로 운송 수단의 경제적 운영에 기초하는 차등적인 국내 운임의 적용을 방해해서는 아니 된다.' EU ETS에 관련되는 항공 운임은 전적으로 운송 수단의 경제적 운영에 기초하는 운임으로 간주될 수는 없다. 오히려 이 운임은 기후 정책적 고려사항에 기초한다.[677]

또한 항공 분야에 대한 EU의 규제는 *사실상* 수입수량제한으로, 즉 국내조치가 아니라 수입에 부과되는 조치로 판정될 수 있기 때문에 GATT 제XI조의 적용을 받을 수 있다.[678] Lorand Bartels은 *Colombia-Ports of Entry* 분쟁에서의 유사한 상황을 언급하는데, 이 분쟁에서 패널은 조치가 상품의 원산지 항구로부터 판매지까지의 운송비에 어떤 방식으로든 영향을 미친다면 그 조치가 제XI조를 위반한 것이라고 판정하였다.[679] 항공편에 대한 허용배출량 제출 요건은 운송비에 영향을 미친다.

674) *Korea-Various Measures on Beef*, AB report, para 137.
675) Bartels (n 221) 8.
676) Ibid.
677) 하지만 제5장에서 논의된 대로, *Dominican Republic-Import and Sales of Cigarettes* 사건에서의 불리한 대우에 관한 해석에 바탕을 두면, 항공 운송사업자에 대한 EU ETS 요건으로부터 발생하는 수입품에 대한 유해한 효과가 상품의 원산지와 관련되지 않는 요소에 의해서 야기된 효과로 판단될 수 있기 때문에 이러한 유해한 효과는 제III:4조 하에서 동종 국내 상품과 비교할 때 수입품에 대한 불리한 대우가 되지는 않을 가능성이 있다. *Dominican Republic-Import and Sale of Cigarettes*, AB report, para 96 참조. [역주: 원서 상의 'para 95'는 오류이므로 'para 96'으로 바로잡음]
678) *EC-Asbestos*, panel report, paras 8.87－8.99.
679) *Colombia-Ports of Entry*, panel report, paras 7.258－7.275. Bartels (n 221) 8 참조.

따라서 육로로, 즉 지리적 조건으로 인해 EU ETS에 편입되지 않는 운송 수단에 의하여, 운송될 수 없는 수입품에 대해서는 수입이 제한될 것이라고 주장될 수 있다.680)

또한 전술한 GATT 규정들의 위반은 GATT 제XX조의 일반예외에 따라 항변되기 어려울 것이다. 첫째, 육로 운송이 항공 운송보다 더 탄소 집약적이지 않다면, 항공 운송만큼 탄소 집약적인 육로 운송과 같은 다른 운송 수단이 적용되지 않았기 때문에 이 조치는 제XX조 두문 요건을 위반하는 자의적이거나 정당화될 수 없는 차별로서 판단될 수 있다.681) 게다가, 운송에 관련되는 배출은 투입물, 생산 공정, 유통 등으로 구성되는 상품의 전체 수명주기를 통해 생성되는 배출에 일반적으로 크게 기여하지 않는다.682) 둘째, 항공사가 EU ETS 규제를 준수하는 비용을 소비자에게 전가할 수 있는 한도에서, 이 조치는 항공사의 배출 감축을 격려할 수 있는 역량이 한정될 것이므로 고갈될 수 있는 천연자원의 보존에 있어서 제한되는 역할을 수행하게 될 것이다.683)

---

680) EU 항공조치의 GATS 합치성의 차원에서, GATS 상의 의무가 이 조치에 직접적으로 적용되는지의 여부와는 상관없이, GATS는 항공 운송이 관광과 같은 다른 서비스 분야에 미치는 영향을 통해서 간접적으로 적용된다고 주장될 수 있다. Lorand Bartels은 EU 조치가 Mode 2에 따른 관광 및 여가 서비스의 외국공급자를 불리하게 대우함으로써 GATS 제II조와 제XVII조에 따른 MFN 의무와 NT 의무를 위반하는 것으로 판정될 수 있기 때문에, GATS 위반이 가능하다고 주장한다. GATS 제XIV조의 일반예외에 따른 항변은 제(b)항에 따른 인간, 동물 또는 식물의 생명 또는 건강을 보호하기 위하여 필요한 조치로서만 가능할 수 있다(GATS에는 '고갈될 수 있는 천연자원의 보존에 관한' 예외조항이 없다는 점을 주목하라). 하지만 이 조치는 필요성 심사를 통과하지 못하고 자의적인 차별을 금지하는 제XIV조 두문 조건을 충족하지 못할 것이다. Meltzer (n 669) 150–151; Bartels (n 221) 19 참조. GATS 부속서가 규정하는 항공서비스에 영향을 미치는 조치에 대한 적용배제(carve–out)가 EU ETS에서의 항공의 편입에 적용되지 않고 이 조치가 GATS 규범의 적용을 받는다면(Meltzer (n 669) 127 참조), WTO 패널은 이 사안이 ICAO에서 결정되기 전에는 이 조치의 GATS 합치성에 대해서 결정할 수 없을 것이다. 이러한 결론은 GATS 항공 운송 서비스에 관한 부속서의 제4항으로부터 도출되는데, 제4항은 GATS에 따른 WTO 분쟁해결절차는 '관련 회원국이 의무를 지거나 구체적 약속을 한 경우에 한하여, 그리고 양자간 및 다른 다자간 협정 또는 약정 상의 분쟁해결절차를 다 거친 이후에만 원용될 수 있다'고 기술한다. '양자간 및 다른 다자간 협정 또는 약정'에 대한 언급은 양자간 영공개방협정과 시카고협약으로 쉽게 연계될 수 있다. Bartels (n 221) 16–17 참조. 하지만 Joshua Meltzer은 이 조치가 운수권에 속하게 되는 것이 아니므로 시카고협약과 양자간 영공개방협정을 위반하지 않기 때문에, WTO 패널은 이 조치의 GATS 합치성에 대해서 즉각적으로 결정할 수 있는 권한을 가질 것이라고 주장한다. Meltzer (n 669) 127.

681) Bartels (n 221) 14.

682) Meltzer (n 669) 145.

683) Ibid 141. 더 나아가, Lorand Bartel은 GATT 제XX조에 따라 이 EU 조치를 항변하기 어려운 세 번째 이유를 제시한다. EU 요건이 애초의 계획대로 EU 공항에서 이륙하고 도착하는 모든 국제선이 허용배출량 요건의 적용을 받게 되는 것으로 이행된다면, EU ETS의 적용을 받지 않는 간접노선(indirect flight), 즉 EU 영역에서 도착하거나 이륙하지 않는 노선의 일부는 EU ETS의 적용을 받는 노선들보다 더 많은 배출을 생성할 수 있다. 예컨대 '홍콩에서 프랑크푸르

수입에 대한 탄소세의 국경조정

탄소세가 시행되고 있는 국가는 탄소 BTA를 국가 탄소세 시스템이 적용되는 분야의 수입품에 도입함으로써 배출비용을 국경에서 동등하게 하는 옵션을 가질 것이다. 탄소세 BTA를 도입하는 제안은 1990년대 초반에 유럽에서 이루어졌다. 탄소세 BTA는 EC 전체에 탄소세 시스템을 확립하고자 핀란드에 의해서 개시되었던 노력과 연계되었다.[684] 하지만 경제에서 일반적인 가격 수준이 인상될 수 있다고 우려하던 유권자의 눈에, 세금은 비호감이었기 때문에 지지를 얻지 못하였다.

수입업자 허용배출량 요건과 마찬가지로, 상품에 내장된 탄소와 연계되는 BTA는 PPM 조치이고, 제5장에서 논의된, (국경조정 적격성, 동종성 심사 등의 차원에서) PPM 조치와 관련되는 법적 불확실성을 수반한다. 그럼에도, 이것은 더욱 명확하게 재정조치로 인식되기 때문에 탄소세의 국경조정은 허용배출량 요건의 국경조정과 비교할 때, 소비세(VAT, 개별소비세 등)의 국경조정을 위해 사용되는 전통적인 BTA에 더욱 적합한 것으로 보인다. 게다가 세금은 가격기반조치이고, WTO에서는 더욱 투명하고 효율적이라고 간주되므로, 규제, 특히 수량제한보다는 선호된다.[685]

탄소 관련 BTA의 수입품에 대한 적용에 관한 법적 이슈는 이 조치의 PPM 특성과 무관하게 발생하는데, 앞선 섹션에서 논의되었던 수입업자 허용배출량 요건의 법적 이슈와 닮아 있다. 또한 세금면제를 둘러싼 문제가 있다. 탄소세가 국경조정에 적격인 것으로 판정되어 GATT 제III:2조 1문의 적용을 받게 된다면, 수입국에서는 세금면제가 적용되는 분야에서 수입품을 면세조치하지 않는 BTA 체계는 NT 원칙을 위반하게 될 것이다. 이와 유사하게, 세금면제가 특정 국가로부터 수입되는 상품에 부여된다면, 탄소세는 GATT 제I조 상의 MFN 의무를 위반하게 될 것이다.

트까지의 직행노선[즉 EU에 도착하고 EU ETS의 적용을 받는 노선]은 [이산화탄소] 251톤을 배출하는 반면, 두바이를 경유하는 간접노선[즉 두바이부터 EU까지의 거리에 대해서만 부분적으로 EU ETS가 적용되는 노선]은 296톤을 배출하는데 이는 직행노선보다 18% 더 많은 양이다.' Lorand Bartels은 *Brazil-Retreaded Tyres* 사건에서의 AB의 판정을 근거로(AB report, para 228), EU 조치가 더 많은 간접노선을 장려하는 한도에서, 이 조치는 더 많은 배출을 견인할 수 있기 때문에, 이 조치는 제XX조에 따라 예외조치를 취할 수 있는 정당한 근거가 되는, 고갈될 수 있는 천연자원의 보존과 관련되거나 인간, 동물 또는 식물의 생명 또는 건강을 보호하기 위하여 필요한 것으로 간주될 수 없다고 주장한다. Bartels (n 221) 14 참조.

684) R Sairinen, 'Regulatory reform and development of environmental taxation: the case of carbon taxation and ecological tax reform in Finland', in J Mime and M Andersen (eds), Handbook of Research on Environmental Taxation (Edward Elgar 2012) 430.

685) Pauwelyn 'U.S. Federal Climate Policy and Competitiveness Concerns' (n 195) 23.

더욱이 국경조정이 아닌 이유로 수입품에 탄소세를 부과하는 조치는 WTO 의무를 위반하게 될 것이다. 예컨대 수입품에 대한 탄소세는 국제기후협정에 대한 불비준 또는 비참여에 대응하는 차원에서 또는 필적가능한 기후조치를 취하지 않았다는 이유로 부과될 수 없다. 탄소세가 동종 국내상품에 부과되지 않을 것이므로 NT 원칙에 위반될 것이고, 더 나아가 탄소세가 특정 '비참여' 국가로부터 수입되는 상품에만 부과될 때에는 MFN 원칙도 위반하게 될 것이다. 또한 국내 생산자가 탄소세는 적용 받지 않으면서 ETS는 적용 받는 상황이라면, 수입품에 대한 탄소세는 BTA라기 보다는 수입관세에 해당될 것이고, 고정관세를 초과하여 '수입에 대하여 또는 수입과 관련하여 부과되는 그 밖의 관세 또는 모든 종류의 부과금'으로서 GATT 제II(b)조 위반을 구성할 개연성이 있다.

명령통제 조치의 국경조정

법적 관점에서 볼 때, 탄소집약도 기준과 탄소집약적 상품에 대한 쿼터 또는 금지와 같은 명령통제 조치(command-and-control measures)가 국내규제의 연장으로서 수입품에 부과되는 때에는 탄소 관련 BA 제도의 일부를 구성할 것이다.

수입품에 적용되는 탄소집약도 기준

제2장에서 논의된 바와 같이, 탄소집약도 기준은 수송 연료와 관련해서 일부 국가에 의해서 적용되고 있고, 경제의 에너지 집약 분야에 있는 그 밖의 상품들에도 적용이 고려되고 있다. 예컨대 미국 시장에서 팔리는 탄소집약상품에 그 상품의 원산지를 불문하고, 즉 국내 상품이든지 수입 상품이든지 간에 탄소집약도 기준을 적용하는 방안이 미국에서 제안되었다.[686] 더 나아가 현재 미국의 캘리포니아 주에서 시행 중인 저탄소 연료 기준(Low-Carbon Fuel Standard)이 어쩌면 미국 연방 차원으로 확대되고 수입에 대해서 조정될 수 있다. 이러한 모든 경우에서 미국 수입업자는 수입 상품의 탄소발자국이 미국 경제의 상응하는 분야에서의 탄소집약도 기준에 의해서 정해지는 생산단위당 배출 한계를 초과하지 않을 것임을 입증하도록

686) House of Representatives, Committee on Energy and Commerce, Competitiveness Concerns/ngaging Developing Countries (Climate Change Legislation Design White Paper, 2008) 10-11.

요구될 것이다. 수입업자는 수입 상품에 관련되는 더 낮은 표준을 상쇄하기 위하여, 수입 상품의 탄소발자국과 탄소집약도 기준 간의 차이에 대하여 허용배출량을 제출하도록 요구되거나, 연방 차원의 총량제한 배출권거래제가 없는 경우에는 추가적인 수입관세를 납부하도록 요구될 수 있다.[687] 모든 생산자, 즉 국내생산자와 외국생산자가 허용배출량을 제출함으로써 차이[역주: 배출집약도 표준과의 차이]를 커버할 가능성을 갖는 상태에서 충족해야 하는 배출집약도 표준은 BA 제도를 개별적으로 고안할 필요를 없게 하므로 아마도 ETS나 탄소세에 대한 좋은 대안이 될 수 있을 것이다.[688] 하지만 배출집약도 표준의 수입품에 대한 확대는 TBT협정 상의 의무에 주로 관련되는 수많은 문제를 야기한다. 제5장에서 논의한 바와 같이, 수입품에 적용되는 탄소집약도 기준의 PPM 지위는 WTO와의 일치성에 관한 함의를 갖는데, 이 표준에 대한 TBT협정의 적용범위와 이 표준의 TBT협정의 비차별규정과의 합치성에 관한 불확실성을 더하고 있다. 이번 섹션은 탄소집약도 기준의 수입품에 대한 적용과 관련될 수 있는 PPM 무관련 이슈를 개관함으로써 탄소집약도 기준에 대한 법적 분석을 마무리한다.

탄소집약도 기준의 TBT협정 제2.2조 요건과의 합치성

TBT협정 제2.2조에 따르면, 탄소집약도 기준이 국제표준에 기초하지 않는 경우에는 '정당한 목적을 충족하기 위하여 필요한 것보다 더 무역제한적이어서는 아니 된다.' 이 규정은 필요성 심사를 포함하는 GATT 제XX조 두문 요건과 기본적으로 닮아 있다. 하지만 TBT 요건의 경우에는 입증책임이 제소국에게 있으며, 제XX조에서와 같이 피소국에게 부과되지 않는다.[689] TBT협정 제2.2조는 GATT 제XX조와 마찬가지로 정당한 목적의 목록을 제시하지만, 이러한 목록은 GATT 제XX조와는 다르게, 한정된 것이 아니라 단지 예시적이다.[690] 규제 목적의 고안은 WTO 회원국의 특권이지만, 이용가능한 사실을 사용하는 패널은 어떠한 목적이 실제로 조치에 의해서 추구되고 있는지 그리고 그 추구된 목적이 정당한지를 점검할 것이다:

> ... 패널은 회원국이 기술규정을 수단으로 하여 달성하고자 하는 것이 무엇인

---

687) Pauwelyn 'Testimony Before the Subcommittee on Trade' (n 285) 17.
688) Ibid.
689) *US-Clove Cigarettes*, panel report, para 7.364.
690) Low, Marceau and Reinaud (n 130) 22.

> 지를 평가해야 한다. 그렇게 함에 있어서 패널은 법령의 텍스트, 입법제정사, 조치의 구성과 운영에 관한 그 밖의 증거를 고려할 수 있다. 패널은 조치를 통하여 추구하는 목적에 대한 회원국의 특징짓기(characterization)에 의해서 구속되지 않으며, 이를 독립적이고 객관적으로 평가해야 한다.[각주 생략] 뒤이어, 분석은 위에서 기술된 매개변수에 따라 특정 목적이 정당한지의 문제로 향해야 한다.[691]

제2.2조에 따른 분석은 필요성 심사를 포함하는데, 이 심사는 조치가 필요한 것보다 더 무역제한적인지를 평가하는 데에 목적을 둔다. 이는 조치의 무역제한성 분석, 조치가 정당한 목적 달성에 어느 정도 기여하는지에 대한 평가, 그리고 목적의 불충족과 연관되는 위험의 성격과 비중에 대한 분석을 수반한다.[692] GATT 제XX(b)조 상의 분석에서와 같이, 이러한 모든 요소들에 대한 평가는 계쟁 조치와 가능한 대안 조치들 간의 비교를 요구한다:

> 특히, 이러한 비교의 목적상, 제안된 대안이 덜 무역제한적인지, 불충족이 초래할 위험을 고려하면서 이 대안이 관련되는 정당한 목적에 동등하게 기여할 것인지, 그리고 이 대안이 합리적으로 이용가능한지를 고려하는 것은 관련될 수 있다.[693]

동시에, 특히 GATT 제XX조와 꽤 중요한 개념적 차이, 즉 'TBT협정 제2.2조는 적극적인 의무를 규정하며 예외로서 고안된 것이 아니라는'[694] 차이가 있다는 점을 명심해야 한다. 또한 *US-Tuna II (Mexico)* 사건에서 패널은 'GATT 1994 제XX조와 달리, '필요한'(necessary) 것으로 정당화되어야 하는 조치의 측면은 조치의 목적 달성을 위한 필요성이 아니라 조치의 무역제한성이라는' 점과 '... 우리는 제2.2조 2문 상의 '필요한'이라는 용어를 무역제한성이 목적 충족을 위해 '요구되는'(required) 것이어야 함을 본질적으로 의미하는 것으로 이해한다는' 점을 주목하였다.[695]

---

691) *US-Tuna II (Mexico)*, AB report, para 314.
692) Ibid, paras 318, 322.
693) Ibid, para 322.
694) *US-Tuna II (Mexico)*, panel report, para 7.458.
695) Ibid, para 7.460. 흥미롭게도, *US-Tuna II (Mexico)* 사건에서 패널이 미국의 돌고래 안전 라벨링 요건을 심사할 때, GATT 제XX조 대신에 SPS협정 제5.6조의 각주 3에서 규정된 설명에 의존하였다. 즉 패널은 합리적으로 이용가능하면서 덜 무역제한적인 또 다른 조치가 있는지 그리고 이러한 무역제한적 대안이 정당한 목적을 선택된 보호 수준에서 달성할 수 있는지에 주목하였다. *US-Tuna II (Mexico)*, panel report, paras 7.464–7.465. SPS협정과는 대조적으로, TBT협

이 요건을 탄소집약도 기준에 적용할 때, 탄소집약도 기준이 무역제한성 심사를 통과할 거라고 장담하기는 어렵다. 무역제한성 심사는 이 표준의 디자인, 즉 이 표준이 불합치하는 수입품에 대해서 전적으로 시장접근을 금지하지는 것은 아닐 정도로 충분히 유연하며, 오히려 다른 방식으로, 예컨대 허용배출량을 제출함으로써 합치할 수 있는 기회를 제공하는지에 크게 좌우될 것이다. 결국 무역제한성 심사는 제소국이 기후 변화 완화에 동등하게 기여할 수 있는 덜 무역제한적인 조치를 제안할 수 있는 능력에 따라 결정될 것이다.

국제표준의 관련성

수입품에 대한 탄소집약도 기준의 적용은 이 표준이 국제표준에 기초하는지 아닌지의 문제를 또한 불러일으킨다.[696] TBT협정 제2.5조에 따르면 국제표준에 기초하는 기술규정은 '국제무역에 불필요한 장애를 초래하지 않는 것으로 반박가능하게 추정된다.' 따라서 이러한 기술규정은 TBT협정 제2.2조에 합치하는 것으로 반박가능하게(rebuttably) 추정된다.[697]

US-Tuna II (Mexico) 사건에서 AB는 TBT협정 제2.4조의 의미에서 무엇이 국제표준을 구성하는지를 명확히 하였다. AB는 다음과 같이 판정하였다.

> TBT협정의 목적상, '국제' 표준의 정의에서 요구되는 요소는 '국제 표준화 기관'(international standardizing body), 즉 표준화에서 인정되는 활동(recognized activities in standardization)을 하고 그 회원지위가 거의 모든 회원국의 관련 기관에게 개방되는 기관에 의한 표준의 승인(approval)이다 [각주 생략].[698]

국제 표준화 기관이 '모든 회원의 관련 기관'에 개방되기 위한 요건은 탄소집약도 기준의 사용에 관해서 중요한 함의를 갖는다. 현재 TBT협정의 의미에서 국제

정에서는 과학적 증거에 대한 의존이 의무사항이 아니고, 적어도 덜 엄격하다는 점, 즉 TBT협정 제2.2조는 이용가능한 과학적 및 기술적 정보에 대한 고려를 요구할 뿐이라는 점이 여기서 언급될 가치가 있다. Condon (n 521) 924 참조.

696) TBT협정 제2.4조에 따르면, 국제표준이 존재한다면 WTO 회원국은 자국의 국가표준을 국제표준에 기초하여야 한다. 다만 국제표준이 '예컨대 근본적인 기후적 또는 지리적 요소 또는 근본적인 기술적 문제 때문에, 추구되는 정당한 목적의 충족에 비효과적이거나 부적합한 수단일 경우'에는 그렇지 아니하다.

697) Hufbauer, Chamovitz and Kim (n 162) 72.

698) *US-Tuna II (Mexico)*, AB report, para 359. AB는 TBT협정의 의미에서 표준이 국제표준의 자격을 갖기 위한 (컨센서스에 의한 채택과 같은) 모든 기준을 명확히 하지는 않았다.

표준으로 간주될 수 있는 탄소집약도 기준은 없다. 하지만 TBT협정의 의미에서 국제표준의 자격을 갖는 탄소집약도 기준을 잠재적으로 개발할 수 있는 국제기관은 다수 존재한다. 회원지위가 모든 WTO 회원국의 표준화기관에게 개방되는 관련 국제 기구들과 기관들에는 국제표준화기구(International Organization for Standardization: ISO)가 있는데, ISO는 국가 탄소집약도 기준을 정하기 위한 관련 국제 지침으로서 기능할 수 있는, 수명주기 배출의 평가에 관한 ISO 14044 규칙을 가지고 있다[역주: 참고로 이 규칙에 대응하는 한국산업표준의 표준번호는 KS I ISO 14044:2011(표준명: 환경경영 - 전 과정 평가 - 요구사항 및 지침)임]. post-교토 국제기후협정이 보편적인 회원지위(universal membership) 또는 이에 가까운 회원지위에 의해 특징지어진다면, 이 협정은 관련 국제표준으로서 자격을 갖거나 UNFCCC와 함께 앞으로 이러한 표준의 개발을 위한 원천이 될 수 있을 것이다.[699] TBT협정에 따르면 국제표준은 반드시 컨센서스에 의해서 채택되어야 하는 표준이 아니라는 점이 또한 주목되어야 한다.[700] 따라서 소그룹 국가들에 의해서 채택되는 기후 정책 표준이 탄소 관련 기술규정에 대한 관련 국제표준이 될 수도 있다는 주장이 가능하다.[701] 따라서 선진국의 탄소집약도 기준이 선진국 그룹에 의해서 합의되는 배출집약도 규범에 기초하는 경우, 이러한 탄소집약도 기준은 개도국에게 불공정할지라도 TBT협정 규칙과 양립하는 것으로 반박가능하게 추정될 것이다.[702] 하지만 이것은 이러한 협정이나 기관이 모든 WTO 회원국의 참여를 허용할 때에만 유효할 수 있다.[703]

TBT협정이 국가들 간의 표준의 조화를 통해서 수출업자의 비용을 낮추기 위해서 국제표준의 사용을 장려하고는 있지만, 이 협정이 WTO 회원국이 국제표준을

699) Condon (n 521) 924.

700) 사실, TBT협정에는 국제표준에 대한 정의가 없다. Patrick Low, Gabrielle Marceau, Julia Reinaud는 '이 협정은 컨센서스에 기초하지 않는 문서도 대상으로 한다'고 말하는 TBT협정 부속서 I 상의 표준(즉 자율조치)의 정의에 대한 해설주와 *EC-Sardines* 사건에서 표준에 대한 이러한 해석(즉 컨센서스를 요구하지 않는다는 해석)이 국제표준의 정의에도 적용될 수 있다는 패널 판정에 대한 AB의 지지를 언급한다. Low, Marceau and Reinaud (n 130) 25 참조.

701) Ibid.

702) Ibid.

703) *US-Tuna II (Mexico)* 사건에서 AB는 다른 WTO 회원국이 국제 돌고래 보존 프로그램에 관한 협정(Agreement on the International Dolphin Conservation Program: AIDCP)에 가입하도록 초청하기 위해서는 모든 AIDCP 당사자의 컨센서스에 의한 결정 채택이 요구되었기 때문에 AIDCP를 TBT협정의 의미에서 국제 표준화 기관으로 인정하지 않았다. 따라서 AIDCP 표준은 TBT협정 제2.4조의 의미에서 국제표준으로 인정되지 않았다. *US-Tuna II (Mexico)*, AB report, paras 398-399 참조.

사용하도록 의무화하지는 않는다는 점이 중요하다.704) 따라서 한 국가는 자국의 표준을 선택할 수 있다. TBT협정 제2.4조[역주: 원서 상의 '제2.5조'는 오류이므로 '제2.4조'로 바로잡음]는 특히 다음의 상황이 있을 수 있음을 강조한다.

> 그러한 국제표준 또는 국제표준의 관련 부분이 예컨대 근본적인 기후적 또는 지리적 요소 또는 근본적인 기술적 문제 때문에, 추구된 정당한 목적을 충족시키기에 비효과적이거나 부적합한 수단인 상황

더 나아가 TBT협정 제12.4조에 따르면 개도국은 '시험 방법을 포함하여 기술규정 또는 표준의 기초로서 자국의 개발, 재정 및 무역상 필요에 적합하지 아니한 국제표준을 사용할 것으로 기대되어서는 아니 된다.' 따라서 선진국이 개도국에 대하여 배출 성능 표준을 부과할 수 있을 지는 여전히 불명확하다. 더군다나 한 국가에 의해서 채택된 국내 기술규정은 관련 국제표준보다 훨씬 더 엄격할 수 있다.705) 따라서 관련 국제표준이 '"정당한 목적"을 충족시키기에 효과적이고 적합한' 것일 수 있었음을 입증할 책임은 국제표준을 부과하는 국가가 아니라 분쟁의 제소국에게 있다.706)

GATT 규정의 탄소집약도 기준에 대한 규제

탄소집약도 기준의 법적 함의에 대한 분석은 조치가 TBT협정에 따라 심사될 것이라는 가정에 지금까지는 기반해 왔다. 하지만 제소국이 GATT 규정 원용을 선호할 수 있다고 주장될 수도 있다. 관련 GATT 규정이 TBT협정보다 더 포괄적인 법규범을 제기하기 때문에 분쟁당사자가 관련 GATT 규정을 근거로 주장하기로 선택할 수 있다.707) 사실, 초기의 WTO 판례법은 이러한 시나리오를 지지한다. 예컨대 *US-Gasoline* 분쟁에서 TBT협정 제2.2조는 처음에는 원용을 위한 옵션으로 간주되었으나. 패널과 AB는 분쟁당사자들의 동의를 얻어 GATT 제III조와 제XX조에 따라 이 사건을 판정하기로 선택하였다.708) TBT협정은 별도의 예외조항을 포함하고 있지 않다. 또한 TBT협정 제2.2조는 기술규정의 적용으로 인해 초래되는 위반에

---

704) Low, Marceau and Reinaud (n 130) 25.
705) *EC-Sardines*, AB report, para 274.
706) Ibid, para 275.
707) Haverkamp (n 222) 15.
708) Hudec (n 324) 38.

대하여 GATT 제XX조와 유사한 정당화사유를 규정한다.[709] TBT협정 제2.2조는 기술규정이 적용될 수 있는 정당한 목적의 예시적 목록을 제시한다. 하지만 이것은 기술규정을 차별하는 방식으로 적용하는 것은 허용하지 않는다. 따라서 TBT협정 제2.2조는 GATT 제XX조와 동등하지 않다. 더 나아가 제6장에서 논의된 바와 같이, GATT 제XX조는 TBT협정 위반 사건에서 원용될 것 같지 않다.[710]

하지만 분쟁당사자의 주장과 패널 심리에서 TBT협정을 회피하는 것은 WTO 초반에서만 추구되는 전략이었다. 요즘에는 제소회원국이 최근의 *US-Clove Cigarettes, US-Tuna II (Mexico)* 및 *US-COOL* 분쟁에서와 같이 TBT협정에 초점을 맞추기 시작하였다.[711] 조치가 TBT협정 제2.1조의 MFN 원칙과 NT 원칙을 존중하는 것을 조건으로 그리고 '조치가 정당한 목적을 충족하기 위하여 필요한 것보다 더 무역제한적이지 않을 것과 같은, TBT협정 제2.2조에서 규정된 한계를 존중한다는 것을 조건으로' TBT협정은 WTO 회원국이 정당한 정책 사유에 근거하여 상품을 규제하도록 허용한다.[712]

제소국은 패널이 먼저 판단될 TBT협정에 따른 위반을 판정하지 않는다면[713]

---

709) *US-Tuna II (Mexico)*, panel report, para 7.458. 또한 Hudec (n 324) 38–39 참조.

710) WTO 사법기관은 이 사안에 대해서 지금까지 명쾌한 진술을 회피해 왔다는 점이 주목되어야 한다. *EC-Asbestos* 사건에서 패널이 조치(석면 상품에 대한 프랑스의 금지)를 TBT협정에 따라 판단하기를 거부하였으므로 TBT협정에 제XX조를 적용하는 것은 이슈가 아니었다. 따라서 AB는 '... TBT협정에 따라 캐나다의 청구를 적절하게 심리할 적합한 근거'가 없었다. *EC-Asbestos*, AB report, para 83 참조. 더 최근의 *US-Clove Cigarettes* 분쟁에서 피소국인 미국이 TBT협정에 따른 청구에 대한 항변으로서 GATT 제XX조를 원용하지 않았으므로, 패널은 TBT협정 상의 위반을 정당화하기 위하여 제XX조의 이용가능성에 관하여 판정할 필요가 없었다. 반면 제소국인 인도네시아는 제XX조는 TBT협정의 위반에 대하여 원용될 수 없다고 주장하였다. *US-Clove Cigarettes*, panel report, paras 7.296, 7.299, 7.308 and 7.310. 패널은 소송경제를 행사함으로써 GATT 제III:4조에 따른 위반을 심리하지 않았던 것과 마찬가지로, GATT 일반예외에 따른 정당화사유를 전혀 판단하지 않았다. *US-Clove Cigarettes*, panel report, para 7.307.

711) 이들 분쟁에서 제기된 주요 이슈에 대한 개관에 대해서는 R Howse and P Levy, 'The TBT Panels: US–Cloves, US–Tuna, US–Cool' (2013) 12(2) *World Trade Review* 327 참조.

712) *US-Clove Cigarettes*, panel report, para 7.290. AB는 '우리는 TBT협정이 ... 회원국이 공공 보건 정책을 고안하고 시행하는 것을 방해하는 것으로 해석되어야 한다고 판단하지 않는다. ... 하지만 미국[역주: 원문은 'it']이 그렇게 하기로 선택한다면[역주: 미국이 정향 궐련을 금지하기로 선택한다면], 이는 TBT협정과 일치하도록 되어야 한다.'고 말함으로써 이 점을 확인하였다. *US-Clove Cigarettes*, AB report, paras 235–236.

713) 부속서1A에 포함된 GATT 이외의 협정의 우위(precedence)는 AB에 의해서 확인되었는데, AB는 GATT 규정과 부속서1A의 다른 협정의 규정의 적용대상이 동일하다면, 이들은 모두 적용은 되지만 '문제를 '구체적으로 그리고 상세하게 다루는' 협정의 규정이 먼저 심리되어야 한다'고 서술하였다. *US-Softwood Lumber IV*, AB report, para 134 참조. 또한 *EC-Bananas*, AB report, para 204, *EC-Asbestos*, AB report, para 8.16–8.17, and *US-Tuna II (Mexico)*, panel report,

GATT에 따른 청구를 계속해서 심리하도록 보장하기 위하여 TBT협정과 GATT를 병행적으로 청구하는 것을 선택할 수도 있다.

TBT협정의 GATT에 대한 우위는 이들 협정의 규정들 간에 상충이 있는 경우에만 관련이 있을 뿐이고,[714] TBT협정이 'GATT 1994에 따라 회원국에게 부과되는 의무와 상이하고 이러한 의무에 추가적인 것으로 보이는 의무를 회원국에게 부과하기'[715] 때문에, 이러한 우위는 두 협정 모두에 따른 조치의 심사를 배제하지 않는다. 실제로, *US-Tuna II (Mexico)* 사건에서 AB는 TBT협정 제2.1조 및 GATT 제I:1조와 제III:4조 규정들의 범위와 내용이 동일하지 않다는 점에서, 패널이 GATT에 따라 조치를 심리하지 않아 '잘못된 소송경제'(false judicial economy)를 행사하는데 관여하였다고 판정하였다.[716] *US-Clove Cigarettes* 사건에서 AB는 TBT협정이 GATT규범을 토대로 발전되어 왔다는 점을 근거로 그리고 TBT협정 전문의 제2언명으로부터 도출되듯이 TBT협정과 GATT가 '범위상 중첩적이고 유사한 목적을 갖는다'는 점을 바탕으로 '두 협정은 일관적이고 일치하는 방식으로 해석되어야 한다'는 결론에 도달하였다.[717]

탄소집약상품에 대한 수입 쿼터 및 금지

모든 명령통제 도구 중에서 가장 극단적이고 무역제한적인 것은 탄소집약상품의 생산과 판매를 원산지에 상관없이, 즉 국내상품과 외국상품을 가리지 않고 완전히 금지하는 조치일 것이다. 예컨대 정부는 철강 생산에서 가장 많이 오염을 유발하고 배출집약적인 것으로 간주되는, 평로(open hearth furnaces)에서 생산되는 모든 철강에 대한 금지조치를 도입하거나, 순산소전로(basic oxygen converter)에서 생산된 철강에 대한 판매 금지까지도 도입할 수 있다. 하지만 기술적 제약에 더하여, 기술

---

paras 7.43 and 7.46 참조.

714) TBT협정 규정과 GATT 규정 간에 상충이 있는 경우, TBT협정의 우위는 WTO협정 부속서1A에 대한 일반해석주(General Interpretative Note)에 의해서 확인되는데, 이는 다음과 같다.
1994년도 관세 및 무역에 관한 일반협정의 규정과 세계무역기구를 설립하는 협정의 부속서1A 상의 다른 협정의 규정 간에 상충이 있는 경우, 그 다른 협정의 규정이 상충의 범위 내에서 우월하여야 한다.

715) *EC-Asbestos*, AB report, para 80. [역주: 원서 상의 'para 152'는 오류이므로 'para 80'으로 바로잡음] 또한 *EC-Bananas III*, AB report, para 221 참조.

716) *US-Tuna II (Mexico)*, AB report, para 405.

717) *US-Clove Cigarettes*, AB report, para 91.

혁신의 현 상태가 화석연료를 기반으로 하는 모든 기술을 대체할 정도로 충분히 진전된 것이 아니라는 사실을 고려할 때, 이러한 조치는 WTO의 법적 장애물에 직면하게 될 것이다.

외견상으로, 평로에서 생산되는 철강의 판매에 대하여 원산지를 불문하고 부과되는 수입금지는 GATT 비차별 규범과 합치한다. 특히 이는 국산 철강과 수입 철강에 동등하게 적용되는 국내규정으로서 GATT 제III:4조의 NT 요건과 일치할 것이다.[718] 하지만 제5장에서 논의한 바와 같이, 평로에서 생산되는 매우 탄소집약적인 철강과 전기로에서 생산되는 덜 탄소집약적인 철강은 물리적으로 동일하기 때문에, 탄소발자국에 기초하여 상품을 규제적으로 차등하는 행위는 동종성 심사를 통과하지 못할 것이다. 따라서 수입상품은 동종 국내상품보다 불리하게 대우 받는 것으로 판정되어, NT 원칙 위반이 뒤따르게 될 것이다. 조치의 PPM 성격은 수량제한을 금지하는 GATT 제XI조 규정이 적용되게 하여, 조치가 GATT 제III:4조의 적용범위에서 벗어나게도 할 수 있다.[719] 상품의 탄소발자국과 연계하여 수입품을 제한하는 것은 수량제한의 일반금지에 대한 예외를 원용하기 위하여 규정된 기준[역주: GATT 제XI:2조에 규정된 기준]을 어느 것도 충족할 것 같지 않기 때문에, 탄소집약상품에 대한 수입금지는 이러한 의무[역주: GATT 제XI:1조 상의 의무]를 위반하는 것으로 판정될 것이다.[720]

하지만 상품의 탄소발자국과 연계하여 부과되는 쿼터와 금지는 GATT 제XX조에서 규정되는 일반예외에 따라 정당화될 수 있다. 이러한 정당화는 제III:4조와 제XI조 위반 모두에 대해서 구해 질 수 있다. 미국의 새우 금지에 관한 분쟁에서 WTO 패널과 AB의 판정은 이러한 측면에서 중요한 지침을 제시한다.[721] 바다거북

---

718) Pauwelyn 'U.S. Federal Climate Policy and Competitiveness Concerns' (n 195) 24.

719) *US-Tuna (Mexico)* and *US-Tuna (EEC)*, GATT panel reports (unadopted). 실제로, 수량제한의 금지는 GATT 체제의 기둥(pillar) 중의 하나를 구성하고 무역에 대한 비관세장벽에 관한 최초의 GATT 약속 중에서 가장 중요한 약속을 구성한다. 그 밖의 다른 기둥에는 무조건적인 MFN 의무, 관세고정, NT 의무, 무역에 영향을 미치는 정부 규제의 투명성이 있다. K Kennedy, 'GATT 1994', in P Macrory, A Appleton and M Plummer (eds) *The World Trade Organization: Legal, Economic and Political Analysis* (vol. I, Springer, USA, 2005) 99－100 and 127 참조.

720) GATT 제XI:2조에 따라, 쿼터는 중대한 부족 또는 그 밖의 시장 불안정효과를 방지하거나 완화하기 위하여 농산품에 부과될 수 있다. 또한 쿼터는 GATT 제XII조에 따라 국제수지 문제를 바로잡기 위해서 부과될 수 있고, GATT 제XIX조에 따라 세이프가드조치로서 부과될 수 있으며, 섬유의류협정에 따라 섬유 및 의류에 부과될 수 있다[역주: 참고로 섬유의류협정은 동 협정 제9조에 따라 2005년 1월 1일에 종료되었음].

721) *US-Shrimp* and *US-Shrimp (Art. 21.5-Malaysia)*.

을 죽이는 어업 방법으로 어획된 새우에 대한 미국의 금지는 결국 GATT 제XX조 (g)항에 따라 정당화되었는데, 이러한 금지는 고갈될 수 있는 천연 자원으로 볼 수 있는 기후를 악화시키는데 기여하는 방법으로 생산되는 철강에 대한 판매 금지와 개념적인 유사성이 있다.[722]

수입품에 대한 탄소라벨링 요건

제2장에서 언급한대로, 탄소라벨은 저탄소상품에 대한 소비자의 선호에 의존하기 때문에 탄소감축의 다른 수단들에 대한 완전한 대체수단이 될 수 없다. 그럼에도 탄소라벨은 여전히 국내 배출감축체제의 일부가 될 수 있고, 배출권거래제나 탄소세 시스템의 운영을 보완하거나 심지어 촉진할 수 있다. 후자의 경우, 탄소라벨은 탄소 추적 및 회계 방법(carbon tracing and accounting methodology)의 발전에 기여하는 이점을 가질 것이다.[723] 이러한 점에서 Gary Hufbauer, Steve Charnovitz, Jisun Kim은 '탄소여권'(carbon passport)에 바탕을 두는 탄소인증시스템을 확립할 것을 제안한다.[724] 상품에 부착되는 '탄소여권'은 상품의 탄소발자국을 알려주는데, 이는 국내 배출거래 또는 탄소세 시스템과의 관계에서 적용되는 국경조정 수준을 계산하기 위하여 필요한 정보를 제공해 준다. 상품의 '탄소여권'은 국제적으로 인정되는 인정기구(internationally recognized accreditation agency)에 의해서 인정되는 독립적인 배출량평가당국(emissions assessment authority)에 의해서 상품이 생산된 국가에서 발행될 수 있다.[725] 아래 서브섹션은 탄소 관련 인증 및 라벨링 체계의 작용에 관련되는 몇몇 특정 이슈들에 대해 논의한다.

---

722) 탄소 관련 BAMs가 제XX(g)조에 따라 정당화되기 위해서 충족되어야 하는 조건은 앞서 제6장에서 논의되었다.

723) Kasterine and Vanzetti (n 74) 102.

724) Hufbauer, Chamovitz and Kim (n 162) 68.

725) Gary Hufbauer, Steve Charnovitz, Jisun Kim은 이러한 인증 및 라벨링 체계를 적용하는 중요한 선례를 언급한다. 상품에서 추적될 수 없는 특성에 관한 정보를 제공하는 인증서(즉 npr-PPM에 연계되는 인증서)가 수반되는 무역이, 다이아몬드에 부과되는 무역제한에 대하여 2003년에 부여된 의무면제(waiver)의 맥락에서 WTO에 의해서 승인되었다. 이 제한은 다이아몬드가 반군이 교전 비용을 충당하기 위하여 사용하는 이른바 '분쟁지역 다이아몬드'(conflict diamond)가 아님을 기술하는 인증서에 의해 수반되었는지에 토대를 두었다. Hufbauer, Charnovitz and Kim (n 162) 68 참조.

강제적 라벨 對 자율적 라벨

국가에 의해서 도입되고 법 또는 국가 규정(state regulation)에 의해서 강제화 되는 탄소 인증 및 라벨링 체계는 강제조치(mandatory measures) 또는 TBT협정에서 불리는 용어로 하면 기술규정(technical regulations)에 해당될 수 있다. 이러한 경우, (탄소집약도 기준의 맥락에서 위에서 논의되었던) MFN, NT, 국제표준의 사용, 조치의 무역제한성(trade-restrictiveness)에 관한 TBT규범이 강제적 탄소라벨에도 적용될 것이다.

탄소라벨은 자율조치(voluntary measures)로도 사용될 수 있다. TBT규범은 자율 탄소라벨에도 적용될 것이다. 자율조치 또는 TBT협정의 용어로 '표준'(standards)은 서로 다른 규칙에 의해 규율된다. 자율 탄소라벨의 적용은 TBT협정 제2조 대신에, '표준의 준비, 채택 및 적용에 대한 모범관행규약'(Code of Good Practice for the Preparation, Adoption and Application of Standards)으로 불리는 TBT협정 부속서 3의 규정들에 의해 규율된다. 모범관행규약은 기술규정에 관한 TBT협정 제2조에 포함된 의무와 유사한, 표준에 관한 의무를 규정한다. '표준의 준비, 채택 및 적용'에 대한 TBT협정 제4조가 WTO 회원국으로 하여금 다음을 하도록 의무화한다는 점을 주목하는 것이 중요하다.

> 자국의 중앙 정부 표준화기관이 부속서 3의 ... 규약을 수용하고 이를 준수하도록 보장하고, 자국 영역 내의 지방 정부와 비정부 표준화기관이 ... 이러한 모범관행규약을 수용하고 이를 준수하도록 보장하기 위하여 자국에게 이용가능할 수 있는 합리적인 조치를 취할 것.

따라서 WTO 회원국은 차별적인 자율 탄소라벨의 적용에 대해서 책임을 진다. 하지만 이러한 이슈에 관한 법리가 아직까지는 없기 때문에 이러한 책임의 한도는 명확하지 않다.

강제조치와 자율조치(즉 기술규정과 표준) 간의 차이를 설명할 때 AB는 다음을 주목한다.

> '기술규정'은 ... 상품의 '특성'(characteristics)을 구속적이거나 의무적인 방식(binding or compulsory fashion)으로 규율해야 한다. 상품에 대해서 '기술규정'은 1개 이상의 '특성', 즉 '특징'(features), '특질'(qualities), '속성'(attributes) 또는 그 밖의 '두드러진 표시'(distinguishing mark)을 *규정하거나 부과하는*(prescribing

or imposing) 효과를 갖는다는 점이 도출된다.[726)]

이와 동시에 AB는 다음과 같이 판정하였다.

> 조치에 의해서 보여 지는 일정한 특징은 TBT협정 제2조의 범위에 속하는 기술규정과 예컨대 이 협정 제4조에 해당하는 표준의 양쪽에게 공통일 수 있다. 두 유형의 조치 모두는 예컨대 라벨을 사용하기 위해서 충족되어야 하는 조건을 포함할 수 있다. 두 가지 경우 모두에서 이러한 조건은 '의무적'이거나 '구속적'이며 강행될 수 있다.[727)]

따라서 TBT협정의 맥락에서 기술규정과 표준 사이를 또는 강제조치와 자율조치 사이를 구별하는 것은 다음을 수반하는 어려운 과제이다:

> 조치가 WTO 회원국에 의해서 제정되는 법 또는 규정으로 구성되는지, 조치가 특정 행위를 규정하거나 금지하는지, 조치가 특정 사안을 다루는 유일한 수단을 구성하는 구체적인 요건과 그 조치가 다루는 사안의 성격을 기술하는지를 고려하는 것.[728)]

따라서 *US-Tuna II (Mexico)* 사건에서 AB는 다랑어와 다랑어 상품에 대한 '돌고래 안전' 라벨 사용을 위한 조건을 명시한, 규정(regulation)으로 제정된 조치는 강제조치라고 결론지었다. AB는 조치가 강제적이기 위해서, 조치가 상품의 시장 판매를 차단해야 하는 것은 아니며, 적어도 라벨의 경우에는 그렇게 해야 하는 것은 아니라고 판정하였다.[729)] 이러한 논리를 따르면 정부기관에 의해서 탄소라벨의 사용에 관한 몇몇 규범적인 기준(prescriptive criteria)을 담은 법 또는 규정의 형식으로 도입된 탄소라벨은 강제조치에 해당되고 TBT협정 제2조의 적용을 받게 될 것이다. 민간 기업에 의해서 공표되고 운영되는 탄소 기준 및 라벨 체계의 지위에 대해서는 의문이 제기된다.

---

726) *EC-Asbestos*, AB report, para 68.
727) *US-Tuna II (Mexico)*, AB report, para 188.
728) Ibid.
729) Ibid, paras 196 and 198.

정부 탄소라벨링제도 對 민간 탄소라벨링제도

대규모 가공 및 소매 기업들의 관행 속에서 지속가능성 관련 그리고 환경 관련 표준과 라벨의 출현과 확산은 TBT협정의 범위에 대하여 추가적인 문제를 제기한다. TBT협성의 복적상, 강제 라벨과 자율 라벨의 구별은 정부조치와 민간조치의 구별로 인해 더더욱 복잡해지는 것은 분명하다. 문제는 월마트와 테스코 슈퍼마켓이 운영하는 '식품 운송거리'(food miles)와 같은 민간의 기후변화 관련 표준과 라벨도 WTO규범을 준수해야 하는가에 있다. 이러한 문제는 중요하다. 왜냐하면 TBT협정이 민간의 탄소라벨링제도에 적용되지 않아 (a) 이러한 라벨이 WTO에 통고되지 않을 것이라는 점에서 투명성의 결여, (b) 이러한 요건이 국제표준에 기초하지 않을 것이라는 점에서 통일성의 결여, (c) 이러한 표준과 라벨이 현지 생산자를 우대할 것이라는 점에서 보호주의를 초래할 것이기 때문이다.[730]

TBT협정 부속서 3의 B항은 모범관행규약이 비정부기관에게도 개방된다고 기술한다. '비정부기관'(non-governmental body)이라는 용어는 무엇을 의미할까? TBT협정 부속서 1의 8항은 비정부기관을 '기술규정을 시행할 법적 권한을 갖는 비정부기관을 포함하는, 중앙정부기관 또는 지방정부기관 이외의 기관'으로 정의한다. 한편으로, 탄소 관련 표준과 라벨을 공표하는 민간 기업은 기술규정을 시행할 법적 권한을 갖는 것으로 볼 수 없으므로 WTO규범의 적용을 받지 않는다고 주장될 수 있다.[731] 다른 한편으로, 부속서 1의 8항의 정의는 '비정부기관'의 의미에 해당하는 실체들의 예시적 목록을 포함하는 것으로 해석될 수도 있다. 부속서 1의 8항 상의 기관들의 목록이 열려 있는 것이라면 기술규정을 시행할 법적 권한을 갖는 비정부기관은 이 정의로 볼 때 하나의 예에 불과한 것이다. 이는 예컨대 슈퍼마켓(시행 권한이 없는 비정부기관)의 인증 및 라벨링 활동이 WTO규범의 적용을 받게 될 것임을 의미한다.[732] 어떠한 해석이 맞는지가 문제인데, 이 문제는 WTO 사법기관에 의한 응답을 요구한다.

---

730) Appleton (n 106) 147.
731) Ibid 146-147.
732) 필자는 이러한 소견에 대해서 Joost Pauwelyn에게 감사한다.

적합성평가절차

탄소집약도 기준과 탄소라벨의 이행은 생산자가 자신의 상품이 팔리는 시장의 명시된 요건을 충족한다는 것을 확인하기 위하여 자신의 생산을 보증할 수 있도록 인증시스템(certification system)을 요구한다. 인증시스템은 적합성평가절차를 아우르는데, 이 절차는 시험, 감시, 검사, 감사, 인증 그 자체(즉 상품 또는 생산방법이 일정한 표준을 준수한다는 점을 확인하는 활동)를 포함한다. 적합성평가는 TBT협정의 규제 범위 안에 속한다. 적합성평가절차는 TBT협정의 의미상 기술규정을 구성하지 않기 때문에 TBT협정 제2조와 제3조의 적용을 받지 않는다. 그 대신 중앙정부기관에 의한 적합성평가는 TBT협정 제5조와 제6조의 적용을 받는다.[733] 특히 개도국에 대한 기술검사(technological inspection) 이슈의 역외적 성질과 정치적 민감성을 고려할 때, 탄소 인증 및 라벨링 체계에 관한 적합성평가절차는 WTO 내에서 분쟁의 위험이 있다. 무역에 대한 장애를 방지하고 시장접근을 증진하기 위하여, 탄소 관련 적합성평가 이슈는 양자적 그리고 복수적 상호인정협정(mutual recognition agreements: MRA)에서 다루어질 필요가 있는데, MRA는 국가들 간에 적합성평가결과(conformity assessment results)를 상호 수용하는 협정을 말한다.[734] MRA의 체결은 TBT협정 제6.3조에 의해서 권장되고 있는데, 이 조항은 다음과 같이 서술된다.

> 회원국은 다른 회원국의 요청이 있는 경우 각자의 적합성평가절차의 결과를 상호 인정하기 위한 협정의 체결을 위하여 협상을 개시할 용의를 갖도록 장려된다. 회원국은 이러한 협정이 제1항의 기준을 충족시키며 관련 상품의 무역을 촉진하기 위한 잠재력에 대하여 상호 만족을 줄 것을 요구할 수 있다.

TBT협정 제5조와 6조는 기술규정에 관한 TBT협정 제2조의 규범과 유사한, 적합성평가절차에 관한 비차별 요건(MFN, NT), '필요한 것보다 더 엄격하지 않은'(not more strict than necessary) 요건, 투명성 요건(기한 내의 공표, 국제표준화기관에 의한 지침의 사용 등)을 규정한다는 점이 또한 주목되어야 한다. 일반적으로 민간의 인증 및 라벨 체계에 대해서, 민간 분야에 의해서 수행되는 적합성평가절차가 TBT협정의 규제

733) McGovern (n 374) 7.24–17.

734) MRA는 점점 더 보편화되고 있다. 예컨대 1997년에 서명된 EU와 미국 간의 MRA는 통신장비, 전자파 적합성, 전기 안전, 레저용 보트, 의약품 제조 및 품질관리(good manufacturing practice) 및 의료기기 분야에서의 적합성평가결과의 상호 수용에 관한 규정을 포함한다. <http://www.mac.doc.gov/mraimra.htm> accessed 30 August 2013 참조.

범위에 속하는지가 명확하지는 않다. TBT협정 제8조는 비정부기관에 의한 적합성 평가에 관한 규범을 담고 있다. 하지만 문제는 비정부기관이 TBT협정 부속서 1에서 정의된 대로 자신의 표준을 공표하는 민간 회사를 또한 의미하는지에 있다.[735]

'식품 운송거리'의 특별한 사례

'식품 운송거리'는 기후 보호 목적을 추구하는 대규모 소매회사들에 의해서 도입되는 라벨 체계의 잘 알려진 사례이다. '식품 운송거리' 라벨은 상품(일반적으로는 식품)이 생산지로부터 소매상에게 항공기로(즉 가장 탄소집약적인 운송 방식) 운송되었음을 보여준다.[736] '식품 운송거리' 라벨의 사례는 영국의 테스코와 막스앤스펜서의 항공기로 운송된 식품에 대한 비행기 스티커를 포함한다. 전통적인 '식품 운송거리' 라벨의 변형에는 상품의 이동 거리 또는 상품의 운송 중에 발생된 배출량의 표시가 포함된다.

하지만 '식품 운송거리'의 적용에 논란이 없는 것은 아니다. '식품 운송거리' 라벨에 대한 주된 비판은 이 라벨이 최종상품에 포함된 배출에 대한 부정확하고 왜곡된 양상을 만들어낸다는 사실에 관련이 있다.[737] '식품 운송거리' 라벨은 상품 수명주기의 한 단계, 즉 운송 단계에서의 배출량을 설명할 뿐이고 상품 수명주기의 다른 단계들에서의 배출량을 설명하지는 않는다. 생산자로부터 소비자까지의 긴 이동거리로 인해서 '식품 운송거리' 라벨이 매우 탄소집약적이라고 제시한 상품이 실제로는 전혀 탄소집약적이지 않을 수 있다. 예컨대 케냐의 노지에서, 즉 저탄소 배출로 재배되고 항공편으로, 즉 탄소집약적인 운송 수단으로 유럽으로 배송되는 꽃은 재배지에서 소비는 되지만 화석연료로 생산된 전기로 난방 되고 불이 켜지는 온실에서 재배되는 꽃보다는 일반적으로 탄소를 덜 내장한다. 비슷하게, 현지 소비를 위해서 제철 과일과 야채를 냉장고에서 냉장 보관하면 이러한 과일과 야채는 열대지방에서 제철에 수확되고 온대지방이나 냉대지방에 비행기로 배송되는 과일과 야채보다 더 탄소집약적이 된다.[738] 게다가 '식품 운송거리'는 윤리적인 이슈와

---

735) Appleton (n 106) 146–147.

736) L Hogan and S Thorpe, 'Issues in Food Miles and Carbon Labelling' (2009) *ABARE Research Report* 09.18, 13–14.

737) Appleton (n 106) 147; Hogan and Thorpe (n 736) 14–17.

738) Kasterine and Vanzetti (n 107).

개발 이슈를 제기한다. 탄소배출을 천분의 일만큼 줄인다 하더라도 '식품 운송거리' 체계는 일자리를 빼앗고 개도국의 수백만 농부를 빈곤선(poverty line)으로 밀어낼 우려가 있다.[739] WTO 합치성에 관한 전망과 관련하여, 정부가 도입하는 강제적인 '식품 운송거리' 라벨은 WTO 제소에서 살아남을 가능성이 거의 없다.[740] '식품 운송거리' 부담은 서로 다른 국가에서 오는 동종상품들을 차별하기 때문에 GATT 제I조의 MFN 원칙에 위반될 것이다(거리가 적용되므로, 부담은 서로 다른 국가들을 원산지로 하는 동종상품들에 대해서 상이할 것임). 동일한 차별이 수입상품과 국내상품 사이에서 발생할 개연성이 있는데, 이는 운송 거리가 대부분의 경우 동종 국내상품이 더 짧기 때문에 GATT 제III:2조의 NT 의무의 위반을 수반할 것이다. 식품 운송거리 부담은 서비스에 부과되기 때문에, 즉 운송 중에 방출된 배출에 부과되는 것이지 상품 그 자체에 부과되는 아니기 때문에, 이러한 조치는 BTA에 관한 제II:2(a)조의 조건도 충족하지 못할 것이다.[741]

탄소세와 허용배출량에 대한 수출리베이트

BA 제도는 또한 수출에 대한 조정을 포함할 수 있다. 소비세(예컨대 VAT)의 수출리베이트는 보편적인 무역 관행이다.[742] 국경에서 내국세를 조정할 의무가 없기 때문에, 즉 한 나라가 국경에서 내국세를 조정한다면 그 나라는 수입과 수출에 대해서 병행적으로 국경조정을 할 의무가 없기 때문에, 한 나라는 수출에 대한 BA와 연계하여 수입에 대한 BA를 적용할지, 아니면 한 방향으로만 BA 제도를 적용할지를 기본적으로 자유롭게 결정한다. 탄소세 또는 허용배출량의 수출리베이트의 목적은 세계 시장에서 국내 생산자를 위한 경쟁의 장을 공평하게 하는 것이다. 수출측면 BA는 수입측 BAMs가 수입되는 투입물에 부과되는 경우, 이러한 수입되는 투

739) 영국에서 수행된 연구는 영국 탄소배출량의 천분의 일보다 더 적은 양이 항공기로 운송된 식품에서 기인하는 반면, 케냐에서는 백만 개 이상의 생계수단이 이러한 무역으로부터 부분적으로 유지된다는 점을 밝혀냈다. J MacGregor, 'Challenging Free Trade: Embodies Carbon Dioxide and the Development Agenda', in J. Keane et al. (eds) 'Development, Trade and Carbon Reduction: Designing Coexistence to Promote Development' (2010), Overseas Development Institute *Working Paper* no 315, 9 참조.

740) Huibauer, Charnovitz and Kim (n 162) 73.

741) Ibid.

742) 수출에 대하여 VAT와 개별소비세를 돌려주는 EU의 관행에 대한 자세한 설명은 Demaret and Stewardson (n 244) 47-48 참조.

입물에 크게 의존하는 국내 분야의 경쟁력 유지에 특히 도움이 될 수 있다. 문제는 탄소세와 허용배출량의 수출리베이트가 WTO법에 따라 허용될 수 있느냐에 있다.

제4장에서 논의한 바와 같이, 수출 측면의 국경조정은 GATT 상의 MFN 의무와 SCM협정에 주로 규정되어 있는 보조금에 관한 규칙의 적용을 받게 된다. 문제는 npr–PPM에 기반하는 세금과 허용배출량의 수출 경감을 위한 적격성에 관하여 발생한다. 허용배출량 요건에 따른 탄소세와 탄소부과금이 간접세에 해당할 수 있을까? 이들이 간접세의 범주에 속하지 못하면 이들에 대한 수출리베이트는 금지되는 수출보조금에 해당될 것이다. *US-FSC* 분쟁에서, 미국 해외 판매 법인(foreign sales corporation: FSC)의 수출 관련 해외 원천 소득(foreign–source income)의 일부를 소득세로부터 면제한 규정이 수출보조금으로 판정되었다. 이 규정은 SCM협정 제1.1(a)(1)(ii)조에 규정된 그렇지 않았더라면 납부되어야 하는 포기되거나 징수되지 않은 정부 세입의 의미 내에서 보조금의 정의에 해당한다고 판정되었다.[743] 더욱이, 미국의 해외 판매 법인에 대한 소득세 면제는 SCM협정 제3.1조의 두 항에 따라 금지되는 보조금, 즉 수출 실적을 조건으로 하는 보조금(subsidy contingent upon export performance)과 수입 상품 대신 국내 상품의 사용을 조건으로 하는 보조금(subsidy contingent upon the use of domestic over imported goods)으로 판정되었다.[744] AB는 특히 다음을 주목하였다.

---

743) *US-FSC*, AB report, para 90. '그렇지 않았더라면 납부되어야 하는'(otherwise due)은 특히 '없었더라면'(but for) 기준을 이용하여 WTO 회원국의 문제되는 조세 규칙들의 비교, 즉 '문제되는 조치가 없었더라면 널리 존재했을 상황'과의 비교를 요구하는 것으로 해석되었다. AB는 WTO 회원국은 세금면제를 포함하여 자국 조세 규칙을 고안할 주권을 보유하지만 이것은 WTO협정에 따른 회원국의 의무와 일치하여야 한다는 앞서 *Japan-Alcoholic Beverages* 사건과 *Chile-Taxes on Alcoholic Beverages* 사건에서 행해진 서술을 확인하였다. *US-FSC*, AB report, para 91 참조.

744) 수출 실적을 조건으로 하는 보조금은 미국에서 생산되는 상품의 해외에서의 판매 또는 임대로부터 유래하는 '해외 무역 소득'(foreign trading income)과의 관계에서 보조금이 이용될 수 있었다는 사실로부터 도출되었다. 수입 상품 대신 국내 상품의 사용을 조건으로 하는 보조금은 'FSC 체계 하에서 세금면제가 "공정한 시장가격의 50% 이하가 미국으로 수입된 상품에게 귀속될 수 있는" 상품의 수출로부터 유래하는 소득으로 한정되기 때문이다.' *US-FSC*, panel report, paras 7.108 and 7.131 참조. [역주: 이 사건에서 패널은 SCM협정 제3.1(a)조에 관한 위반 판정에 비추어, FSC 조치가 SCM협정 제3.1(b)조를 위반한다는 EC의 주장을 판정하는 것이 불필요하거나 부적합하다고 결정하였고(*US-FSC*, panel report, para 7.132), AB 역시 EC의 제3.1(b)조에 관한 조건부 상소에 대해 결정하지 않았으므로(*US-FSC*, AB report, para 176), 미국의 해외 판매 법인에 대한 소득세 면제가 제3.1(b)조에 따라 금지되는 보조금으로 판정되었다는 원서의 표현은 지나친 단정이라고 생각됨. 또한 원저자가 각주 744에서 FSC 조치가 제3.1(b)조에 위반되는 '수입 상품 대신 국내 상품의 사용을 조건으로 하는 보조금'으로 기술한 것은 패널 절차에서의 다음과 같은 EC의 주장을 그대로 반영한 것임에 유의하여야 함: "더 나아가, EC는 FSC 체계 하에서 세금면제가 "공정한 시장가격의 50% 이하가 미국으로 수입된 상품에게 귀속될 수 있는" 상품의 수출로부터 유래하는 소득으로 한정되기 때문에 FSC 체계는

각주 1에서 '보조금'을 구성하지 않는 것으로 확인되는 조세조치는 수출되는 *상품*을 상품에 *기반하는* 소비세(product-based consumption)로부터 면제하는 것과 관련이 된다. FSC 조치에 따른 세금면제는 *상품*에 대한 과세가 아닌, *회사*에 대한 과세에 관련되는 것이다. 따라서 각주 1은 FSC 조치와 같은 조치를 대상으로 *하지 않는다*.[745]

탄소세와 허용배출량 요건에 따라 발생하는 부과금이 간접세에 해당될 수 있다면 이들은 수출리베이트의 적격성을 갖출 수 있게 될 것이다. 이러한 경우, 탄소세와 허용배출량 부과금의 수출리베이트는 생산자가 처음에 납부한 금액을 초과하지 않는 금액으로 국내 수출업자에게 부여될 수 있다. 이와 비슷하게, 수출업자는 자신의 상품이 국내시장에서 판매된다면 발생했을 세금 또는 부과금의 금액에 대하여 탄소세 또는 허용배출량 부과금의 면제를 받을 수 있다. '초과하지 않는'(not in excess) 규칙은 GATT 제XVI조에 관한 주석과 SCM협정의 각주 1에 포함되어 있다.

수출에 대한 세금 리베이트 또는 세금면제가 ETS 또는 탄소세 시스템의 대상이 되는 모든 분야에 부여되는 것이 아니라 일정한 경제 분야에만 선별적으로 부여된다면 보조금 이슈는 여전히 발생할 수 있다. 예컨대 허용배출량의 수출리베이트가 무역 노출 산업의 기업에게만 이용가능하게 된다면 수출보조금이 주장될 수 있다. SCM협정 제3.1(a)조는 '유일한 조건으로서 또는 다른 여러 조건 중의 하나로서 법문상 또는 사실상[각주 4] 수출 실적을 조건으로 하여(upon export performance) 지급되는 보조금을 금지한다.' 각주 4는 비록 보조금 지급이 법률상 수출 실적을 조건으로 이루어지지 않는다 하더라도, 보조금 지급이 사실상 실제의 또는 예상되는 수출이나 수출 수입(export earning)과 연계된다면, 보조금은 여전히 수출을 조건으로 하는 것으로 인정될 수 있을 것이다. 무역 노출도(trade exposure)는 기업의 총매출과 수입액의 관점에서 수출액에 대한 수입액의 비율을 산정함으로써 계산된다는 점을 고려할 때, 허용배출량 리베이트는 수출액의 수준에 기초할 것이므로 *사실상* 수출을 조건으로 하는(*de facto* export contingent) 것으로 간주될 수 있을 것이다.[746]

SCM협정 제3.1(b)조의 의미 내에서 수입 상품 대신 국내 상품의 사용을 조건으로 하는 보조금을 나타낸다고 주장한다." *US-FSC*, panel report, para 7.131. 참고로 사건 당시 미국 국세청 규칙(Internal Revenue Code) 제927(a)(1)(C)조는 '수출 재산'(export property)을 "공정한 시장 가격의 50% 이하가 미국으로 수입된 상품에게 귀속될 수 있는 재산"으로 정의함]

745) *US-FSC*, AB report, para 93.

746) Holzer (n 196) 63-64.

따라서 정부가 일정한 경제 분야, 특히 가장 무역 노출적인 분야에 대해서만 수출 리베이트나 세금면제를 부여하고자 의도한다면, 국내 ETS나 탄소세 시스템은 초기에 오직 이러한 분야로 한정되어야 한다.[747]

또한 직접세의 수출리베이트에 대한 '초과하지 않는' 규칙을 준수하기 위해서는 리베이트가 국내 탄소세 시스템 또는 배출권거래제에 따라 탄소세를 납부하거나 허용배출량을 제출할 요건으로부터 면제된 생산자에게 수출에 대해서 부여될 수 없다. 같은 이유로, 허용배출량 리베이트는 허용배출량의 무상할당이 있는 ETS 하에서 문제가 있다. 하지만 정부가 모든 허용배출량을 경매를 통해서 분배하더라도, 허용배출량이 끊임없이 시세가 변동하는 유통시장에서의 구매를 포함하여 서로 다른 채널을 통해서 획득될 수 있다는 사실로 인해 '초과보상'(overcompensation)의 위험은 여전히 존재한다.[748] 제8장에서 논의되는 바와 같이, 허용배출량의 시장가격 변동은 '초과하지 않는' 규칙에 합치하는 수출측면 국경조정의 수준을 산정하는데 상당한 장애물을 던져준다.

더 나아가, 이 이슈는 탄소집약상품과 저탄소상품의 동종성에 관해서 제기될 수 있다. GATT 제XVI조의 주석과 SCM협정의 각주 1은 '수출되는 상품을 국내에서 소비하기로 되어 있는 때의 *동종*상품이 부담하는 관세 또는 세금으로부터 면제하거나 동 관세 또는 조세를, 발생한 금액을 초과하지 아니하는 금액만큼 이러한 관세나 세금[역주: 원서의 'charges'는 오류이므로 주석 상의 'taxes'로 바로잡아 번역함]을 경감하는 것'(이탤릭체 강조)의 형태인 수출 측면의 BA는 허용하고, 수출에 대한 이러한 BA 형태는 수출보조금을 구성하지 않을 것이라는 점을 명확히 한다. 이와 유사하게, SCM협정 부속서 I 의 수출보조금 예시 목록의 (g)항은 '국내 소비를 위하여 판매되는 때의 *동종*상품의 생산 및 유통에 대하여 부과되는 간접세[각주 생략]를 초과하는, 수출품의 생산 및 유통에 대하여 부과되는 간접세의 면제 또는 경감'(이탤릭 추가)인 수출보조금의 사례를 제시한다. 탄소집약상품과 저탄소상품이 동종이라고 판정되는 한, 국내 생산자에 대한 수출 배출량 리베이트가 수출보조금으로 간주되

---

747) 제8장에서 논의되는 바와 같이, 수입 측면의 BA에 대하여 분야별 적용대상을 한정하는 것은 행정적 실행가능성 이유에서도 필요하다. 하지만 수입 측면의 BA의 경우에 중요한 점은 수입품에 대한 BTA 또는 허용배출량 요건의 확대가 이러한 분야에만 적용되는데, 이 분야는 또한 내수 시장에서의 세금이나 요건의 적용도 받는다는 것이다.

748) M Genasci, 'Border Tax Adjustments and Emissions Trading: The Implications of International Trade Law for Policy Design' (2008) 1 *Carbon and Climate Law Review* 33, 39-41.

는 것을 피하기 위해서는 이러한 리베이트가 그 산업에서 가장 낮은 배출 수준에 상응하는 비율로 부여되어야 할 것이다. 이것은 가장 낮게 지불된 배출 비용에 상응할 것이고 따라서 가장 낮은 보상 비율에 상응할 것이다.

탄소와 관련되는 수출 측면의 BA가 보조금에 관한 WTO규범에 합치하는지에 대하여 제기되는 이슈는 별개로 하고, 허용배출량과 탄소세의 수출리베이트는 '오염자 부담' 원칙과 충돌하고, 배출 감축을 촉진하기 위하여 배출량에 가격을 매긴다는 기후 정책의 목적에 반하는 것으로 보인다.[749] 배출 비용의 보상은 수출을 지향하는 분야에서 배출 감축을 방해할 뿐 아니라 수출품을 위한 탄소집약적 생산의 확대를 조장할 수 있다. 탄소 관련 수출리베이트와 기후 정책 목적 간의 모순은 이 리베이트에 대한 WTO의 수용가능성을 논쟁화한다. 제6장에서 논의한 바와 같이, 수입 측면의 BAMs가 병행적으로 부과된다면, 배출 비용의 수출리베이트는 탄소세와 허용배출량의 수입 측면의 국경조정을 GATT 제XX조에 따라 정당화하는 것도 차단할 수 있다.

이렇듯 수출에 대한 탄소세와 허용배출량 부과금의 국경조정은 법적 불확실성을 그 특징으로 한다. 이는 금지되는 수출보조금 이슈를 제기한다. 하지만 허용배출량과 탄소세의 수출리베이트를 둘러싼 주된 논쟁은 배출 감축의 기후 변화 완화 목적과의 긴장 상태를 수반한다.

BAMs와 유사한 조치

앞서 검토한 종래 형태의 BAMs는 별도로 하고, 사람들은 배출 비용을 국경에서 동등하게 만드는 것을 목적으로 하는 그 밖의 무역 수단의 사용을 고려해 볼 수 있을 것이다. 이러한 무역조치는 전통적인 의미에서는, 즉 1970년 BTA에 관한 GATT 작업반 보고서에서 BTA가 정의되는 방식에서는 BAMs로 간주되지 않을 것이다. 하지만 이러한 그 밖의 무역 수단이 BAMs의 기능을 수행할 수 있는 한, 이들은 'BAMs와 유사한 조치'(quasi-BAMs)로 불릴 수 있다. 이러한 'BAMs와 유사한 조치'에는 예컨대 탄소관세, 탄소 비용 관련 반덤핑관세와 상계관세, 수출국의 수출세가 포함될 수 있을 것이다. 하지만 이러한 조치를 수입품에 적용하기 위한 범

749) Goh (n 72) 405. 이 견해는 Julia Reinaud에 의해서도 지지된다. Reinaud (n 224) 74 참조.

위는 WTO규범에 의해서 제한된다.

탄소관세

국가들은 탄소감축체제의 운영에 관한 경쟁력과 탄소누출 우려를 다루고, 비참여 국가가 지구적 배출 감축 노력에 기여하도록 유인하기 위하여 관세 차등화(tariff differentiation) 정책을 사용할 수 있다.[750] 국가들이 탄소집약상품에는 채찍처럼 더 높은 관세율을 부과하고 저탄소상품에는 당근처럼 더 낮은 관세율을 부과함으로써 탄소집약상품과 저탄소상품을 차등하기 위하여, 관세는 PPM을 기반으로 적용될 수 있다.[751] 이러한 PPM에 기반하는 관세 차등화는 GATT 제XX조의 일반예외에 따른 정당화를 요구할 수 있다. 하지만 제6장에서 논의한 바와 같이, 상품의 탄소발자국과 관련하여 부과되는 관세는 GATT 제XX조의 보건 예외 및/또는 환경 예외에 따라 정당화될 가능성이 높을 것이다.[752] 또 다른 대안으로서, 국가는 모든 탄소집약상품에 대하여 그 생산방법과 상관없이 관세를 인상한 후, 기술이 전세계적으로 진일보된 저탄소 표준으로 전환되고 나면 더 낮은 관세율을 다시금 적용할 수 있을 것이다.[753] 하지만 이러한 관세조치는 특정 국가(예컨대 중국, 인도)가 일부 탄소집약상품(예컨대 철강, 알루미늄)의 수출에서 차지하는 비율이 지배적인 한, MFN 의무 위반을 각오해야 할 것이다. 또한 이러한 관세 인상 방식은 탄소 효율 기술을 사용하는 분야의 생산자에 대하여 불공정한 것으로 인식될 개연성이 있다. 더 나아가, 이러한 조치가 PPM에 기반하지 않으면, 생산자가 배출을 감축하도록 장려할 수 없을 것이고, 기후 정책 전망 차원에서 볼 때 그 자체로서는 효과가 없을 것이고 GATT 제XX조에 따라 정당화될 가능성도 별로 없을 것이다.

탄소관세를 정책 옵션으로 고려할 때, 실행관세가 한 나라의 양허표에 고정된

---

750) Aerni et al. (n 46) 164-166.

751) T Cottier, O Nartova and A Shingal, 'The Potential of Tariff Policy for Climate Change Mitigation: Legal and Economic Analysis' (2011) NCCR *Trade Working Paper* no. 2011136, 3-4.

752) 관세 부과는 국경조정 관행에 내재하는, 시장에서 국내 상품과 외국 상품에 관한 조건을 동등하게 하려는('공평한 경쟁의 장') 정부의 의도와 일반적으로 연관되지는 않으며, 국경조정과는 달리 수출 측면을 가지고 있지 않다. 게다가, 탄소관세를 부과하는 국가가 탄소세나 ETS를 시행한다면 그 국가는 조치를 '국내 생산 또는 소비에 대한 제한과 연계하여' 유효하게 하는 것이므로 이는 GATT 제XX(g)조에 따른 항변을 용이하게 해 줄 것이다.

753) Aerni et al. (n 46) 165.

관세상한(tariff ceiling)에 근접해 가는 관세 형국에서는 탄소 관세 정책의 이행을 위한 범위는 한정된다는 점을 명심해야 한다.[754] 수입관세는 관세양허가 해체된 후에나 양허관세율을 초과하여 인상될 수 있다. 양허관세의 수정을 위한 절차는 GATT 제XXVIII조에서 등장하는데, 이 조는 WTO 회원국에게 무역상대국과의 협의 후에 양허관세를 재교섭할 권리를 부여한다. 무역상대국과의 합의는 전반적인 시장접근 수준이 유지될 수 있도록, 일반적으로 재교섭국가의 적절한 보상을 조건으로 한다. 보상에 관한 합의에 도달하지 못하더라도 국가는 관세를 일방적으로 인상할 수 있을 것이다. 하지만 이에 영향을 받는 회원국은 동일하거나 다른 분야에서 동등한 양허를 철회함으로써 보복할 권리를 갖게 될 것이다.[755]

'기후 덤핑'에 대한 반덤핑관세

사람들은 배출 비용을 지불하지 않고 생산되는 수입품, 즉 '환경적으로 덤핑된' 수입품에 대한 반덤핑관세 부과를 상상해 볼 수도 있을 것이다. 하지만 '환경덤핑'(environmental dumping)은 WTO에 의해서 일반적으로 인식되는 의미에서의 시장덤핑은 아니다.[756] 시장 덤핑 하에서 가격 비교를 위한 벤치마크는 수출국 국내시장에서의 가격이다. WTO의 반덤핑협정 제2.1조는 GATT 제VI:1조와 유사한데, 다음과 같이 서술된다.

> 한 국가로부터 다른 국가로 수출된 상품의 수출가격이 수출국에서 소비하기로 되어 있는 때의 동종상품에 대한 통상적인 거래 과정(ordinary course of trade)에서의 비교가능한 가격보다 낮을 경우, 그 상품은 덤핑된 것, 즉 정상가격보다 낮은 가격으로 다른 나라의 상거래에 도입된 것으로 간주된다.

하지만 '환경 덤핑'의 경우 벤치마크는 배출 감축 정책을 시행하고 있는 수입국의 시장가격이 될 것이다. 이는 반덤핑협정에 따른 덤핑 정의에 맞지 않는다. 따라서 '환경 덤핑'에 대응하는 제재조치(즉 반덤핑관세)를 허가하는 규정은 WTO협정

754) 한 나라의 양허표에서 양허관세(bound tariff)를 초과하는 관세율은 GATT 제II조에 따른 의무를 위반하게 될 것이다. 하지만 한 나라의 양허 수준을 넘는 관세의 부과는 이러한 관세가 반덤핑관세나 상계관세에 관한 기준을 충족한다면 제II:2(b)조에 따라 허용된다. 하지만 탄소관세는 이러한 경우에 해당되지 않는다.
755) Cottier, Nartova, and Shingal (n 751) 15.
756) Pauwelyn 'U.S. Federal Climate Policy and Competitiveness Concerns' (n 195) 13－14.

에는 없다.[757]

하지만 배출 제한이 없는 국가의 생산자가 배출 비용을 지불하지 않는다는 것은 수출국 시장에서의 가격이 상품의 정상가격(normal value)(진정한 생산비용 + 합리적인 이윤)을 반영하지 못하므로 수출가격과의 비교를 위해 사용될 수 없다는 증거가 된다. 이러한 경우, 자국 생산자에게 배출 부과금을 적용하는 수입국 시장에서의 가격이 벤치마크로 사용될 수 있다. '진정한 가격'(true value)과 실제 수출가격 간의 차이는 덤핑마진에 해당될 것이고 따라서 반덤핑관세로 상계될 수 있을 것이다.[758] 이러한 주장을 뒷받침하기 위하여 Peter Holmes, Tom Reilly, Jim Rollo은 우크라이나로부터 수입된 철강에 대한 EU의 반덤핑절차를 언급하는데, 이 사건에서는 가스 가격이 생산비용에 합리적으로 반영되지 않았고 따라서 철강 가격에 합리적으로 반영되지 않았기 때문에 덤핑이 초래되었다.[759] 이와 같이 총량제한이 없는 국가(uncapped nation)로부터 수입되는 상품에 사용된 투입물의 가격은 탄소세나 ETS의 부재로 인하여 또는 허용배출량의 무상할당을 포함하는 배출 부과금의 면제로 인하여 지나치게 낮은 것으로 판정될 수 있다.[760] 반덤핑관세는 직접 배출과 간접 배출을 추적하거나 이러한 배출의 원인을 제시하도록 반드시 요구하는 것은 아니므로, BTA보다는 반덤핑관세를 시행하는 것이 더 용이할 거라는 믿음이 있다. 반덤핑관세는 개별 생산자 또는 분야에 적용되고 적응될 수 있다. 또한 반덤핑관세를 시행하고 법적으로 정당화하는 것이 상계관세보다는 더 용이할 것이다. 상계관세는 보조금에 대한 복잡한 정의에 바탕을 두고 특정성과 수입국의 이익에 대한 부정적 효과에 관한 추가적인 기준을 가지고 있는 반면, 반덤핑관세는 수출가격과 정상가격 간의 차이에 바탕을 두고 있는데 이러한 정보를 찾아내는 일은 훨씬 더 용이하다.[761]

---

757) Bacchus (n 76) 13.

758) P Holmes, T Reilly and J Rollo, 'Border Carbon Adjustments and the Potential for Protectionism' (2011) 11 *Climate Policy* 883, 888–889.

759) 2000년대 중반까지 우크라이나는 러시아로부터 가스를 시장가격보다 상당히 낮은 가격으로 구입하였다.

760) Holmes, Reilly and Rollo (n 758) 889.

761) Ibid.

배출 감축에의 비참여 혹은 지구기후협정의 불비준이라는 '보조금' 또는 배출권의 무상할당으로부터 기인하는 '보조금'을 상쇄하기 위한 상계관세

반덤핑관세와 비슷하게, 수입품의 생산자가 배출 세금 또는 그 밖의 배출 비용을 납부할 의무가 있지 않음으로써 '보조금을 받은'(subsidized) 경우, 사람들은 그 수입품의 생산자에 대한 상계관세의 사용을 상상할 수 있다. 상계관세는 GATT 제II:2(b)조에 따라 수입관세의 상한에 부과될 수 있는 국경조치의 한 유형이다.[762] 하지만 상계관세가 GATT 제II:2(b)조의 범위에 속하고 GATT 제VI조와 SCM협정과 일치하기 위해서는 다른 국가들의 배출 비용의 불납 또는 그 밖의 모든 기후 정책의 행위 또는 불행위(inaction)가 보조금의 정의에 해당되고 고용, 시장점유율, 이윤, 판매, 임금 등을 포함하는 국내 산업에 부정적인 영향을 미쳐야한다.[763] 특히 상계관세의 적용은 무역을 왜곡하는 보조금에 대응하는 이른바 '일방적인 트랙'(unilateral track)을 허가하는 SCM협정 제V부의 요건과 일치하여야 한다. 상계조치를 사용하기 전에 다수의 사실들이 확정되어야 한다. 첫째, 보조금이 존재해야 한다. 즉 정부에 의한 재정적 기여가 존재하거나 소득 또는 가격 지지가 어떠한 형태로든 존재하여야 하고, 이로 인해 국내 기업 또는 산업에 혜택이 부여되어야 한다(SCM협정 제1.1조). 둘째, 보조금이 특정적이어야 한다(SCM협정 제1.2조). 셋째, 보조금이 수입국 산업에 피해를 야기해야 하고 보조금을 받은 수입품과 주장되는 피해 간에 인과관계가 존재해야 한다(SCM협정 제11조).

온실가스 배출을 제한하지 않은 국가의 국내 생산자는 (탄소 배출 비용을 부담하지 않기 때문에) 자국 정부로부터 일종의 보조금을 실제로 받는다는 견해는 통상법률가들에 의해 공유되고 있다.[764] Robert Howse와 Antonia Eliason은 이러한 보조금이 조치가능보조금을 결정하기 위한 세 가지 기준 모두에 해당하므로 조치가능하다고 주장하였다.[765] 첫째, 국제적 약속에 구속되는 국가의 경쟁 상대와는 대조적으로,

762) Low, Marceau and Reinaud (n 130) 30.
763) Ibid.
764) 이러한 견해는 애초에 Joseph Stiglitz에 의해서 표명되었다. Joseph Stiglitz (n 541) 2 참조.
765) R Howse and A Eliason, 'Domestic and international strategies to address climate change: An overview of the WTO legal issues', in T Cottier, O Nartova and SZ Bigdeli (eds) *International Trade Regulation and the Mitigation of Climate Change: World Trade Forum* (Cambridge University Press 2009) 74–75.

배출 감축 약속에 구속되지 않는 국가의 회사들은 ETS 또는 탄소세제에 따른 배출 비용을 지불하지 않기 때문에 이 보조금은 재정적 기여를 구성한다. 배출 감축을 약속하지 않은 국가의 회사는 정부의 '지구적 배출 파이 한 조각'(slice of the global emissions pie)을 무상으로 사용하므로, 이러한 재정적 기여는 아마도 정부로부터 기인한다고 간주될 수 있을 것이다.[766] 둘째, 배출 감축 의무에 구속되지 않는 국내 생산자는 외국 경쟁 상대보다 더 저렴하게 생산할 수 있는데, 이 보조금은 이러한 국내 생산자에게 혜택을 부여한다. 셋째, 에너지집약산업은 배출 감축의 부재로부터 불균형적으로 혜택을 받을 개연성이 있으므로 이 보조금은 특정적이라고 간주될 수 있다. SCM협정 제7조에 따라, 보조금이 자국 국내 산업에 피해, GATT에 따라 발생한 혜택의 무효화 또는 침해 또는 SCM협정 제5(c)조와 제6.3조의 의미에서의 심각한 손상을 초래하였다고 제소국이 믿을 만한 이유가 있다면, 이것은 WTO 회원국이 SCM협정 제III부에 따라 조치를 취하고 WTO 분쟁해결제도에 보조금 주장을 제기할 자격을 부여할 수 있을 것이다.

보조금 주장을 제기한다는 것은 무역을 왜곡하는 보조금과 맞붙는데 있어서 이른바 '다자적인 트랙'(multilateral track)을 나타낸다. 이러한 사안에서 국가는 WTO 패널이 기후 변화 '무임승차' 국가가 배출 감축 조치를 취하도록 압력을 행사함으로써 배출 비용 불납이라는 보조금을 철폐하도록 권고할지의 여부를 결정하도록 허용할 것이다. 하지만 국제법 상의 주권과 '규제적 자주성'(regulatory autonomy) 이슈를 고려해 볼 때, 그리고 조치가능보조금이 되기 위하여(즉 철회 대상이 되기 위하여) 필요한 조건인, 보조금이 야기하는 부정적 효과의 이슈를 제기하는 것이 어렵기 때문에, 사안을 패널이 심리한다는 이러한 결과는 비현실적이고 부조리해 보인다.

무역상대국의 '배출 보조금'(emissions subsidy)을 우려하는 국가는 또한 일방적인 트랙을 통해 행동할 수 있다. 하지만 상계관세 부과를 통한 일방적인 조치를 정당화하기 위한 요건은 WTO에 보조금 분쟁을 개시하는 것보다 더 엄격하다. 이러한 경우, 보조금이 초래하는 부정적 효과가 존재한다는 단순한 믿음만으로는 충분하지 않다. 국가는 상계관세를 부과하기 전에 부정적 효과의 충분한 증거와 보조금과 부정적 효과 간의 증명된 인과관계를 가지고 있어야 한다(SCM협정 제V부의 규정). 바로 이 지점에서, 배출 비용의 불납에 대해 상계조치하고자 의도하는 국가는 상계관

766) Ibid 74.

세 사용을 위한 요건을 충족하는데 어려움을 겪을 것이다.

국제공법의 관점에서 볼 때, 배출 비용 불납을 보조금(특히 정부에 의한 재정적 기여의 의미에서)으로 취급하는 것은 기후가 인류 공동의 유산이라는 믿음, 즉 배출에 대한 '재산에 토대를 두는'(property-based) 접근방식에 기초한다고 언급하는 것도 중요하다. '재산에 토대를 두는' 접근방식에 따르면, 각 국가의 정부는 지구적 '탄소 파이'(carbon pie) 또는 '한정된 탄소 공간'(constrained carbon space)에 대한 자신의 몫을 갖는다. 따라서 이러한 파이에 대한 정부의 몫을 사용한 대가를 지불하지 않는 것은 SCM협정 제1.1(a)(1)(ii)조에 따른 '그렇지 않았더라면 납부되어야 하지만, 포기되거나 또는 징수되지 않는 정부 세입' 또는 SCM협정 제1.1(a)(1)(iii)조에 따른 '정부가 일반적인 사회간접자본 이외의 상품 또는 서비스를 제공하는' 상황이 되기 때문에, 이는 보조금에 해당될 수 있다. 하지만 기후 변화를 '인류의 공동 관심사'로 이해하는 것은 기후 변화에 대해 국가들의 공동책임을 인정하는 일종의 책임주의(liability approach)인데, 사람들은 현재의 기후 교섭이 이러한 이해를 바탕으로 수행되고 있다는 사실을 또한 명심해야 한다.767) 이러한 책임은 비록 공유되고는 있지만 모든 국가에 대해 동등하지 않으며, 국가의 역사상 배출(즉 자국의 지구온난화에 대한 역사상 기여) 그리고 한 국가의 기후 변화에 대적할 역량(즉 자국의 경제 발전)에 따라 차등화된다.768) 달리 말하면, 개도국은 기후를 공동 재산, 즉 정부들 간에 공유되고 국내 기업들에게 사용을 위해 주어지는 '배출 파이'로 보는 이해를 흔쾌히 수용할 수 없다. 그 대신, 개도국은 기후 변화를 온실가스 배출량을 방출하는 산업 활동에 의해서 초래되는 외부성에 대한 차등화된 책임으로만 간주한다.769)

더 나아가, 법적인 관점에서, '지구적 배출 감축 노력에의 비참여'(non-participation in global emissions reduction efforts)를 보조금으로 간주하는 것에 반대하는 강력한 주장이 있다. SCM협정 제1조는 보조금을 정부에 의한 재정적 기여 또는 그 밖의 소득 또는 가격 지지로 정의한다. Joost Pauwelyn은 배출권거래제가 국가 내

767) '인류의 공동 관심사' 원칙의 역사적 발전과 법적 내용에 대해서는 Cottier and Matteotti-Berkutova (n 114) 참조.

768) 이러한 이해는 당사국의 공동의 그러나 차별화된 책임과 각자의 능력이라는 UNFCCC의 핵심 원칙으로 전치되었다.

769) 기후 변화에 대한 재산주의(property approach)와 책임주의(liability approach) 사이의 개념적 차이에 대한 논의에 관해서는 SZ Bigdeli, 'The Regulation of Energy and Climate Subsidies in International Economic Law – Balancing Trade Interests with Climate and Development Imperatives' (doctoral dissertation, University of Bern, 2010) 270-275 and 345 참조.

에 존재하지 않는 경우의 배출권거래제에의 비참여 또는 탄소세가 국가의 조세제도에 의해서 규정되지 않는 경우의 탄소세의 불납은 정부에 의한 재정적 기여나 그 밖의 소득 또는 가격 지지로 간주될 수 없다고 주장한다.[770] '재정적 기여'는 SCM협정 제1.1(a)(1)(ii)조에 규정된 대로, 정부의 수입이 포기되거나 징수되지 않는 것도 함의하지만, Gary Hufbauer와 Jisun Kim은 '비참여'를 정부에 의해서 포기된 수입으로 간주하는 것은 온실가스 배출에 대한 과세가 기후 변화 현실에서의 자연의 명령(natural order)이 아님에도 자연의 명령이라고 함의할 것이라고 주장한다.[771] 더 나아가, '조치가능한 환경 보조금'(actionable environmental subsidy) 사안을 뒷받침하는 주장과는 달리, '환경 보조금'은 상계관세 부과를 정당화하는 특정성 요건을 충족하지 못한다. 왜냐하면 한 나라의 모든 산업과 모든 기업이 탄소세를 동등하게 적용받지 않기 때문이다.[772] 게다가, 이러한 보조금은 SCM협정 제3.1조에 의해서 무조건적으로 금지되는 수출보조금으로 간주될 수 없다. 또한 Jagdish Bhagwati와 Petros Mavroidis는 교토의정서의 불비준이 보조금으로 간주될 수 없다고 주장한다.[773] 이들은 교토의정서를 따를 의무가 조금도 없다는 사실을 지적한다. 더 나아가, 이미 언급한 바대로 상계관세가 보조금과 상계조치에 관한 WTO규범에 합치하여 부과되기 위해서는 이를 부과하는 국가가 보조금이 동종상품을 제조하는 자국의 국내 산업에 피해를 야기한다는 점과 보조금을 받은 수입 상품과 주장되는 피해 사이에 인과관계가 존재한다는 점을 또한 입증해야 한다.[774] 이러한 사안은 입증하기가 용이하지 않다. 또한 SCM협정 제21조에 따르면 상계관세는 잠정조치일 수 있고 정기적으로 재심되어야 한다는 점을 잊어서는 안 된다.

또한 보조금 이슈는 세금면제와 ETS에 따른 허용배출량의 탄소집약산업에 대한 무상할당에 의해서도 제기된다. Robert Howse는 ETS 또는 탄소세 시스템에 따른 면제와 *US-Lumber* 사건 사이에서 유추를 끌어낸다.[775] 이 보조금 사건은 입목

770) Pauwelyn 'U.S. Federal Climate Policy and Competitiveness Concerns' (n 195) 15.

771) Hufbauer and Kim (n 101) 28.

772) Pauwelyn 'U.S. Federal Climate Policy and Competitiveness Concerns' (n 195) 15.

773) J Bhagwati and P Mavroidis, 'Is Action against US Exports for Failure to Sign Kyoto Protocol WTO-legal?' (2007) 6(2) *World Trade Review* 299, 303.

774) SCM협정 제11.2조 참조. 피해 위협의 존재는 상계관세의 부과에 충분할 수 있다는 점이 주목되어야 한다.

775) R Howse, 'WTO Subsidies Disciplines and Climate Change Mitigation Policies: Options for Reconciliation' (2010), paper prepared for the IISD, 10-11.

(timber) 사용자인 캐나다 회사가[역주: 이 사건은 입목을 둘러싼 캐나다 주정부의 보조금 지급 여부가 쟁점이므로, 원서 상의 'US companies, users of timber'는 오류로 보아 '입목 사용자인 캐나다 회사'로 바로잡아 번역함] 입목이라는 자원에 접근한 것에 대하여 '적절한 보상'(adequate remuneration)을 정부에게 지불하지 않았다는 사실로 인해 입증되었다. 필자는 회사의 무상 입목 사용과 ETS 상의 면제 사이에는 많은 차이가 있다고 본다. 첫째, 배출감축체제를 시행하지 않는 국가는 자국 산업이 배출 제한에 전혀 구속되지 않아서 ETS와 허용배출량의 무상할당을 시행하는 국가가 자국의 이해관계에 부정적인 영향을 미칠 수 없기 때문에 이를 시행하는 국가에 대하여 보조금 사건을 주장할 수 없을 것이다. 둘째, 이러한 국가의 산업은 ETS를 시행하는 국가에 대하여 보조금 사건을 제기하도록 자국 정부에게 로비할 이익이 없을 것이다. 마지막으로, 일부 산업에 대하여 허용배출량의 무상할당제를 시행하는 국가가 무역상대국으로부터 보조금 제소를 받는다면, 이에 대응하여 이 국가는 배출감축체제와 기후 입법이 없어서 배출 비용을 전혀 지불하지 않는 무역상대국으로 수입되는 상품에 대하여 상계관세를 부과할 수 있을 것이다.[776]

오히려, 허용배출량을 자국의 국내 생산자들에게 경매하는, ETS를 시행하는 국가가 무상할당에 대하여 보조금 사건을 주장할 수 있을 것이다.[777] 이러한 국가는 일정한 산업에 대한 허용배출량의 무상할당은 세입의 포기를 초래하는 특정성 있는 보조금[778]을 구성한다고 주장할 수 있고, 이 국가가 자국 산업에 대한 보조금의 부정적 효과를 또한 입증할 수 있다면, 이 국가의 WTO 제소는 성공할 것이다. 환언하면, 약속된 배출 감축 목표와 연계하여 배출비용을 부담하는 WTO 회원국들 간에는 허용배출량의 무상할당 이슈에 대해 WTO에 제소하거나 이러한 무상할당을 상쇄하기 위하여 상계관세를 일방적으로 부과하는 것이 가능하다.[779] 하지만 Sadeq Bigdeli가 옳게 지적한 바와 같이, 규범적 관점에서 볼 때, 탄소 정책과 관련되는 보조금에 대한 순전히 법형식주의적인 이러한 접근방식은 바람직하지 못할 수 있다. 기후 변화에 대한 지구적 행동과 개별 국가의 배출 감축 노력을 지지하기

776) Ibid 10.

777) 현 시점에서 이러한 국가가 없다는 점을 주목할 것.

778) 허용배출량의 무상할당을 제공하는 국가가 허용배출량을 무상으로 받을 자격이 있는 산업/회사의 선별을 위한 꽤 객관적인 기준(예컨대, 회사는 배출비용이 총생산비 대비 일정 몫이 되도록 할 필요가 있음)을 토대로 해서 허용배출량의 무상할당을 제공한다면, 보조금은 아마도 특정성이 있다고 간주되지 않을 것이다. Holmes, Reilly and Rollo (n 758) 889 참조.

779) Ibid.

위하여, 배출 감축을 약속한 국가는 허용배출량의 일정 부분에 대한 무상할당이나 취약한 국내 산업을 위한 탄소세 면제가 요구된다 하더라도, 자국의 ETS 또는 탄소세 시스템을 고안하기 위하여 시도할 권리와 충분한 정책 여지를 가져야 한다. 이러한 더 유연한 접근방식은 국가들이 가장 효율적인 방식으로 배출 감축을 성취하도록 허용할 것이다. 더욱이, 이러한 접근방식은 탄소 관련 BAMs를 둘러싼 충돌을 방지하는 이점을 가질 것이다. 일방적인 탄소 관련 무역제한조치의 부과로부터 초래되는 무역 충돌의 점증가능성을 고려할 때, 허용배출량의 완전 경매에 BA 제도가 동반되는 비차별적인 ETS를 장려하기 보다는 허용배출량이 무상으로 할당되는 ETS의 존재를 허용하는 편이 보다 더 바람직할 수 있을 것이다.[780]

수출세

전통적으로 국가는 세수를 증대하고, 식품 부족기의 국내 수요를 충족하며, 산림과 어장과 같은 천연 자원을 보호하고 가공 산업의 발전을 장려하기 위하여 수출세(또한 수출관세(export duty)라고도 불림)를 사용한다.[781] 1차 상품에 대한, 특히 가공되지 않은 원료에 대한 수출세는 부가가치가 더 높은 제조 및 가공 산업의 발전을 촉진하고, 뒤이어 이러한 산업은 부가가치가 높은 수출품을 생산할 수 있다.[782] 이는 수출세가 부과된 뒤 1차 상품의 국내 생산자가 국내시장으로 전환하고 자신의 상품을 국내 가공 산업을 위한 투입물로서 수출가격 또는 세계 가격보다 더 낮은 가격으로 국내시장에서 판매할 때 발생한다.[783] 수출세는 국내 산업에 가격 우위를

780) Bigdeli (n 769) 348.

781) J Korinek and J Kim, 'Export Restrictions on Strategic Raw Materials and their Impact on Trade' (2010) *OECD Trade Policy Working Paper* no. 95, 12.

782) 이러한 점에서, 수입국이 부가가치 상품을 생산하는 자국의 국내 산업이 제조 공정에서 사용하는 원료와 부품의 수입품에 대하여 더 낮은 관세를 부과함으로써 국내 산업을 보호하고 그 발전을 지원하는 경우, 수출 과세의 목적과 효과는 '경사관세'(tariff escalation) 정책과 유사하다. 동시에 수출세는 개도국의 가공 산업에 대한 경사관세의 효과를 상계하기 위하여 사용될 수 있다. 실제로 개도국은 원료 수출품에 대한 세금 또는 제한이, 특히 수입선진국이 가공된 상품에 원료보다 더 높은 관세를 부과할 때에는 국내 가공 산업을 진흥하기 위하여 때론 필요하다고 주장한다. WTO webpage <http://www.wto.org/english/tratop_e/agric_e/negs_bkgrnd09_taxes_e.htm> accessed 24 August 2013 참조.

783) 수출세 부과는 오직 수출세가 상당한 경제력을 갖는 국가에서 시행될 때 세계 가격에 영향을 미칠 수 있다는 점이 주목되어야 한다. R Piermartini, 'The Role of Export Taxes in the Field of Primary Commodities' (2004) WTO Discussion Paper, 11－12 <www.wto.org/english/res_e/booksp_e/discussion_papers4_e.pdf> accessed 24 August 2013 참조.

부여하므로 심지어 간접 보조금으로 간주될 수도 있다.[784] 또한 수출세는 세계 시장에서 과세된 상품의 가격을 인상시킴으로써 무역 조건을 개선하고 더 나아가 발전에 기여한다.[785]

최근, 개도국들은 탄소집약적 1차 상품의 수출품에 대하여 과세하기 시작하였다. 더 나아가 이들은 수출세를 대신하여 또는 수출세에 더하여, 강제적인 최소 수출가격 정책 또는 VAT 환급 리베이트의 비지급 또는 축소 정책을 사용하는데, 이러한 조치가 그 기능과 효과에서 수출세와 유사하므로 이 또한 수출제한에 해당될 수 있다.[786] 개도국의 탄소집약상품에 대한 수출세 부과 또는 VAT 환급 축소는 선진국에서 사용되는 배출세 또는 총량제한 배출권거래제에 대한 대안이 될 수 있다고 주장될 수 있다. 이는 개도국이 탄소집약적 수출품에 과세함으로써 수입국(즉 선진국)과 배출 감축 비용을 공유할 것이기 때문이다.[787] 더욱이, 규모가 큰 국가의 수출세 부과는 과세된 탄소집약상품의 수입 가격 인상과 세계 시장에서의 가격 인상으로 인해, 배출감축체제를 시행하고 있는 무역상대국으로부터의 경쟁 압력의 일부를 빼앗아 가고 탄소누출의 위험을 줄일 수 있을 것이다.[788]

수출세는 전통적인 의미에서 BTA로 고려될 수는 없지만 기후 목적으로 사용되는 BTA와는 많은 공통점이 있다. 첫째, 수출세는 상품의 탄소 함유량에 부과되는 재정조치이다. 둘째, 수출세는 국경에서 부과된다. 셋째로, 수출세는 기후 보호비용을 공유할 목적으로, 즉 배출비용을 조정할 목적으로 부과된다. 탄소 관련 BAMs의 목적은 국경을 넘는 배출의 비용을 조정하고 상이한 탄소 가격으로부터 발생하는 왜곡을 배제하는데 있기 때문에, 탄소세가 이러한 가격 상이를 제거하거나 줄이는 한, 탄소세는 BCA의 대체조치로서 기능한다.[789] 예컨대 2007년에 중국은 철강,

784) D Crosby, 'WTO Legal Status and Evolving Practice of Export Taxes' *Bridges* 12(5), 2008, 1－2.

785) Dröge (n 9) 67.

786) VAT 수출 환급의 축소는 개도국이 사용하는 가장 인기 있는 수출 제한의 한 유형이다. 수출품을 위한 추가적인 인센티브를 만들어내고 이중과세를 피하기 위하여, 국가들은 과세에서 도착지 원칙을 따르고 수출시에 VAT를 완전히 환급한다. 하지만 국가는 세수를 극대화하는 것과 일반적으로 관련되는 다수의 이유로 VAT 환급을 특정 비율까지 제한할 수 있다. 예컨대 중국은 1985년 이래로 자국 수출품의 대부분에 대하여 부분적인 수출 VAT 수출 환급 정책을 시행해 오고 있다. X Wang, JF Li and YX Zhang, 'Can Export Tax be Genuine Climate Policy? An Analysis on China's Export Tax and Export VAT Refund Rebate Policies' (2010) IDDRI *Idees Pour Le Debat* 0812010, 6 참조.

787) Werksman (n 627) 27. 수출세는 세계 에너지 소비에 영향을 미치고, 그로 인해 온실가스 배출 감축에 간접적으로 기여한다. Dröge (n 9) 66 참조.

788) Dröge (n 9) 66.

789) Ismer and Neuhoff 'International Cooperation' (n 357) 9.

알루미늄 및 시멘트에 대한 VAT 수출 환급을 전면적으로 또는 부분적으로 취소하면서 이에 더하여, 철강에 25%, 알루미늄 수출품에 0~15% 그리고 시멘트 수출품에 15%의 잠정수출세를 도입하였다.[790] 수출세는 철강의 경우 이산화탄소 톤당 미화 약 65달러의 세계 탄소 가격과 동일하고 시멘트의 경우 이산화탄소 톤당 미화 약 12달러의 세계 탄소 가격과 동일할 것으로 추정된다.[791]

하지만 기후 정책 목적을 추구하면서 탄소집약상품 또는 에너지집약상품에 수출세 또는 다른 수출 제한을 부과하는 국가는 하류(downstream)의 고부가가치 생산을 촉진하고 자국의 에너지 소비와 의존도를 낮춤으로써 동시에 자국의 경제적 목적을 달성한다. Susan Dröge가 지적한 바와 같이, 실제로 중국은 자국의 수출세를 신뢰할만한 기후 정책 도구로 만들지는 않았다. 즉 중국은 항상 경제 성장을 추구하면서 주요한 부를 창출하는 수출 분야들에 대해서는 수출세를 부과하지 않았다.[792] 중국은 수출세를 신뢰할만한 배출 감축 수단으로 만들기 위하여, 모든 탄소집약적 수출품에 탄소세를 확대적용하고 그 가격 신호를 유지하기 위하여 장기간에 걸쳐 탄소세를 부과하기로 약속할 필요가 있을 것이다.[793] 그리고 수출세의 이면에 진정한 기후 정책이 존재하더라도, 수출세를 부과하는 국가를 위한 경제적 이득은 달성될 것이다. 왜냐하면 수출제한을 부과하는 국가는 총량제한이 있는 국가(capped nation)가 수출세가 부과된 탄소집약적 수출품을 BAMs로부터 적용면제할 것으로 기대하기 때문이다. 수출세의 사용은 수입국의 탄소 관련 BAMs로부터 적용면제를 받는다는 기대감으로 인해, 수입국의 반덤핑관세 부과를 방지하기 위한 자율수출제한(voluntary export restriction)의 사용에 비견될 수 있다.[794]

탄소집약상품에 대한 수출세를 탄소 관련 BA 제도의 사용에 대한 대안으로 고려할 때, WTO규범이 수출세의 사용에 대하여 부과하는 제약에 관하여 몇 가지 사항을 명심해야 한다. WTO법에 따르면 수출세는 허용된다.[795] 다만 수출세가 최

790) Reinaud (n 224) 76.
791) Ibid.
792) Dröge (n 9) 67.
793) Ibid.
794) B Karapinar and K Holzer, 'Legal Implications of the Use of Export Taxes in Addressing Carbon Leakage: Competing Border Adjustment Measures' (2012), 10 *New Zealand Journal of Public International Law* 15, 33.
795) 실제로, 수출세는 WTO협정에서 매우 드물게 규율된다. 아마도 수출세를 규율하는 유일한 규칙은 수출세의 적용이 GATT 제I조의 MFN 원칙과 일치하여야 한다는 것일 것이다. 따라서 수출세가 일단 적용되면 이는 수출도착지 국가를 불문하고 모든 동종상품에 대해서 전면적으로

근에 가입된 국가(예컨대 중국, 몽골, 사우디아라비아, 우크라이나, 베트남)의 가입의정서 상의 약속 목록에 기재되어 있다면 허용되지 않는다.[796] 중국은 자국의 WTO 가입의정서에서 84개 관세선(tariff line)의 상품들을 제외한 모든 상품에 대한 수출세의 철폐를 약속하였다. 따라서 WTO법에 따른 중국의 탄소 관련 수출관세의 적법성에 관한 질문에 대한 답변은 과세되는 상품이 84개 상품의 예외 목록에 포함되는지의 여부에 따라 좌우될 것이다.[797] 예컨대 알루미늄, 종이, 철강 및 철의 웨이스트와 스크랩(ferrous waste and scrap)[역주: 참고로 철의 웨이스트와 스크랩은 HS 7204호에 속함]은 이 목록 상에 있다.[798] 따라서 이들 상품에 대한 중국 수출품이 예컨대 EU와의 국경에서 탄소 관련 BAMs의 대상이 될 위험에 처한다면, 중국은 이들 상품에 수출세를 부과할 수 있을 것이다. 이렇게 하는 경우, EU와 중국 간에 중국 상품을 BAMs로부터 적용면제하기로 합의한다면 중국은 EU가 중국 상품을 BAMs로부터 적용면제할 것으로 기대할 것이다.

MFN 원칙과는 별개로, 내국민대우에 관한 규범은 서로 다른 종류의 VAT 환급에도 적용될 것이다. GATT 제III조는 *특히* '내국세와 그 밖의 내국 부과금'에 적용되고 이러한 조치가 '국내 생산에 보호를 부여하도록 수입 상품 또는 국내 상품에 적용되어서는 아니 된다'고 요구한다.[799] 수출세가 '내국세 또는 그 밖의 내국 부과금'으로서 지칭될 수 없다면, VAT 환급 리베이트는 그렇게 지칭될 수 있다.[800] 수출시에 VAT 환급 리베이트를 국내 상품에 적용하는 것은 국내 생산에 보호를 부여하는 효과를 가질 수 있다. 제III:1조 규정은 '국내 생산'의 의미가 무엇인지를 명확히 하지는 않는다. '국내 생산'은 세금이 적용되는 이러한 상품/분야인가? 또는 '국내 생산'은 어떠한 종류의 국내 상품 혹은 국내 경제의 모든 분야인가? GATT 제III조 상의 보호주의의 의미가 국내 경제의 모든 분야에 편의를 부여하는 모든 경우를 대상으로 할 정도로 넓다면, VAT 환급 리베이트는 실제로 보호주의 조치라

적용되어야 한다. Karapinar and Holzer (n 794) 27 참조. GATT/WTO 규범에서 이러한 빈틈이 존재하는 이유 중의 하나는 정치적 고려에 있다. 수출세 이슈는 세금 그 자체의 이슈에서와 마찬가지로 국가 주권, 국가 안보 및 개발의 필요의 개념과 밀접히 관련되고, 몇몇 사안(예컨대 에너지 무역)에서는 천연 자원에 대한 항구적인 주권의 개념과 밀접히 관련된다.

796) Crosby (n 784) 2. 가입의정서는 WTO협정의 불가분의 일부이다. *China-Auto Parts*, panel report, para 7.740 참조.

797) Crosby (n 784) 3.

798) Working Party Report on Accession of China, WTO, 1 October 2001, WT/ACCICHN/49, 164.

799) GATT 제III:1조.

800) Wang, Li and Zhang (n 786) 11.

고 주장될 수 있다. VAT 리베이트 축소는 국내 생산품을 국내 시장으로 다시 향하게 하고, 이로써 이 생산품을 투입물로 사용하는 하류 산업의 국내 생산자를 위하여 이 생산품은 더 저렴하게 된다. 따라서 VAT 리베이트 축소는 외국 경쟁자와 비교할 때 하류 산업의 국내 생산자에게 편의를 제공한다. 실제로, *China-Raw Materials* 분쟁에서 유사한 주장이 제소국들에 의해서 제기되었다. 2009년에 중국의 특정 원료에 대한 수출제한을 WTO에 제소하였던 EU, 미국, 멕시코는 이러한 제한이 이러한 원료를 수입하는 EU, 미국, 멕시코 기업에게 유해하도록 불공정한 경쟁을 초래하는 국내 가격과 세계 가격 간의 상이를 야기했다고 주장하였다.[801]

기후 보호를 위한 수출세와 VAT 리베이트의 사용에 대하여 추가적인 연구를 필요하게 하는 문제는 수출세가 탄소누출에 대응하고 배출을 감축함에 있어서 얼마나 효과적일 수 있는지 그리고 이를 사용하는 부작용은 무엇인지에 있다. 이러한 유형의 수출제한의 기후 정책 목적과 지표에 대한 실제 영향 사이에는 상당한 불일치가 있을 수 있다. 수출세의 배출 감축에 대한 효과는 국가들에 걸쳐서 그리고 수출세를 적용하는 국가와 나머지 세계 사이에서 상당히 다양할 수 있을 것이다. 기후 변화의 맥락에서 수출세 적용으로부터 발생하는 또 다른 문제는 수출국과 수입국 중 어느 국가가 탄소 관련 국경조치를 적용할 권리를 보유하는가에 있다.[802] 수출세의 시나리오에 따르면 세수는 수출국의 예산으로 귀속되는 반면, 탄소관세 또는 탄소 관련 BTA를 부과하는 경우에는 세수가 수입국 정부에 의해 징수된다. 탄소 관련 국경조치에 관한 무역상대국들 간의 상충을 피하기 위하여, 수출세의 수준이 ETS 또는 탄소세가 시행되지 않는 국가와 배출비용을 납부할 의무가 있는 자국 생산자의 경쟁력에 우려를 표명하는, ETS 또는 탄소세가 시행되는 국가 사이에서 양자적으로 합의될 수 있을 것이다. 수출세의 수준과 함께, 수출세를 부과하는 국가가 수입국의 국경에서 탄소 관련 BAMs에 대하여 지불할 필요가 없도록, 기후 정책 행동의 상호인정 요건이 국가들 간에 합의될 수 있을 것이다.[803]

---

801) Ibid.

802) Werksman (n 627) 30.

803) B Müller and A Sharma, 'Trade Tactic Could Unlock Climate Negotiations' *SciDev.Net*, 17 June 2005. 이러한 상호인정 시스템은 이중과세 회피를 목적으로 하는 VAT의 상호인정 시스템과 유사할 것이다. Dröge (n 9) 74 참조.

8. 탄소 관련 BAMs의 이행으로부터 발생하는 법적 이슈

탄소 관련 BAMs의 WTO법과의 일치성에 관하여, 탄소 관련 BAMs 시행의 특이성은 그 디자인만큼이나 매우 중요할 수 있다. 탄소 관련 국경조정제도의 신규성, 기술적 복잡성 그리고 배출 데이터의 부족으로 인해, 동 제도 운영의 실행가능성에 대해서 많은 의문이 제기된다. 따라서 심각한 이행 상의 우려는 배출량을 추적하고 국경조정의 수준을 산출하기 위하여 사용되는 방법과 관련이 된다. 이러한 우려는 일찍이 1970년에도 기술적으로 복잡한 세금에 대한 국경세조정과 관련하여 처음으로 제기된 바 있다. 국경세조정에 관한 GATT 작업반은 다음을 주목하였다.

> 몇 가지 세금은 일반적으로 조정을 할 만하다고 여겨지는 때에도 보상액을 정확히 계산하는 것이 어렵기 때문에 문제점을 드러낸다. 그러한 어려운 사례는 미공제 누적세(cascade tax)에서 나타난다. 미공제 누적세제를 운영하는 국가들은 대개 조정을 위해 개별 상품에 부과된 실제 세금를 계산하기보다 상품의 범주에 대한 평균 리베이트 비율을 계산하는 방식을 일반적으로 원용한다. ... 다른 사례에는 수출시에 원료를 함유한 복합상품(composite goods)이 포함되는데, 이에 대해 작업반은 원칙적으로, 상품의 일정한 유형에 대하여 평균 비율로 리베이트하는 것은 행정적으로 현명하고 충분히 정확하다고 합의하였다.[804]

이와 유사하게, 탄소세와 허용배출량 요건의 부과는 탄소 관련 BAMs의 WTO 규범과의 합치성 판단에 상당히 영향을 미칠 수 있는 방법론적 과제를 제시한다.[805] 앞선 장들의 분석으로부터 도출된 바와 같이, 탄소세와 탄소 규제에 적용되는 BAMs는 MFN 원칙과 NT 원칙과의 상충을 피하기 위하여, BAMs의 엄격성과 적용방식의 차원에서 국내 조치에 상응하여야 한다. 따라서 만약 저탄소상품과 탄소집약상품이 동종상품으로 판정된다면 수입측면의 국경조정은 실제에서는 국내 상품의 탄소 함량으로 한정되어야 한다.[806] 하지만 배출권의 무상할당의 존재, 탄소세

---

804) GATT, Report by the Working Party on Border Tax Adjustments, L/3464, 2 December 1970, BISD 18S/97, para 16.

805) PPM에 기반하는 세금에 대한 방법론은 또한 몬트리올 의정서의 당사국들에게 커다란 걱정거리였음을 언급할 필요가 있다. 방법론적 복잡성은 상품 내에 물리적으로 실재하지 않는 오존파괴물질의 무역을 통제하지 않는다는 당사국들의 최종 결정에 영향을 주었다. Wooders and Cosbey (n 164) 14–15 and 19 참조.

806) McLure 'GATT–Legality' (n 287) 256.

면제, 배출권 시장가격의 변동성, 그리고 국내 생산자에 대한 상이한 수준의 배출 비용을 견인하는 그 밖의 요소들을 고려할 때, 국내 탄소세의 어느 수준 또는 ETS 요건의 준수 비용의 어느 수준이 벤치마크로 사용되어야 하는지는 명확하지 않다.

이 장은 WTO법 하에서 국내 탄소 가격과 관련한 국경조정 수준을 정하는 다양한 접근방식의 사용에 관한 법적 함의에 대해서 논의한다. 또한 BA 제도의 적용을 받게 되는 제품 또는 분야의 이슈, 최종상품에서의 배출을 추적하기 위하여 사용되는 방법, BAMs 수익의 환류(recycling), 배출권 획득을 위하여 이용가능한 방안, 그리고 탄소 관련 BAMs의 시행과 관련한 다른 몇몇 이슈들을 검토한다.

탄소 관련 BAMs의 적용을 받는 산업 및 상품 수명주기의 단계

탄소 관련 BA 제도를 디자인함에 있어서 출발점은 BAMs의 적용을 받게 될 상품 또는 분야의 선정, 그리고 배출 회계 공정에 포함될 상품의 수명주기 단계의 선정에 있다.

교역되는 상품의 탄소발자국의 계산과 인증은 수입국과 수출국의 공공 분야(예컨대 관세당국)와 민간 분야(예컨대 BAMs 제도의 적용을 받는 생산자와 수입업자)에게 높은 재정적, 물질적 및 행정적 비용을 부과할 것이다.[807] 이러한 시행 비용은 무역에 대한 상당한 비관세장벽이 될 것이다. 일부 추정치에 따르면 수명주기에 기초한 탄소발자국 비용은 상품의 범주(즉 상품의 복잡성과 상품의 공급 사슬)에 따라 미화 5,000달러에서 70,000달러 사이가 될 수 있다. 이에 더하여 탄소발자국 계산과 인증을 검증하는 비용이 상품당 미화 6,500달러에 이를 수 있다.[808] 특히 국경조정제도가 생산공정의 모든 단계에서 모든 배출을 포괄하는 차원에서 더욱 더 정확할수록 이를 시행하는 비용은 더욱 더 비싸질 것이다.[809]

분야별 적용대상

탄소 관련 BA 제도의 디자인과 행정을 간소화하기 위하여 BAMs가 적용되는

807) Persson (n 215) 12−18.
808) Ibid 14.
809) Ibid 19.

분야와 상품의 수가 관리될 수 있는 수로 한정되어야 한다.[810] BAMs는 전력 발전, 철강, 알루미늄, 시멘트, 종이 등과 같은 가장 탄소집약적이고 무역노출적인 5내지 7개의 상품에 적용될 수 있다.[811] 사실 제3장에서 논의한 바와 같이 경쟁력과 탄소 누출의 문제는 소비자에게 탄소 절감비용을 전가할 수 없는 한정된 숫자의 제조 분야들에 영향을 미친다.[812] 더욱이 탄소 관련 BAMs를 탄소 집약 원재료로부터 생산한 상품에 부과하는 것보다는 1차 상품에 부과하는 것이 합리적으로 보인다.[813] 많은 수의 개별 소비자들 사이에서 배출원을 밝히는 문제를 더더욱 간소화하고 가능한 한 충분히 배출원을 포괄하기 위하여, ETS 또는 탄소세와 상응하는 BA 제도가 화석 연료와 전기의 공급자들로만 구성되도록 하는 것, 즉 천연가스 파이프라인과 석유 정제 터미널과 같은 상류지점(upstream point)에서 탄소세를 부과하는 것이 합리적일 수 있다.[814] 상류 지점에 부과되는 배출부과금은 배출과 연관되는 모든 환경 비용이 즉각적으로 공급 사슬에서 내부화될 것이므로, 즉 더 높은 투입 가격 내에 반영될 것이므로, 배출 모니터링과 검증 절차를 불필요하게 할 것이다.[815]

에너지 및 탄소집약도는 일반적으로 몇몇 산업 내에 좁은 범주의 상품들의 특징이므로 BA 제도가 적용되는 하위분야에 대한 정확한 정의는 수입품의 상당 부분에 대한 국경조정 비용을 절감할 수 있다는 점이 중요하다. 따라서 탄소 관련 BAMs가 적용되는 산업은 매우 정확하게, 즉 국제표준산업분류(International Standard Industrial Classification) 하에서 4단위 수준까지 정의되어야 한다.[816]

BA 제도가 적용되는 분야를 원재료로 한정하는 것은 국경에서 경감되어야 하는 세금의 수준 또는 배출권의 수량을 계산하는데 있어 중요한 단계인 생산 공정

---

810) Biermann et al. (n 148) 39.

811) 수입과 수출의 국경조정에 관한 WTO규정에 따르면 BAMs가 적용되는 모든 상품은 국내시장에서 상응하는 내국 조치의 적용을 받는 상품이어야 함을 주목하는 것이 중요하다. 그러나 이러한 규범의 이면이 유효할 필요는 없다. 즉 내국 조치의 적용을 받는 모든 상품이 국경조정 제도 내에 포함되어야 하는 것은 아니다. 이는 한 국가가 수입업자 허용 요건을 부과하고 ETS에 의해 포괄되는 선정된 숫자의 상품/분야에만 수출 허용 리베이트를 부여할 수 있는 반면, ETS에 의해 포괄되는 다른 분야는 BA 제도 밖으로 남겨질 수 있음을 함의한다.

812) Weischer et al. (n 152) 8.

813) Hoerner and Muller (n 181) 21.

814) H Saddler, F Muller and C Cuevas, 'Competitiveness and Carbon Pricing: Border Adjustments for Greenhouse Policies' (2006) Australia Institute Discussion Paper no. 86, 44; Kasterine and Vanzetti (n 74) 92ff.

815) Kasterine and Vanzetti (n 74) 92.

816) Hoerner and Muller (n 181) 43.

중에 방출되는 온실가스를 추적하는 문제를 분명히 단순화할 것이다. 그러나 배출의 가장 큰 부분이 최종 부가가치상품(예컨대 탄소집약적 철강은 자동차와 가전제품의 부품으로 사용됨)을 통해서 수입된다는 점을 볼 때, BA 제도가 적용되는 분야를 원재료로 한정하는 것은 또한 배출 감소 목적을 달성하는 차원에서 BAMs를 덜 효과적으로 만들 것이다.[817] 이는 또한 이러한 원재료를 투입물로 사용하는 국내생산자의 최종상품에 대한 생산비용을 증가시키고 이들을 유사한 최종상품의 외국생산자에 비해 경쟁적으로 불리하게 할 것이다. 국가는 늘 고부가가치산업의 발전을 촉진하고 싶어 한다는 점을 고려할 때, 1차 상품 제조업자를 지지하면서도 부가가치생산은 단념시키는 정책은 적절한 정책 옵션이 될 수 없다.[818] 따라서 BA 제도가 적용되는 상품/분야의 선정과 국가의 발전 필요성 간에는 트레이드오프(trade-off)가 있는 것으로 보인다.[819]

탄소 관련 국경조정에 대한 접근방식들의 국가간 조화는 중요한 이슈이다. 국제 시장에서 동등한 경쟁 조건을 보장하기 위해 국제무역에 있어 탄소 관련 국경조정 대상이 될 범위에 대해 국제적 수준에서 산업목록을 만드는 것을 생각해 볼 수 있다. 이에 대한 대안으로서, 그러한 산업의 선정을 위한 국제표준이 있을 수 있다.[820] 서로 다른 두 국가에서 동일한 산업이, 사용되는 에너지 또는 기술의 유형에 따라 생산의 탄소집약도가 상당히 다를 수 있다는 점에서 볼 때, 후자가 더 나은 옵션으로 보인다. 질적 기준 이외에도 양적 기준이 탄소 관련 국경조정이 적용될 상품을 정하기 위하여 사용될 수 있다. 배출 비용의 부담에 관하여(예컨대 배출 비용에 관한 기준치를 상품 가치의 특정 퍼센트로 함) 그리고 산업의 무역노출에 관하여, 구체적인 적용대상 기준이 국경조정 부담금이 적용될 산업들의 목록을 정하기 위하여 사용될 수 있다.[821] 이에 대한 대안으로서, BAMs는 탄소발자국이 특정 배출기준치를 초과하는 상품에 대해서만 적용될 수 있다.[822] 이러한 미소기준(*de minimis*) 제외는 BTA를 집행하고 징수하는 행정적 부담을 덜어줄 것이다. 특히 최종상품 내의 과세되는 화학물질의 함량에 기초하는 퍼센트 기준치(percent threshold)는 미국의 슈퍼

817) Izard, Weber and Matthews (n 225) 10.
818) Cosbey, 'Chapter Two' (n 217) 25.
819) Izard, Weber and Matthews (n 225) 11.
820) Hoerner and Muller (n 181) 43.
821) Saddler, Muller and Cuevas (n 814) 43.
822) Genasci (n 748) 36.

펀드세의 BTA 제도에서도 사용되었다. 비록 퍼센트 기준치의 사용이 GATT *Superfund* 분쟁 절차에서 논의되지는 않았지만, 기준치는 수입품에 대한 세금 부담을 덜어주었기 때문에 조치에 대한 정당성을 더해주었을 것이다. 하지만 국경조정이 적용될 상품의 무역량과 다양성이 크다는 점에서 볼 때 BA 제도의 유효성을 저해하지 않는 방식으로 상이한 상품들의 탄소발자국에 관한 세금 기준치를 결정하는 것은 어려운 일이 될 것이다.[823]

끝으로 BA 제도의 수입 적용대상을 결정할 때 고려되어야 하는, EU ETS 유형의 배출권거래제의 중요한 측면은 ETS가 설비(installation)는 적용대상으로 하지만 분야나 상품은 적용대상으로 하지 않는다는 점이다. 동종상품에 대한 NT 의무를 준수하기 위하여, BA 제도가 적용되는 상품 목록은 동일한 국내 조치, 즉 ETS에 따른 배출권 제출 요건이 적용되는 상품 목록에 상응하여야 한다. 따라서 BA 제도는 ETS에 참여하는 기업들에 의해 생산되고 오직 ETS가 적용되는 생산 단계에 있는, 어느 한 분야의 상품들만을 적용대상으로 할 수 있다. ETS는 가치사슬의 초기 단계에 있는 상품들을 적용대상으로 할 것이므로 가치사슬의 보다 더 발전된 단계에 있는, 어느 한 분야의 상품들은 BA 제도의 범위를 벗어나게 될 것이다. 어느 한 분야의 모든 상품들을 적용대상으로 하지 못하는 점은 탄소누출과 경쟁력 문제가 요구되는 만큼 다루어지지 못할 것이라는 우려를 제기한다.[824]

배출의 직접 비용 對 간접 비용

배출의 직접 비용만 조정할 것인지 배출 감축의 간접 비용도 고려할 것인지에 대해서는 적절한 고려가 있어야 한다.[825] 간접 비용에는 예컨대 전력발전설비가 ETS에 참여함으로써 발생하는 전력 가격의 상승이 포함된다. 일부 산업의 경우 이러한 간접 배출비용이 일반적인 생산 비용의 상당한 부분을 차지할 수 있을 것이다. 따라서 공정한 경쟁의 장을 진정으로 형성하기 위해서는 국내 생산자에게 전력 가격의 상승에 대하여 조정해 주는 것이 또한 요구될 것이다.[826] 그러나 간접 비용을 정확하게 산출하는 것은 실제상으로는 불가능하다. 에너지 공급자가 지불하는

---

823) Ibid.

824) Quick, ‘Carbon Leakage’ (n 229) 355.

825) Genasci (n 748) 37.

826) Ibid 38.

배출비용의 계산과는 별개로, 에너지 공급자에 의해서 흡수되는 금액과 비교하여 배출비용이 에너지 소비자에게 전가되는 정도에 대한 평가가 요구될 수 있을 것이다.[827] 따라서 간접 배출비용의 산출은 중요한 방법론적 문제에 봉착한다. 더군다나 간접 비용을 BA 제도에 포함시키는 것은 국경조정에 관한 WTO규범에 반할 수 있나. 선력비용의 증가가 세금도 아니고 정부에 의한 부과금도 아니기 때문이다.[828]

만약 간접 배출비용, 즉 생산 공정에서 방출되는 배출에 대해서만 산출하는 것으로 결정된다면 배출이 산출되어야 하는 생산 공정의 단계가 결정되어야 한다. 만약 배출이 상품의 전체 수명주기(투입물, 생산 공정, 운송, 소비, 폐기물 처분)에 걸쳐 산출된다면, 탄소발자국과 국경에서 납부되어야 하는 조정비용은 생산 공정 중에 방출되는 배출만이 고려되는 경우보다 훨씬 더 높을 것이다. 상품의 수명주기의 한 단계에서만 배출을 산출하는 것은 상품의 탄소집약도에 대한 잘못된 인상을 줄 수 있다. 예컨대 바이오연료가 상품의 생산에 사용된다는 사실이 그 자체로는 그 상품이 낮은 탄소발자국을 가질 것임을 보장할 수 없다. 바이오연료는 바이오연료의 사용으로부터 발생하는 배출 감소보다 더 큰 배출 증가를 초래하는 방식으로 생산되었을 수도 있다.[829]

수입 상품에서의 배출 추적

탄소세 또는 허용배출량 요건에 관한 국경조정의 수준을 계산하는 것은 복잡한 기술적이고 방법론적인 문제를 제기한다. 왜냐하면 내장된 탄소가 상품 내에 물리적으로 실재하지 않아 관련 정보가 제공되지 않으면 이를 추적할 수 없기 때문이다. 기술의 폭넓은 영역과 전세계적으로 에너지와 화석 연료를 산업적으로 소비하는 다양한 양식을 고려할 때, 그러한 정보는 상당히 다양할 수 있으나 전부 다 신뢰할 수 있는 것은 아니다.[830] 동일한 물리적 품질을 갖는 철강 1톤 속에 포함된 배출은 어떤 에너지원이 생산에서 사용되었는지에 따라[831] 그리고 철강이 스크랩

827) Saddler, Muller and Cuevas (n 814) 44.

828) Genasci (n 748) 38ff.

829) IIFT (n 206) 19–20.

830) Zhang 'Encouraging Developing Country Involvement' (n 239) 83.

831) 전력망(grid)으로부터 얻은 에너지의 탄소 함량을 결정하는 것은 불가능하다. 동일한 전력망은 탄소를 방출하지 않고 생산되는 에너지(태양열에너지, 수소에너지, 풍력에너지 등), 적은 양의 온실가스를 방출하는 방식으로 생산되는 에너지(석유와 가스), 그리고 상당한 온실가스를 배출하면서

으로부터 생산되었는지 혹은 원광(raw ore)으로부터 생산되었는지, 코크스 고로에서(즉 높은 이산화탄소 배출을 초래하여) 생산되었는지 혹은 중간에 선철(pig iron) 생산이 없는 단일 환원 용융로(cyclone converter furnace)에서(즉 낮은 이산화탄소 배출을 초래하여) 생산되었는지에 따라 배출량은 상당히 달라질 수 있다.[832] 다양한 기술적인 특이성은 배출을 추적하는 문제를 더더욱 복잡하게 할 수 있을 것이다. 예컨대 문제는 결합생산(coupled production)에서의(예컨대 슬래그가 순산소전로에서 철강과 함께 생산될 때) 배출 계산에 있다. 쟁점은 결합 생산 중에서 방출되는 배출을 어떻게 분배해야 하는지(예컨대 슬래그 생산에 귀속되어야 할 철강 생산으로부터 방출된 배출 중에서 어느 정도가 슬래그 생산으로 귀속되어야 하고 어느 정도가 철강 단독으로 귀속되어야 하는지)에 있다.[833] 더 나아가, 경제적 공정의 세계화가 심화됨에 따라, 최종상품은 일반적으로 서로 다른 나라를 원산지로 하는, 원재료를 포함한 서로 다른 부품과 투입물로부터 조립되고 있다. 최종상품에서의 이러한 각각의 탄소발자국을 추적하기란 실제상으로 불가능하다.[834] 따라서 수입에 대하여 제출하여야 하는 배출권의 수량 또는 납부하여야 하는 세액이 계산되는 방식은 주관적이거나 차별적이라고 판정될 수 있다.

배출 산출 방법론

상품의 탄소발자국 계산에 관한 국제적으로 승인된 방법은 없으며, 상품의 탄소발자국의 구성요소에 관한 과학적인 컨센서스도 없다. 탄소발자국이 무엇을 의미하는 지에 대하여 명확한 이해가 없어, 최종상품 내의 탄소 측정 상의 변동과 이에 관한 분쟁가능성이 초래될 수 있다.[835] 원론적으로 볼 때, 최종 상품 내의 배출 계산이 정확하고 공정하기 위해서는 이러한 계산은 상품의 수명주기 분석에 기초하여야 하고, 상품의 전체 수명에 걸쳐, 즉 투입물의 배출부터 상품의 폐기에 관련되는 배출까지 방출되는 배출을 산출하여야 한다.[836] 하지만 상품의 수명주기 배출

생산되는 에너지(석탄)를 전송할 수 있다. McLure 'GATT－Legality' (n 287) footnote 111 참조.

832) 따라서 탄소발자국에 기초한 BA는 각기 다른 성질의 상품보다 같은 성질의 상품에 대하여 더욱더 실현가능하다. Dröge (n 9) 42 참조.

833) Ismer and Neuhoff 'International Cooperation' (n 357) 7.

834) 하지만 이 문제는 수출측면 국경조정에 대해서는 그 정도로 크지 않다. 수출리베이트는 배출권에 대해서 국내 생산자가 납부한 부담금에 기초할 것인데, 배출권의 수량은 국가 등록부 상의 해당 기업의 계정에서 밝혀진다.

835) Holmes, Reilly and Rollo (n 758) 897, endnote 16.

836) Kasterine and Vanzetti (n 74) WI.

을 계산하기 위하여 사용되는 방법론은 시간이 많이 걸리고, 쉽게 접근할 수 없는 산업 데이터를 요구한다.[837] 레온티에프의 투입－산출표(Leontief inverse input－output matrix)를 사용하여 생산 배출을 계산하는 것이 더 용이할 수 있다.[838] 그러나 레온티에프 투입－산출표는 하위분야 단계에서만 이용가능할 수 있는 반면, 국경조정은 상품 단계에서 적용될 필요가 있기 때문에 국경조정의 목적에는 부적합하다는 단점이 있다.[839]

배출 산출 방법론(emissions accounting methodology)들이 보편적으로 수용될 수 있기 위해서는 국제적인 차원에서 표준화되고 개발되어야 한다.[840] 이러한 방법론들은 UNFCCC 모니터링, 보고 및 검증 절차(monitoring, reporting and verification proce－dures: MRV)의 일부로서 출현할 수 있다. 또는 이러한 작업이 특별 국제기관에 의해서 수행될 수 있을 것이다. 이러한 방법론들은 온실가스 의정서를 토대로 형성될 수 있는데, 이 의정서는 세계지속가능발전기업협의회(World Business Council for Sustainable Development)와 세계자원연구소(World Resource Institute)에 의해서 공동으로 개발된, 기업에 의한 온실가스 배출의 산출과 보고를 위한 표준이다.[841] 이는 특히 탄소 배출을 산출하고 보고하기 위한 ISO 14000 표준에 또한 토대를 둘 수 있다.[842] 탄소 산출 방법론의 표준화를 위한 이니셔티브는 현재 국가 차원에서 이루어지고 있다. 프랑스 정부는 소매 분야에서 지속가능성을 목표로 설정하였고 영국 정부는 탄소트러스트(Carbon Trust)를 통해 탄소 산출을 위한 실험적인 방법론을 개발하고 있다.[843]

국경에서 납부되어야 하는 금액은 수입업자에 의해서 증명되는 특정 상품의 실제 탄소발자국에 기초할 수 있고, 국내 또는 외국의 벤치마크를 토대로 도출되는

837) Q Wei, L Kitson and P Wooders, 'Exposure of Chinese Exports to Potential Border Carbon Adjustments' (2011) *IISD Policy Brief*, 4.

838) 레온티에프 투입－산출표는 한 분야의 생산이 경제의 또 다른 분야를 위한 투입물로서 얼마나 사용되는지를 보여준다.

839) Wei, Kitson and Wooders (n 837) 4. 수출품에 연관되는 배출을 계산하기 위하여, Qui Wei와 Lucy Kitson과 Peter Wooders는 직접 배출(즉 연료 연소 배출)을 각각의 분야로부터 수명주기 배출로 전환하기 위하여 투입－산출표를 사용하고, 이후 그 결과를 무역 통계와 연계하였다.

840) Wooders and Cosbey (n 164) 20.

841) 기업들은 자신들의 온실가스 배출을 투자자와 주주에게 공시하기 위하여 이 표준을 현재 사용하고 있다. Saddler, Muller and Cuevas (n814) 44 참조.

842) ISO 14064－1:2006 'Greenhouse gases – Part 1: Specification with guidance at the organization level for quantification and reporting of greenhouse gas emissions and removals'.

843) Kasterine and Vanzetti (n 74) 102.

추정치에 기초할 수도 있다.[844] 만약 탄소발자국에 관한 정보가 수입업자에 의해서 제공된다면, 해외에서의 생산공정 중에 방출된 배출량을 검증할 수 있는지가 쟁점이 된다. 이러한 쟁점은 인정된 검증 공정(accredited verification process)에 따라 탄소발자국을 공장별로 결정하는 것을 수반할 수 있는데, 이러한 결정은 행정적으로 매우 복잡할 것이다.[845] 현재 개도국에서는 설비 단계 배출(facility level emission)에 대한 등록이 전혀 없다는 사실로 인해 이러한 절차는 더더욱 복잡해진다.[846]

최종상품 상의 실제 탄소 수준에 토대를 두는 국경조정

탄소집약상품의 생산 중에 방출되는 온실가스에 관한 정보를 수입업자가 제공하도록 하는 요건은 그 자체로 WTO협정의 비차별규범과의 합치가 요구될 수 있다.[847] 이러한 요건은 외국 생산자나 수입업자에게만 부과될 것이지만 국내 생산자에게는 동일한 요건이 적용되지 않을 것이다.[848] GATT 패널에 의해서 심사되지는 않았지만, 수입업자에 대한 이러한 요건은 *Superfund* 분쟁당사자로부터 비판 받은 바 있다.

> 캐나다와 EEC는 ... 주목하였다. ... 수입업자는 오직 세금의 적절한 수준을 결정하기 위한 충분한 정보를 재무장관에게 제공함으로써, 정상이율(normal rates)에 의한 혜택을 받게 될 것이었다. 국내 생산자는 이러한 요건을 적용 받지 않았다. 생산 공정의 복잡성, 전유 정보(proprietary information)가 관련될 수 있다는 사실, 그리고 영향 받는 상품의 광범위성을 고려할 때, 수입업자에게 부과되는 추가적인 행정적 부담은 외국 상품을 미국 내 생산자와의 관계에서 경쟁적으로 불리한 위치에 놓이게 할 수 있다.[849]

더 나아가 탄소발자국에 관한 정보를 제공해야 하는 요건은 생산자에게 상업적인 기밀, 특히 생산에 사용되는 방법과 투입물을 공개하도록 강요할 것이다. 이

---

844) Pauwelyn ‘Testimony Before the Subcommittee on Trade’ (n 285) 14.
845) Cosbey ‘Chapter Two’ (n 217) 26.
846) Ibid.
847) Doelle (n 380) 99.
848) 분야 또는 설비 상의 국내 배출에 관한 정보는 ETS가 도입되기 전에 제공되거나 ETS 도입 이후의 ETS의 추가적인 모든 단계(phase)의 첫 시점에서 제공된다.
849) *US-Superfund*, GATT panel report, para 3.2.14.

는 무역에 대한 의욕을 저하시키는 효과를 낳을 수도 있다.[850]

앞서 언급한 바와 같이, 이러한 이슈들의 일부를 다루기 위한 하나의 제안으로는 국제적인 '탄소여권' 체제를 확립하는 방안이 있다.[851] '탄소여권'을 보유해야 하는 요건은 모든 수입업자에게 부과될 수 있는데, '탄소여권'은 상품의 탄소 함량에 관한 정보를 포함하고 국경을 넘는 모든 상품에 수반될 것이다. 하지만 이는 인증 절차에 대한 상호인정에 관한 다자적인 합의를 요구할 것이다. '탄소여권'에 대한 대안으로는 '에너지부가세'(energy-added tax) 방법을 사용하는 방안이 있다.[852] 이러한 시나리오에 따르면, 생산의 서로 다른 단계에서 납부되는 에너지세와 탄소세는 수출리베이트를 신청하는 수출업자에 의해서 조세당국에게 제출되는 송장에 기록될 것이다. 이러한 송장 방법은 부가가치세에 관한 BTA를 산출하기 위하여 사용된다. 에너지부가세가 기록되는 송장은 수입에 대한 적절한 국경조정을 산출할 목적으로 수입국의 세관당국에 의해서도 사용될 수 있다. 생산국에서 납부되고 수출될 때 환급되는 세금은 수입에 대한 국경조정에서 납부되어야 하는 에너지세 또는 탄소세의 금액으로 간주될 수 있다.[853]

배출 벤치마크에 토대를 두는 국경조정

상품에 연관되는 탄소 배출은 최종상품에서 추적될 수 없기 때문에, 외국 생산자가 상품의 탄소발자국에 관한 정보를 제공하지 않는 경우, 수입국이 자신의 방법론을 사용하여 탄소발자국을 결정할 필요가 있을 것이다. 상품의 탄소발자국을 산정하는 방법과 그에 따른 BA 수준의 산출은 무역상대국들의 항의를 불러일으켜 분쟁을 초래할 수 있다. 비슷한 상황이 핀란드가 국내 상품과 수입 상품에 부과한 에너지세를 산출하는 방법을 달리 적용했을 때 발생하였다. *Outokumpu Oy* 분쟁은 유럽사법재판소에 의해서 해결되었다.[854] 이 사건에서, 국내에서 생산된 전기에 대해서는 생산방법에 기초하여 세율이 적용되었고 수입되는 전기에 대해서는 단일한 (평균) 세율이 적용되었는데, 이러한 상이한 세율 적용이 허용될 수 없는 것으로 판

850) Goh (n 72) 405.
851) Hufbauer, Charnovitz and Kim (n 162) 68-69.
852) Hoerner and Muller (n 181) 21.
853) Ibid.
854) ECJ Case C-213/96, *Outokumpu Oy* [1998] ECR 1-1777, para 34.

정되었다. 유럽사법재판소는 수입 상품에 대한 차별을 초래하는, 국내 상품과 수입 상품에 관한 세금 계산에 대한 상이한 기준 적용을 토대로 하는 국내세의 국경조정이 EC조약 제95조에 의해서 금지된다고 결론지었다.[855]

Ronarld Ismer과 Karsten Neuhoff는 수입 상품에 대한 차별이라고 주장될 위험을 최소화하기 위하여, 국경조정의 수준은 상품이 최상가용기술(best available technology: BAT)에 의해서 생산되었다고 가정하고 결정되어야 한다고 제안한다.[856] BAT는 상당한 세계 시장 점유율을 갖는, 가장 배출 수준이 낮은 기술에 해당될 것이다. 유사한 벤치마크로는 지배적 생산방법(predominant method of production: PMP)이 있는데, 이는 그 분야에서의 과반수의 생산자들에 의해서 사용되는 생산방법을 말한다. BAT 또는 PMP의 기술적 표준은 산업으로부터 획득되는 정보에 기초하여 독립적인 기관에 의해서 상세하게 구체화될 수 있다.[857] 이러한 저탄소 기술로 생산되는 상품의 대부분은 선진국에서 만들어질 것으로 추측된다. 이는 국경조정 수준이 BAT 또는 PMP의 배출 수준을 토대로 고정된다면 개도국으로부터 수입되는 상품은 이 상품의 생산 중에 방출되는 실제 배출보다 더 낮은 배출 수준을 토대로 과세될 개연성이 매우 높을 것이다. 이에 따라 NT 원칙에 위반될 가능성은 적을 것이다.[858] 더욱이 이러한 방법은 조정의 목적이 그 성질상 보호주의가 아님을 증명하는 이점이 있고, 해외로부터의 배출에 대한 검증, 즉 역외 관할권에 관련되는 민감한 이슈를 피하는 이점도 있다.[859]

지배적 생산방법을 가정하는 BTA의 계산이 *Superfund* 사건에서 GATT 패널에 의해서 인정된 점을 주목하는 것이 중요하다.[860] 수입업자가 상품[역주: 여기서의 상품은 '수입되는 화학물질'을 의미함]의 원료 화학물질에 대한 정보를 제공하지 않는 경우, 미국의 슈퍼펀드법은 조세당국[역주: 원서에서는 'it'으로 표현되어 있으나 패널보고서의 원문에 따라 '조세당국'으로 번역함]으로 하여금 그 상품이 PMP를 사용하여 생산

855) Ibid. EC조약 제95조는 GATT 제III조를 반영한 것임을 밝혀둔다.

856) R Ismer and K Neuhoff, 'Border Tax Adjustment: A Feasible Way to Address Nonparticipation in Emission Trading' (2004) *CMI Working Paper* no. 36, University of Cambridge, 15–16; Ismer and Neuhoff 'Border Tax Adjustment' (2007) (n 235) 147–148 and 155.

857) 이는 수입국 내에서 결정될 수 있고, 또는 전세계적으로 사용되는 BAT 또는 PMP일 수 있다. Genasci (n 748) 37 참조.

858) Ismer and Neuhoff 'Border Tax Adjustment' (2004) (n 856) 15.

859) Ismer (n 163) 221.

860) WTO, *Trade and Climate Change* (n 77) 102.

되었다면 부과되었을 세율과 동등하게 그 상품에 대한 세율을 정할 수 있도록 허용하였다.[861] 패널은 이러한 접근방식이 GATT 제Ⅲ:2조 1문에 따른 NT 원칙의 위반으로 판정하지 않았다.[862] 국경조정의 목적상, 최종상품의 과세대상 투입물을 PMP를 토대로 계산하는 방식은 이후 미국의 오존파괴물질세(Ozone－Depleting Chemicals Tax)에 적용되었다. 오존파괴물질세는 1989년부터 시행 중이며 현재까지 다른 국가들로부터 WTO에서 항의를 받은 적이 없었다. 그런데 이 점은 매우 간단히 설명될 수 있다. 오존파괴물질세는 최종상품의 가격에서 매우 적은 퍼센트를 차지한다.[863] 오존파괴물질의 생산공정과 연계되어 적용되는 세금은 국제적인 차원에서 받아들여지지 않았다는 점이 주목되어야 한다. 몬트리올 의정서의 당사국은 이러한 세금이 비효율적이고 방법론적으로 실행될 수 없으며 행정적으로 부담스러운 것으로 보았다.[864] 첫째, PPM과 연계하는 오존파괴물질에 대한 과세는 넓은 범위의 최종상품을 과세대상으로 포괄할 것이다. 둘째, 과세표준으로 사용되는 오존파괴물질의 양이 매우 적을 것이다. 셋째, 오존파괴물질의 추적은 기술적으로 커다란 과제를 안겨줄 것이다.[865] 몬트리올 의정서로부터 얻은 경험을 토대로 볼 때, 국경조정의 목적상, 내장된 탄소를 산출하려는 생각은 완전히 버리는 편이 합리적일 수 있다.[866] 하지만 에너지 소비의 감축과 최종상품 내에 물리적으로 실재하지 않는, 생산공정에서의 배출 감소가 기후안정화와 직접적으로 연관된다는 점을 고려할 때, 탄소발자국 계산 이외에는 대안이 없어 보인다.

국경조정의 탄소 수준을 산출하기 위한 또 다른 접근방식은 국경조정 수준을 수입국의 그 분야에서의 배출 평균 수준과 동일하게 설정하는 것이다. 이러한 접근방식은 EU ETS 내에 수입품을 포함시키는 것에 관한 EU FAIR 제안에서 뒤따라 채택되었고, EU ETS 하에서 항공사에게 허용배출량을 분배하기 위해서 사용되었다.[867]

---

861) *US-Superfund*, GATT panel report, para 2.6. 만약 수입업자가 그 상품의 원료 화학물질에 대하여 충분한 정보를 제공할 수 없고, 그 원료 화학물질의 내용물에 관한 결정이 지배적 생산방법에 기초하지 않았다면, 수입업자는 동종의 국내 화학물질에 부과되는 세금보다 현저히 더 높은 5%의 과징세(penalty tax)를 납부해야 했을 것이다. 이러한 과징세율은 GATT 제III조의 내국민대우 규정에 위반되었을 수도 있었으나, 과징세는 전혀 사용되지 않았다.

862) *US-Superfund*, GATT panel report, paras 5.2.9－5.2.10.

863) Hoerner and Muller (n 181) 36.

864) Cosbey ‘Chapter Two’ (n 177) 23.

865) Wooders and Cosbey (n 164) 14.

866) Cosbey ‘Chapter Two’ (n 177) 24.

867) paras 2－3 of Art. 10 (c) of the 14th version of draft proposal for a Directive amending EU ETS Directive, dated 10.12.2007, and Art. 3 of Directive 2003/87/EC 참조.

수입업자가 국경에서 제출하도록 요구되는 배출권의 수량은 EU에서 이러한 상품을 생산하는 동안에 평균적으로 방출되는 배출 수준에 수입품의 양을 곱한 수치와 동일하다. EU에서 분야별 평균 배출 수준은 상품의 생산에서 방출되는 배출에 관한, 의무적이고 독립적으로 검증되는, 설비로부터의 보고에 기초하여 결정된다. 더욱이 이러한 평균 수량은 이 분야의 생산에 기초하는, 무상배출권의 평균 수량에 의해서 조정된다. 더 나아가 개도국으로부터 수입되는 상품은 UNFCCC의 공동의 그러나 차별화된 책임 원칙에 따라 납부되어야 하는 배출권의 수량에 대하여 '할인'(dis-count)을 받는다.[868]

앞서 언급한 벤치마크 접근방식들은 모두 취약점이 있다. BAT 방법에 관해서는 컨센서스가 결여되어 있는데, BAT의 구성요소에 대해서는 국제적인 차원에서 합의될 필요가 있다.[869] PMP 접근방식은 BA 제도가 공정한 경쟁의 장을 형성할 역량을 저해할 수도 있다.[870] 만약 특정 분야에서의 PMP가 대체 에너지원의 지배적인 사용으로 인해 탄소배출이 영(zero)인 것으로 추정되고, 개도국으로부터 이 분야의 모든 탄소집약상품이 면세로 수입된다면, 특히 그러할 것이다. 국가들의 에너지 부존이 다양하고, 그 결과 탄소 관련 BAMs의 대상이 되는 특정 상품을 생산하기 위하여 전세계적으로 사용되는 기술로부터 발생하는 배출 수준도 다양하기 때문에, (PMP의 사용을 포함하여) *Superfund* 사건의 국경조정 접근방식을 기후변화 목적을 위해 단순히 모방하는 것은 불가능하다.[871] 평균 수준 벤치마크와 관련하여, 배출 계산에 적용되는 평균화 방법이 더 효율적으로 생산하고 평균 미만으로 탄소를 배출하는 외국 생산자들에게 필연적으로 부담을 주어 이들이 더 청정한 기술로 전환하지 못하게 할 것이라는 우려가 제기되었다. 또한 이러한 효율적인 외국 생산자들은 수입국의 동종 국내 상품에게 과세되는 것을 초과하여 자신들의 상품에게 과세된다고 항의할 수 있다.[872]

국경조정 수준을 구성하기 위하여 어떠한 방법을 선택하는지에 상관없이, 즉

---

868) EU ETS에 항공 분야를 포함시키는 것에 대하여, 배출권의 분배에 관한 벤치마크는 2004년부터 2006년까지의 기간 중에 EU 항공사의 평균 탄소 배출을 사용하여 계산되었다. EU 및 외국 항공사에 분배된 배출권의 수량은(무상할당과 경매를 모두 포함) 첫해인 2012년에는 벤치마크의 97%였고, 이후 연도들에서는 그 퍼센트가 더 작아지고 있다. Art. 3 of Directive 2003/87/EC 참조.

869) Abbas (n 242) 9.

870) Genasci (n 748) 37.

871) Ibid.

872) IIFT (n 206) 21.

BAT, PMP, 또는 해당 국내 분야에서의 평균 배출 수준 중에서 어디에 기반하는지에 상관없이, 차별의 위험성을 고려해 볼 때, 외국 생산자 또는 수입업자가 수입 상품과 연관되는 배출 추정치를 반박할 수 있도록 허용하는 것이 중요할 것이다.[873] 명시되는 조정 수준에 대한 대안으로서 외국 생산자에게 자신의 실제 배출을 증명할 기회를 제공하는 것은 외국 생산자가 자신의 배출을 감축하게 하는 유인을 제공할 것이다.[874] 이와 동시에, 앞서 언급한 바와 같이 실제 배출에 관한 정보를 제공해야 할 의무는 또한 NT 원칙의 위반으로 판정될 수 있을 것이다.

BA 수준의 계산에 대한 상이한 접근방식들은 형평과 정의에 대한 상이한 인식들과 연계되어 있다. 예를 들면 개도국의 생산자들이 배출을 감축하게 하는 가장 가능한 유인들을 만들어 낼 수 있음에도 불구하고, 수입 상품의 실제 탄소발자국을 토대로 하는 BA 수준은 개도국에 의해서 불공평하다고 인식될 수 있다.[875] 개도국들은 선진국들이 과거에 그들의 경제성장과 번영을 위해 필요한 만큼 탄소를 배출했으니, 이제는 개도국들이 이용가능한 에너지원을 사용하여 경제성장을 촉진할 차례라고 주장할 것이다. 따라서 개도국에게 유리하도록, 수입국의 상응하는 분야에서 배출되는 탄소량, 즉 최상가용기술을 사용하여 배출되는 탄소량이 BA 수준을 결정하기 위한 벤치마크로서 사용되어야 한다. 실제 탄소발자국에 기초하는 BA 수준은 가장 높은 국경조정 가격을 초래할 개연성이 있는데, 이는 영향 받은 생산자가 자신의 위해한 수출품(dirty export)을 배출 제한이 없는 국가로 다시 보내도록 자극하고, 이에 따라 세계경제에서의 위해한 경제(dirty economy)의 비율을 증가시켜 기후 정책 목적을 손상할 것이다.[876] 이와 동시에, 수입 상품의 탄소발자국이 국내 동종상품 내의 탄소량과 동등한 것으로 받아들여져야 한다면, 국경세조정이 이루어진 수입 상품의 최종 가격은 국경세조정이 종가세일 때보다 종량세일 때 더 높을 것이다. 생산 비용이 낮아서 BTA의 대상이 되는 상품의 가격이 낮을수록, 수입 상품의 최종 가격은 종량적 BTA가 납부된 이후에 더 높아질 것이다. 그러므로 종량적 BTA는 구조적으로 개도국의 이익에 반하여 편파적일 것이다.[877]

873) Ismer (n 163) 221.
874) Genasci (n 748) 37.
875) Messerlin (n 168) 13-16.
876) Ibid 16.
877) Ibid 15.

국경조정 수준의 계산

BA 수준의 계산, 즉 수입업자에 의해서 구매되거나 수출업자에게 환급되는 배출권 가격의 계산은 WTO협정에 따른 의무를 고려하여야 한다. 수입측면 BA에 관련되는 주요 우려는 수입품에 대한 차별인 반면, 수출측면 BA에 관련되는 주요 우려는 수출품에 대한 보조금 지급이다. 따라서 수입측면 BTA의 경우, 적절한 조정비율은 각 상품/분야에 대해서 결정될 것인 반면, 수출측면 BTA의 경우, 조정비율은 배출권을 획득하기 위하여 기업이 정부에게 납부한 실제 금액을 고려하여 각 기업에 대해서 계산될 것이다.[878] 수입품에 대한 BA 제도를 고안할 때, NT 의무에 부합하기 위한 가장 확실한 방법은 특정 기간의 수입국 시장의 가장 낮은 배출 가격에 상응하는 수입측면 BTA 비율을 적용하는 방법일 것이다.[879] 하지만 배출권을 획득하기 위한 서로 다른 방법들이 존재하고, 배출권의 시장가격이 상시적으로 변동하며, 국내 기업/산업에 대한 다양한 ETS 면제들이 있다는 점을 고려할 때, 비차별적인 BA 수준을 계산한다는 것은 복잡한 방법론적 문제점을 제기한다.

배출권의 무상할당으로부터 발생하는 장애물

WTO에 합치되는 BA 수준을 정하는 문제들 중의 하나는 탄소세제에 여러 면제들이 존재한다는 점, 또는 탄소누출의 위험과 ETS 하에서 경쟁력 상실에 가장 취약한 분야 또는 기업에 대하여 배출권의 무상할당이 존재한다는 점이다. BA 수준이 한 분야에서의 평균 배출 수준에 기초하여 계산되어야 한다면 평균화에는 배출권의 무상할당을 포함하여 그 분야의 모든 현존하는 면제들이 고려되어야 한다.[880] 국경조정은 국내시장에서 배출 감축의무에 구속되지 않는 분야에서는 이루어질 수 없다.[881] 국내 생산이 탄소세나 ETS 요건으로부터 배제되는 분야에서 수입품에 과

878) Genasci (n 748) 41.

879) Ibid 41 – 42.

880) Ismer and Neuhoff 'International Cooperation' (n 357) 4. 그런데 NT 원칙을 따르는 통상법률가들은 배출권의 무상할당과 BA 제도의 결합을 인정하지 않지만 이러한 결합에 관한 경제학적 사례는 있을 수 있다는 점이 주목되어야 한다. 배출권이 애초에 기업에게 무상으로 발행되었다 하더라도 (이는 시장에서 판매될 수 있기 때문에) 배출권은 늘 기회비용을 갖는다고 주장될 수 있다. McLure 'GATT – Legality' (n 287) 287 참조.

881) Hoerner and Muller (n 181) 41.

세하는 것은 NT규범의 위반을 수반할 것이고, 반면에 탄소세를 납부하지 않거나 배출권을 무상으로 수령하는 국내 기업에게 수출리베이트를 부여하는 것은 금지된 수출보조금에 해당될 것이다.

시장 가격 변동으로부터 발생하는 장애물

배출권의 무상할당만이 문제가 아니다. 배출권은 정부가 시행하는 경매를 통해서 분배될 수 있고, 유통시장에서 구매될 수도 있는데, 유통시장에서 배출권은 기업 간에 거래되고 그 시장가격은 상시적으로 등락한다. 또한 배출권의 시장 가격이 측정되어야 하는 기간을 선정하는 것은 법적 함의를 가질 수 있다.[882] ETS에서 참여하는 국내 생산자는 상이한 원천으로부터 배출권을 획득할 수 있기 때문에 BA 수준을 WTO규범에 합치하도록 설정하는 것은 쉽지 않다. 배출권 시장 가격의 변동성으로 인해, 배출권 시장 가격이 배출권 경매에서 정부에게 애초에 지불한 가격에 해당할 것 같지는 않으나, 배출권이 애초에 무상으로 분배되었다면 배출권 시장 가격이 분명히 제로 가격에 해당하지는 않을 것이다.[883]

유통시장에서 배출권 가격이 오르는 경우, 수출측면 BA의 가능한 법적 함의에 대해서 살펴보자. 보조금에 관한 WTO규범 하에서 수출리베이트는 '발생한' 세금 또는 부과금의 금액을 초과해서는 안 된다. 세금의 통상적 의미는 강제적이고 정부에 대한 일방적인(unrequited) 지불이다.[884] 배출권의 시장 가격의 일부만이 애초에 기업이 정부에 납부한 부과금일 것이므로(또는 무상할당의 경우, 시장 가격 내에는 애초에 정부에게 납부된 것이 전혀 없을 것이므로), 정부는 배출 비용의 일부, 즉 애초에 기업으로부터 정부가 받은 그 부분만을 환급할 수 있다. 그렇지 않을 경우, 정부는 여러 가지 문제에 봉착하게 될 것이다. 첫째, 정부는 수출보조금을 지급한다고 비난 받을 위험이 있다. 둘째, 정부는 이전에 징수된 것보다 더 돌려줌으로써 그 만큼 재정이 감소될 것이다. 셋째, 수출기업은 배출권의 시장 가격이 정부에 의해 전적으로 조정될(상환될) 것이라는 점을 알기 때문에 그 시장가격을 높게 유지하기 위하여 배출권 판매자들과 거리낌 없이 공모하려고 할 것이다.[885] 이와 동시에, 배출권 비용의

---

882) Genasci (n 748) 42.
883) Ibid 39–41.
884) 예컨대 OECD, *The OECD Classification of Taxes and Interpretive Guide* (Paris 2004) 4 참조.
885) Genasci (n 748) 39.

일부만을 조정하는 것은 국내 수출업자의 경쟁력 우려를 적절하게 다루지 못할 것이다.

배출권의 시장 가격이 떨어진다면 상황은 달라질 것이다. 유통시장에서 수출기업이 지불한 실제 가격은 경매에서 배출권의 최초구매자가 정부에게 애초에 지불한 금액보다 더 낮을 것이다. 만약 정부가 배출권을 경매한 대가로 애초에 받은 납부금을 수출업자에게 환급해 준다면, 그 총액은 수출업자가 실제로 부담하는 배출 비용을 뛰어넘을 것이다. 이는 국내 생산자를 위한 수출을 조건으로 하는 혜택(export-contingent benefit), 즉 금지된 수출보조금을 구성할 것이다.[886] 따라서 Matthew Genasci가 제안한 바와 같이, 시장 가격이 양방향으로 변동할 가능성으로 인해 수출보조금이 되는 것을 회피하기 위하여 국경조정 수준은 수출업자가 지불하는 가격 또는 정부가 실제로 받은 납부금 중에서 더 낮은 가격이나 금액에 해당하는 비율로 설정되어야 한다.[887]

배출권을 위한 시장

수입업자는 ETS가 시행 중인 수입국의 시장이나 제3국의 시장, 즉 국제 탄소시장에서 배출권을 구매할 수 있다. 배출권에 대한 더 많은 수요가 가격을 상승시킨다는 점을 고려할 때, 만약 국내의 배출 한도가 수입업자의 배출권에 대한 수요를 받아들이기 위하여 확대되지 않는다면 배출권 가격은 부풀려질 것이다.[888] 미국에서 제안된 것처럼 외국 배출권 보유고(foreign allowance reserves)와 같은, 수입업자를 위한 별도의 배출권 풀(pool)을 만드는 것이 배출권의 가격 인플레이션에 대비하는 일종의 보호 장치가 될 수 있다.[889] 절차적 차별이라는 비난을 피하기 위해서는 수입국의 배출권 보유고로부터 배출권을 구입하는데 있어서 어떠한 제한도 부과되어서는 안 된다. 또한 수입업자는 제3국의 탄소시장에서, 즉 수입국이 양립될 수 있다고 인정하는 외국 ETS로부터 배출권을 사용하거나, 교토 유연성체제(예컨대 CDM)에 대한 참여를 통해 획득한 크레딧을 사용하도록 허용되어야 한다. 다만 이러한 경우 교토 유연성체제는 수입국의 BA 제도에 의해서 제공되어야 한다.

886) Ibid 40.
887) Ibid.
888) Pauwelyn 'U.S. Federal Climate Policy and Competitiveness Concerns' (n 195) 22.
889) Reinaud (n 224) 75.

탄소 관련 BAMs에 기인한 세수입의 환류

탄소세나 허용배출량 부과금으로부터 얻은 재정 수입은 여러 가지 방법으로 경제 내로 환류(즉 재분배) 될 수 있다.[890] 첫째, 세수입은 다른 세금(소득세, 법인세 등)의 감소를 목적으로 하는 재정 개혁을 수행하기 위하여 사용될 수도 있다. 둘째, 세수입은 이러한 세금에 의해서 가장 영향을 받는 이들(예컨대 가정)에게 '보상 조치'로서 사용될 수 있다. 그리고 마지막으로, 세수입은 '그 목적을 위해서 전용될'(earmarked) 수 있다. 즉 다양한 기후변화 감축 또는 적응 프로그램의 용도로 지출될 수 있다. 수입에 대한 탄소세와 허용배출량 요건에 적용되는 BAMs로부터 취득되는 수입은 또한 동일한 환류 경로(recycling route)를 따를 수 있다.

탄소 배출과 같이 환경적으로 '나쁜 것'에 부과되는 세금은 노동과 자본과 같이 경제적으로 '좋은 것'에 부과되는 세금을 줄이기 위해서 사용될 수 있다.[891] 이러한 경우, 정부의 예산상 입장은 바뀌지 않을 것이다. 노동과 자본으로부터 배출로 전환되는 세금은 탄소세와 에너지세에 대한 업계와 공공의 반대를 극복하는데 도움이 될 수 있다.

탄소세와 ETS로부터 얻은 수입은 수입에 대한 국경조정으로부터 얻은 수입과 마찬가지로, 배출부과금으로 인한 에너지 가격 상승을 보상하기 위하여 저소득 및 중소득 가정에 환류될 수 있다.[892] 이러한 수입은 저탄소 경제로의 전환과 관련되는 경제적 구조조정으로 인해 피해를 본 노동력의 전환을 용이하게 하기 위하여 사용될 수도 있다. 수입은 탄소세 또는 허용배출량 부과금을 납부한, 그 영향 받은 기업에게 다시 환류될 수도 있다. 기업에 대한 수입의 환류는 전체 산출량에서의 각 기업이 차지하는 부분에 기초하거나 저탄소 기술에 대한 기업의 투자에 기초할 수 있다.[893] 후자는 BA 제도를 불필요하게 할 수도 있는, 국내 산업의 경쟁력 우려를 다룰 뿐 아니라, 혁신을 촉진할 것이다. 그러나 국내 기업에 대한 세수입의 환류는 보조금에 관한 WTO규범에 반할 수도 있다.

---

890) A Baranzini, J Goldemberg and S Speck, 'A Future for Carbon Taxes' (2000) 32 *Ecological Economics* 395, 400.

891) Ibid.

892) Saddler, Muller and Cuevas (n 814) 32.

893) 예컨대 저탄소 투자를 약속하는 기업에게 세액공제를 승인하자는 제안이 있다. T Courchene and J Allan, 'Climate Change: The Case for a Carbon Tariff/Tax' (2008) Policy Options 59, 64 참조.

탄소 관련 국내 조치와 관련 BAM로부터 얻은 재정 수입을 더욱더 WTO에 합치하도록 환류시키는 방법은 이러한 재정 수입을 그 목적을 위해서 전용하는 것일 것이다. 이는 이러한 수입이 교토 의정서의 적응기금(Adaptation Fund)에 대한 출연을 포함하는 다양한 기후변화 감축 및 적응 프로그램을 재정적으로 지원하는 데에 지출될 것이라는 점을 의미한다. 또는 이러한 수입은 특히 개도국에 대한 청정기술 배치와 재생에너지 투자에 재정적으로 지원하기 위하여 사용될 것이다. 이는 BAMs가 보호무역주의를 위해서가 아니라 지구온난화에 대한 대항을 지지하기 위하여 부과된다는 증거로서 기능하게 될 것이다. 수입업자의 허용배출량 요건과 관련하여 가장 중립적인 방법은 국제 탄소시장에서 구매한 허용배출량의 제출을 받아들여, 자금이 이러한 조치를 부과하는 국가 밖에서도 지불되도록 하는 것일 것이다.[894] 이러한 관점에서 관련되는 쟁점은 '배출의 외부성에 대한 내부화에 관하여 수출국과 수입국 중에서 누가 비용을 지불해야 하는가?'에 있다. '오염자 부담' 원칙에 따르면 오염자가 오염에 대한 비용을 부담하여야 한다. 그러나 양호한 기후는 지구적 공익이고 기후변화는 지구적 공동관심사라는 점에서, 이 문제에 대한 해결책은 전지구적 행동의 결과, 즉 모든 국가가 노력한 결과가 되어야 한다. 따라서 만약 온실가스를 가장 많이 배출하는 주체인 개도국들이 탄소집약 경제에서 저탄소 경제로 전환하는 데에 투자할 자금이 없다면, 재정 지원을 통해 개도국들에서 이러한 전환을 촉진시켜야 할 책무는 선진국들에게 있다고 할 것이다. 선진국들은 개도국들로부터 수입되는 상품에 대해 BAMs의 형태로 탄소 제한조치를 부과할 권리를 개도국들에게 재정적 지원을 제공함으로써 '구매'할 수 있을 것이다.[895]

아웃사이더 국가를 위한 전환 기간

어느 한 국가가 ETS 또는 탄소세를 도입하는 시점과 그 국가가 BA 제도를 도입하는 시점 사이에는 무역상대국들이 그들 자신의 배출 감축을 노력하면서 대응할 수 있는 시간이 허용되어야 한다. 제6장에서 언급한 바와 같이, 이러한 조건은 BAMs를 GATT 제XX조의 예외 조항에 따라 정당화하기 위한 목적상 매우 중요하다. 수입국의 탄소세, 총량제한 배출권거래제 또는 그 밖의 배출 감축 조치에 대응

894) Pauwelyn 'Testimony Before the Subcommittee on Trade' (n 285) 14.
895) Howse and Regan (n 105) 282.

하여, 수출국이 취하는 기후변화 감축 조치는 이러한 수출국으로부터 수입되는 상품을 BAMs로부터 면제시키는 필적가능한 노력으로 받아들여질 수 있을 것이다. 개도국의 한정된 자원, 취약한 환경 단체, 생산의 탄소집약도가 상대적으로 높은 점, 전국적인 배출권거래제 또는 탄소세제의 준비와 시행을 위해 요구되는 시간을 고려할 때, 10년 미만의 시한 내에 '필적가능한 행동'을 취하는 것은 개도국에게는 불가능할 것이다.[896]

제II부의 결론

본서의 제II부에서 행한 탄소 관련 BAMs의 다양한 유형에 대한 법적 분석은 아래의 결론을 도출한다. 탄소 관련 BAMs는 WTO법 하에서 선험적으로*(a priori)* 위법은 아니다. 그러나 이러한 BAMs는 조치의 국경조정 적격성 요건을 만족해야 하고, 수입품에 부과되는 경우 WTO 비차별규범과 일치되어야 하며 수출에 대해서 부과되는 경우 WTO 보조금규범과 일치되어야 한다.

탄소세는 간접세의 범주에 해당되므로 국경조정을 위한 적격성이 있다고 볼만한 근거가 있기는 하지만, 최종 판정은 WTO 사법기관에 의해서 내려져야만 한다. 허용배출량 요건에 관해서는 이 요건이 세금이라기보다는 내국규정에 해당될 것이므로 수입품에 적용되는 경우에는 GATT 제III:4조에 따라서 그리고 수출에 대해서 조정되는 경우에는 일반적인 보조금규범에 따라서 심사될 것이라는 점이 배제될 수 없다.

적격성 이슈 이외에도 탄소 관련 BAMs가 적용되는 방식은 조치가 WTO법과 일치하는지를 평가함에 있어서 이에 못지않게 중요하다. 상품의 실제 탄소발자국 또는 배출의 벤치마크 수준과 연계되는 탄소 관련 BAMs의 디자인에 관한 세부사항과 세금면제와 대상 분야를 포함하는 국내의 배출권거래제 또는 탄소세제에 관한 세부특성은 관련되는 WTO규범의 위반을 수반할 수도 있다.

만약 탄소 관련 BAMs 또는 이러한 BAMs의 디자인의 일부 측면이 국경조정에 관한 WTO 규범 체제에 합치하지 못한 경우, 이러한 BAMs는 GATT 제XX조의 요건을 충족해야 하고 공중 보건과 환경 정책 상의 이유로 취해지는 예외로서 정당

896) Zhang 'Encouraging Developing Country Involvement' (n 239) 82.

화되어야 한다. 만약 탄소 관련 BAMs가 GATT 제XX조의 조건에 꼼꼼하게 맞추어 진다면 이러한 BAMs는 GATT의 예외 조항에 따라 정당화될 수 있다. 탄소 관련 BAMs는 '인간, 동물 또는 식물의 생명 또는 건강을 보호하기 위하여 필요한' 조치로서 제XX조 (b)항의 범위에 해당될 수 있고 또는 '고갈될 수 있는 천연자원의 보존에 관한' 조치로서 제XX조 (g)항의 범위에 해당될 수도 있다. 하지만 GATT 제XX조 하에서 수입측면 탄소 관련 BAMs가 전반적으로 정당화되는지에 관한 전망은 해당 조치가 GATT 제XX조의 두문 요건을 충족할 수 있는지에 좌우될 것이다. 수입품에 대하여 탄소 관련 BAMs를 부과할 때, 어느 한 국가는 다른 국가에서의 조건을 고려해야 하고, 다자간이든 양자간이든 국제 협정에서 교섭된 해결책을 찾기 위하여 적절히 노력해야 할 것이다. 이는 조치가 배출 감축 정책을 추진하는 국가로부터 수입되는 상품을 그 정책의 형식에 상관없이 배제하고, 최빈개도국으로부터 수입되는 상품을 또한 배제할 정도로 충분히 유연해야 함을 의미한다.

수출에 대한 탄소 관련 BAMs의 적용에 관해서는 법적 불확실성이 더 크다. 국경조정을 수입측면과 수출측면에서 대칭적으로 적용해야 할 의무는 없기 때문에, 국가는 수입과 수출의 양방향 모두에 대해서 국경조정을 적용할지 아니면 오직 한 방향에 대해서만 국경조정을 적용할지를 결정할 수 있다. 만약 탄소세 또는 허용배출량 부과금이 간접세나 부과금에 해당될 수 없다면, 탄소세와 허용배출량의 수출리베이트는 금지되는 수출보조금에 해당될 것이다. 또한 수출측면 국경조정을 제공하는 탄소 관련 BA 제도가 GATT 제XX조 하에서 정당화되는 데에는 장애요인들이 존재한다. 첫째, GATT 제XX조는 SCM협정에 따른 위반에 대한 항변을 위하여 원용될 가능성이 낮다. 둘째, 탄소세와 배출권 비용의 리베이트는 환경 목적에 반하는 것으로 여겨질 수 있다. 이들은 '오염자 부담' 원칙과 상충되고 배출 감축을 촉진하기 위하여 배출에 가격을 부과하는 기후 정책 목적에도 반한다. 탄소세와 배출권 비용의 상환은 배출 감축에 대한 의욕을 꺾을 위험이 있을 뿐 아니라 수출품에 대한 탄소집약적 생산의 확대를 조장할 위험이 있다. 이러한 사실에서 비추어 볼 때, 만약 수출리베이트가 병행적으로 부여된다면, 수입에 관한 탄소 관련 BAMs의 정당화도 차단될 수 있다. [도표 8.1]은 WTO 분쟁에서 탄소 관련 BAMs에 대한 법적 심사의 연속적인 단계들을 보여준다.

일반적인 결론은 탄소 관련 BAMs의 WTO 합치성은 불확실하다는 것이다. WTO에서 이러한 조치에 관해서 분쟁이 제기될 위험성은 높다.

[도표 8.1] WTO 분쟁에서 탄소 관련 BAMs에 대한 법적 심사의 가능한 결과

조치가 국경조정의 적경성이 있는가?
(예컨대 간접세 또는 간접부과금에 해당될 수 있는가?)

예

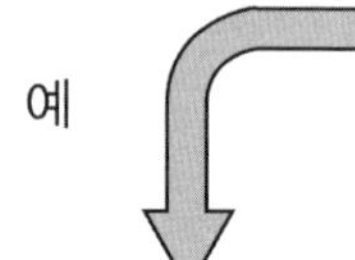

수입 BAM	수출 BAM
GATT 비차별 규칙을 위반할 개연성이 있으나 GATT 제XX조에 따라 정당화될 수 있다면 WTO에 합치한다고 판정될 수 있음.	발생하는 세액을 초과하지 않는다면 그리고 분야별 적용대상과 국내 및 수입 투입요소의 차원에서 적합하다면 WTO 법에 일치함.

아니오

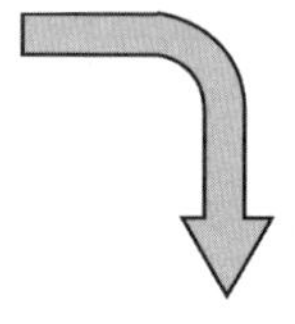

수입 BAM	수출 BAM
GATT 제Ⅱ조에 위반되는 양허관세를 초과하는 수입관세 또는 GATT 제XI조에 위반되는 무역에 대한 수량제한에 해당될 것임. 하지만 GATT 제XX조에 따라 정당화될 수 있음.	GATT 제XX조에 따라 정당화될 수 없는 금지되는 수출보조금이 되므로 WTO협정에 따른 의무에 불일치함.

제 3 부

WTO법에 불합치하는 탄소 관련 국경조정에 대한 해결책

제2부에서 살펴본 다양한 형태의 탄소 관련 BAMs에 대한 법적 분석에 따르면 WTO 규범과 불일치한 다수의 사항이 존재함이 드러나는데 이는 BAMs를 적용하는데 있어서 법적 장애물이 된다. 또한 이러한 법적 분석을 통해 GATT 제XX조에 따른 정당화 가능성은 배제되지는 않으나 적용하기 어려울 수 있다는 점을 알 수 있다. GATT 제XX조 두문의 엄격한 요건과 BAMs에 적용되는 동조의 범위가 분명 좁다는 점 외에도 탄소 관련 BAMs에 대한 GATT 제XX조 접근방식의 단점은 문제에 대해 일회성의 해결책만을 제시한다는 점이다. 탄소 관련 BAMs에 대한 갈등이 발생할 때 마다 이를 WTO 분쟁해결절차를 통해 매번 사안별로 새롭게 해결책을 도모해야만 할 것이다. 매 사건마다 분쟁에 대한 결과는 달라질 수 있으며 이로 인해 기후변화 대응을 목적으로 한 BAMs 적용의 합법성에 대해 불확실성이 계속 존재할 것이다. 게다가 GATT 제XX조 접근방식은 사법적 해결책의 일부로서 분쟁 당사국들에게 소송 관련비용을 부과하게 된다. 따라서 패소국은 WTO 사법기관의 판결에 불복하기로 결정하고 이에 승소국이 보복조치로 대응하는 상황을 야기하는 경우가 증가할 수 있을 것이다. 그러므로 탄소 관련 BAMs 사안에 있어서 법적 확실성을 제공하는 절충된 해결책이 요구된다. 이어지는 제9장과 제10장에서는 국가 간에 탄소 관련 BAMs 적용에 대한 합의를 도출하고 국제적 기준을 확립할 수 있는 접근방식들에 대해 알아볼 것이다.

9. 다자간 접근방식의 가능성과 한계

탄소 관련 BAMs과 관련된 규칙에 관한 협상은 원칙적으로 여러 포럼에서 진행될 수 있다. UNFCCC도 그와 같은 포럼 가운데 하나로, 여기에서는 기후협약의 당사국들이 교토의정서 이후의 국제 기후정책 체제와 관련된 다른 이슈들과 함께 이 문제를 협상할 수 있다. UNFCCC 당사국들은 이 문제를 교토의정서 이후의 협약 내 무역조치의 사용에 관한 조항 안에서 다루거나, 별도 협정(예: 복수국간(plurilateral) 협정)에 탄소 관련 BAMs의 사용에 관한 조항을 채택하거나, 탄소 관련 BAMs의 적용에 관한 결의를 채택할 수 있다.[897] 한편 탄소 관련 BAMs은 도하 개발 아젠다(Doha Development Agenda) 밖에서 WTO의 다자간 무역협상의 주제가 될 수도 있다. 탄소 관련 BAMs에 관한 협상의 결과는 다자간 양해가 될 수도 있고, 의무면제(waiver)가 될 수도 있으며, 기후 보호 목적으로 BAMs과 기타 PPM 관련 조치의 사용을 허용하는 복수국간 협정이 될 수도 있다.[898] 그런가 하면 탄소 관련 BAMs에 관한 WTO–UNFCCC 공동 실무작업반을 만들자는 제안도 있다.[899] 또한, WTO와 UNFCCC 밖에 있는 국제기구가 탄소 관련 BAMs 문제를 맡을 수도 있는데, 그 기구는 기존 기구(예: OECD)가 될 수도 있고 탄소 관련 BAMs을 처리할 목적으로 창설된 기구가 될 수도 있다. 그러나 그런 기구가 기후정책의 무역 관련 측면을 관할하게 되는 상황을 WTO 또는 UNFCCC 회원국 모두가 인정할지는 의문이다.[900] 관할권을 인정받지 못한다면 그 기구가 제정하는 탄소 관련 BAMs의 규제 제도의 정당성은 제한될 것이다.

협상 내용에 관해서는 여러 가지 방식으로 접근할 수 있다. 회원국들이 탄소 관련 BAMs을 사전 승인하기로 합의할 수도 있고, 일방적으로 적용되는 BAMs이 국제적으로 합의된 규칙에 부합하는지 여부를 정책 검토 메커니즘 또는 분쟁해결 절차를 통해 사후 평가하기로 합의할 수도 있다.[901] 탄소 관련 BAMs에 관한 국제적 규칙은 이와 같은 조치 적용의 여러 가지 측면에 관련될 수도 있는데, 그 예로

897) Hoerner and Muller (n 181) i.
898) 예컨대 Biermann 외 (n 148) 41 참조.
899) Abbas (n 242) 10.
900) Van Calster (n 593) 93.
901) Ismer and Neuhoff ‘International Cooperation’ (n 357) 11.

는 BA 체제의 대상 분야, 배출량 추적에 사용되는 기법 및 적용 대상이 되는 제품 수명주기 단계에 관한 의사결정, 수출 측 BAMs의 적용, 각국 기후 조치의 호환성 기준을 비롯한 수입품 배제 기준, 배출량 감축을 감시, 보고, 검증하는 방법과 절차의 통일, BA 제도의 기타 측면 등을 들 수 있다.[902]

UNFCCC 차원의 해결책

기후 협상의 주체인 UNFCCC를 무역 관련 기후 대책을 논의하는 장으로 삼을 수도 있다. 무역 정책 수단을 기후 정책 목적으로 사용하는 문제는 UNFCCC의 논의대상이 될 가능성이 있는데, 구체적으로는 2010년 칸쿤 합의(Cancun Agreements)에 따라 구축된 내응 소지 시행의 영향을 다루는 포럼에서 논의하게 될 것이다.[903] 그러나 현재의 논의로는 BCA의 규범적 틀로 제안할 만한 구체적인 성과를 도출하기가 쉽지 않다. 기후 정책과 관련된 무역 조치 문제를 WTO 밖으로 가져와 UNFCCC에서 다자간 방식으로 논의하는 것을 WTO가 환영할 것으로 보인다는 점은 흥미롭다. WTO 무역환경위원회는 1996년 설립 이후 줄곧 MEA 하에서 도입된 무역 관련 조치를 둘러싼 모든 분쟁은 되도록 각 MEA의 틀 안에서 해결되어야 한다는 입장을 견지하고 있다.[904] 또한, 2009년 코펜하겐 UNFCCC 기후변화회의(COP 15)가 열리기 전 WTO 사무총장은 WTO가 도하 개발 의제에 따른 업무로 이미 과부하 상태인 만큼 무역 관련 기후 대책에 관한 협상을 시작한다면 절망만 있을 뿐이라는 견해를 밝힌 바 있다.[905] 즉, 기후 정책의 무역 관련 측면에 관한 문제는 UNFCCC

902) Ibid 10-11. 한 OECD 연구에서는 npr-PPM 대책(연구 실무, 위험 평가, 검증, 인증 절차 등)의 절차/기술적 통일에서 오는 효과를 강조하였다. 국경조정의 사용에 관해 통일된 규칙이 있다면 동일한 탄소 가격이 생성되고 그렇게 되면 탄소 누출 우려를 해소하기 위해 구멍(loophole)을 만들지 않아도 될 것이다. OECD (n 226) 38-40 참조.

903) 이 포럼은 UNFCCC 부속 기구의 의장이 부속 기구 전체 회의와 연계하여 연간 2회 소집한다. 여기서는 UNFCCC 참가국들이 정보와 경험, 사례 연구, 모범 사례, 견해 등을 공유한다. <http://unfccc.int/cooperation_support/response_measures/items/7418.php> 참조. (2013년 8월 30일 접속).

904) 1996년 11월 8일 싱가포르에서 열린 WTO 각료회의에 제출된 WTO 무역환경위원회 보고서 단락 178. 이와 관련하여 최근 싱가포르가 WTO 무역환경위원회에 탄소 관련 BAMs을 WTO에 부합하게 적용하기 위한 조건을 명확하게 설명해 달라고 요청한 점에 주목할 필요가 있다. 싱가포르는 이 요청서에서 '이 문제는 기존 작업을 토대로 논의하되 명료화를 목표로 논의하는 것이 회원국에게 유익할 것이다. 이 문제를 제대로 이해한다면 UNFCCC에서 협상을 더 원만하게 진행할 수 있을 것'이라고 언급했다. WTO (2011a), pp. 2-3 참조. 그러나 이 제안은 다른 WTO 회원국의 지지를 거의 얻지 못했다. ICTSD (2011), pp. 7-8 참조.

당사국이 교토의정서 이후의 협정을 체결하여 해결해야 한다는 입장을 밝힌 것이다. WTO 사무총장의 이와 같은 언급은 '기후 먼저, 무역은 나중에(climate first, trade second)'라는 별칭을 얻었다. 그러나 1년 후 코펜하겐에서 교토의정서 이후의 합의 도출이 무위로 끝나고 교토의정서 만료 전에 구속력 있는 합의 도출이 어려울 것이라는 전망이 커지자 WTO 사무총장은 기후정책 주도의 경쟁력 문제를 해결하는 최선의 방법은 기후변화에 관한 교토의정서 이후의 다자간 협정이며 관련 무역 이슈는 그 후에 사안 별로 WTO에서 논의해야 한다고 강조하였다.[906]

UNFCCC상 다자간 접근방식

WTO협정으로는 환경 문제를 다룰 여지가 부족하다는 점을 감안할 때 WTO보다는 UNFCCC가 무역과 기후정책 간의 접점 문제를 논의하기에 더 적합한 기구라고 주장할 수도 있다. 예컨대 UNFCCC 당사국은 GATT의 충돌 조항에 우선하고 탄소 관련 BAMs을 비롯해 기후 정책 무역 관련 조치의 적용에 관한 기타 협정에 우선하는 결의안을 채택할 수 있다.[907] 피터 얀 쿠이퍼(Pieter Jan Kuijper)는 UNFCCC 당사국들이 승인한다면 탄소 관련 BAMs이 GATT 제XX조 (b) 예외 조항에 따른 필요성 심사를 통과하기 위한 조치의 필수 요소인 이른바 '*préjugé favorable*', 즉 어떤 조치에 보호주의적 의도가 없다는 추정의 혜택을 볼 수 있다고 주장한다. 또한 TBT와 SPS 규정이 (MEA에 따라 채택된 것을 포함한) 국제 기준을 근간으로 한다면 탄소 관련 BAMs은 TBT와 SPS 규정 하에서 적합성 추정의 혜택을 볼 수도 있을 것이다.[908]

그러나 문제는 결의안이든 의정서든 UNFCCC 내에서 채택되면, WTO에 분쟁이 제소되었을 때 WTO 회원국 전체가 해당 의정서의 당사국이 아닌 한 WTO 분쟁해결기관(DSB)에 법적인 구속력을 받지 않는다는 것이다.[909] 따라서, 이상적인 해결책은 이들 규칙에 관한 준법 여부를 판단하는 자체 분쟁해결 시스템이 완비된

905) Inside U.S. Trade (2009b).

906) Lamy 사무총장의 세계에너지회의 연설 참조. <http://zizzoclimate.com/2010/09/16/director-general-of-wto-urges-environment-first-trade-second/> (2013년 8월 30일 접속).

907) Hoerner and Muller (n 181) 38-39.

908) Kuijper (n 134) 15-16.

909) 이것은 기존 판례법, 특히 GMO 건에서 VCLT 31.3(c)조 규정에 대한 WTO 패널의 해석과 일치한다. EC-Approval and Marketing of Biotech Products, 패널 보고서 7.68 단락 참조. 다른 견해는 Hoerner and Muller (n 181) 39 참조.

교토의정서 이후의 기후 협정, 그리고 국제 기후 협정과 WTO협정 간의 관계에 관한 WTO 회원국 간 협정 안에 BAMs뿐만 아니라 기타 무역 관련 조치의 사용에 관한 규정을 마련하는 것이다.[910] 그럴 경우, 두 국제 체제 간 갈등은 모두 해소될 것이다. 그러나 UNFCCC와 WTO 내 협상 당사국의 복잡한 이해관계를 감안할 때 이와 같은 해결책은 실현 가능성이 거의 없어 보인다.

게다가, UNFCCC 안에서 탄소 관련 BAMs 문제를 협상할 때에는 정치적 장애물도 극복해야 한다. 상품의 탄소 발자국과 연동된 BAMs을 도입하는 방안은 향후 기후 체제에 관한 UNFCCC 협상에서 핵심이 되는 문제 중 하나다. 개도국은 국경 탄소 조정이 보호무역의 수단이 되어 선진국으로 향하는 상품 수출에 타격을 받을지 모른다고 우려해 이와 같은 조치를 극명하게 반대하고 있다. 2009년 코펜하겐 기후회의 준비 과정에서 탄소 집약적 상품에 그와 같은 조치를 부과할 가능성에 관해 논의했다는 점은 눈여겨 볼만하다. 그러나 이 문제는 협상 과정을 저해할 위험이 있어 최종 의제에서 제외되었다. 코펜하겐 합의(Copenhagen Accord)로 명명된 회의 최종 문서에서는 기후정책을 뒷받침하는데 사용될 가능성이 있는 무역 조치는 전혀 언급되지 않았다.

스콧 바렛(Scott Barrett)은 몬트리올 의정서(Montreal Protocol)에 따른 오존층 보호 시스템의 경험을 언급하면서 기후정책 관련 무역 조치의 사용에 관한 UNFCCC 당사국 간 합의 도출의 중요성을 강조한다. 몬트리올 의정서가 예견한대로 무역 조치가 WTO에 위배(PPM 문제, GATT 1조 및 11조의 위반 등)됨에도, 지금껏 어느 나라도 WTO에서 그것을 문제 삼지 않았다. 몬트리올 의정서 가맹국 전체가 투표를 통해 의정서에서 그러한 조치를 승인했기 때문이다.[911] 다시 말해, 의정서에 무역 조치를 포함함으로써 공정성 및 합법성과 관련된 문제 해결에 기여한 것이다.[912]

UNFCCC 내 협상에서는 기후정책과 관련된 무역 제한조치의 사용을 금지하거나 제한하는 거래가 대안적인 결과로 도출될 수도 있다. 이와 같은 거래는 교토의정서 이후의 기후협정 또는 별도 협정의 한 조항으로 고정될 수 있다. 이미 인도는 이와 같은 방향으로의 노력을 기울인 바 있다. 인도는 2009년 코펜하겐 기후회의용으로 마련된 교토의정서 이후의 협정의 협상 문구에서 다음과 같은 견해를 피력한 바 있다.

---

910) Holmes, Reilly and Rollo (n 758) 895.
911) Barrett (n 117) 12.
912) Ibid 24.

선진 당사국들은 기후 보호와 안정화를 근거로 개도국들로부터 수입하는 상품 및 서비스에 대해 상계 국경 조치를 포함한 어떠한 일방적 조치도 강구해서는 안 된다. 그와 같이 일방적인 조치는 협약의 원칙과 규정, 특히 공동의 그러나 차별화된 책임 원칙(제3조 1항), 무역과 기후변화(제3조 5항), 개도국의 완화조치와 선진국의 금융 자원 및 기술 제공 간 관계(제4조 3항, 7항)에 관한 원칙과 규정에 위반될 것이다.[913]

일방적인 무역조치를 기후정책 목적으로 사용하지 못하게 금지하는 조항을 포함시키려는 노력은, 교토의정서 이후의 국제 기후협정이 모든 주요 GHG 배출국들에게 감축 목표를 부과하여 국가 간 배출 비용의 수렴을 유도하고 BAMs의 필요성을 없애지 않는 한, 선진국들의 지지를 얻을 가능성이 낮다.

UNFCCC상 복수국간 접근방식

탄소 관련 BAMs의 사용에 관한 협상은 이해관계가 있는 UNFCCC 당사국들, 즉 이 문제에 관해 협상할 의사가 있는 국가들 간에 실시할 수도 있다. 일반적으로 어떤 기후정책 문제든 '의지가 있는 연합(coalitions of the willing)'이 모여 '모든 국가가 아닌 일부 국가만을 대상으로 … 모든 문제가 아니라 일부 문제에 관한 별도의 협정'을 다각적으로 체결하는 것이 기후변화에 맞서 싸우고자 하는 데 있어서는 보다 용이할 수 있다.[914] 실제로 부분적인 기후변화협정들에 관해 공감대를 형성하는 것이 포괄적인 단일 지구적 기후협약보다 타결하기 더 쉬울 가능성이 높다.[915] 이와 같은 의견을 뒷받침하는 근거로 James Bacchus는 23개국(GATT 1947년) 간 협정에서 WTO(현재 159개국이 회원으로 있는 국제기구)로 발전한 국제 무역 체제의 사례를 언급한다.[916] James Bacchus에 따르면 포괄적인 국제 무역 체제는 '사안별, 국가별, 사례별로 문제를 차근차근 해결해(issue by issue, country by country, and case by case)' 그 규칙을 거의 모든 국가가 받아들이게 되는 방식으로 발전했는데, 이와 같은 국제 무역 체제의 사례는 지구적 기후 변화 체제가 참고할 만한 사례다.[917]

913) IIFT (n 206) 40.
914) Bacchus (n 76) 19.
915) Ibid.
916) Ibid.
917) Ibid. 19–20.

특히 중요한 문제 가운데 하나는 세계 GHG 배출량의 80%를 차지하는 10여개 주요 GHG 배출국(미국, 중국, 러시아, 인도, 한국, 브라질, 남아프리카공화국, EU, 캐나다, 일본, 멕시코, 인도네시아)이 합의에 이르는 것이다.[918] 지금까지 주요 배출국이 참여하는 기후변화 포럼을 발족하려는 시도는 미국이 자체적인 의무적 총량제한 배출권거래제를 근거로 강력한 의지를 보이지 않아 실패로 끝났는데,[919] 이 국가 그룹 내에서 기후변화에 관한 협정을 도출한다면 탄소 관련 BAMs의 사용에 관한 규칙의 채택이 앞당겨질 수도 있을 것이다.[920]

복수국간 접근 방식이 타당해 보이기는 하지만 탄소 관련 BAMs을 둘러싼 잠재적 갈등을 효과적으로 해소할 수 있을 것인지는 의심스럽다. 이 방식은 회원이 제한되어 있기 때문에 정당성 문제가 제기될 소지가 있다. 또한 그와 같은 복수국간 협성이 자체 분쟁해결제도 없이 WTO 밖에서 체결된다면 집행력도 약해질 것이다. 따라서 이 방식은 차선책 이상은 되기 어렵다.

업종별 접근방식

탄소 관련 BAMs의 적용에 관한 규칙은 다자 및 복수국 업종별 협정의 일부가 될 수도 있다. 업종별 협정에서는 각국이 특정 산업 또는 업종에서 GHG 배출량 감축을 스스로 약속할 수 있다. 업종별 협정의 체결은 알루미늄처럼 탄소누출 비율이 매우 높은 집약 산업에서 의미가 있다.[921] 업종별 배출량 감축을 달성하기 위해 무역 조치를 포함해 다양한 수단을 선택할 수 있는데, 구체적으로는 탄소세, 탄소 집약도 기준에서 특정 분야에 기술 요건 및 기술 표준을 도입하는 등의 수단을 꼽을 수 있다. 업종별 협정은 BAMs도 대상으로 하여 탄소 제한 분야의 경쟁력과 탄소누출 문제를 다룰 수도 있다. 경쟁력과 탄소누출 문제에 효과적으로 대응하려면 업종별 협정이 대상 분야에 대해 과도기적인 배출량 거래를 허용하는 것이 중요하다.[922] 그러나 그와 같은 정책의 결과는 모든 탄소 집약 업종을 포함하는 지구적

918) W Antholis, 'Five "Gs": Lessons From World Trade For Governing Global Climate', in L Brainard and I Sorkin (eds), *Climate Change, Trade and Competitiveness: Is a Collision Inevitable?* (Brookings Trade Forum 2008/2009, The Brookings Institution Press 2009) 5–6.
919) Stern and Antholis (n 69) 181.
920) Antholis (n 918) 6.
921) Barrett (n 117) 21.
922) Wooders and Cosbey (n 164) 33.

배출권거래제로서는 타당성이 없다. 경제적인 효율성이 떨어진다는 주장이 있지만, 경제 전반을 아우르는 배출 감축 협정보다는 정치적으로는 업종별 협정이 더 타당성 있는 방안으로 보인다.[923)]

기후변화법의 조화와 원산지 기준 세금의 적용

모든 나라가 탄소세를 단일 세율로 도입하거나 세계적으로 배출권 가격이 단일한 지구적 배출권거래제를 도입하고 탄소 과세에 원산지 원칙을 적용하면 탄소 관련 BAMs의 필요성이 사라질 수도 있다고 경제학자들은 주장한다.[924)] 실제로 BAMs의 기능 가운데 하나는 규제의 차이를 극복하고 세금과 규제를 국제적으로 통일할 필요성을 제거하는 것이다.

이것은 환경 효과와 행정적 타당성 측면에서는 이상적인 해결책일 수 있지만, 배출 과세 제도를 도착지 원칙에서 원산지 원칙으로 재조정하는 것은 문제가 될 수 있을 것으로 보인다. 탄소세를 공통으로 적용하고 통일하거나 단일한 지구적 탄소가격이 수반되는 지구적 ETS를 발족해야 하는데, 현재로서는 가능성이 낮다. 보편적인 탄소규제가 없는 상황에서 원산지를 기준으로 한 배출세나 배출부과금의 부과는 경쟁력과 탄소누출 우려를 불식시키지 못할 것이다. 과세의 원산지 원칙은 수입에 과세하지도 않고, 수출에 리베이트를 주지도 않겠다는 의미이다. 그러므로 일정 범위까지는 현지 소비를 위해 생산하는 에너지 또는 탄소집약적 업종에 한해 과세에 관한 원산지 접근방식을 적용할 수 있다. 그 이외의 경우에서는, 탄소 가격을 책정하지 않는 국가로부터 수입하는 상품에 배출부과금을 부과해 공정한 경쟁환경을 조성해야 할 것이다. 이와 같은 복합 과세제도는 WTO 준수 문제를 더 복잡하게 만들 것이다. 나아가, 예로부터 원산지 원칙은 직접세에 대해서만 적용되고 도착지 원칙은 간접세에 적용되고 있다는 사실에 비춰볼 때, WTO는 원산지 방식의 배출세의 합법성을 의심할 수밖에 없는 상황이다.

동시에, 원산지 방식은 양자 간 관계에서의 상향식 발전, 즉 상대방의 배출량

923) ICTSD (n 171) 5.

924) 단일한 탄소 가격은 Nicholas Stern (n 9, xviii), Joseph Stiglitz (n 541, 3), Karsten Neuhoff (n 211, 1)가 설파한 개념이다. Karsten Neuhoff는 BAC 비율의 통일 필요성도 지적한다. 원산지 원칙에 따라 탄소세와 요금을 부과하고 BAMs 개념을 포기하자는 주장은 Holmes, Reilly and Rollo (n 758) 892의 주장이다.

감축 노력을 국가 간에 상호 인정하여 서로 BAMs을 적용하지 않는 방식으로 발전한 것으로 해석될 수도 있다. 이것은 국경조정의 필요성을 다자가 인정하는, 지구적 배출감축체제로 점진적으로 나아갈 수도 있다.

WTO 차원의 해결책

WTO 회원국들이 탄소 관련 BAMs 문제를 협상 테이블로 가져오기를 주저하고 있지만, 이와 같은 조치에 대한 법적 불확실성을 해결할 WTO의 잠재력을 감안할 때 WTO가 앞으로도 이 문제를 회피할 수는 없을 것으로 보인다. 예를 들면, WTO 사법기관이 분쟁에서 WTO 조항을 '친(親) PPM, 친 기후정책적(PPM-and climate-policy-friendly)'으로 해석하거나, WTO 회원국간의 협상을 통하여 관련 WTO 규율을 개정하거나, 의무면제를 부여하거나, 복수국 협정을 체결하거나, 가입의정서에 탄소 관련 BAMs의 사용에 관한 조항을 삽입하는 방법으로 해결책을 찾을 수 있을 것이다.

판정

WTO 법 하에서 무역 관련 기후 대책의 위상과 합법성에 관한 불확실성은 대체로 이들 문제에 관한 결정이 부재하다는 사실에 기인하는 것으로 보인다. 따라서 탄소 관련 BAMs에 관한 WTO 회원국 간 분쟁이 허용 가능성의 결정에 기여할 수도 있다. 일련의 WTO 분쟁에 관한 패널과 AB의 결정은 이후 무역 수단을 기후 정책 목적으로 사용하는 데 대한 규칙이 될 수도 있다.[925] 그러나 그와 같은 소송의 결과를 예측하기는 어렵다. 한편, WTO에서 일어나는 환경 분쟁 대부분은 그 환경조치가 WTO의 법에 부합하지 아니하였기 때문이고,[926] 다른 한편으로는, 기후변화 대책의 중요성에 대한 대중의 관심이 워낙 커서 해당 조치의 수락 여부를 결정하는 WTO 패널이 영향을 받을 가능성도 있기 때문이다. WTO의 법리는 제품 금지, 어업 방법과 연동된 라벨 표시 요건 등 원산지 중립적인 PPM을 인정하는 쪽으로 서서히 발전해왔다. 더욱이, 개별 사건에 따라 동종성(likeness)을 해석하는 AB의 접근방식

925) Hufbauer and Kim (n 132) 9.
926) *US-Shrimp - Article 21.5* 사건이 눈에 띄는 예외상황이다.

(특히 어떤 사례를 지배하는 맥락 및 상황에 따라 그 폭이 결정된다)[927]은 기후변화 완화 대책이 특별한 사례가 아닐 수도 있다는 의구심을 자아내 탄소 집약적 제품과 저탄소 제품을 비교할 때 '동종(like)'이라는 용어에 다른 의미가 부여될 수 있다.[928]

WTO 결정을 통한 해결책의 장점은 피고(즉 해당 조치가 부과된 국가)를 포함한 분쟁 당사자들이 소송의 결과로 아무것도 잃지 않는다는 것이다. 해당 조치가 WTO 법을 위반한 것으로 드러나더라도 과거의 행위에 대해 한 국가에 제재가 부과되지는 않으므로, 해당 국가는 패널 또는 AB의 최종 결정에 따라 자국 법을 바꾸거나 DSU 제22조에 의거 결정에 따르지 않는 대신 보상을 제안할 수도 있다.[929]

그러나 건별 결정 방식에도 단점은 있다. 첫째, WTO가 분쟁을 해결하기까지 수년이 걸릴 수 있는데, 그 동안 당사국들은 WTO에 위배되는 조치와 대응 조치를 계속 적용할 수 있다. 둘째, 소송이 진행되는 동안 당사국은 기후변화에 맞서는 일을 소홀히 하게 되므로, WTO 분쟁해결제도가 과중한 업무에 시달리게 될 수 있다.[930] 셋째, 이와 같은 사안에 관한 결정은 WTO에게 큰 부담이 될 수 있다. 그 중에서 마지막 요소에 대한 우려가 가장 설득력이 있다. 기후 변화와 연계된 일방적 무역 제한을 허용하면 위장된 보호주의를 포함한 제도 남용이 속출할 수 있고 반대로 부정적인 결정이 내려진다면 기후 변화 문제를 다루는 WTO의 능력이 의심을 받을 수 있다.[931]

일방적인 탄소 관련 BAMs을 둘러싼 분쟁에서 선진국이 승리한다면 개도국은 WTO가 자국의 개발 수요에 적대적인 태도를 취한다는 견해를 가지게 될 수도 있다. 이것은 선진국과 개도국 간 불화의 골을 깊게 하여 현재 진행 중인 무역 협상의 타결을 더디게 만들 수 있다. 반대로, 일방적 탄소 관련 BAMs에 대한 개도국의 입장이 WTO에서 인정받는다면 WTO에 대한 선진국 대중의 지지가 훼손될 수 있다.[932] 이 또한 기후 협상에는 도움이 되지 않는다. 첫 번째 시나리오에서는 개도국이 시장 접근을 제한당하지 않기 위해 기후협정에 억지로 참여한다고 느낄 수 있는 반면, 두 번째 시나리오에서는 선진국이 모두를 위한 안정된 기후체제를 마련

927) Japan－Alcoholic Beverages II, AB report, pp. 20－22.
928) McRae (n 595) 223.
929) Pauwelyn 'Testimony Before the Subcommittee on Trade' (n 285) 17.
930) Bacchus (n 76) 5.
931) Hufbauer and Kim (n 132) 9.
932) Antholis (n 918) 14.

하기 위해 자국의 경쟁력을 희생한다고 느낄 수 있다.[933] 더욱이, UNFCCC는 탄소 관련 BAMs에 관한 권한과 가이드라인을 보유하고 있지 않고 GATT에는 BAMs에 관한 방대한 규율만 있는 상태이므로 WTO 패널은 매우 어려운 과제에 직면하게 될 것이다. 결국에는 패널이 수입품에 대한 배출세가 지구의 기온 상승을 산업화 이전 수준 대비 2° 이내로 제한하는 데 적절한지를 결정하게 될지도 모른다.[934] 그러나 이것은 DSU 제11조에 따라 WTO 법에 관한 결정을 내리는 임무를 맡은 패널의 권한 밖의 일이다.

관련 WTO 규정의 개정

탄소 관련 BAMs과 WTO의 불일치를 해결하는 명료한 방법은 관련 WTO 규정을 변경해 기후 정책 문제를 수용하는 것이다.[935] 이것은 *특히(inter alia)* GATT 제I조와 제III조에 따라 PPM을 기준으로 한 제품의 차별화를 허용하거나, 조정용 탄소세의 적격성을 명시적으로 인정하거나, 기후 대책을 위한 예외규정이 포함된 단락으로 GATT 제XX조를 보완함을 의미할 것이다. 그러나 WTO의 규정을 개정하는 데에는 긴 시간이 필요하다. WTO설립협정 제10조 2항에 따르면, GATT 제I조의 MFN 원칙과 GATT 제II조의 관세 양허를 비롯해 대상 협정의 핵심 규정을 개정하기 위해서는 WTO 회원국 전체의 동의가 필요하다. WTO 회원국의 실체적 권리와 의무에 영향을 주는 기타 규정의 개정은 전체 WTO 회원국 중 2/3의 동의가 필요하며 그것을 수락한 회원국에만 적용된다.[936] 따라서, 개도국이 탄소 관련 BAMs을 극도로 반대하는 현 상황에서 규칙 개정은 사실상 불가능하다.[937]

933) Ibid.

934) 지금까지의 국제 기후협상에서는 가이드라인에 대한 합의만 이루어졌는데, 이는 구속력 없는 2009년 코펜하겐 합의문에 명시되어 있다. Holmes, Reilly and Rollo (n 758) 887 참조.

935) Hufbauer and Kim (n 132) 10. 오래 전 John Jackson은 GATT 체제를 개편해 환경 정책 문제를 포용할 것을 제안한 바 있다. Jackson (n 329) 6 참조.

936) 이 경우 각료회의는 전체 의결권 중 3/4의 동의를 얻어 어떤 개정안이 효력을 발휘하려면 그것을 받아들이지 않은 회원국이 WTO를 탈퇴하거나 각료회의의 동의 하에 회원 지위를 유지할 수 있는 성격의 것이라고 결정할 수 있다. CD Ehlermann, 'WTO Decision－making Procedures, "Member－Driven" Rule－making and WTO Consensus－Practices: Are they Adequate? Are WTO Decision－making Procedures Adequate for Making, Revising and Implementing Worldwide and "Plurilateral" Rules' (2005) 3, 미주 16 참조. <http://www.wilmerhale.com/de/publication/whPubsDetail.aspx?publication=83> (2013년 8월 30일 접속).

937) Bacchus (n 76) 5.

WTO규범에 대한 유권해석의 도입 내지 탄소 관련 BAMs의 사용에 관한 결정

WTO설립협정 제IX조 2항에 따라 WTO 회원국은 기후변화 문제 포섭이 가능한 WTO규범상의 유권해석을 채택할 수도 있다.[938] 1998년 EU가 이것을 시도했는데, 당시 유럽 의회는 WTO 회원국에게 '동종상품' 개념의 해석에 관한 양해각서 채택을 촉구하는 결의안을 통과시켰다.[939] 제안된 해석에 따르면 환경적인 목적을 위해 동일한 상품을 PPM에 따라 구분할 수 있다.[940]

대안으로, WTO 회원국은 탄소 관련 BAMs에 관한 결의안을 채택할 수 있다. 무역 조치가 교토의정서 이후의 국제 기후협정의 일부가 되면 WTO 회원국들은 그 국제 기후협정이 인정하는 모든 무역조치는 WTO 분쟁해결이라는 목적에 한해 WTO협정상의 의무에 부합하는 것으로 간주한다는 결의안을 채택할 수 있다.[941] 또한 교토의정서 이후의 협정의 협상이 진행되는 동안 WTO 회원국들은 기후 정책과 관련된 무역 조치에 대해 WTO에 제소하는 것을 일시적으로 금지하는 결의안을 채택할 수도 있다.[942]

WTO규범의 유권결정이나 유권해석을 도입하는 것이 WTO협정의 개정에 비해 가지는 장점은 WTO설립협정 제9조 2항에 따라 각료 회의에서 결정할 수 있고 WTO 회원국의 비준 없이도 효력을 발휘한다는 점이다.[943] 나아가 WTO 회원국 전체에 대해 구속력이 있으며 DSU의 제3조 2항과 제19조 2항에 따른 패널 및 AB의 결정 해석과 달리 WTO협정에 따른 WTO 회원국의 권리와 의무를 더하거나 뺄

---

938) WTO의 이 입법 수단은 우루과이 라운드의 산물이다. 패널과 AB 사이에 분쟁이 발생하는 경우 WTO 규정을 해석하는 것과 구별하기 위해 '유권'해석이라고 부른다. Ehlermann (n 936) 4 참조.

939) Bronckers and McNelis (n 382) 38.

940) EU 법은 PPM에 따른 규제의 차등 적용을 금지하지 않는다. 국내에서 생산된 전기에 다른 세율을 적용하는 핀란드 전기세제에 관한 ECJ 사례에서, 동 세제의 PPM 성격은 법원의 반대를 유도하지 않았고 EU법에 위배되지 않는다는 결정이 내려졌다. ECJ Case C-213/96, *Outokumpu Oy* [1998] ECR I-1777 참조.

941) Bacchus (n 76) 3.

942) Ibid 6. 국내 지원 조치, 농산물에 대한 수출 보조금과 관련된 평화 조항(WTO 농업 협정 13조)와 유사하다.

943) Conrad (n 119) 438. WTO협정 부속서 1의 합의사항을 해석하는 경우, 각료회의는 동 합의의 기능을 감독하는 이사회의 권고에 따라 결정을 내려야 한다. *US-Clove Cigarettes*, AB report, para 254 참조.

수도 있다.[944] 또한 유권해석은 패널 또는 AB가 내린 해석을 정정할 수도 있는데, 패널과 AB의 결정을 가로막을 실질적 수단이 없다는 점에 비춰볼 때 유권해석은 WTO 결정에 대한 견제와 균형의 수단이 되기도 한다.[945]

그러나 WTO 규정의 해석에 관한 결정과 양해에는 WTO 회원국 3/4의 동의가 필요하나,[946] 개노국 대부분이 GHG 배출량과 연동된 무역 제한에 반대하고 있는 현실에서 그와 같은 결정이 통과되기는 어려워 보인다.[947] 다만 회원국들이 국제기후협정을 협상하는 동안 한시적으로 탄소 관련 BAMs에 관한 이의제기를 금지하는 결정 정도는 투표를 통해 통과될 가능성이 있다.

의무면제의 부여

탄소 관련 BAMs의 사용이라는 맥락에서 WTO 의무를 면제해 주는 것이 WTO 문구를 바꾸거나 관련 WTO 규정의 유권해석을 채택하는 것보다 더 현실적인 해결책인 것으로 보인다. 또한 이와 같은 조치는 그 임시적 성격으로 인해 유연한 해결책으로 여겨진다.[948] 의무면제는 오직 예외적인 상황에서만 한시적으로 부여되며 연장에는 타당한 사유가 있어야 한다. WTO AB는 *EC-Bananas III (Article 21.5-Ecuador)*에서 이와 같은 의무면제의 해석을 다음과 같이 뒷받침하였다.

> 의무면제의 기능은 어떤 회원국을 대상으로 지정된 기간에 대상 협정에 명시된 특정 의무를 면제하는 것이다. 단, 조건이 따르며 예외적 상황 또는 면제 결정문에 명시된 정책 목표가 있을 때에 한한다. 그 목적은 법을 신설하거나 대상 협정이나 부표에 따른 의무를 더하거나 수정하지 않는 것은 물론이고 협정의 기존 규정을 변경하지 않는 것이다. 따라서 면제는 본질적으로 예외이며

---

944) *US-FSC*, AB report, paras 112–113 및 각주 127, Ehlermann (n 936) 4, 미주 20–22의 지적 참조.

945) Ehlermann (n 936) 5.

946) WTO설립협정 제9조 2항. GATT에서 보편적이던 투표 관행이 WTO에서는 사실상 사라졌다. Cottier T, 'Confidence–Building or Global Challenges: The Experience of International Economic Law and Relations', in R Greenspan Bell and M Ziegler (eds) *Building International Climate Cooperation: Lessons from the weapons and trade regimes for achieving international climate goals* (Washington, DC: World Resources Institute, 2012) 137–140 참조.

947) Bacchus (n 76) 5.

948) Jackson (n 329) 13. 문제는 의무면제가 어떤 조약(예: 교토의정서 이후의 국제 기후협정)에 명시된 조치만을 대상으로 하고 의무인 것인가, 아니면 WTO 회원국이 일방적으로 취하는 자발적 조치를 허용할 수 있는가 하는 것이다.

엄격한 규율의 적용을 받는다. 또한 각별한 주의로써 해석해야 한다.[949]

따라서 의무면제는 영구적 의무를 신설하지도 않고 기존 의무를 영구히 변경하지도 않는다. 의무면제의 이와 같은 성격 덕분에 면제의 수용이 용이해진다.[950] 의무면제를 WTO 의무의 일시 중지로 간주하면, 다른 국제 포럼에서 나온 비무역 이해관계와 주장이 주목을 받고 WTO 회원국에게 인정받을 가능성이 높아진다.[951] 따라서 의무면제는 정치적 수용도가 비교적 높다는 것 이외의 장점을 지닌다. 바로, 비무역 문제에 관한 정치적 논쟁을 촉발해 국제법과 국제기구의 다른 측면에 관련된 문제에 대한 WTO 공동체의 관심을 유발하는 것이다.[952]

GATT와 WTO의 역사에는 몇 가지 의무면제의 사례가 존재한다.[953] 의무면제는 개별 WTO 회원국에도 부여되었고 회원국 집단에도 부여되었다. 회원국 집단에 부여되는 의무면제는 '집단 면제(collective waivers)'라고 하는데, 1971년 GSP에 따른 개도국 우대 조치를 합법화한 의무면제처럼 추상적으로 정의된 조치에 대해 부여되기도 하고 킴벌리(Kimberley) 의무면제처럼 구체적으로 정의된 조치나 상황에 부여되기도 한다.[954] 킴벌리 의무면제는 2003년 '분쟁 다이아몬드(conflict diamonds)', 즉 적법한 정부에 대항하는 반군 활동 지원에 사용되는 다이아몬드와 관련하여 몇 개 나라에 부여되었다. 목적은 킴벌리 프로세스 인증제도(Kimberley Process Certification Scheme)에 따라 강구된 조치에 법적 확실성을 부여하는 것이었다.[955] 이에 따라 서명한 WTO 회원국은 MFN (GATT 제I조 1항), 수량제한의 일반적 철폐(GATT 제XI조 1항), 수량제한의 무차별 시행(GATT 제XIII조 1항)의 의무를 면제 받아 인증 제도에 참여하지 않는 국가에 대한 다이아몬드 원석의 수출입을 금지할 수 있었다. 2006년 킴벌리 의무면제는 6년 더 연장되었다. 탄소 관련 BAMs에 관해서도 킴벌리 제도와 유사한 의무면제를 WTO 내에서 협상할 수도 있다. 이렇게 되면 킴벌리 의무면제와

---

949) *EC-Bananas III - Article 21.5 (Ecuador)*, AB report, para 383.

950) Jackson (n 329) 36; Hufbauer and Kim (n 132) 11.

951) Feichtner (n 141) 634-635.

952) Ibid 632.

953) 예컨대, 1955년에는 미국에게 수량제한 금지에 관한 제XI조 상의 의무에 대한 면제가 부여되었다. 덕분에 미국은 약 40년 동안 농업 수입품에 쿼터를 부과할 수 있었다. Hufbauer and Kim (n 132) 11 참조.

954) Feichtner (n 141) 621.

955) 킴벌리 프로세스 인증 제도는 49개국이 참여한 국제 의정서로 2003년 발효되었고 '분쟁 다이아몬드'의 매매를 막기 위해 다이아몬드 원석 거래의 제한 요건을 규정하고 있다.

유사하게 탄소 관련 BAMs도 WTO 규정과 충돌하지 않을 것이다.[956] 탄소 관련 BAMs의 의무면제를 여러 나라에 적용할 때 최소한의 통일성을 유지한다면 더 바람직할 것이다.[957]

탄소 관련 BAMs의 법적 불확실성에 비춰볼 때 이 해결책은 분명 장점을 지니지만 한계도 있다. 그 중 한 가지 단점은 면제 하에서 적용되는 BAMs가 WTO 권리의 무효나 손상으로 이어지는 비위반를 근거로 GATT 제XXIII조 (b)호 하에서 여전히 공격 대상이 될 수 있다는 점이다. 다른 한 가지는 의무면제의 성격이 임시적이기 때문에 탄소 관련 BAMs와 WTO의 불일치 문제를 해결할 영구적인 해결책이 되지 못한다는 점이다. 더구나, 기후변화를 이유로 WTO 의무를 면제하는 것은 WTO와 교토의정서 이후의 기후협약 간 관계에도 영향을 미칠 것이다. 앞서 언급한 바와 같이 국제법의 관점에서 WTO협정과 MEA는 대등한 법적 권한을 지닌 법적 기구이다. 그러나 WTO에서 의무면제가 도입되면, 국제법 체제에서 WTO가 우위에 서는 상황이 발생하게 된다.[958] 마지막으로, WTO협정 제IX조 3항에 따라 의무면제에는 WTO 회원국 3/4의 찬성이 필요하다.[959] WTO 회원국이 이와 같은 의무면제를 채택하지 못한다면 기후 협상에 부정적인 영향을 미칠 뿐만 아니라 그 안정성과 예측가능성도 저하될 수 있다.[960]

탄소 관련 국경조정에 관한 모범관행규약

게리 후프바우어(Gary Hufbauer), 스티브 샤노비츠(Steve Charnovitz), 김지선(Jisun Kim)이 개발한 '녹색 정책 공간(green policy space)'이라는 개념은 주목할 만하다. 세 사람

956) 탄소 관련 BAMs의 경우처럼 킴벌리 프로세스 인증제도 비참여국과의 다이아몬드 원석 수출입 금지가 GATT 제XX조 예외 조항에 의해 정당화될 수 있는지는 불확실하다. 킴벌리 거래 금지는 임의적인 성격을 띨 수 있다. 먼저, 다이아몬드 원석만 금지하고 가공 다이아몬드에는 제한을 두지 않음으로써 일관성이 떨어져 독재정권에 자금을 지원할 위험을 해소하기 어렵다. 둘째, 다이아몬드의 '청정성'을 입증하기 위해 비참여국의 수출을 허용하지 않는 것은 자의적이고 정당화할 수 없는 차별이 될 수 있다. Feichtner (n 141) 641 참조.

957) Kuijper (n 134) 42.

958) Ibid 12.

959) 앞서 언급한 바와 같이, WTO에서는 투표로 결정하는 일이 드물다. 보통, 의사결정은 컨센서스(consensus)로 한다. 의무면제에 관한 결정도 마찬가지로 컨센서스로 한다. 전환 기간이나 단계적 실천과 관련된 의무의 면제도 WTO협정 제IX조 3항의 각주 4에 따라 컨센서스를 요한다. Feichtner (n 141) 619 및 각주 23 참조.

960) Report of the WTO Committee on Trade and Environment to the WTO Ministerial Conference in Singapore, 8 November 1996, 3.

은 기후정책 관련 무역조치를 둘러싼 분쟁을 해결하기 위해 WTO 회원국이 'GHG 배출 관리에 관한 WTO 모범관행규약(Code of Good WTO Practice on GHG Emissions Controls)'(이하 "모범관행규약")을 제정할 것을 제안하였다[961] 모범관행규약에서는 WTO 규정의 상호 해석을 통해 기후정책 관련 무역조치를 수용한다.[962] 가입국들은 BAMs을 포함한 기후 정책 관련 무역 조치를 'WTO 법의 기술적 위반이 발생하더라도 WTO 주요 원칙에 따라 광범위하게(broadly consistent with core World Trade Organization (WTO) principles even if a technical violation of WTO law could occur)' 실천할 의무가 있다.[963]

그와 같은 다자간 '단계적(side-by-side)' 협정 체결(예: 표준법, 보조금법 등)은 GATT 협상의 도쿄 라운드에서 유행하던 관행이었다. 경험에 비춰볼 때 그런 법은 수용한 국가들에만 구속력이 있기 때문에 WTO 회원국 과반이 받아들일 때에만 효과가 있다.[964] 이 때 그런 협정에 서명하지 않은 회원국도 MFN 원칙에 따라 그것의 혜택을 받을 권리가 있다는 점에서 '무임승차자(free riders)' 문제가 발생한다. 또 다른 문제는 그와 같은 협정이 WTO의 법체계를 분절화한다는 것이다.[965]

모범관행규약은 기후 정책 관련 무역 조치 – BCA, 배출권의 자유로운 유통, 구체적이지 않은 기후 관련 에너지 및 재활용 가능 에너지 보조금 등 – 의 사용을 자유화할 것이다. 다시 말해, GATT와 TBT협정, SCM협정에 위배될 수도 있는 모든 조치가 자유화되는 것이다. 모범관행규약은 다른 나라가 강구한 '필적가능한 조치(comparable action)'를 평가하는 규칙을 마련하기도 할 것인데,[966] 여기에는 다음 가이드라인이 적용될 것이다.[967] 먼저, 전통적인 도착지 과세 원칙(즉 '상품 소비지 과세(taxes are paid where goods are consumed)')은 원산지 원칙(즉 '상품 생산지 과세(taxes are paid where goods are produced)', 따라서 BAC는 불필요하다)으로 바뀔 것이다. 이렇게 되면 기후 정책과 관련된 BAMs가 쓸모없게 되고 국가 간 무역 갈등의 위험도 낮아질 것이다.[968] 더불어, 수출국이 세수를 벌어들이는 한, 다른 나라가 GHG 관리 수단

961) 앞서 Marco Bronckers와 Natalie McNelis도 GATT에 따른 문제제기로부터 환경 PPM 조치를 보호하기 위해 유사한 제안을 한 바 있다. Bronckers and McNelis (n 382) 55–56 참조.
962) Hufbauer, Charnovitz and Kim (n 162) 31.
963) Ibid 103.
964) Jackson (n 329) 35.
965) Ibid.
966) Hufbauer, Charnovitz and Kim (n 162) 104.
967) Ibid 104–109.
968) 앞서 설명한 바와 같이 원산지 원칙을 국가마다 통일된 에너지/탄소세에 적용하는 것은 다른 전문가도 지지하는 바이다. Biermann et al. (n 148) 39; Holmes, Reilly and Rollo (n 758)

을 도입하도록 촉진할 것이다. 둘째, 배출권의 유통이 수출과 연계되지 않는 한 배출권의 자유로운 할당은 보조금으로 간주되지 않을 것이다. 기후 보조금은 그것이 구체적이거나, 수출과 연계되어 있거나 수입품 대신 국산품의 사용을 촉진하지 않는 한 금지 또는 조치 대상으로 간주되지 않을 것이다. 수출로 인해 수입국의 탄소 집약적 에너지생신이 대체에너지원으로 대체된다면 그 수출에 대한 보조금이 허용될 수도 있다. 이를 위해 수출국 정부는 수입국 정부로부터 공신력 있는 명세서를 받아 대체를 확인해야 할 것이다. 마지막으로, 실무법의 당사국은 기후 약정의 준수 여부에 대해 상대국을 감시하고 필요 시 시정조치를 발동할 수 있어야 할 것이다. 그러면 WTO 제소 건수도 줄어들 것이다.

대안으로, 일부 전문가는 WTO 회원국 간에 탄소 관련 상계 조치와 BTA의 사용을 금지하는 협정을 포함하는 해결책의 가능성을 언급한다.[969] 예를 들면, 탄소 보조금의 경우 (배출권의 자유로운 할당 또는 배출 감축 노력에 대한 불참을 이유로) 한 WTO 회원국이 그 보조금에 관해 WTO에 제소하고 WTO 사법기관에서 결정을 내리기를 기다릴 수도 있다. WTO 분쟁해결기관은 WTO 회원국의 이익에 미치는 부정적 영향과 국제 기후 협정에 따른 의무의 위반이 확인된 후에야 CVD나 BTA 형태로 제재를 승인할 수 있다.

그러나 모범관행규약의 법적 형태 또는 CVD 및 BCA의 사용에 관한 합의에는 불확실성이 존재한다. 그것은 무역 관련 기후 대책에 관한 WTO 복수국간협정의 형태를 취할 수 있다. 이는 해당 협정에 가입한 WTO 회원국은 그 협정 상의 규정을 따라야 하고 가입하지 않는 회원국은 아무런 의무가 없다는 의미이다.[970] WTO 분쟁해결제도는 그 협정에 서명한 WTO 회원국에 대해서만 그 협정에 따른 약속을 집행할 수 있을 것이다.[971] 이 같은 법적 형태의 단점은 명백하다. WTO협정 제X조 9항에 따라, WTO협정 부속서 4에 추가되기 위해서는 '의사가 있는(willing)' WTO 회원국들 간에 체결한 복수국간 협정이 각료 회의에서 WTO 회원국의 컨센서스로 승인을 받아야 한다.[972] 이 경우 컨센서스에 도달할 가능성은 매우 낮다. 복수국 체제로 한정된다고 해도 탄소 관련 무역 제한을 용인할 WTO 회원국은 많

---

892 등을 참고하라.

969) Holmes, Reilly and Rollo (n 758) 895.

970) Hufbauer, Charnovitz and Kim (n 162) 103.

971) Bacchus (n 76) 6.

972) Ehlermann (n 936) 3; Bacchus (n 76) 6.

지 않기 때문이다. 어떤 회원국이 얼마나 많이 그와 같은 복수국간 협정에 가입할지는 알 수 없다. 만일 주요 GHG 배출국이 참여하지 않는다면 협정의 목표를 달성하기는 쉽지 않을 것이다.

기후 정책 관련 무역 조치에 관한 복수국간 협상 체제와 약간 다른 접근방식으로 '결정적 다수(critical mass)' 방식이 있다. 도하라운드에 따른 '일괄타결(single undertaking)' 협상과는 달리, '결정적 다수(critical mass)' 협상의 결과는 탄소 시장에서 비중이 큰 국가에게만 구속력이 있다. 단, 복수국간협정에 가입하는 경우에 한한다. 그러나 부속서 4 복수국 방식과 달리, 협정에 따른 혜택은 전체 WTO 회원국이 공유한다(예: MFN 방식에서).[973] 이 방식의 문제는 부속서 4의 복수국 협정의 단점과 동일하다. 즉 미국과 중국을 비롯한 주요 기후정책국들이 기후 변화에 대해 서로 다른 해법을 내세우는 상황에서 '핵심 다수(critical mass)'를 어떻게 확보할 것인가 하는 문제다.[974]

수입품의 탄소 발자국과 관련하여 무역 제한조치를 일방적으로 부과하는 방식은 주로 선진국들 사이에서 논의되고 있다. 선진국들은 배출감축체제를 갖추고 있거나 갖출 계획이며 상응하는 감축 시스템이 없는 개도국들로부터 수입하는 탄소 집약적 수입품에 대해 탄소 제한조치를 적용할 요량이다. 개도국들은 선진국들의 국경에서 탄소 관련 무역 제한조치를 적용하는 것에 대한 반대 주장으로 과거 GHG 배출 책임이 선진국들에 있다는 사실, 궁극적으로 선진국들이 지구 온난화의 주범이라는 사실을 강조하고 있다. 반면 개도국들은 과거 산업 규모가 작았기 때문에 책임이 없다는 것이다. 또한 개도국들은 *일인당(per captia)* 배출량 역시 선진국들보다 여전히 훨씬 더 작다고 주장한다. 더구나, 일부 개도국들(예: 중국, 인도)은 배출량 감축목표 대신 노후 탄소집약기술을 채택하고 있는 공장 수백 곳의 폐쇄,[975] GDP 단위 당 탄소집약도 저감,[976] 대체 에너지원 도입,[977] 일부 탄소 집약적 제품에 대

---

973) WTO, World Trade Report 2011 (n 150) 190－191.

974) S Page, 'Conclusion: Moving the Trade and Climate Change Regimes and Negotiations Forward - Lessons and Questions' in J. Keane et al. 'Development, Trade and Carbon Reduction: Designing Coexistence to Promote Development' (2010) *Overseas Development Institute Working Paper* no. 315, 24.

975) Cosbey 'Achieving Consensus' (n 177) 22; Reinaud (n 224) 76.

976) 2009년 인도는 2020년까지 탄소집약도를 2005년 수준의 20－25% 이하로, 중국은 40－45% 이하로 줄이기로 약속했다. IIFT (n 206) 33 참조.

977) 2009년, 중국은 전 세계에 설치된 풍력 발전기의 1/3을 설치했다. 중국은 2015년까지 풍력 90 기가와트와 태양 에너지 5 기가와트를 확보할 계획이다. <http://www.bloomberg.com/news/

한 수출세 부과[978]와 같은 기후 보호 조치를 강구하고 있다. 산업화와 탄소 집약적 생산은 개도국의 경제발전과 밀접하게 연결되어 있다.[979] 산업 발전을 늦춰 배출량을 급격히 절감하는 방안은 실현 가능성 없는 타협안일 뿐이다.

가입의정서에 기후변화 관련 조항의 삽입

WTO 가입을 신청하는 일부 국가와 탄소 관련 BAMs에 관한 협정을 체결할 수도 있다. WTO에 가입하기 위해서는 신청국과 WTO 교역국이 다자, 복수국, 양자 무역 협상을 해야 한다.[980] 가입국이 양자 방식으로 가입 협상을 벌이고 있는 WTO 회원국의 요청에 따라 이행하기로 하는 약정은 WTO 초기 회원국의 약정보다 많을 수 있는데,[981] 가입국의 WTO 약정 중에 환경문제가 포함될 수 있다는 주장이 있다.[982] 러시아가 EU와 WTO 가입 협상을 벌일 때 가입 협상의 교섭력이 기후 변화 목적으로 성공리에 사용된 바 있다. EU는 러시아가 교토 의정서를 비준하는 조건으로 양자 의정서에 서명키로 하였다.[983] 배출량 감축에 관해 약정하고 위반 시 BAMs의 일방적 적용을 받아들일 것을 가입국에 촉구할 수도 있다.

그러나 이 해결책은 범위가 제한적이다. 배출가스 감축 노력에 대한 참여가 시급한 개도국(중국, 인도, 브라질, 러시아, 한국 등) 중 다수는 WTO 초기 회원국이거나 기후약정을 조건부로 하지 않은 채 가입한 최근 가입국이기 때문이다. 현재 가입 단계에 있고 기후 관련 문제를 가입 조건으로 하는 것이 의미가 있는 국가는 이란, 카자흐스탄, 아제르바이잔 등 많지 않다. 그러나 필자가 보기에 WTO 회원국이 신청국에 대해 갖는 교섭력은 에너지 및 대규모 시장에 대한 접근성 등 지리적, 전략적 이해관계의 제약을 받을 가능성이 높다.

2010-11-15/figueres-says-un-climate-delegates-can-reach-an-agreement-in-cancun-talks.html> 참조. (2013년 8월 30일 접속).

978) 예컨대, 중국은 철강, 알루미늄, 시멘트에 수출세를 부과하고 있다. 그러나 7장에서 언급한 바와 같이 그와 같은 세금의 주된 목적은 배출량 감축이 아니다. 주요 제품에 대한 수출세는 부가가치 산업의 발전을 촉진한다.

979) Cosbey 'Achieving Consensus' (n 177) 23-24; WTO, *World Trade Report 2011* (n 150) 2.

980) P Williams, *A Handbook on Accession to the WTO* (Cambridge University Press 2008) 38-44.

981) Ibid 39; P Holzer, 'Das rechtliche Instrumentarium zur Verhinderung von Protektionismus', 82(12) Die Volkswirtschaft 67,68; Cottier (n 946) 17.

982) Charnovitz (n 512) 691.

983) 'EU Agrees Terms for Russia's WTO Entry, Putin Signals Support for Kyoto Protocol' *Bridges* 8(19), 2004, 5-6.

10. 탄소 관련 국경조정 도입에 대한 양자간 접근방식

앞 장에서 분석한 다자주의적·복수국간 형태의 접근법은 관할권이나 시행가능성, 유효성 또는 이러한 핵심요소 모두를 결여하고 있음을 알 수 있다. 그러므로 본 장에서는[984] 양자주의적 접근법에 대해 알아보면서 구체적으로는 특혜무역협정(PTAs),[985] 특히 광범위한 경제 협력·동반자협정[986]에 있어서 탄소 관련 BAMs에 관한 조항 삽입 가능성, 또는 양국의 기후관련 법률에 관한 상호인정에 따른 탄소 관련 BAMs 적용 제한 가능성에 대해 확인해볼 것이다. 최근 몇 년간 체결된 PTAs의 수는 눈의 띄게 증가하였으며 2010년을 기준으로 약 300여개의 PTAs가 발효 중이다.[987]

소비세의 국경조정은 수세기 동안 양자무역협정의 내용에 포함되어 왔다.[988] 이와 같이 국경조정에 대한 조항을 양자무역협정에 포함시켜왔던 주된 이유는 이중과세를 피하기 위함이었다. 만약 수출국은 원산지 기준(origin-based) 조세제도, 수입국은 소비지 기준(destination-based) 조세제도를 도입하고 있는 경우라면 생산국에서 한 번, 수입국에서 한 번 총 두 번의 과세대상이 되어 가격경쟁력을 잃게 될 것이다. 국가들은 두말할 필요도 없이 양자간 무역에서 이중과세를 방지하고자 하였다. 따라서 본 장에서 논의하게 되는 탄소세 및 관련규제에 대한 국경조정은 국제무역의 관행과 그 맥락을 같이한다고 볼 수 있을 것이다.

양자간 접근방식의 장점

일반적으로 기후변화 문제, 특히 탄소 관련 BAMs에 대한 문제를 양자 또는

984) 본 장의 내용 일부는 저자가 쓴 NCCR Climate Working Paper 2011/04 'Perspectives for the Use of Carbon-related Border Adjustments in Preferential Trade Agreements'에 근거한 내용임.
985) 본 장에서는 '특혜무역협정(PTAs)'은 기존에 WTO에서 자유무역지대(FTA) 또는 관세동맹(CU)으로 구성된 경제통합의 형태라고 할 수 있는 '지역무역협정(RTA)'의 개념을 포괄하는 의미로 사용한다. 모든 협정이 지리적으로 같은 영역에 위치한 국가들로 구성된 '지역적(regional)'인 형태에 국한되는 것이 아니므로 RTA 대신 PTA라는 용어를 사용해야 된다는 주장이 있다.
986) 경제협력 및 경제동반자협정은 역내 당사국 간 포괄적인 협력을 도모하는 것을 목적으로 무역 그 이상의 관계를 형성하는 것으로 경제협력과 함께 공공정책 및 일부 정치적 사안들도 포용하는 협정을 의미한다.
987) WTO, *World Trade Report 2011* (n 150) 6.
988) Biermann and Brohm (n 195) 291-292.

복수국간 PTAs[989]를 통해 해결하는 방법은 WTO와 UNFCCC 관점에서 장점이 있다고 할 수 있다. PTAs 수의 증가로 인해 WTO의 다자간 무역체계의 존립이 위험에 처하게 된다는 우려에 대해서는 잘 알고 있다.[990] 그러나 본인의 주장은 단순히 PTAs로부터 얻는 이득을 추구하자는 것이 아니라 기존 PTAs와 현재 진행중인 무역의 지역적 통합과정을 통해 기후변화 문제해결에 있어서의 장점을 활용하자는 것이다.

양자간 접근방식은 효과적일 수 있다. 당사자의 수가 적은 양자협상에서 합의를 이끌어내는 것이 다자간 협상보다 용이하기 때문이다. PTAs를 체결하는 국가들은 서로 '일맥상통한(like-minded)' 국가들로써 협상의 결과를 통해 얻고자 하는 이익이 서로 부합한다. 이들은 주로 경제효율성 강화, 무역 및 투자 확대, 신뢰구축, 국내 규제개혁 중단, 다자간 협상에서의 경제적·정치적 지위 제고, 마지막으로 노동, 환경, 공정거래 기준 등 비경제적 수요를 충족할 수 있는 능력창출 등의 방법을 통해 자국의 이익을 도모할 수 있는 협정을 체결하고자 한다.[991] PTAs 협상은 WTO 및 기타 국제기구들이 주관하는 협상에 비해 관료주의나 정치의 개입수준이 낮은 편이다.[992] WTO의 사례를 보면 무역과 관련된 여러 민감한 사안들은 우선 양자 또는 지역적 수준에서 논의된 이후에 WTO 다자간 협상으로 이어졌다는 것을 확인할 수 있다.[993] 게다가 다수의 PTAs는 서비스, 투자, 정부조달, 지적재산권

---

989) PTA는 양자간에 형성될 수도 있고 복수국간에 형성될 수도 있다. 다시 말해 PTA는 2개 국가 또는 다수의 국가 간에 체결될 수 있는 것이다. 경제적 특혜관계는 서로 다른 PTA간에 존재할 수도 있고 PTA와 개별국가간에 존재할 수 있다. R Leal-Arcas, 'Proliferation of Regional Trade Agreements: Complementing or Supplanting Multilateralism?' (2011) 11(2) *Chicago Journal of International Law* 597, 603 참조. 또한 무역양허(주로 관세양허) 측면에 있어서 PTA는 상호적일 수도 있고 (세계무역가중양허율의 90%) 비상호적일 수도 있다 (수권조항 하에 형성된 경우). WTO, *World Trade Report 2011* (n 150) 44 참조.

990) 양자간 접근방식의 단점으로는 다자무역체계의 양극화 위험 초래, MFN을 기반으로 한 무역자유화에 대한 인센티브 감소, 무역규제 투명성 수준의 하락, 무역 및 투자의 다각화, 상충하는 요건 난립, 여러 PTA의 적용을 받는 기업들이 협정 준수를 위해 드는 비용의 증가 등이 있다. Leal-Arcas (n 989) 624-627 참조. PTA는 덜 엄격한 무역기준과 요건을 고수하고자 하는 경향이 있으며 그로 인해 이를 국제적인 수준으로 개선시키는 것을 꺼려한다. A Cosbey et al., 'The Rush to Regionalism: Sustainable Development and Regional/Bilateral Approaches to Trade and investment Liberalization' (2004), a scoping paper prepared for the International Development Research Centre, Canada, 26-28 참조.

991) E Kessie, 'The World Trade Organization and Regional Trade Agreements: An Analysis of the Relevant Rules of the WTO' (doctoral thesis, Sydney: University of Technology, Faculty of Law, 2001) 31-55.

992) J Kim, 'Harnessing Regional Trade Agreements for the Post-2012 Climate Change Regime', in *Climate and Trade Policies in a Post-2012 World* (UNEP 2009) 57.

993) Ibid; OECD (n 226) 13.

보호 등의 분야에서 WTO협정상 규정된 의무보다 더 높은 수준의 의무를 부과하는 'WTO–plus'에 해당하거나 WTO가 규정하는 영역 외의 분야에 대한 의무를 규정하는 'WTO–X'에 해당한다(후자는 공정거래, 이민, 반부패, 환경 등에 대한 의무사항을 의미한다).[994] WTO 무역정책검토(Trade Policy Review) 절차에 따라 작성된 정부보고서들을 살펴보면 PTAs가 실제로 새로운 정책분야에서 심도있는 의무사항을 규정하고 있으며 향후 다자간 협정에 반영될 수 있는 가능성을 열어놓고 있다는 점을 확인할 수 있다.[995]

또한 양자간 접근방식의 전략을 취하는 것은 효율적일 수 있다. 탄소 관련 BAMs 관련 협상을 양자 또는 지역적 수준에서 진행하는 것은 소위 '다층적 외교(layered diplomacy)' 접근법이라고 할 수 있다. 이 접근법은 세계 최대 GHG 배출국가들이 감축의무 및 환경정책에 대한 합의를 이끌어내는 것을 도모하고 이를 바탕으로 중국을 비롯한 기타 주요 개도국에 대해 개별적으로 양자간 접근방식의 전략을 취하는 것이다.[996] 기후변화 문제는 GHG 배출에는 국경과 그 근원지와는 무관하게 대기에 축적되어 기후에 영향을 주는 세계적인 문제라는 점에서 세계적 수준의 해결책을 요하는 사안이다.[997] 그러나 문제는 세계 GHG 배출의 70% 이상이 8개의 국가(브라질, 중국, EU, 인도, 일본, 러시아, 남아프리카공화국, 미국)에 편중되어 있다는 점이다. 따라서 이 국가들 간에 기후변화 대응을 위한 합의를 이끌어내는 것이 중요하다고 할 수 있다. 기후변화 문제를 UNFCCC의 192개 당사국 모두가 논의하는 것은 중복적이고 무의미할 것이다.[998] 지역적 또는 양자 수준에서 성공적인 기후협상을 이끌어낼 수 있다면 이는 지구온난화 대응에 있어서 세계적으로 중대한 영향력을 지니게 될 것이다. 핵심국가들 간의 논의는 PTAs 또는 이보다 넓은 범위의 경제동반자협정 등의 형태로 이루어질 수 있을 것이다.[999] 이러한 협정의 틀 안에서 탄소 관련 BAMs 적용이 환경 또는 기후정책 관련 조항의 내용 중 일부로 포함

994) WTO, *World Trade Report 2011* (n 150) 128–129.
995) Ibid 98–99.
996) Stern and Antholis (n 69) 178–179.
997) Ibid 180.
998) Ibid.
999) Rafael Leal–Arcas도 포괄적인 세계기후협정을 위해 PTAs를 블록으로 쌓아가자는 기후정책 아이디어를 지지한 바 있다. R Leal–Arcas, 'Climate Change Mitigation from the Bottom Up: Using Preferential Trade Agreements to Promote Climate Change Mitigation' (2013) 1 *Carbon and Climate Law Review* 34, 38–39 참조.

될 수 있을 것이다.

최근 태평양 지역의 국가 간, 또 미국과 EU 간의 대형 PTA를 추진하기 위한 협상이 개시되면서 PTA를 통해 기후변화 문제에 대응할 수 있는 잠재성은 상당하다고 할 수 있다. 호주, 브루나이, 캐나다, 칠레, 일본, 말레이시아, 멕시코, 뉴질랜드, 페로, 싱가포르, 베트남, 미국 등 태평양 지역의 국가들은 현재 환태평양경제동반자협정(TPP)을 추진하고 있으며 향후 중국도 참여할 가능성이 있다.[1000] 게다가 현재 협상이 진행 중인 미국-EU 범대서양무역투자동반자협정(TTIP)은 당사자 간에 전례없는 수준의 무역 자유화와 규제통합을 논의하고 있는데 이는 세계경제생산량의 40%, 세계무역의 반을 차지하는 규모이다.[1001] 비록 기후변화가 협상의제 중에 우선순위에 있지는 않다고 하더라도[1002] 협상의제 중 핵심적이라고 할 수 있는 규제 통합과정을 논의하면서 기후변화 대응과 관련된 분야들도 포함될 수 있을 것으로 보인다.

PTAs 내에서의 탄소 관련 BAMs 논의는 환경상품 및 서비스(EGS)에 대한 무역장벽을 완화하기 위한 양자 및 지역적 수준의 협상을 사례로 참고할 수 있을 것이다. 그 예로 현재 APEC 및 동아시아 국가들 간의 EGS 무역자유화 논의, G-20 국가들 간에 지속가능한 에너지 자유무역지대(안) 내에서 친환경에너지 상품에 대한 무역장벽을 제거하고 화석연료에 대한 보조금을 철폐하기 위한 논의 등을 들 수 있다.[1003] 국가들은 APEC의 비구속적인 성격을 활용하여 BAMs에 관한 규율을 발전시키고 향후 다자간 협정의 틀에서 채택될 수 있도록 유도할 수 있을 것이다. APEC은 세계 2대 GHG 배출국가들인 미국과 중국이[1004] 기후정책에 관한 무역관

1000) 미국 무역대표부의 보도자료를 참조할 것 <http://www.ustr.gov/about-us/press-office/fact-sheets/2011/november/united-states-trans-pacific-paternership> accessed 30 August 2013.

1001) 'EU and US conclude first round of TTIP negotiations in Washington', Press release of the EU Commission, Brussels, 12 July 2013 <http://trade.ec.europa.eu/doclib/press/index/cfm?id=941> accessed 30 August 2013. 얼마 전까지만 해도 대규모의 경제통합은 다자간 무역체계를 붕괴시킬 것이라는 기존 견해에 따라 미국과 EU 간의 PTA는 생각조차 할 수 없었다.

1002) TTIP 협상은 농산물 및 공산품에 대한 시장접근부터 정부조달, 투자, 에너지와 원자재, 규제문제, 위생 및 식물위생조치, 서비스, 지적재산권, 지속가능한 발전, 중소기업, 분쟁해결, 공정거래, 세관/무역절차 간소화, 국영기업 등 여러분야를 논의의 대상으로 한다. 'EU and US conclude first round of TTIP negotiations in Washington', Press release of the EU Commission, Brussels, 12 July 2013 <http://trade.ec.europa.eu/doclib/press/index.cfm?id=941> accessed 30 August 2013 참조.

1003) Hufbauer and Kim (n 101) 22.

1004) 중국과 미국의 GHG 배출량은 세계 GHG 배출량의 42%를 차지한다. R Leal-Arcas, 'Alternative Architecture for Climate Change - Major Economies' (2011) 4(1) *European Journal of Legal Studies*

련 사안들을 다룰 수 있는 첫 번째 논의의 장이 될 수 있을 것이다.[1005]

기후변화 대응에 관하여 중국과 논의하는 것은 굉장히 중요한 부분이다. 2007년부터 중국은 미국을 제치고 세계 최대의 GHG 배출국가로 등극하였다. 중요한 점은 석탄이 중국의 전체 에너지 수요의 70%를 공급하고 있다는 점이다.[1006] 또한 중국은 2005년을 기준으로 전세계 철강의 35%, 시멘트와 판유리의 절반, 알루미늄의 1/3을 생산하였는데 이들은 모두 탄소집약적(carbon–intensive) 상품들에 해당하는 것이다. 중국은 세계 평균과 비교했을 때 철강 생산에서는 톤당 20%, 시멘트 생산에서는 톤당 45% 많은 에너지를 사용하였다.[1007] PTAs 하에서 탄소배출에 따른 국경조정조치가 부과될 수 있다는 가능성은 중국을 비롯하여 배출량의 제한을 받지 않는 국가들의 생산자들로 하여금 탄소배출을 감소시키도록 유도할 수 있을 것이다. 또한 탄소 관련 BAMs에 관한 PTAs상의 규정은 중국과 기타 주요 GHG 배출국들을 post–교토체제 하에서 배출저감 노력에 동참하도록 하는 자극제가 될 수 있을 것이다.

위와 같이 기후관련 사항을 규정하는 PTAs에 대한 미국의 참여도 중요한 부분이다. 미국은 세계에서 두 번째로 많은 GHG를 배출하는 국가일 뿐만 아니라 PTAs 참여국들이 저탄소경제로 진입할 수 있도록 지원할 수 있는 재정적·기술적 자원을 보유하고 있는 국가이다.[1008] 중국, 미국, EU를 비롯한 세계정치·경제의 주요국가들이 참여하는 PTAs에서 GHG 배출 저감에 대한 합의를 이끌어 낼 수 있다면 이는 그 외 모든 국가들의 세계기후협정 참여를 재촉하는 결과로 이어질 것이다.[1009] 저탄소경제로의 진입을 도모하기 위한 EU, 미국, 중국 간 별도의 협정을 체결할 가능성도 있다.

EU가 양자간 접근방식을 통해 중국, 미국과 기후정책을 논의하기 위해서는 지역통합에 관한 현재 EU의 전략을 소폭 변경해야 할 필요가 있다. EU는 주변국 및 협력국과의 모든 양자간 무역협정에서 환경문제의 통합을 추진한다. 그러나 기후변화 문제에 있어서 '헤비급(heavyweights)' 국가들이라고 할 수 있는 브라질, 일본,

25, 44 참조.

1005) ICTSD (n 171) 13.

1006) Q Wang, 'China's Citizens must Act to Save their Environment' *Nature.com*, 8 May 2013.

1007) Stern and Antholis (n 69) 181.

1008) Leal–Arcas (n 1004) 44.

1009) Ibid 44–45.

호주 등과의 협상에서는 이러한 EU의 전략이 적용되지 않고 있다.[1010] 따라서 EU는 이러한 전략의 적용범위를 확장하여 post-교토체제 하 주요국가들과의 협상에서도 이를 적용할 필요가 있다. 그 외에도 EU는 개발 및 경제협력에 있어서 이미 협력국으로 분류된 국가들과 맺는 협정에 탄소 관련 BAMs을 포함하여 기후정책에 관한 조항을 삽입하는 전략을 취할 수 있다. TTIP 외에 현재 진행중인 인도와의 PTA 협상에서도 기후정책 관련 BAMs 문제를 협상의제로 추가할 수 있을 것이다.[1011] 또한 EU는 본 사안을 기체결된 PTA 및 경제동반자협정(EU-남아프리카공화국 등)에 추가로 삽입할 수도 있을 것이다. 실제로 환경에 대한 구체적인 조문이 본문에 삽입되지 않았으나 이후 그 규모가 확대되면서 별도의 의정서 또는 부록들을 추가하여 일반적인 환경보호 문제 또는 구체적인 환경문제에 대한 내용을 포함시킨 PTAs도 찾아볼 수 있다(ASEAN, MERCOSUR 등).[1012] EU 외의 선진국들도 탄소 관련 BAMs에 있어서 양자간 접근방식을 취할 수 있을 것이다.[1013]

탄소 관련 BAMs을 적용하려는 국가들은 PTAs를 통해 WTO협정상 의무를 준수하는데 있어서 보다 많은 융통성을 발휘할 수 있는데 이는 GATT와 GATS에 따라 PTAs가 MFN 원칙으로부터 벗어나는 것이 허용되기 때문이다. PTAs가 GATT, GATS 및 수권조항이 세운 기준과 불일치한 내용으로 체결되었다 하더라도 WTO에 문제가 회부되는 경우는 거의 없다. GATT의 지역무역실무단과 WTO의 지역무역위원회(CRTA)는 협정이 일단 체결되고 당사국들에 의해 이행되고 있는 경우에는

1010) Fujiwara and Egenhofer (n 50) 58. 2007년 EU는 중국과 경제동반자협정 체결을 위해 양자간 협상에 돌입하였다. 그러나 협상은 개시된지 얼마 되지 않아 교착 상태에 이르렀다. 자세한 내용은 <http://ec.europa.eu/trade/creating-opportunities/bilateral-relations/countries/china/> accessed 30 August 2013 참조.

1011) <http://ec.europa.eu/trade/creating-opportunities/bilateral-relations/countries/india/> accessed 30 August 2013 참조.

1012) D Kernohan and E De Cian, 'Trade, the Environment and Climate Change: Multilateral Versus Regional Agreements', in C Carraro and C Egenhofer (eds), *Climate and Trade Policy: Bottom-Up Approaches Towards Global Agreement* (Edward Elgar 2007) 78. 그러나 탄소 관련 BAMs 및 기후관련 조문의 삽입을 PTA 협상 초기부터 논의하는 것은 전략적인 측면에서 상당한 이점이 될 수 있다는 점을 고려할 필요가 있다. PTA상 환경관련 조문 삽입에 대한 사례들을 살펴보면 무역과 환경문제를 동시에 논의할 경우에 더 구체적인 환경보호를 약속하고 높은 수준의 '환경적 열의(environmental ambition)'가 반영되었는데 이는 환경보호에 대한 공약을 무역양허와 맞교환하기 쉬웠고 협상에 무역관계자 뿐만 아니라 환경전문가들도 참여할 수 있었기 때문이었다. OECD (n 226) 158 참조.

1013) 그 예로 일본-인도 PTA, 뉴질랜드-중국 PTA를 들 수 있다. 현재 스위스, 호주, 뉴질랜드가 인도와의 PTA 협상을 진행하고 있다.

해당 협정이 WTO와 배치되는 내용의 규정을 포함하고 있다 하더라도 GATT/WTO에 문제가 회부될 가능성은 거의 없다고 암묵적으로 확인한 바 있다.[1014] WTO법의 준수보다는 경제발전, 개도국의 세계무역체계 참여 증대, 역내 정치적 안정 도모 등이 우선한다는 것이다.[1015] 다만 PTAs 전체가 WTO에 회부될 가능성은 적으나 PTAs에 따라 취해진 조치가 WTO법과 불합치한 경우 해당 조치가 제소의 대상이 될 수 있다는 점을 주의할 필요가 있다.

중요한 것은 탄소 관련 BAMs에 관한 조항을 PTAs에 삽입하는 것 그 자체가 목적이 되어서는 안 된다는 점이다. PTAs를 체결하는 국가들은 이외에도 각 당사국으로 하여금 배출감축체제(ETS, 탄소세 등)를 도입하도록 하여 기후에 관한 각국의 법률과 기준을 상호 인정하는 방향을 생각해 볼 수 있다. 이러한 경우 BAMs은 적용할 필요가 없을 것이다. 물론 이는 PTAs의 당사국 모두가 배출량의 한계치를 설정하고 배출비용을 생산자들에게 부과할 수 있다는 전제하에 가능한 것이다. 이러한 경우 조치의 상응성이 문제가 될 것이다. 이를 위해 PTAs 당사국들은 npr-PPM 조치(과학적 관행, 위험평가, 검증 및 인증절차 등)의 절차적·기술적 조화를 위해 노력해야만 할 것이며 이는 지역협력을 통해 보다 쉽게 달성할 수 있을 것이다.[1016] 상응하는 조치로 인정하기 위해 역내 적용되는 기후관련 법률 및 조치가 동일할 필요는 없다. 사실 탄소 가격에도 차이가 있을 수 있다. 그러나 해당 국가들은 이에 대한 BAMs과 상계조치를 적용하지 않고 책임을 분담해야 할 것이다.[1017]

마지막으로 PTAs에서 취할 수 있는 기후정책 관련 무역조치에 대한 협상은 다자간 기후변화 협상을 촉진시킬 수 있으며 post-교토체제를 창설하는데 있어서 교두보가 될 수 있다. 양자 및 복수국간 PTAs는 UNFCCC 수준에서 논의된 바 있으나 합의가 부재하여 채택되지 못한 기후정책을 실험해 볼 수 있는 기회를 제공해 줄 수 있을 것이다.[1018] 또한 국가이익 간의 간극을 메우고 국제기후협정을 체

1014) Kessie (n 991) 53.

1015) Ibid. RTA에 대한 WTO법 일치성을 평가한 CRTA 보고서가 최종적으로 채택된 경우는 1995년 이후로 전무하다. 그 이유 중 하나는 WTO 회원국 간의 합의가 부재하다는 것이다. CRTA와 분쟁해결기구의 WTO법 일치성 판단을 연계하기 어렵다는 문제도 있다. 또한 'RTA를 평가하는데 있어서 WTO법 해석에 관한 논쟁과 함께 WTO법이 부재한 경우 또는 WTO법과 RTA의 내용이 일치하지 않는 경우 발생하는 제도적인 문제점(원산지 특혜 문제 등)'도 존재한다. <http://www.wto.org/english/tratop_e/region_e/regcom_e.htm> accessed 24 August 2013 참조.

1016) OECD (n 226) 17 and 39.

1017) Holmes, Reilly and Rollo (n 758) 894.

1018) Fujiwara and Egenhofer (n 50) 42.

결하는데 도움이 될 수 있을 것이다.[1019]

PTAs 환경조항에 대한 검토 및 PTAs 환경조항이 환경에 미치는 영향

오늘날 다수의 PTAs가 환경규정을 포함하고 있다. 그 범위나 깊이는 상당히 다양한데 그 중 가장 높은 수준의 환경기준을 부과하고 있는 PTAs상 환경조항은 미국, 캐나다, 뉴질랜드 및 EU의 PTAs에서 찾아볼 수 있다.[1020] 대다수의 경우, PTAs에서 명시하는 환경과 관련된 내용은 협정의 두문에서 그 취지를 선언내지는 기술하거나 GATT 제XX조와 같이 일반적인 무역의무에 대한 예외규정을 삽입하는 형태로 구성되어 있다. 내용적인 측면에서 보면 크게 세 가지 분류로 나눌 수 있다.[1021] 첫 번째 분류는 무역 및 투자 증진을 이유로 환경보호 기준을 완화하는 것을 방지하는 목적을 추구하는 조항이다. EU 및 NAFTA의 협정들을 살펴보면 이러한 목적을 명시적으로 규정하는 조항을 제3국과의 양자협정에서도 그대로 원용하고 있음을 확인할 수 있다. PTAs의 당사국들은 불공평한 경쟁의 장(unlevel playing field)으로 인해 경쟁력을 잃는 것을 방지하기 위해 환경규제를 서로 조율하도록 하는 인센티브가 강력하게 작용하는 것으로 보인다. 이러한 경향은 하나의 기후정책 및 규제를 채택하고 조화를 이룰 수 있도록 하는데 있어서 매우 바람직하다고 할 수 있다.[1022] 두 번째 분류는 환경기술에 대한 협력 증진을 목적으로 하는 조항이고 세 번째 분류는 환경문제에 대한 정보공유 향상을 목적으로 하는 조항이다. 이와 같은 유형의 조항들은 개도국에서 기후변화에 대한 대중의 인식을 제고시키고 기후정책 및 조치에 대한 지지를 이끌어냄으로써 기후변화 문제에 대응하는데 있

1019) Ibid 43. PTAs상 환경조항에 관한 OECD 연구보고서에서 지적한 바와 같이 지역적 수준의 환경보호에 대한 의무가 다자간 수준의 의무로 발전된 경우는 아직까지 없다. 특히 선진국들은 양자 또는 지역적 수준에서의 환경보호 의무를 다자간 협상으로 격상시킬 준비가 되어있음에도 불구하고 이에 대해 강경한 태도를 보이는 이중적 접근법을 취하고 있다. OECD (n 226) 17 and 46 참조.

1020) 상기 국가들의 PTAs에서 환경문제는 환경챕터 또는 환경에 관한 부차협정을 통해 규율하고 있는데 환경챕터와 부차협정 모두 포함되어 있는 경우도 있다. 미국은 무역에 대한 의무와 함께 환경에 대한 의무를 동일한 수준으로 PTAs에 명시하고 있는 유일한 국가이다. OECD (n 226) 13–14 참조.

1021) 위 분류는 지역주의에 대한 OECD 연구보고서에 따른 것이다. Kernohan and De Cian (n 1012) 79–80.

1022) Ibid 80.

어서 매우 유용하게 활용될 수 있다.

개도국 간에 체결된 PTAs에서 환경보호에 관한 조항을 포함하고 있는 경우는 드물다.[1023] 개도국들이 PTAs에서 환경조항을 포함시키는 것을 꺼려하는 이유는 다음과 같다.[1024] 첫째, 개도국들은 환경조치가 보호무역 또는 자국 수출품에 대한 무역장벽을 세우는 조치로 악용될 수 있다는 점을 두려워한다. 둘째, 개도국들은 환경규범을 준수, 이행 및 집행하는데 있어서 필요한 제도적, 재정적, 인적 자원이 부족할 수 있다는 점을 우려한다. 셋째, 개도국들은 환경정책, 환경관리체계 및 환경관련 법률의 부재, 환경조항에 대한 교섭능력 결여, 통상부와 환경부 관계자 간의 협조문제, 환경문제를 협상의제에 포함시키도록 상대국을 설득시키는데 있어서 필요한 경제력의 부재 등 내부적인 문제들을 안고 있을 수 있다.

개도국들이 PTAs에 환경조항을 포함시키는 것을 꺼려하는 것은 사실이나 최근 일부 선진국－개도국 간에 체결된 PTAs(캐나다－칠레, 미국－칠레 등)와 개도국들 간에 체결된 PTAs(멕시코－칠레, 콜롬비아－칠레 등)에서는 환경챕터 또는 환경보호에 관한 부속협정을 두고 있다. 미국은 의회에서 통과된 2002년 무역법(Trade Act of 2002)에서 모든 PTAs에서 일정 수준의 법적 구속력을 가진 환경챕터를 포함시키는 것을 직접적으로 규정하고 있다.[1025]

기후변화에 관한 구체적인 조항으로는 최근 체결된 PTAs에서 교토의정서에 관한 사안을 명시하고 있는 조항을 찾아볼 수 있다. 그 예로 일본－멕시코 경제동반자협정에서 환경협력에 관한 제147조의 내용을 살펴보면 청정개발체제(CDM) 사업 시행에 관한 능력 증진 및 제도 개선을 골자로 하고 있음을 확인할 수 있다.[1026] 일부 PTAs에서는 환경상품 및 서비스 무역 자유화에 대한 조항을 포함하고 있다.[1027]

OECD 연구보고서에 따르면 환경조항의 집행가능성은 PTA마다 상당한 차이를 보인다.[1028] 대부분의 경우 환경분쟁의 해결을 위한 분쟁해결 메커니즘이 부재한 상황이다. 중재를 통해 환경조항이 법적 구속력을 가지는 몇몇 소수의 PTAs에서는 환경챕터 내용에 대해 분쟁당사국 간의 협의절차를 거친 후에 활용할 수 있는

1023) 그 중 몇 안 되는 예외 중 하나로 칠레가 체결한 PTA가 있다. OECD (n 226) 14－16 참조.
1024) Ibid 15－16.
1025) Ibid 45.
1026) 일본 외무성 홈페이지 참조 <http://www.mofa.go.jp/region/latin/mexico/agreement/agreement.pdf> accessed 24 August 2013.
1027) Kim (n 992) 61.
1028) OECD (n 226) 120－129.

별도의 분쟁해결 메커니즘을 제공하고 있다(그 예로 NAFTA 북미환경협력협정이 있다). 분쟁해결 패널은 주로 환경전문가들로 구성된다. 기존의 무역양허 중지(높은 관세 부과)라는 조치 외에도 분쟁해결기관에 의해서 승인될 수 있는 무역구제에는 소위 '스마트' 제재, 즉 환경의무를 위반한 당사국의 영역 내에 설립된 환경기금에 대한 재정적 지원이 포함될 것이다. 그러나 정식으로 PTAs상 분쟁해결제도를 통해 환경문제를 해결한 사례는 아직까지 없다. 다자간 수준에서 보면 PTAs 당사국들은 재정적·정치적 비용을 감당해야 된다는 두려움으로 인해 상대국이 환경의무를 위반했다는 이유로 제소하는 것을 선호하지 않는다. 지금까지 PTAs상에서 환경과 관련된 분쟁은 환경챕터 또는 환경에 관한 부차협정을 두고 있는 다수의 PTAs에서 제공하고 있는 민간제출 메커니즘(public submission mechanism)에 의해 처리되었다(NAFTA 북미환경협력협정, 캐나다－칠레 환경협력협정, 미국－중미(CAFTA) 자유무역협정 등). 민간제출 메커니즘은 PTAs 당사국이 환경법을 이행하지 않았다는 것을 근거로 개인이 소를 제기할 수 있도록 허용하는 제도이다. 이러한 제소가 발생한 경우 환경에 관한 부차협정의 이행상황을 감독하는 기구는 해당사안에 대한 사실관계를 기록한 보고서를 작성해야 하며, 이러한 절차가 진행되는 것만으로도 위반국에게는 충분히 곤란한 상황이므로 이에 대한 조치를 취하도록 유도하는 제도라고 할 수 있다.[1029]

경제 및 무역에 관한 지역협정이 환경보호에 기여할 수 있는 가능성을 판단했을 때 계량 경제학적 분석에 따르면 PTAs가 환경에 미치는 영향은 직접적이지 않고 간접적이라는 것을 확인할 수 있다.[1030] 이 뜻은 PTAs가 환경에 대한 부정적 영향을 감소시키는 이유는 환경조항 때문이 아니라 역내 무역의 자유화를 통해 무역량이 증가하고 수입이 증가했기 때문이라는 것이다. 동시에 PTAs상 환경조항은 PTAs 당사국의 환경관련 법률 채택을 재촉하고 환경보호 기준, 환경법 집행을 강화하며 환경에 관한 협력증진, 능력창출, 민간참여 확대 등을 통해 환경정책 발전에 기여할 수 있다.[1031] 그러나 이는 해당국가 내부의 환경문제인 산업공해 등에 주로 국한되는 것으로 경제성장이 궁극적으로는 환경쿠즈네츠곡선(environmental Kuznets curve)에 따라 환경손해를 감소시키는 경우에 해당한다.[1032] 이러한 결론을 적용하여 PTAs가 기후변화 대응에 미치는 영향을 확인하는 것은 별도의 연구가 필요할

1029) Ibid.
1030) Ghosh and Yamarik (n 111) 28.
1031) OECD (n 226) 16.
1032) Ghosh and Yamarik (n 111) 27.

것이다. 그러나 탄소 관련 BAMs 또는 지역협정에 따른 탄소배출량 제한으로 인해 형성되는 배출제한적(emissions-restrictive) 성격은 PTAs가 기후변화에 미치는 직접적인 영향을 증폭시킬 것으로 추정해 볼 수 있을 것이다.

기후관련 조항이 포함된 PTAs에 대한 국가들의 참여를 위한 인센티브

PTAs에 일반적으로는 기후와 관련된 조항, 구체적으로는 탄소 관련 BAMs에 관한 조항을 삽입하는데 있어서 중요한 문제는 이를 실행하기 위해 PTAs 상대국을 어떻게 설득시킬 것인가이다. 만약 기후변화 문제의 구조가 '인류공동자산' 활용에 무임승차하려는 국가들로 인해 협력을 이끌어 내기 어려운 것이라면[1033] 제로섬의 결과를 낳게 되는 탄소 관련 BAMs에 관한 협력을 이끌어내기는 더더욱 어려울 것이다. 따라서 국가들의 참여를 위해서는 강력한 인센티브를 필요로 할 것이다.

탄소 관련 BAMs 문제를 포함한 양자협상이 이루어질 수 있는 시발점으로는 PTAs 당사국들을 규율하는 단일한 총량제한 배출권거래제 창설에 대한 논의나 각국이 개별적으로 ETSs를 시행하면서 각국의 배출권을 상호 인정하는 방식에 대한 논의가 될 수 있을 것이다. 만약 이에 대한 합의를 이끌어 낸다면 BAMs은 이와 중복되는 내용의 사안이므로 굳이 무역제한적인 조치라는 어려운 사안에 대해 협상할 필요가 없어질 것이다. BCA가 도입될 수 있다는 가능성의 존재는 협상에 임하는 국가들에게 탄소배출량을 제한하는 법률을 도입하도록 하는 인센티브로 작용할 수 있을 것이다. 만약 이와 같은 전략이 실패한다면 선진국들은 탄소 관련 BAMs을 협상의제 전면에 내세우게 될 것이다. 여기에서는 BAMs 논의가 협상에서 레버리지(leverage)내지는 인센티브로 작용할 수 있다는 점이 더 중요하다고 할 수 있겠다.

BAMs을 비롯한 기후정책 관련 무역조치에 관한 조항은 무역, 투자, 정부조달 등 광범위한 내용을 포괄하는 경제동반자협정 또는 경제협력협정에 삽입될 수 있다. 따라서 해당 조항이 한 당사국의 이익에 반하는 내용이라 하더라도 다른 분야에서 보상을 제공할 수 있는 여지가 항상 존재한다고 할 수 있다. 이는 특히 선진국-개도국 간 체결되는 PTAs에 적용되는 형태로 볼 수 있다.[1034] 선진국은 특정

1033) Keohane and Victor (n 49) 14.

1034) Cosbey et al. (n 990) 28-29 참조. Cosbey는 PTA 협상시 개도국은 환경정책 분야에서의 규

분야에서 양허를 제공하거나 자신의 정치적·경제적 영향력을 행사하여 자국의 이익을 관철시킨다. 이는 2004년 러시아의 WTO 가입과 관련하여 EU와 러시아 간에 있었던 시장접근에 대한 양자협상에서 그 사례를 찾아볼 수 있다. EU는 러시아가 교토의정서를 비준하고 환경 및 에너지 서비스에 대한 의무를 준수할 것을 명시적으로 공표하도록 한 뒤 러시아의 WTO 가입의정서에 서명한 바 있다.[1035] 이는 경제적 이익을 어떻게 기후정책 목표와 맞바꿀 수 있는지 보여주는 사례라고 할 수 있다. PTAs를 체결하는 과정은 상당부분 정치적인 과정으로 경제 및 무역관련 PTAs 규정들도 비상업적 목표를 달성하는데 활용될 수 있다는 점을 확인할 수 있는 것이다.[1036]

선진국이 개도국으로 하여금 PTAs에 BAMs 조항을 포함시키는 것을 수용하도록 하기 위해서 제시할 수 있는 무역양허에 대해 알아보기 위해서는 WTO에서 현재 진행중인 다자간 무역협상을 살펴보는 것이 유용할 것이다.[1037] 예를 들어 신흥국가들(emerging economies)과의 PTAs 협상에서 EU는 시장접근 확대와 농업분야의 여러 민감품목과 공산품 또는 비농산물(NAMA)에 대한 관세인하를 양허로 제시할 수 있을 것이고, 미국은 농업분야에서의 국산품 지원사업 축소와 함께 도하라운드에서 합의한 수준보다 더 높은 수준의 서비스 분야 Mode IV 자유화를 양허로 제시할 수 있을 것이다.[1038] 무역자유화를 통해 최대한의 이득을 얻을 수 있는 분야가 국가별로 특정되어 있다는 점을 기억할 필요가 있겠다. 따라서 PTAs 양자협상에서는 해당 국가가 가장 원하는 분야에 대한 양허를 제시하는 것이 수월할 것이다.[1039]

또한 GSP 메커니즘은 개도국들을 세계탄소배출저감체제에 참여하도록 하는 채찍으로 활용할 수 있을 것이다.[1040] 기후변화 대응노력에 동참하는 것을 거부하

제주권을 포기함으로써 이를 선진국 시장에 대한 시장접근을 확보하여 얻게되는 잠재적 이득과 맞바꾸려고 하는 경향이 있다고 주장한다.

1035) 'EU Agrees Terms for Russia's WTO Entry, Putin Signals Support for Kyoto Protocol' *Bridges* 8(19), 2004, 5–6. 러시아는 보다 효율적인 에너지자원 사용을 위해 국내 에너지가격을 점진적으로 인상시키겠다고 약속하였다.

1036) Y Devuyst and A Serdarevic, 'The World Trade Organization and Regional Trade Agreements: Bridging the Consitutional Credibility Gap' (2007) 18(1) *Duke Journal of Comparative and International Law* 1, 58.

1037) M Houdashelt et al., 'Trade Incentives Role in Encouraging Greater Participation in a Post–2012 Climate Agreement' (2007), Center for Clean Air policy draft, 2.

1038) Ibid 5–14.

1039) Ibid 17–18.

1040) Abbas (n 242) 7.

는 국가들은 EU 및 기타 선진국들이 제공하는 GSP+ 무역양허 대상으로부터 제외시키는 것이다. 이와 같은 방법은 GSP하에서 마약생산 및 밀매 퇴치노력에 동참하고 국제노동기구(ILO) 협약에 따른 노동권 보장에 앞장서는 개도국들에게 추가적인 보상을 지원한 사례를 선례로 참고할 수 있을 것이다.

또한 BAMs 조항을 포함하는 PTAs을 중국 및 주요 개도국들과 체결하기 위한 협상의 성공여부는 이를 환경오염 저감, 일자리 창출, 공중보건 개선 등 국가발전의 측면에서 해당 조항과의 연계성을 얼마나 잘 보여주느냐에 달려있다.[1041] 미국, EU, 일본과 중국, 인도, 러시아, 브라질 간에는 서로 협력하고자 하는 상당한 공통의 이익이 존재하며 이는 특히 에너지 및 환경분야에서 그러하다. 중국의 경우에는 산업오염 저감의 필요성에 호소함으로써 탄소 관련 BAMs을 양자협상에서 수용할 수 있도록 설득할 수 있을 것이다. 중국은 현재 지속가능한 발전을 위협하는 수준의 산업오염으로 인해 어려움을 겪고 있다.[1042] 산업오염(스모그 등)을 야기하는 일부 제조과정(석탄 연소 등)도 기후변화를 촉진시키고 있다. 따라서 선진국은 중국과의 양자협상에서 BAMs을 중국의 탄소집약적 상품에 부과하는 것은 수출에 의존하는 중국 생산자들로 하여금 GHG 배출을 줄이도록 유도함으로써 중국의 산업오염 문제를 해결하는데 있어서 기여할 수 있을 것이라는 점을 주장할 수 있을 것이다. 유럽의 산성비 프로그램이 시너지효과를 보여준 좋은 사례라고 할 수 있다. 동 프로그램을 통해 지역별로 산성비를 감소시키는 국가정책으로 인해 해당 지역의 대기오염도 함께 감소하게 되었고 이는 프로그램을 시행하는데 있어서 추가적인 인센티브로 작용하였다.[1043]

선진국이 개도국과의 양자협상에서 탄소포집 및 저장기술, 하이브리드 자동차 생산, 재생에너지 자원개발 등 친환경 기술에 대한 투자를 약속할 수 있다면 이는 또다른 인센티브로 작용할 수 있을 것이다. 이러한 협력관계는 선진국에게는 BAMs을 적용할 수 있도록 해줄 뿐만 아니라 개도국에게는 상당한 환경적·경제적 이익을 안겨주고, 선진국 내 친환경기술을 보유한 기업들에게도 경제적 이익을 가져다 줄 수 있다. PTAs 환경조항에 대한 협상사례를 살펴보면 기존에는 환경조항이 개도국의 경제발전 목표를 저해하는 위협으로 간주되어 왔으나 이제는 선진국이 기

1041) Stern and Antholis (n 69) 182.
1042) Ibid 182−183.
1043) Keohane and Victor (n 49) 13.

술지원을 통한 능력 배양을 약속함으로써 환경조항에 대한 개도국의 반대를 이겨낼 수 있게 도와줄 것이다.[1044] 이는 오존층 보호를 위한 국제체제를 창설하는데 있어서 초기에는 반대 입장을 보이던 개도국들이 관련 신기술을 확보함으로써 입장을 바꾼 사례에서 그 가능성을 엿볼 수 있다.[1045]

PTAs에 탄소 관련 BAMs 규정을 삽입하는 것과 관련한 법적 문제

PTAs를 통한 탄소 관련 BAMs 적용에 있어서 핵심적인 법적 문제는 PTAs가 당사국들로 하여금 WTO협정에 온전히 일치하지 않는 조치를 취할 수 있도록 허용할 수 있느냐는 점이다. GATT/WTO법, 특히 수권조항에 따라 부여되는 제I조 비차별 원칙에 대한 의무면제는 WTO협정상 비차별 의무 외 기타 의무들에 대해서도 자동적으로 부여되는 것이 아니다(특히 GATT 제XI조 및 제XIII조에서 규정하는 수량제한 금지의무에 대해서는 의무면제가 이루어지지 않는다).[1046] 만약 WTO 회원국들이 PTAs를 체결함으로써 WTO가 부과하는 규제 제한조치로부터 벗어날 수 있는 것이라면 이는 다자간 무역체계의 안정성과 예측가능성을 저해하는 결과로 이어질 것이다.[1047] 결과적으로 PTAs는 WTO협정에서 확인할 수 있는 동일한 원칙, 규칙 및 예외규정을 적용해야만 한다. WTO법 준수에 대한 사항은 PTAs에서 자체적으로 명시하거나(EFTA 등) WTO협정의 내용을 직접 언급하는 방식(미국-캐나다 협정에서 명시된 GATT 제XX조 (b)호 및 (g)호 등)으로 규정되어 있다.[1048] 최근 체결된 PTAs에서는 후자의 방식으로 규정되어 있는 경우가 많다. WTO의 다자간 무역규범에 일치해야 한다는 PTAs상 요건이 있음에도 불구하고 WTO법과 불일치한 내용이 PTAs에 포함되는 경우는 상당히 흔하다. 동시에 WTO에서도 이와 같은 PTAs를 어느 정도 용인하고 있다. WTO법과 불일치한 PTAs의 탄소 관련 BAMs 조항에 대한 용인여부에 대해서는 후술하도록 한다.

1044) OECD (n 226) 162.
1045) Keohane and Victor (n 49) 13.
1046) *EC-Bananas III*, AB report, para 183. Kessie (n 991) 73; Cottier and Oesch (n 119) 508-512 참조.
1047) Kessie (n 991) 73.
1048) Kernohan and De Cian (n 1012) 91, footnote 5.

PTAs에 관한 WTO의 일반적인 법체제

WTO법의 관점에서 PTA는 상품무역에 관한 PTA는 GATT 제XXIV조, 서비스 무역에 관한 PTA는 GATS 제V조, 개도국 간의 PTA는 수권조항의 요건에 따라 체결되었을 경우에 합법적인 협정으로 본다.[1049] 본 저서의 논의범위가 상품무역에 적용되는 탄소 관련 BAMs으로 한정되어 있음을 고려하여 PTA의 WTO법 일치성 논의는 GATT 제XXIV조 및 수권조항에 따라 창설된 PTA에 중점을 두고 알아보도록 하겠다.

GATT 제XXIV조상 요건

GATT 제XXIV조는 통합 수준에 따라 구분할 수 있는 자유무역지대(FTA)와 관세동맹(CU) 2개 방식의 PTA 창설을 규정하고 있다. 제XXIV조는 특정 요건을 충족시킬 경우에만 FTA 및 CU의 창설을 허용하고 있다. 그러나 실제로는 조항들의 내용이 모호하고 정치적으로 민감한 사안들이 존재하여 해당요건 충족여부를 평가하기란 쉽지 않다.[1050] 제XXIV조 5항은 PTA에 대해 소위 '외부적 요건(external requirement)'을 규정하고 있다. CU 창설에 관하여 제XXIV조 5항 (a)호에서는 다음과 같이 규정하고 있다.

> 동 동맹이나 협정의 당사자가 아닌 체약국과의 무역에 대하여 ... 부과되는 관세와 기타 통상규칙이 동 관세동맹의 협정이나 동 잠정협정의 채택이전에 동 구성 영역내에서 적용하여온 관세의 전반적 수준과 *기타 통상규정보다 전체적으로* 높거나 제한적인 것이어서는 아니된다.

(b)호에서는 FTA 창설에 관하여 다음과 같이 규정하고 있다.

> 각 구성영역에서 유지되고 ... 이러한 지역에 포함되지 않은 체약국 또는 협정의 당사자가 아닌 체약국과의 무역에 적용되는 관세 및 *기타 통상규정*은 자유무역지역이나 또는 잠정협정의 형성이전에 동 구성영역에 존재하였던 상응하

1049) 상기 조항들에서 규정하는 조건을 충족할 수 없는 경우에도 WTO협정 제IX조 3항에 따라 WTO 의무사항에 대한 의무면제를 부여받음으로써 PTA를 체결할 수 있다.

1050) 위 내용은 제XXIV조와 관련된 법적 문제와 PTA상 탄소 관련 BAMs 조항에 관한 법률분석에 대해서만 중점을 두고 있다. GATT 제XXIV조에 관하여 보다 구체적인 내용은 P Mavroidis, 'If I Don't Do It, Somebody Else Will (Or Won't): Testing the Compliance of Preferential Trade Agreements With the Multilateral Rules' (2006) 40(1) *Journal of World Trade* 187.

는 관세 및 기타 통상규정보다 높거나 또는 제한적인 것이어서는 아니된다.

위 조문들에서 사용된 '기타 통상규정(other regulations of commerce)'과 '전체적으로(on the whole)'이라는 표현은 그 의미가 법적으로 불확실하다. '기타 통상규정'은 내부규제 및 원산지규정을 포함한 모든 무역장벽을 포함하는 것인가? 상기 소분 상 요건에 따라 PTA의 WTO법과의 일치성을 평가하는데 있어서는 '전체적으로'의 의미를 명확히 해야 할 필요가 있다. 모든 당사국의 관세율 평균값은 무역량을 기준으로 하는가 아니면 관세선(tariff lines)의 수를 기준으로 하는가? 양허관세율(bounded rates)이 평가대상인가 아니면 실행관세율(applied rates)이 평가대상인가? GATT 제XXIV조 실무단 보고서와 GATT/WTO 판정례에서는 이에 대한 입장이 불분명하다.[1051)] WTO 회원국이 비회원국과 PTA를 체결할 수 있는가에 대해서도 문제를 제기할 필요가 있다. GATT 제XXIV조 5항의 두문에서는 동 조항에서 열거된 요건이 모두 충족된 경우 GATT는 '체약당사국들의 영토 간에(as between the territories of contracting parties)' 체결된 FTA 또는 CU의 창설을 막을 수 없다고 규정하고 있다. 이는 제XXIV조가 WTO 회원국 간의 PTA만을 허용하고, 비회원국과의 PTA는 제XXIV조 5항–9항 내용과 불일치한 PTA를 허용할 수 있도록 규정하고 있는 같은 조 10항에 근거하여 WTO 회원국 2/3 이상의 동의를 요한다는 의미로 주로 해석된다.[1052)]

또한 제XXIV조 5항 (c)호는 FTA 또는 CU의 존속기간을 규정하면서 이를 '합리적인 기간(a reasonable length of time)'으로 명시하고 있다. 1994년 GATT 제24조의 해석에 관한 양해 제3항은 합리적인 기간은 '예외적인 경우에만 10년을 초과한다(should exceed 10 years only in exceptional cases)'고 규정하고 있다. 이보다 존속기간을 연장하기 위해서는 상품무역이사회(Council for Trade in Goods)로부터 예외적인 경우로 인정을 받아야 가능하며 이에 대해 PTA 당사국들이 연장사유에 대해 모두 밝혀야만 한다. 그렇다면 PTAs 당사국들은 제XXIV조 4–8항에서 요구하는 무역자유화 수준에 이르기 전에 10년이라는 기간에 걸쳐 상호간의 무역장벽을 점진적으로 철폐하고 지역수준의 무역자유화를 확장시킬 수 있는 권리를 가진다는 의미인가? 이 잠정협정의 의미에 대해 협정문이나 판정례에서 추가적인 설명을 덧붙이기 않고 있기 때문에 이에 대한 정답은 아직 존재하지 않는다. 그러나 일부 PTAs에서는 이

1051) GATT 제XXIV조 실무단 보고서와 판정례를 근거로 한 위 요건의 법률분석은 Mavroidis (n 1050) 199 참조.

1052) Devuyst and Serdarevic (n 1036) 21.

잠정협정을 통해 FTA 또는 CU를 창설한 뒤 10년 또는 수십년간 관세 및 비관세장벽을 지속적으로 유지하고 있다는 점을 주목할 필요가 있다. 이는 특히 농업분야, 그리고 개도국과의 PTAs에서 확인할 수 있는 특징이다.[1053]

GATT 제XXIV조 8항의 의미에 대해서도 모호성이 존재한다. CU 및 FTA를 정의하는데 있어서 동 조항은 PTAs 창설을 위한 소위 '내부적 요건(internal requirement)'을 규정하면서 관세 및 기타 통상규정이 당사국간 '실질적으로 모든 무역(substantially all the trade)'에서 철폐되어야 한다고 기술하고 있다. '실질적으로 모든 무역'이 얼마만큼의 무역을 의미하는지, 양적으로 판단해야 하는지 (포함된 무역의 비율) 또는 질적으로 판단해야 하는지 (개방된 분야의 수) 정해져있지 않다.[1054] 그동안 GATT와 WTO에서 GATT 실무단, WTO CRTA와 분쟁당사국들은 '실질적으로 모든 무역'을 판단하는데 있어서 자유화된 무역총량의 80퍼센트, 90퍼센트, 95퍼센트 등 여러 기준(benchmark)을 제시해왔다. 자유화에 있어서 모든 영역이 포함된다는 기준에 대해서는 이견이 거의 없었다.[1055] 여러 노력이 있었음에도 불구하고 이 문제는 아직 미결된 상태로 도하라운드의 의제 중 하나로 포함되어 있다.

GATT 제XXIV조 8항의 또 다른 문제점은 CU 또는 FTA 당사국 간의 무역에서 철폐되어야 한다는 '기타 제한적인 통상규정(other restrictive regulations of commerce)'의 의미가 불분명하다는 점이다. PTAs상 탄소 관련 BAMs를 판단하는데 있어서 중요한 문제는 조세 및 내부규제가 내부적 요건에 포함되는지 여부이다. 이에 대해 GATT 실무단, WTO CRTA 또는 사법기관에서 확정적인 해석을 제시한 바는 없다.[1056] 또한 제XXIV조 8항은 제XI조, 제XII조, 제XIII조, 제XV조, 제XX조 등에서 규정하는 내부 자유화 의무에 대한 예외로써 허용되는 무역제한조치를 규정하고 있다.[1057] 탄소 관련 BAMs을 판단하는데 있어서 중요한 점은 '실질적으로 모든 무

1053) 실제 PTA 사례로는 Cosbey et al. (n 990) 4 참조.

1054) *Turkey-Textiles* 사건에서 AB는 요건으로 양적 요건과 질적 요건 모두 포함된다는 점을 확인한 바 있다. *Turkey-Textiles*, AB report, para 49 참조. 또한 GATS 제V조 (서비스 분야에서의 GATT 제XXIV조) 각주 1은 '실질적인 모든 분야(substantial sectoral coverage)'를 판단하는데 있어서 분야의 수, 영향을 받는 무역량, 그리고 공급형태가 포함된다고 설명하고 있다. 이는 GATT 제XXIV조 8항의 '실질적으로 모든 무역'의 해석을 무역량과 분야의 수 모두를 의미한다고 보는 해석을 뒷받침한다. Cottier and Foltea (n 152) 49 참조.

1055) Ibid.

1056) Ibid 201.

1057) 여기서 문제는 열거된 예외목록이 비한정목록인지 한정목록인지 여부이다. 전자의 경우라면 GATT 제XIX조에 따른 긴급수입제한조치 등 무역제한을 필요로 하는 중대한 상황에서 규범으로부터의 예외가 정당화될 수 없을 것이다. 일부 실무단 보고서와 학자들은 전자의 경우가 비

역'에 대한 무역장벽 철폐 의무에 대한 예외로 GATT 제XX조에 따른 건강 및 환경적 사유에 의한 조치가 인정될 수 있다는 것이다.

수권조항에 따른 PTAs 창설에 대한 규정

개도국들은 수권조항에 따라 상품무역을 위한 PTAs를 체결할 수 있다. 이에 대해서는 제2항 (c)호에서 그 요건을 규정하고 있다. GATT 제XXIV조 5-9항에 따른 PTAs 창설요건과는 달리 수권조항에 따른 PTAs 창설요건은 덜 엄격한 편이며 일반적인 내용을 담고 있다고 할 수 있다. PTAs는 무역자유화를 증진시키고 비참여국가들에 대한 무역장벽을 형성해서는 안 된다고 규정하고 있다는 점에서 GATT 제XXIV조 4항의 지역주의에 대한 일반원칙의 내용과 비슷하다고 할 수 있다.[1058] '기타 통상규정'의 철폐, '전체적인' 무역의 감소, '실질적으로 모든 무역'에 대한 장벽 철폐 등의 구체적인 PTAs 창설요건은 수권조항에 기술되어 있지 않다. 개도국 간에 체결하는 PTAs에 대해서도 특정한 양식을 요구하지 않고 있다.[1059] 결과적으로 수권조항에 따른 PTAs 창설은 무역장벽을 낮추는데 있어서 개도국에게 상당한 융통성을 제공함과 동시에 PTAs를 구상하는데 있어서 창의적으로 규제를 활용할 수 있는 여지를 충분히 남겨주고 있다. 또한 수권조항 하에 창설된 PTAs는 GATT 제XXIV조 및 GATS 제V조 하에 창설된 PTAs가 상품무역이사회 또는 서비스무역이사회에 통보되는 것과는 달리 무역개발위원회(Committee on Trade and Development)에 통보된다. 무역개발위원회는 주로 CRTA와는 달리 PTAs의 WTO법 일치성 여부에 대한 심층분석을 요청하지 않는다.[1060] 그러므로 탄소 관련 BAMs을 수권조항 하에 창설된 PTAs상에 포함시키는 것은 WTO의 관점에서는 가장 문제점이 적은 방법이라고 할 수 있겠다. 그러나 여전히 문제가 되는 것은 배출감축의무와 기후정책이 확정되어 있지 않은 개도국들이 이를 활용할 것이냐는 점이다. 미래에 개도국

한정목록이 맞다는 견해를 가지고 있다. 긴급수입제한조치 관련 분쟁에 대한 WTO 패널 판정에서도 이러한 견해를 지지한 바 있다. 그러나 이에 대해 WTO 회원국 간의 합의가 존재하지는 않는다. Mavroidis (n 1050) 201-203 참조.

1058) Thomas Cottier와 Marina Foltea는 그럼에도 불구하고 수권조항에 따라 형성된 PTAs가 특정 '자유화 기준(liberalization standards)'을 준수해야 한다고 주장한다. 특히 제3국에 대한 장벽을 높여서는 안 되며(수권조항의 제3항 (a)호), GATT 제XXIV조에 대한 언급 없이 PTAs가 관세 및 비관세장벽의 축소 또는 철폐하는데 있어서 MFN을 침해해서는 안 된다고 주장한다 (수권조항 제3항 (b)호). Cottier and Foltea (n 152) 49, 각주 15 참조.

1059) Debuyst and Serdarevic (n 1036) 47.

1060) Ibid 46-47.

이 구속력을 가지는 국가차원의 ETS를 도입한다면, 배출량 제한을 받지 않는 다른 개도국 생산자들과 자국 생산자들 간에 공평한 경쟁의 장을 제공하기 위해 수권조항 하에 창설된 PTAs를 활용할 수 있을 것이다. 수권조항 하에 개도국 간에 체결된 PTAs상 탄소 관련 BAMs 조항은 GATT 제XXIV조 하에 개도국 간 또는 개도국-선진국 간에 체결된 PTAs상 탄소 관련 BAMs 조항보다 법적 쟁점이 적을 것이다.

PTAs상 탄소 관련 BAMs의 WTO법 일치성 평가

위에서 논의한 PTA 창설에 관한 WTO상 요건을 판단하는데 있어서 문제는 탄소 관련 BAMs을 적용하고자 하는 국가가 실제로 WTO법상 제한사항을 무시하고 PTA에 이를 '숨길(hiding)' 수 있는지 여부이다. GATT 제XXIV조 5항상 '기타 통상규정'과 '전체적으로'라는 표현으로 인해 발생하는 '외부적 요건'에 대한 불확실성은 PTA상 탄소 관련 BAMs을 포함시키는데 있어서 영향을 주지 않을 것이다. BAMs은 FTA 또는 CU 당사국 간의 탄소집약적 상품의 무역에 대해 무역장벽조치로 부과되는 것으로 당사국 외에는 영향을 주지 않는 것이다.

또한 WTO 비회원국과의 PTAs 형성이 GATT 제XXIV조에 반한다는 점은 PTAs를 통한 양자간 접근방식을 이란, 카자흐스탄 등 아직 WTO에 가입하지 않은 GHG 대량배출국들과의 무역에서 실현시키는데 있어서 문제가 될 수 있다. 그러나 위에서 언급했다시피 비회원국과의 PTAs 문제는 WTO 회원국 2/3 이상의 동의를 받음으로써 해결될 수 있는 부분이다. 또한 WTO 비회원국과 PTAs를 체결한 뒤 별다른 제재가 가해지지 않은 전례도 많다.[1061] 가장 최근의 사례로는 구 소비에트연방 국가들 간에 형성된 FTA로 그 중 일부는 WTO에 가입한 상태였고(러시아, 우크라이나 등) 그 외에는 가입하지 않은 상태였다(벨라루스, 카자흐스탄, 투르크메니스탄 등).[1062]

탄소 관련 BAMs 조항은 '기타 제한적인 통상규정'에 해당할 경우 '내부적 요건'의 범위에도 포함되는 것으로 볼 수 있다. '실질적으로 모든 무역'이라는 요건을

1061) 예를 들어 유럽경제공동체(EEC)는 당시 GATT 체약국이 아니었던 튀니지, 모로코와 협정을 맺었다. 유럽자유무역연합(EFTA)의 회원국들도 GATT 및 WTO 회원국이 아니었던 동유럽 및 중앙아시아 국가들과 PTAs를 체결한 바 있다. Devuyst and Serdarevic (n 1036) 22 참조.

1062) 해당하는 복수국간 FTA로 러시아, 우크라이나, 벨라루스, 카자흐스탄으로 구성된 'Common Economic Zone'이 있으며 이는 WTO에 통보되어 2004년 발효하였다. WTO 홈페이지 <http://rtais.wto.org/UI/PublicShowMemberRTAIDCard.aspx?rtaid=579> accessed 24 August 2013 참조.

충족시키기 위해서는 BAMs가 '실질적으로 모든 무역' 요건 하에서 PTAs의 무역자유화 범위에 해당하지 않는 무역량에 적용된 것이라고 주장할 수 있을 것이다. 그러나 이 주장은 현재 WTO 회원국 간에 '실질적으로 모든 무역'을 구성하는 실제 비율에 대한 합의가 부재하고 탄소집약적 상품에 대한 BAMs가 적용되는 무역량은 무역자유화 범위 밖의 무역량을 초과할 수 있다는 점에서 설득력이 있다고 보기 힘들다. 이로 인해 탄소 관련 BAMs가 제XXIV조 8항상 '실질적으로 모든 무역' 요건을 위반할 수밖에 없다 하더라도 ('기타 제한적인 통상규정'이 조세와 내부규제를 포함한다는 가정 하에) GATT 제XX조 예외규정을 통해 항변할 수 있을 것이다. GATT 제XX조에 따른 조치는 실질적으로 모든 무역에 있어서 철폐되어야 되는 무역조치 중에 제외된다는 내용은 명시적으로 기술되어 있다. *Brazil-Retreaded Tyres* 사건에서 AB가 이를 확인한 바 있다.

> 추가적으로 1994년 GATT 제XXIV조 8항 (a)호에서는 제XX조 하에 허용되는 조치는 필요한 경우 관세동맹 내 '실질적으로 모든 무역'에 대한 '관세 및 그 밖의 제한적인 통상규정' 철폐 의무로부터 면제된다는 점을 확인한다. 그러므로 MERCOSUR가 제XXIV조와 일치하고 수입금지조치가 제XX조 요건을 충족한다고 본다고 가정한다면, 동 조치는 필요한 경우 제XXIV조 8항 (a)호에 따라 관세동맹 내에서 제한적인 통상규정을 철폐해야 하는 의무로부터 면제될 수 있다.[1063]

그러나 이러한 경우 PTAs상 탄소 관련 BAMs 적용은 반드시 GATT 제XX조 요건에 따라야 하는데 이는 제6장에서 다루었던 GATT 제XX조상 탄소 관련 BAMs 정당화 문제로 회귀하게 된다. 이 상황에서 탄소 관련 BAMs 적용에서 있어서 PTAs를 통한 양자간 접근방식이 가지는 유일한 장점으로는 PTAs상에서 취해지는 조치들이 입법적으로나 사법적으로나 제소대상이 될 가능성이 적다는 것이다. 그 이유에 대해서는 후술하도록 한다.

마지막으로 강조하고 싶은 것은 GATT 제XXIV조상 모든 요건이 충족되었을 때 GATT는 PTAs의 창설과 MFN 원칙으로부터의 면제를 허용한다는 점이다. 그러나 WTO법은 이를 용인하지 않는다. *Turkey-Textiles* 사건에서 AB는 제XXIV조에서 PTAs가 MFN 원칙 및 기타 GATT 규정을 위반하는 것을 허용할 수 있다는 견해를

1063) *Brazil-Retreaded Tyres*, AB report, para 234, footnote 445.

피력한 바 있다.[1064]

> 제XXIV조는 특정한 기타 GATT 규정과 불일치한 조치를 정당화시킬 수 있다. 그러나 관세동맹 형성에 관한 경우 이러한 '항변'은 두 가지의 요건이 충족될 경우에만 가능하다. 첫째, 항변의 이익을 주장하는 당사국은 해당 조치가 관세동맹 형성 시에 도입된 것으로 제XXIV조 8항 (a)호와 5항 (a)호의 요건을 완벽히 충족한다는 점을 반드시 입증해야 한다. 둘째, 당사국은 관세동맹의 형성이 해당 조치의 도입이 허용되지 않았더라면 이루어지지 않았을 것이라는 점을 입증해야 한다. 위 두 요건이 모두 충족되어야 제XXIV조상 항변의 이익을 누릴 수 있다.[1065]

위 AB보고서 내용을 오해해서는 안 된다. AB의 뜻은 두 번째 요건에서 MFN 원칙을 제외한 기타 GATT 규정은, 준수하지 않는 것이 PTAs 창설에 있어서 필수불가결한 조건*(conditio sine qua non)*이라는 점을 증명할 수 있지 않는 이상, 준수되어야 한다는 것이다. PTAs상 탄소 관련 BAMs 적용이라는 관점에서 보면 MFN 원칙을 제외하고 NT 원칙 등 기타 모든 GATT 규정은 해당 조치 없이는 PTAs가 창설될 수 없다는 점을 입증할 수 있지 않는 이상 준수되어야만 할 것이다. 따라서 GATT 제XXIV조는 PTAs상 적용되는 탄소 관련 BAMs의 PPM적인 성격, 무상할당(free allocation of allowances) 등으로 NT 원칙을 위반하는 것에 대한 항변근거로 원용될 수 없는 것이다. 위반을 정당화하기 위해서는 GATT 제XX조상 일반예외를 원용해야만 할 것이다.

WTO에서의 제소가능성

PTAs상 적용되는 탄소 관련 BAMs의 WTO 규정 위반 가능성이 있다는 점에서 문제는 이러한 상황이 실제로 WTO 분쟁해결기구에 회부될 가능성이 얼마나 되는가이다. 주목해야 할 것은 PTAs 규정의 WTO법 일치여부는 입법적인 차원에서 PTAs의 WTO법 일치성에 대한 보고서를 작성하는 CRTA에 의해 평가되거나[1066]

1064) Leal－Arcas (n 989) 605－606.

1065) *Turkey-Textiles*, AB report, para 58.

1066) 1947년도 GATT 하에서 PTAs의 GATT 일치성 여부는 제XXIV조 실무단에 의해 평가되었다. 모든 GATT 체약국으로 구성되는 실무단은 PTA 별로 별도로 임시적인 형태로 구성되었다. 자세한 내용은 Mavroidis (n 1050) 192, footnote 13 참조. 오늘날 PTAs의 WTO협정 일치성 검토

(다자간 합치성 검토) 또는 사법적인 차원[1067]에서 WTO 분쟁해결기구에 회부되어 평가될 수 있다(양자간 합치성 검토).[1068] PTA의 WTO법 일치성은 CRTA와 WTO 패널에 의해 동시에 평가될 수 있으며 (의무는 아니지만) 양 기구는 서로의 평가결과를 고려할 수 있다.[1069] PTA의 합법성을 평가하는 방식과 상관없이 PTA의 WTO법 일치성 평가 자체가 이루어지는 경우도 드물다.[1070] CRTA의 경우 PTA를 평가하기 위해서는 만장일치를 요구하는 의결방식에 따라야 하므로 실제로 이루어지기가 어렵고, WTO 분쟁해결기구의 경우에는 WTO 회원국이 타 회원국의 PTA를 제소할 인센티브가 결여된 경우가 대부분이기 때문에 PTA의 합치성 평가를 목적으로 제소가 이루어지는 경우는 드물다. 실제로 평가가 이루어진 소수의 사례에서도 WTO 패널과 AB는 GATT 제XX조의 내용이 모호하다는 이유와 짐작건대 정치적인 사유로 인해서도 PTA의 합치성에 대해 명시적으로 선언하기를 원치 않았다.[1071] 또한 GATT 제XXIV조 7항 (a)호의 요건에 반함에도 불구하고 대다수의 PTA는 체결 사후에(*ex post facto*) 통보되며 그 존재를 당연한 것으로 받아드린다.[1072] 결과적으로 CRTA에서 사전적으로(*ex ante*) 시행해야 하는 PTA 검토가 사후적으로(*ex post*) 이루어지는 것이다. 따라서 PTA 통보의 부재 또는 사후통보도 WTO법에 불합치하는 PTA를 용인

는 PTAs가 WTO 회원국에 의해 통보되면 1996년 WTO 일반이사회가 설립한 CRTA에 의해 이루어진다. Decision of the General Council of 6 February 1996, WT/L/127 참조. 수권조항 하에 창설된 PTA의 WTO법 일치성 여부는 WTO 무역개발위원회에 의해 이루어진다.

1067) WTO 제XXIV조 해석에 관한 양해 제12항 '제XXIV조의 규정의 적용으로 인하여 발생하는 모든 문제에 대하여 분쟁해결양해에 의하여 발전되고 적용되는 1994년도 GATT 제XXII조 및 제XXIII조의 규정이 원용될 수 있다'.

1068) 위 두 방식을 통한 PTA의 WTO법 합치성 검토의 포괄적인 분석으로 Mavroidis (n 1050) 192ff 참조.

1069) 다시 말해 CRTA와 WTO 패널 또는 AB의 결론은 서로 다를 수 있다. Ibid 195-196 참조.

1070) 1947년도 GATT와 WTO의 역사에서 PTA의 WTO법 합치성 여부에 대한 보고서가 완성되어 채택된 경우는 5번 밖에 없었다: 체코-슬로바키아 관세동맹; 캐리비안공동체 및 공동시장(CARICOM); 캐리비안 FTA; 엘살바도르-니카라과 FTA; 니카라과의 중미 FTA 가입. 이 모든 사례는 1947년도 GATT 하에서 발생하였다. WTO, *Guide to GATT Law* (n 296) 817 참조.

1071) *Turkey-Textiles* 사건에서 AB는 WTO 패널이 PTA가 GATT 제XXIV조 요건을 충족하는지 여부를 판단할 수 있다고 확인하면서도 실제로 이에 대한 검토를 시행하지는 않았다. *Turkey-Textiles*, AB report, para 60 참조.

1072) Mavroidis (n 1050) 203. 또한 이미 발효된 상태에서 GATT 합치성 여부가 전혀 검토되지 않은 PTA들도 있다. 그러나 주목해야 할 것은 도하라운드에서 잠정적이기는 하나 RTAs 투명성 매커니즘(Transparency Mechanism for RTAs (WT/L/671))을 채택했다는 점이다. 이는 WTO 회원국들로 하여금 사전에(ex ante) PTAs를 통보하는 것을 의무화하여 CRTA에서 통보 후 1년 내의 기간에 걸쳐 투명성 뿐만 아니라 PTAs의 WTO규정 합치성을 고려하도록 하고 구 RTAs 검토 매커니즘을 대체하고자 하는 목적을 가지고 있다. WTO (n 150) 185, 189 참조.

하는데 기여하는 부분이 있다고 할 수 있을 것이다.[1073]

PTA 전반의 WTO법 합치성 여부에 대한 평가는 상기 이유들로 인해 WTO 분쟁해결기구 또는 CRTA에서 시행할 가능성은 낮은 반면, PTA에 따라 실제로 시행된 조치의 합치성 여부는 WTO 패널이 평가하는데 있어 걸림돌이 없을 것이다.[1074] 따라서 PTA에 탄소 관련 BAMs이 포함된다는 이는 PTA에 따라 취해진 조치로 WTO에서 제소대상이 될 수 있을 것이다. 그러나 문제는 누가 PTA에 따른 탄소 관련 BAMs 조치에 대한 문제를 제기하여 WTO 제소할 것인가이다. 논리적으로 살펴보면 PTA의 당사국들은 탄소 관련 BAMs 적용을 인정하면서 PTA를 체결했을 것이고, 상대국이 PTA를 위반하지 않는 이상 이를 WTO에 회부할 근거는 없을 것이다.[1075] PTAs 당사국들에게 있어서 탄소 관련 BAMs 조치는 내부적인 문제로 자발적으로 희생을 감수하기로 한 사안이다. 따라서 잠재적인 제소국은 PTAs의 비당사국인 제3국이라고 할 수 있을 것이다. 그러나 제3국이 제소를 하기 위해서는 PTAs에 따른 탄소 관련 BAMs 적용의 결과로 인해 WTO협정상 자국의 권리가 침해되었다는 점을 입증해야 할 것이다. PTAs가 FTA의 형태인 경우 제3국이 2개 이상의 국가들이 제3국과의 무역에 대한 제한조치 없이 상호간의 무역에 제한을 가한 것으로 인해 제3국에 손해가 발생하는 경우를 상정하기는 어려울 것이다. 이러한 경우 제3국의 입장에서 PTAs에 따른 탄소 관련 BAMs을 제소대상으로 삼을 만한 실체적인 근거는 없을 것이다. 반대로 탄소 관련 BAMs은 오히려 제3국에게 이득이 될 수 있다. 만약 BAMs이 대형 생산자에게 부과된다면, 해당 생산자는 가격을 낮추고 타 국가들에 대한 수출 비중을 증가시킬 것이고, 제3국의 입장에서 더 낮은 가격에 수입품을 확보할 수 있게 될 것이다.[1076] 따라서 제3국이 탄소 관련 BAMs에 관한 PTAs 규정을 WTO에 제소하는 것은 가정적인 상황으로만 생각해 볼 수 있을 것이다.

그러나 CU 창설의 경우, 제3국은 WTO협정상 향유하려는 이득이 저해되었다고 볼 수 있을 것이고 이를 WTO에 제소할 수 있을 것이다.[1077] CU 하에서 공동통상정책 및 관세를 적용하는데 있어서 제3국의 이익이 영향을 받을 수 있을 것이다.

1073) Mavroidis (n 1050) 204.
1074) Devuyst and Serdarevic (n 1036) 71－72.
1075) PTAs의 대상국은 PTAs상에 명시된 분쟁해결규정에 따라 상대국을 WTO에 제소할 수 있을 것이다.
1076) ICTSD (n 171) 13.
1077) 이는 탄소 관련 BAMs이기 때문이 아니라 제3국에 대한 대외관세율이 높아질 것이기 때문이다.

CU 당사국과 제3국 간 무역에 적용되는 공동양허관세율은 CU 창설 이후에 인상될 수 있다. 이러한 경우 GATT 제XXIV조 6항은 CU가 영향을 받은 제3국(WTO 회원국)에게 보상을 제공해야 한다고 규정하고 있다.[1078] 보상은 GATT 제XXVIII조 규정에 따라 CU 발효 이전에 해당 국가에게 제공되어야 한다. 보상에 대한 합의가 이루어지지 못한 경우 CU 당사국들은 GATT 제XXVIII조 3항 (a)호에 따라 제3국의 보복조치 대상이 될 수 있다.[1079] 그러나 공동관세율을 적용하는 CU의 창설은 EU, 미국을 비롯하여 신흥국가들이자 주요 GHG 배출국들인 중국, 인도, 브라질, 러시아 간의 무역관계에 적용되기는 어려울 것이다. 따라서 제3국의 권리침해와 PTAs상 탄소 관련 BAMs 적용에 따른 제3국의 WTO 제소 등은 그 근거가 부재할 것이다.

PTAs 또는 PTAs에 따른 조치를 WTO에 제소하지 않도록 하는 근거로 정치적인 이유들도 존재한다. 첫째, WTO 회원국들은 PTAs를 규율하는 WTO규정(GATT 제XXIV조, GATS 제V조, 수권조항)에 대한 해명이 이루어짐으로써 향후 동 규정이 자국의 PTAs에 대한 분쟁에 적용되는 것을 원하지 않는다. 둘째, 타 회원국의 PTAs를 WTO에 제소하지 않는 '연대 행위(acts of solidarity)'를 통해 타 회원국들도 자국의 PTAs를 용인해주기를 바라기 때문이다.[1080]

제3국이 PTAs의 WTO법 합치성 문제를 WTO 분쟁해결기구에 회부하지 않는 근거로는 경제적인 이유들도 있다. 예를 들어 제3국은 주로 GATT 제XXIV조 8항의 '내부적 요건'을 적용하는데 있어서 결부된 경제적 이익이 존재하지 않는다. PTAs 당사국 간의 무역자유화 수준이 낮다는 의미는 무역다변화 수준이 낮은 것으로 PTAs에 참여하지 않는 국가들에게 유리하기 때문이다.[1081]

마지막으로 PTAs상 탄소 관련 BAMs에 대한 문제제기가 설령 WTO내에서 발생한다고 하더라도 이것이 당사국들에게 미칠 영향은 미미하다. 입법적인 차원에서 CRTA의 PTAs 검토가 PTAs가 당사국들에 의해 통보될 때 이루진다는 점에서 CRTA는 해당 PTAs의 창설여부에 개입할 수 없다. 실질적으로 CRTA는 PTAs가

1078) Devuyst and Serdarevic (n 1036) 40－41.
1079) Ibid 40.
1080) Mavroidis (n 1050) 209.
1081) 그러나 보완재의 경우에는 반대일 수도 있다. Ibid 210－211 참조. Petros Mavroidis는 이 외에도 WTO상 PTAs에 대한 제소가 발생하지 않는 이유 중 높은 소송비용과 함께 잠재적 제소국이 소를 제기할 경우 WTO 회원국 모두에게 이득이 돌아가는 공동조치 문제가 발생할 수 있기 때문이다(무임승차 문제). 이러한 고려사항은 자신이 특정 PTAs에 대해 특별한 관계가 없음에도 불구하고 WTO에 소를 제기하려고 하는 경우 발생하는 것이다.

WTO법에 불합치한다고 해서 가할 수 있는 제재수단을 가지고 있지 않다. PTAs에 따른 조치에 대한 분쟁이 분쟁해결기구에 회부되어 그 판시내용에 대한 집행이 이루어진다 하더라도 PTAs 당사국들에 미치는 영향은 중대한 수준이 아닐 것이다.[1082] 만약 WTO 패널 또는 AB가 해당 조치가 WTO법을 위반하였고 GATT 제XXIV조상 정당화 될 수 없는 조치임을 확인한다면 해당 조치가 WTO협정상 의무에 합치하도록 조정할 것을 WTO 회원국에 권고할 것이다.[1083] 해당 WTO 회원국은 분쟁해결기구의 결정과 권고사항에 따르기 위해 필요로 하는 합리적인 기간이 주어질 것이며 주로 해당조치가 철회되는 때에 그 기간이 만료된다.[1084] 이 때 해당 회원국은 이에 따르지 않는 선택을 할 수 있다. WTO에 불합치한 조치를 지속적으로 적용하는 경우 이에 대한 보상을 제소국에 제공하거나 보상이 이루어지지 않는 경우 제소국이 무역양허 중지의 형태로 보복조치를 취할 수 있다.[1085] 그러나 보상은 현존하는 피해에 대해서만 이루어지는 것으로 그 이전의 피해에 대해서는 보상책임이 없다.[1086] 따라서 WTO법에 불합치하는 PTAs상 조치에 대해 법적 제재를 가할 수 있는 방법은 제소국에 의한 무역 보복조치에 한정된다고 할 수 있다.[1087]

PTAs를 통해 탄소 관련 BAMs을 이행하기 위한 방안

지금부터는 ETS를 시행중인 선진국(A국)과 ETS를 도입하지 않은 개도국(B국가) 간 가상의 PTAs에서 탄소 관련 BAMs 규정에서 철강제품을 예로 제시하여 관련 내용을 살펴보도록 하겠다.

철강제품에 대한 모든 수입관세는 PTAs 발효와 동시에 0이 된다. 동시에 B국가의 철강 생산은 A국의 ETS에 포함되어 B국가의 철강제품 수입자들은 수입된 철강제품이 발생한 탄소배출량에 상응하는 탄소배출권을 구입해야 한다. 국경조정의 적용을 단순화하고 NT 의무 위반의 위험을 최소화하기 위해 국경조정 수준(제출된 탄소배출량에 대한 탄소배출권 등)은 A국 철강 생산자들의 평균 배출량을 기준으로 하거

1082) PTAs에 따른 조치에 대한 분쟁해결기구의 판시사항을 집행하는 여러 시나리오에 대해서는 Cottier and Foltea (n 152) 58–61 참조.
1083) DSU Art. 19.
1084) Ibid Art. 21.3.
1085) Ibid Art. 22.
1086) Ibid. Art. 22.2.
1087) Cottier and Foltea (n 152) 59.

나 A국 철강산업 내 최적가용기술(BAT)을 기준으로 하여 (A국에서 가상 탄소효율적인 철강생산자의 탄소배출량 등) B국가 철강제품에 대한 비용이 A국 생산자들이 지불하는 비용에 근거하도록 하는 것이다. 예를 들어 IISD 연구보고서에 따르면 배출권의 평균비용(미화 20달러)은 철강에 대한 종가세(*ad valorem tariff*) 5%에 상응한다. 이러한 경우 PTAs 창설에 의한 결과로 철강에 대한 관세가 모두 철폐된 뒤에도 B국가의 철강제품에 대해서는 해당 상품의 실제 탄소발자국이 인증서 형태로 제출되지 않는 이상 BTA 기준 5%의 종가세가 부과될 것이다.

만약 B국가 철강제품 수입자가 철강 생산시 실제로 발생하는 GHG 배출량이 A국의 BAT 기준보다 낮다는 사실을 확인하는 인증서를 제공할 수 있다면 해당 수입자는 철강의 실제 탄소발자국에 상응하는 양의 배출권을 요청할 권리를 가지게 될 것이다. 이는 개도국의 생산자들로 하여금 친환경 기술에 대한 투자를 장려하고, 이에 따라 A국 국경에서 적용되는 국경조정세율을 낮춰 A국 철강시장에서 보다 높은 점유율을 차지할 수 있게 만들 것이다. 이를 위해 A국은 탄소발자국 인증서를 인정하고 수용해야 할 것이다. 인증서의 인정과 관련된 사안은 PTAs 협상의 제 중 하나로 포함되어야 할 것이다. A국은 국제인증기구에서 발급된 탄소발자국 인증서를 인정할 수 있을 것이다. 이러한 국제기구가 부재한 상황이라면 당사국들은 PTAs 하에서 인증체계를 창설할 수도 있을 것이다.

PTAs에 따른 탄소 관련 BAMs을 적용하는 것은 무역굴절(trade deflection) 또는 수출품 우회수송(re-routing of exports)이라는 위험을 야기할 수 있는데 그 이유는 B국가의 철강 수출자들이 자신들의 철강제품을 국경에서 BAMs이 적용되지 않는 타 국가의 시장으로 우회시키는 방법을 택할 수 있기 때문이다. 주목해야 할 것은 무역굴절(trade defelction) 효과의 규모는 BAMs이 BAT(또는 선진국인 수입국의 첨단기술을 근거로 한 타 기준(benchmark))를 기준으로 적용되는 경우에 작을 것이라는 사실이다. 무역굴절 문제를 해결하는 가장 좋은 방법은 철강을 대규모로 수입하는 국가들 간에 별도로 협정을 체결하여 철강제품에 대한 BAMs 적용을 규율하는 것이 될 것이다. 그러나 이러한 해결책은 단기적으로는 실현되기 어렵다. 다른 해결책으로는 BAMs을 0% 이상 MFN 관세율 이하로 적용하는 것이다. 이 해결책의 단점은 A국의 탄소배출 문제와 철강 산업의 경쟁력 문제가 제대로 대처가 이루어지지 못한다는 것인데 그 이유는 철강에 대한 MFN 관세율(실행관세율 및 양허관세율)이 매우 낮기 때문이다.[1088] 그러나 이러한 해결책은 알루미늄에 적용될 경우 보다 더 실현가능성이 높다고 할 수 있는데, 그 이유는 알루미늄에 대한 MFN 관세율은 비교적 높은 반면 탄소배출량은 낮기 때문이다.[1089)]

무역굴절 문제에 대응할 수 있는 또 다른 방법으로는 A국에서 수입되기는 하였으나 상당한 부가가치가 B국가에서 추가된 철강에 대해서는 B국가를 원산지로 지정하는 원산지규정을 도입하는 것이다.[1090)] 이러한 원산지규정의 구상에 대해서는 별도의 연구가 필요할 것이다.

이미 언급한 바와 같이 PTAs에 따른 탄소 관련 BAMs에 대한 협상은 ETS를 시행중인 국가(A)가 상대국(B)으로 하여금 ETS를 도입하도록 설득하거나 그 외의 방법으로 탄소배출에 대한 비용을 부과하도록 종용하는 것이 시발점이 될 수 있다. B국가가 취하는 탄소 관련 규제가 무엇이든 간에 A국은 이를 기후변화 대응과 '유사한 조치(comparable action)'로 인정하고 B국가와의 양자간 무역에서 그 어떤 탄소 관련 BAMs도 적용하지 않는 것으로 합의할 수 있을 것이다. 이러한 상황에서 PTA 규정에서는, 첫째, B국가는 PTA 부록에 명시된 조건 하에 특정 경제영역에서 ETS(또는 탄소세)를 도입하고, 둘째, PTA 당사국은 ETS(또는 탄소세)가 B국가에서 발효된 이후에는 그 어떤 형태의 BAMs 또는 상계조치도 적용할 수 없다는 점을 명시할 수 있을 것이다. 그러나 만약 B국가가 ETS 또는 탄소세를 자국 내에서 시행하는 것을 받아들이지 않는다면, A국은 B국가로부터 수입되는 탄소집약적 상품에 대한 무역제한 부과를 허용하는 내용을 담은 탄소 관련 BAMs 조항을 PTA에 포함시키도록 하고 가능하다면 A국에서 B국가로 수출하는 A국 수출자들에 대한 배출권 또는 세금을 환급하는 것이 가능하도록 협상에서 압박할 수 있을 것이다. 이 조항의 적용을 받는 상품의 범위는 A국의 ETS 또는 탄소세의 적용을 받는 상품 또는 경제영역에 상응하도록 설정할 수 있을 것이다.

위에서 논의한 PTA상 BAMs 방안들은 주로 선진국과 개도국간 PTA에서 고려되는 사항이다. 그러나 탄소 관련 BAMs 조항을 개도국 간의 PTA에 삽입하는 것도 함께 고려해 볼 수 있다. 예를 들어 ETS 또는 기타 탄소 관련 제한조치를 자국 생

1088) 예를 들어 한 연구에 따르면 EU가 중국으로부터 수입되는 철강 원자재 및 상품에 적용하는 평균관세율은 각각 0.13%, 2.31%인 반면, 톤당 미화 20달러 기준을 적용하여 중국의 탄소배출량에 대한 비용을 모두 부과하기 위해서는 BAMs 세율이 12.7%이여야 한다. K Holzer and N Shariff, 'The Inclusion of Border Carbon Adjustments in Preferential Trade Agreements: Policy Implications' (2012) 6(3) *Carbon and Climate Law Review* 246, 256 참조.

1089) Ibid 259.

1090) Ibid 256.

산들에게 부과한 신흥국가는 ETS나 탄소세 또는 기타 탄소배출 제한에 관한 법률이나 정책이 부재한 개도국과 PTA를 채결하면서 자국 생산들에게 공평한 경쟁의 장을 제공하기 위해 탄소 관련 BAMs 조항 삽입을 고려해 볼 수 있을 것이다.[1091]

따라서 PTA 하에서의 탄소 관련 BAMs의 적용은 PTA 당사국들이 탄소 관련 BAMs 조항을 수용하는데 있어서 인센티브가 존재함을 확인하였으므로 실현가능한 시나리오라고 볼 수 있다. PTA에 따른 탄소 관련 BAMs과 관련하여서는 여전히 법적 불확실성이 존재하는데 그 이유는 탄소 관련 BAMs이 PTA 범위 외에서 MFN을 근거로 적용될 수 있는지 여부 등은 결코 사소한 문제가 아니기 때문이다(PPM에 관한 법적 문제는 차치하더라도 GATT 제XXIV조 요건 충족의 문제 등이 여전히 존재한다). 그러나 실제로 BAMs 조치가 WTO 내에서 제소의 대상이 될 가능성은 낮은데, 이는 해당 조치에 대해 모든 PTA 당사국들이 동의하고 동 조치가 PTA 당사국 간 무역에만 적용되어 제3국의 이익은 침해되지 않을 경우에 해당된다. 이러한 점에서 탄소 관련 BAMs에 대해 PTA를 통한 접근법은 추가적인 장점이 있다고 할 수 있다.

1091) 언급한 바와 같이 개도국 간에 체결된 일부 PTA에서는 흔치 않기는 하나 환경챕터에 환경조항을 삽입하거나 또는 환경관련 부차협정을 포함시키기도 하는데 대표적인 예로 칠레가 콜롬비아와 파나마와 체결한 PTA를 들 수 있다. OECD (n 226) 158 참조.

11. 결론

기후변화는 인간의 화석연료 및 토지 사용으로 인해 발생하는 온실가스의 대기 중 농도가 증가하는 것이 주된 원인이다. 인간의 활동으로 인해 발생하는 온실가스 배출은 경제적인 관점에서 보면 자원이라고도 할 수 있다. 총량제한 배출권거래제, 탄소세제, 배출비용 부과와 이로 인한 화석연료 소비의 감소 등의 형태로 작용하는 시장 메커니즘은 기후변화에 대응하기 위한 정책에 필수적인 요소이다. 이와 동시에 시장 메커니즘은 온실가스 배출 저감을 위해 그 기능을 제대로 해야만 한다.

배출 저감을 위해 시장 메커니즘을 도입하는 국가들은 이를 도입하지 않는 국가들의 생산자들과 경쟁하는 자국 생산자들을 경쟁 열위(competitive disadvantage)에 놓이게 만들고 탄소누출의 위험을 무릅쓰게 된다. 그러나 탄소비용이 완전히 책정되지 않은 상황에서 탄소누출이라는 문제는 경제적인 근거에 의한 주장이라기보다는 국내 산업을 대표하는 로비단체들의 정치적 주장에 가깝다. 비록 정치적 주장이기는 하나 배출감축체제를 시행 또는 시행 예정인 국가들이 국경에서 배출비용에 상응하는 조치를 취할지 여부를 의제로 놓고 논의하도록 만드는데 있어서는 충분히 강력하다고 할 수 있겠다. post-교토 국제기후체제 창설 여부에 대한 불확실성과 함께 창설 시 신흥국가들은 배출저감 의무로부터 배제될 가능성이 높고 일부 국가들은 아예 참여하지 않을 수도 있다는 점에서 탄소 평준화 체제(carbon equalization system)는 존재의 이유가 있다. 이러한 상황에서 배출 저감에 참여하는 국가들은 탄소 관련 국경조정(BAMs)을 적용하게 될 것이다. 탄소 관련 BAMs는 탄소누출을 감소시키기 위해 활용되는 배출권 무상할당, 보조금, 세수입의 재활용을 통한 소득지원 등의 정책적 도구들을 대체하거나 또는 이들과 함께 활용될 수 있을 것이다.

탄소 관련 BAMs는 여러 가지의 형태로 적용될 수 있다. 재정적 조치로 이루질 수도 있고 비재정적 규제로써 수입상품 및 수출상품에 적용될 수도 있을 것이다. 특히 수입업자의 경우 수입국에서 시행 중인 배출권거래제에 따라 국경에서 배출권을 구입내지는 양도해야 할 것이다. BAMs는 대부분 일방적으로 취해지는 조치이기는 하나 양자 또는 복수국간 무역관계, 다자간 협정 등에서도 적용 가능하다.

부가가치세와 같은 소비세의 국경조정은 WTO 내에서 널리 사용되고 인정되는 관행이기는 하나 WTO의 국경조정에 관한 법제는 PPM 관련 조세 및 규제의 조정 측면에서 불확실한 내용이 많다. 공정 및 생산방법(PPM)과 관련하여 수입품의 탄소발자국을 근거로 적용되는 탄소 관련 BAMs가 간접세에 해당하여 국경에서의 조정이 허용되는지 여부도 불분명하다. 이러한 조치는 GATT 제III조상 상품의 동종성 평가에서 문제가 되어 수입품에 적용될 경우 NT 위반사유에 해당할 수 있다. 또한 동 조치를 재정적 조치로 간주한다면 (수입품에 대한 탄소세 등) 이는 GATT 제II조 1항 (b)호에서 금지하고 있는 양허관세율을 초과하는 통상관세에 해당할 수 있을 것이고, 비재정적 조치로 간주한다면 (탄소집약성 평가기준) GATT 제XI조에서 금하는 수량제한조치에 해당할 수 있을 것이다. 수출품에 대한 탄소세 및 배출권의 먼제 혹은 환급 등의 형태를 통해 적용되는 BAMs도 SCM협정 제3조 1항에서 금지하는 수출보조금에 해당하여 SCM협정을 위반할 소지도 있다. WTO협정의 위반은 조치의 내용(PPM 관련사항, 수입액 기준 등)과 이행되는 방식(상품의 배출량 측정방법, 국경조정세 산정방법 등)에 따라 발생할 수 있다.

동시에 탄소 관련 BAMs를 적용하는 국가들은 GATT 제XX조 상 인간, 동물 또는 식물의 생명 또는 건강보호에 필요한 조치((b)호) 또는 고갈될 수 있는 천연자원의 보존에 관한 조치((g)호)라고 주장함으로써 GATT의 일반예외를 통한 항변을 할 수 있을 것이다. 이러한 예외조항에 따라 탄소 관련 BAMs가 정당화되기 위해서는 해당 조치가 동일한 조건하의 상품들을 자의적으로 차별해서는 안 될 것이다. 다시 말해 타방국가에서 적용하는 기준도 함께 고려가 되어야 하는 것으로 실제로는 해당 조치가 유동적으로 적용될 수 있는 여지를 남겨 배출 저감노력에 동참하는 국가로부터 수입되는 상품에 대해서는 더 호의적으로 받아드리고 해당 국가의 경제발전 수준도 함께 고려되어야 한다는 것이다. 또한 해당 조치는 수출국이 UNFCCC의 공동의 그러나 차별화된 책임 원칙에 따른 해석을 통해 국제기후협정 하에서 가지는 권리 및 의무를 함께 고려해야만 한다.

GATT 제XX조의 엄격한 요건을 고려했을 때 수출품에 대한 탄소세 환급 등의 국경조정조치를 적용할 경우 GATT협정과 환경적 예외가 충돌한다는 것이 명백하다는 점에서 GATT 제XX조 하에서 탄소 관련 BAMs를 정당화하는 것은 상당히 어려운 작업이 될 수 있다. 또한 BAMs에 관하여 제XX조 예외를 적용하는 것의 단점은 일시적인 해결책만을 제시한다는 점이다. 만약 탄소 관련 BAMs와 관련한 분쟁이 발생할 경우, 이는 WTO 분쟁해결기구에 회부되어 매번 사건별(case-by-case)로 사안이 검토될 것이다. 각 사건마다 판정문의 결론은 다를 수 있고 이에 따라 기후정책의 일환으로 도입된 BAMs의 합법성은 여전히 오리무중으로 남을 가능성이 있다. 게다가 GATT 제XX조를 적용하는 것은 사법적 판단과정이 수반되는 것으로 분쟁당사국들에게 소송비용이 발생한다. 또한 WTO 분쟁해결기구가 기후보호정책에 대한 국가의 주권을 침범하는 내용의 판정을 내릴 경우 판정에 대한 불이행과 보복조치 등의 부작용도 발생할 수 있을 것이다. 따라서 이 문제는 법적 확실성을 제공하고 지속가능한 해결책을 협상을 통해 강구할 필요가 있다.

협상을 통해 탄소 관련 BAMs의 WTO 합치성 문제에 대한 해결책을 구상하는 것은 다자간, 복수국간 또는 양자간 협상에서 도출가능하다. 그러나 WTO, UNFCCC, 제3의 초국가기구 등 다자간 및 복수국간 협상을 통한 해결책은 실현가능성이나 효과성, 또는 이 두 가지 모두가 결여되어 있다. 이러한 단점으로 인해 탄소 관련 BAMs 적용에 관한 조건을 협상하는데 있어서는 양자간 접근방식이 보다 더 매력적인 대안이 될 수 있다.

특혜무역협정(PTAs)이 탄소 관련 BAMs에 관한 협상에 활용될 수 있을 것이다. PTA 당사국들이 탄소 관련 BAMs 조항을 PTA에 삽입하는 것에 대한 인센티브를 창출해낼 수 있다면 PTA를 통한 BAMs 적용은 실현가능한 시나리오가 될 수 있을 것이다. PTAs를 통한 탄소 관련 BAMs를 이행하는데 있어서도 여전히 법적 불확실성이 존재하는데 그 수준은 MFN을 기준으로 적용되는 경우와 비교했을 때도 결코 낮은 수준이 아니다(예를 들어 PPM에 관한 법적 문제 외에도 GATT 제XXIV조 요건 충족 여부 문제도 함께 존재한다). 그러나 PTA를 활용한 탄소 관련 BAMs를 적용하는 방식이 가지는 장점은 WTO법 하에서 일방적으로 적용하는 경우와 비교했을 때 WTO에서 제소될 수 있는 가능성이 낮다는 것인데 이는 PTA 당사국들이 해당 조치에 대해 합의를 하고 탄소 관련 BAMs가 PTA 당사국 무역에만 적용되어 제3국의 이익을 침해하지 않는다는 것을 전제로 한다.

참고문헌

Abbas M, 'Trade Policy and Climate Change: Options for A European Border Adjustment Measure' (2008) *Grenoble University LEPII Working Paper*.

Aerni P et al., 'Climate Change and International Law: Exploring the Linkages between Human Rights, Environment, Trade and Investment' (2010) 53 *German Yearbook of International Law* 139.

Andress D, Nguyen TD and Das S, 'Low-Carbon Fuel Standards – Status and Analytic Issues' (2010) 38 *Energy Policy* 580.

Antholis W, 'Five "Gs": Lessons From World Trade For Governing Global Climate', in L Brainard and I Sorkin (eds), *Climate Change, Trade and Competitiveness: Is a Collision Inevitable?* (Brookings Trade Forum 2008/2009, The Brookings Institution Press 2009).

Appleton A, 'Private Climate Change Standards and Labelling Schemes under the WTO Agreement on Technical Barriers to Trade', in T Cottier, O Nartova and SZ Bigdeli (eds), *International Trade Regulation and the Mitigation of Climate Change: World Trade Forum* (Cambridge University Press, 2009).

Bacchus J, 'Questions in Search of Answers: Trade, Climate Change, and the Rule of Law', keynote address (Conference on 'Climate Change, Trade and Competitiveness: Issues for the WTO', Geneva, 16 June 2010).

Baranzini A, Goldemberg J and Speck S, 'A Future for Carbon Taxes' (2000) 32 *Ecological Economics* 395.

Barrett S, 'Climate Change and International Trade: Lessons on their Linkage from International Environmental Agreements' (TAIT second conference 'Climate Change, Trade and Competitiveness: Issues for the WTO', Geneva, 16–18 June 2010).

Bartels L, 'Article XX of GATT and the Problem of Extraterritorial Jurisdiction – The Case of Trade Measures for the Protection of Human Rights' (2002) 36(2) *Journal of World Trade* 353.

Bartels L, 'The Inclusion of Aviation in the EU ETS: WTO Law Considerations' (2011) *ICTSD Global Platform on Climate Change, Trade and Sustainable Energy Issue Paper* no. 6.

Benoit C, 'Picking Tariff Winners: Non-product-related PPMs and DSB Interpretations of 'Unconditionally' within Article I:1' (2011) 42(2) *Georgetown Journal of International Law* 583.

Bernasconi-Osterwalder N et al., *Environment and Trade: A Guide to WTO Jurisprudence* (London: Earthscan, 2006).

Bhagwati J and Mavroidis P, 'Is Action against US Exports for Failure to Sign Kyoto Protocol WTO-legal?' (2007) 6(2) *World Trade Review* 299.

Biermann F et al., 'The Polluter Pays Principle under WTO Law: The Case of National Energy Policy Instruments' (2003) Research Report, Environmental Research of the Federal Ministry of the Environment, Nature Conservation and Nuclear Safety.

Biermann F and Brohm R, 'Implementing the Kyoto Protocol without the USA: The Strategic Role of Energy Tax Adjustments at the Border' (2005) 4 *Climate Policy* 289.

Bigdeli SZ, 'The Regulation of Energy and Climate Subsidies in International Economic Law – Balancing Trade Interests with Climate and Development Imperatives' (Doctoral Dissertation, University of Bern, 2010).

Bramley M, 'Pembina Institute Comments on Environment Canada's Notice of Intent to Regulate Greenhouse Gas Emissions by Large Final Emitters' (2005) <www.pembina.org/pub/524> accessed 14 August 2013.

Bronckers M and McNelis N, 'Rethinking the "Like Product" Definition in GATT 1994: Anti-Dumping and Environmental Protection', in M Bronckers, *A Cross-Section of WTO Law* (Cameron May 2000).

Charnovitz S, 'The Law of Environmental "PPMs" in the WTO: Debunking the Myth of Illegality' (2002) 27 *Yale Journal of International Law* 59.

Charnovits S, 'The WTO's Environmental Progress' (2007) 10(3) *Journal of International Economic* 685.

Chichilnisky G and Eisenberger P, 'Energy Security, Economic Development and Global Warming: Addressing Short and Long-term Challenges' (2009) 3 *International Journal of Green Economics* 414.

Condon B, 'Climate Change and Unresolved Issues in WTO Law' (2009) 12(4) *Journal of International Economic Law* 895.

Conrad C, *Processes and Production Methods (PPMs) in WTO Law: Interfacing Trade and Social Goals* (Cambridge University Press, 2011).

Cosbey A, 'Chapter Two: Border Carbon Adjustment: Key Issues' in A Cosbey (ed), *Trade and Climate Change: Issues in Perspective* (Final Report and Synthesis of Discussions at the Trade and Climate Change Seminar, Copenhagen, 18–20 June 2008).

Cosbey A, 'Achieving Consensus: Multilateral Trade Measures in Post-2012 Scenarios', in *Climate and Trade Policies in a Post-2012 World* (UNEP 2009).

Cosbey A et al., 'The Rush to Regionalism: Sustainable Development and Regional/Bilateral Approaches to Trade and Investment Liberalization' (2004), A scoping paper prepared for the International Development Research Centre, Canada.

Cottier T, 'Confidence-Building for Global Challenges: The Experience of International Economic Law and Relations', in R Greenspan Bell and M Ziegler (eds), *Building International Climate Cooperation: Lessons from the weapons and trade regimes for achieving international climate goals* (Washington, DC: World Resources Institute, 2012).

Cottier T and Foltea M, 'Constitutional Functions of the WTO and Regional Trade Agreements' in L Bartels and F Ortino (eds), *Regional Trade Agreements and the WTO Legal System* (Oxford University Press, 2006).

Cottier T and Matteotti-Berkutova S, 'International Environmental Law and the Evolving Concept of "Common Concern of Mankind"' in T Cottier, O Nartova and SZ Bigdeli (eds), *International Trade Regulation and the Mitigation of Climate Change: World Trade Forum* (Cambridge University Press, 2009).

Cottier T, Nartova O and Shingal A, 'The Potential of Tariff Policy for Climate Change Mitigation: Legal and Economic Analysis' (2011) *NCCR Trade Working Paper* no. 2011/36.

Cottier T and Oesch M, *International Trade Regulation: Law and Policy in the WTO, the European Union and Switzerland; Cases, Materials and Comments* (Berne: Staempfli, 2005).

Courchene T and Allan J, 'Climate Change: The Case for a Carbon Tariff/Tax' (2008) *Policy Options* 59.

Crosby D, 'WTO Legal Status and Evolving Practice of Export Taxes' *Bridges* 12(5), 2008.

Davis S and Caldeira K, 'Consumption-based Accounting of CO2 Emissions' (2010) 107(12) *PNAS* 5687.

de Cendra J, 'Can Emissions Trading Schemes be Coupled with Border Tax Adjustments? An Analysis vis-à-vis WTO Law' (2006) 15(2) *RECIEL* 131.

De Melo J and Mathys N, 'Trade and Climate Change: The Challenges Ahead' (2010) *CEPR (Centre for Economic Policy Research) Discussion Paper* No. DP8032.

De Witt Wijnen R, 'Emissions Trading under Article 17 of the Kyoto Protocol' in D Freestone and C Streck (eds), *Legal Aspects of Implementing the Kyoto Protocol Mechanisms: Making Kyoto Work* (Oxford University Press, 2005).

Deal T, 'WTO Rules and Procedures and Their Implication for the Kyoto Protocol' (2008) *USCIB Discussion Paper*.

Demaret P and Stewardson R, 'Border Tax Adjustments under GATT and EC Law and General Implications for Environmental Taxes' (1994) 28(4) *Journal of World Trade* 5.

Devuyst Y and Serdarevic A, 'The World Trade Organization and Regional Trade Agreements: Bridging the Constitutional Credibility Gap' (2007) 18(1) *Duke Journal of Comparative and International Law* 1.

Doelle M, 'Climate Change and the WTO: Opportunities to Motivate State Action on Climate Change through the World Trade Organization' (2004) 13 *RECIEL* 85.

Dröge S, 'Tackling Leakage in a World of Unequal Carbon Prices' (2009) *Climate Strategies*.

Ehlermann CD, '*WTO Decision-Making Procedures, Member-Driven" Rule-Making And WTO Consensus-Practices: Are they Adequate? Are WTO Decision-Making Procedures Adequate for Making, Revising and Implementing Worldwide and "Plurilateral" Rules?'*, <http://www.wilmerhale.de/publications/whPubsDetail.aspx?publication=83> (WilmerHale, 2005).

Ehring L, '*De Facto* Discrimination in World Trade Law: National and Most-Favoured-Nation Treatment – or Equal Treatment?' (2002) 36(5) *Journal of World Trade* 921.

Epps T and Green A, *Reconciling Trade and Climate Change: How the WTO Can Help Address Climate Change* (Edward Elgar, 2010).

Frankel J, 'Climate and Trade: Links Between the Kyoto Protocol and WTO' (2005) 47(7) *Environment* 8.

Feichtner I, 'The Waiver Power of the WTO: Opening the WTO for Political Debate on the Reconciliation of Competing Interests' (2009) 20(3) *European Journal of International Law* 615.

Fujiwara N and Egenhofer C, 'Do Regional Integration Approaches Hold Lessons for Climate Change Regime Formation? The Case of Differentiated Integration in Europe' in C Carraro and C Egenhofer (eds), *Climate and Trade Policy: Bottom-Up Approaches Towards Global Agreement* (Edward Elgar, 2007).

Genasci M, 'Border Tax Adjustments and Emissions Trading: The Implications of International Trade Law for Policy Design' (2008) 1 *Carbon and Climate Law Review* 33.

Goh G, 'The World Trade Organization, Kyoto and Energy Tax Adjustments at the Border' (2004) 38(3) *Journal of World Trade* 395.

Ghosh S and Yamarik S, 'Do Regional Trading Arrangements Harm the Environment? An Analysis of 162 Countries in 1990' (2006) 6(2) *Applied Econometrics and International Development* 15.

Green A, 'Climate Change, Regulatory Policy and the WTO: How Constraining are Trade Rules?' (2005) 8(1) *Journal of International Economic Law* 143.

'Guide on Public Perceptions of Climate Change' (Talking Climate 2012), <http://talkingclimate.org/guides/public-perceptions-of-climate-change/>

Haverkamp J, 'International Aspects of a Climate Change Cap and Trade Program' (Testimony before the US Senate Committee on Finance, 14 February 2008).

Hillman J, 'Changing Climate for Carbon Taxes: Who's Afraid of the WTO?' (2013) *The GMF Climate and Energy Policy Paper Series*.

Hoerner J and Muller F, 'Carbon Taxes for Climate Protection in a Competitive World' (1996), paper prepared for the Swiss Federal Office for Foreign Economic Affairs.

Hogan L and Thorpe S, 'Issues in Food Miles and Carbon Labelling' (2009) *ABARE research report* 09.18.

Holmes P, Reilly T and Rollo J, 'Border Carbon Adjustments and the Potential For Protectionism' (2011) 11 *Climate Policy* 883.

Holzer K, 'Proposals on Carbon-Related Border Adjustments: Prospects for WTO Compliance' (2010) 4(1) *Carbon and Climate Law Review* 51.

Holzer K, 'Trade and Climate Policy Interaction: Dealing with WTO Law Inconsistencies of Carbon-Related Border Adjustment Measures', *NCCR Climate Working Paper* 2010/06.

Holzer K, 'Perspectives for the Use of Carbon-Related Border Adjustments in Preferential Trade Agreements' *NCCR Climate Working Paper* 2011/04.

Holzer K and Shariff N, 'The Inclusion of Border Carbon Adjustments in Preferential Trade Agreements: Policy Implications' (2012) 6(3) *Carbon and Climate Law Review* 246.

Holzer P, 'Das rechtliche Instrumentarium zur Verhinderung von Protektionismus' (2009) 82(12) Die Volkswirtschaft 67.

Horn H and Mavroidis P, 'Border Carbon Adjustments and the WTO' (2010) *ENTWINED Research Paper*.

Houdashelt M et al., 'Trade Incentives Role in Encouraging Greater Participation in a Post-2012 Climate Agreement'(2007), Center for Clean Air policy draft.

Houghton J, *Global Warming: The Complete Briefing* (4th edition, Cambridge University Press, 2009).

Houser T, 'In-Session Discussion' in A Cosbey (ed), *Trade and Climate Change: Issues in Perspective* (Final Report and Synthesis of Discussions at the Trade and Climate Change Seminar, Copenhagen, 18–20 June 2008).

Houser T et al., 'Leveling the Carbon Playing Field: International Competition and US Climate Policy Design' (Washington DC: Peterson Institute for International Economics, 2008).

Howse R, 'Climate Mitigation Subsidies and the WTO Legal Framework: A Policy Analysis' (IISD, 2010).

Howse R, 'WTO Subsidies Disciplines and Climate Change Mitigation Policies: Options for Reconciliation' (2010), paper prepared for the IISD.

Howse R and Eliason A, 'Domestic and International Strategies to Address Climate Change: An Overview of the WTO Legal Issues', in T Cottier, O Nartova and SZ Bigdeli (eds) *International Trade Regulation and the Mitigation of Climate Change: World Trade Forum* (Cambridge University Press, 2009).

Howse R and Levy P, 'The TBT Panels: US-Cloves, US-Tuna, US-Cool' (2013) 12(2) *World Trade Review* 327.

Howse R and Regan D, 'The Product-Process Distinction – An Illusory Basis for Disciplining "Unilateralism" in Trade Policy' (2000) 11(2) *European Journal of International Law* 249.

Hudec R, 'GATT/WTO Constraints on National Regulation: Requiem for an "Aim and Effects" Test' (1998) <www.worldtradelaw.net/articles/hudecrequiem.pdf> accessed 15 August 2013.

Hufbauer G and Kim J, 'The World Trade Organization and Climate Change: Challenges and Options' (2009), *Peterson Institute for International Economics Working Paper Series*.

Hufbauer G and Kim J, 'Climate Change and Trade: Searching for Ways to Avoid a Train Wreck' (TAIT second conference, 'Climate Change, Trade and Competitiveness: Issues for the WTO', Geneva, 16–18 June 2010).

Hufbauer G, Charnovitz S and Kim J, *Global Warming and the World Trading System* (Washington DC: Peterson Institute for International Economics 2009).

ICTSD, 'Competitiveness and Climate Policies: Is There a Case for Restrictive Unilateral Trade Measures?' (2009) *ICTSD Information Note* no. 16.

IIFT, 'Frequently Asked Questions on WTO Compatibility of Border Trade Measures for Environmental Protection' (Indian Institute of Foreign Trade, Centre for WTO Studies, 2010).

Ismer R, 'Mitigating Climate Change Through Price Instruments: An Overview of the Legal Issues in a World of Unequal Carbon Prices' in C Herrmann and J Terhechte (eds), *European Yearbook of International Economic Law* (Berlin: Springer-Verlag 2010).

Ismer R and Neuhoff K, 'Border Tax Adjustment: A Feasible Way to Address Nonparticipation In Emission Trading' (2004) *CMI Working Paper* no. 36, University of Cambridge.
Ismer R and Neuhoff K, 'Border Tax Adjustment: A Feasible Way to Support Stringent Emission Trading' (2007) 24 *European Journal of Economic Law* 137.
Ismer R and Neuhoff K, 'International Cooperation to Limit the Use of Border Adjustment', workshop summary (workshop convened by Climate Strategies, South Center, Geneva, 10 September 2008).
Izard C, Weber C and Matthews S, 'Scrap the Carbon Tariff' (2010) 4 *Nature Reports Climate Change* 10.
Jaccard M, 'The Political Acceptability of Carbon Taxes: Lessons from British Columbia' in J Milne and M Andersen (eds), *Handbook of Research on Environmental Taxation* (Edward Elgar 2012).
Jackson J, 'World Trade Rules and Environmental Policies: Congruence or Conflict?' (1992) <www.worldtradelaw.net/articles/jacksontrade environment.pdf> accessed 20 August 2013.
Karapinar B and Holzer K, 'Legal Implications of the Use of Export Taxes in Addressing Carbon Leakage: Competing Border Adjustment Measures' (2012), 10 *New Zealand Journal of Public International Law 15.*
Kasterine A and Vanzetti D, 'The Effectiveness, Efficiency and Equity of Market-based and Voluntary Measures to Mitigate Greenhouse Gas Emissions from the Agri-food Sector' in *Trade and Environment Review 2009/2010*, UNCTAD/DITC/TED/2009/2.
Kennedy K, 'GATT 1994', in P Macrory, A Appleton and M Plummer (eds) *The World Trade Organization: Legal, Economic and Political Analysis* (vol. I, Springer, USA, 2005).
Keohane R and Victor D, 'The Regime Complex for Climate Change' (2010) *The Harvard Project on International Climate Agreements Discussion Paper* no. 10–33.
Kernohan D and De Cian E, 'Trade, the Environment and Climate Change: Multilateral Versus Regional Agreements', in C Carraro and C Egenhofer (eds), *Climate and Trade Policy: Bottom-Up Approaches Towards Global Agreement* (Edward Elgar, 2007).
Kessie E, 'The World Trade Organization and Regional Trade Agreements: An Analysis of the Relevant Rules of the WTO' (Doctoral thesis, Sydney: University of Technology, Faculty of Law, 2001).
Kim J, 'Harnessing Regional Trade Agreements for the Post-2012 Climate Change Regime', in *Climate and Trade Policies in a Post-2012 World* (UNEP 2009).

Korinek J and Kim J, 'Export Restrictions on Strategic Raw Materials and Their Impact on Trade' (2010) *OECD Trade Policy Working Paper* no. 95.

Kuijper P, 'Conflicting Rules and Clashing Courts: The Case of Multilateral Environmental Agreements, Free Trade Agreements and the WTO' (2010) *ICTSD Issue Paper* no. 10.

Leal-Arcas R, 'Alternative Architecture for Climate Change – Major Economies' (2011) 4(1) *European Journal of Legal Studies* 25.

Leal-Arcas R, 'Proliferation of Regional Trade Agreements: Complementing or Supplanting Multilateralism?' (2011) 11(2) *Chicago Journal of International Law* 597.

Leal-Arcas R, 'Climate Change Mitigation from the Bottom Up: Using Preferential Trade Agreements to Promote Climate Change Mitigation' (2013) 1 *Carbon and Climate Law Review* 34.

Le Roux M, 'A Critical Assessment of the Common but Differentiated Responsibilities Provision in the Climate Regime: Policy Options for Post-Copenhagen Negotiations' (MILE thesis, World Trade Institute, University of Bern 2010).

Lockwood B and Whalley J, 'Carbon-Motivated Border Tax Adjustments: Old Wine in Green Bottles?' (2008) *NBER Working Paper* 14025.

Lodefalk M and Storey M, 'Climate Measures and WTO Rules on Subsidies' (2005) 39 *Journal of World Trade* 23.

Low P, Marceau G and Reinaud J, 'The Interface Between the Trade and Climate Change Regimes: Scoping the Issue' (TAIT second conference on 'Climate Change, Trade and Competitiveness: Issues for the WTO', Geneva, 16–18 June 2010).

MacGregor J, 'Challenging Free Trade: Embodies Carbon Dioxide and the Development Agenda', in J. Keane et al. (eds) 'Development, Trade and Carbon Reduction: Designing Coexistence to Promote Development' (2010), *Overseas Development Institute Working Paper* no 315.

Marr S, 'Implementing the European Emissions Trading Directive in Germany' in D Freestone and C Streck (eds), *Legal Aspects of Implementing the Kyoto Protocol Mechanisms: Making Kyoto Work* (Oxford University Press, 2005) 432.

Mattoo A et al., 'Reconciling Climate Change and Trade Policy' (2009), *World Bank Policy Research Paper* no 5123.

Mavroidis P, 'If I Don't Do It, Somebody Else Will (Or Won't): Testing the Compliance of Preferential Trade Agreements With the Multilateral Rules' (2006) 40(1) *Journal of World Trade* 187.

McGovern E, *International Trade Regulation* (Issue 31, Globefield Press).

McLure C, 'Border Adjustments for Carbon Taxes and the Cost of CO_2 Emissions Permit: Politics, Economics, Administration and International Trade Rules' (2010) 64 *Bulletin for International Taxation* 585.
McLure C, 'The GATT-Legality of Border Adjustments for Carbon Taxes and the Cost of Emissions Permits: a Riddle, Wrapped in a Mystery, Inside an Enigma' (2011) 11 *Fla. Tax Rev.* 221.
McRae D, 'GATT Article XX and the WTO Appellate Body', in M Bronckers and R Quick (eds), *New Directions in International Economic Law: Essays in Honour of John H. Jackson* (Kluwer Law International, 2000).
Meltzer J, 'Climate Change and Trade – The EU Aviation Directive and the WTO' (2012) 15 *Journal of International Economic Law* 111.
Messerlin P, 'Climate Change and Trade Policy: From Mutual Destruction to Mutual Support' (2010), *Working Paper*.
Metcalf G and Weisbach D, 'The Design of a Carbon Tax' (2009) 33 *Harvard Environmental Law Review* 499.
Oberthür S, 'Global Climate Governance after Cancun: Options for EU Leadership' (2011) 46 *The International Spectator* 5.
OECD, 'Processes and Production Methods (PPMs): Conceptual Framework and Considerations on Use of PPM-based Trade Measures' (1997) *OCDE/GD*(97)137.
OECD, *The OECD Classification of Taxes and Interpretive Guide* (Paris, 2004).
OECD, *Environment and Regional Trade Agreements* (Paris, 2007).
Page S, 'Conclusion: Moving the Trade and Climate Change Regimes and Negotiations Forward – Lessons and Questions' in J. Keane et al., 'Development, Trade and Carbon Reduction: Designing Coexistence to Promote Development' (2010) *Overseas Development Institute Working Paper* no. 315.
Panizzon M, Arnold L and Cottier T (2010), 'Handel und Umwelt in der WTO: Entwicklungen und Perspektiven' (2010) 3 *Umweltrecht in der Praxis* Volume 199.
Pauwelyn J, *Conflict of Norms in Public International Law: How WTO Law Relates to Other Rules of International Law* (Cambridge University Press, 2003).
Pauwelyn J, 'U.S. Federal Climate Policy and Competitiveness Concerns: the Limits and Options of International Trade Law' (2007), *Nicholas Institute for Environmental Policy Solutions Working Paper*.
Pauwelyn J, 'Testimony Before the Subcommittee on Trade of the House Committee on Ways and Means', 24 March 2009.
Persson S, 'Practical Aspects of Border Carbon Adjustment Measures – Using a Trade Facilitation Perspective to Assess Trade Costs' (2010)

ISTCD Programme on Competitiveness and Sustainable Development Issue Paper no. 13.

Piermartini R, 'The Role of Export Taxes in the Field of Primary Commodities' (2004) *WTO Discussion Paper*.

Quick R, 'The Community's Regulation on Leg-Hold Traps: Creative Unilateralism Made Compatible with WTO Law through Bilateral Negotiations?' in M Bronckers and R Quick (eds), *New Directions in International Economic Law: Essays in Honour of John H. Jackson* (Kluwer Law International, 2000).

Quick R '"Border Tax Adjustment" in the Context of Emission Trading: Climate Protection or "Naked" Protectionism?' (2008) 3(5) *Global Trade and Customs Journal* 163.

Quick R 'Border Tax Adjustment to Combat Carbon Leakage: A Myth' (2009) 4(11–12) *Global Trade and Customs Journal* 353.

Quick R and Lau C, 'Environmentally Motivated Tax Distinctions and WTO Law. The European Commission's Green Paper on Integrated Product Policy in Light of the "Like Product" and "PPM-" Debates' (2003) 6(2) *Journal of International Economic Law* 419.

Rajamani L, 'The Changing Fortunes of Differential Treatment in the Evolution of International Environmental Law' (2012) 88 (3) *International Affairs* 605.

Regan D, 'How to Think about PPMs (and Climate Change)', in T Cottier, O Nartova and SZ Bigdeli (eds), *International Trade Regulation and the Mitigation of Climate Change: World Trade Forum* (Cambridge University Press, 2009).

Reinaud J, 'Would Unilateral Border Adjustment Measures be Effective in Preventing Carbon Leakage?' in *Climate and Trade Policies in a Post-2012 World* (UNEP 2009).

Saddler H, Muller F and Cuevas C, 'Competitiveness and Carbon Pricing: Border Adjustments for Greenhouse Policies' (2006) *Australia Institute Discussion Paper* no. 86.

Sairinen R, 'Regulatory Reform and Development of Environmental Taxation: the Case of Carbon Taxation and Ecological Tax Reform in Finland', in J Milne and M Andersen (eds), *Handbook of Research on Environmental Taxation* (Edward Elgar, 2012).

Schlagenhof M, 'Trade Measures Based on Environmental Processes and Production Methods' (1995) 29 *Journal of World Trade* 123.

Shapiro R, 'Addressing the Risks of Climate Change: The Environmental Effectiveness and Economic Efficiency of Emissions Caps and Tradable Permits, Compared to Carbon Taxes' (2007), Sonecon study.

Solomon S, Qin D, Manning M, Chen Z, Marquis M, Averyt KB, Tignor M and Miller HL (eds), *Climate Change 2007: The Physical Science Basis. Contribution of Working Group I to the Fourth Assessment*

Report of the Intergovernmental Panel on Climate Change, (Cambridge University Press 2007).
Sperling D and Yeh S, 'Toward a Global Low Carbon Fuel Standard' (2010) 17 *Transport Policy* 47.
Stephenson J and Upton S, 'Competitiveness, Leakage, and Border Adjustment: Climate Policy Distractions?' (2009) *OECD Round Table on Sustainable Development Paper* SG/SD/RT(2009)3.
Stern N, *The Economics of Climate Change: The Stern Review* (Cambridge University Press, 2006).
Stern T and Antholis W, 'A Changing Climate: The Road Ahead for the United States' (2007) 31(1) *The Washington Quarterly* 175.
Stiglitz J, 'New Agenda for Global Warming' (2006) 3(7) *The Economists' Voice* 1.
Tarasofsky R, 'Heating Up International Trade Law: Challenges and Opportunities Posed by Efforts to Combat Climate Change' (2008) *Carbon and Climate Law Review* 1.
Trachtman J, 'Toward Open Recognition? Standardization and Regional Integration Under Article XXIV of GATT' (2003) 6(2) *Journal of International Economic Law* 459.
UNEP, *An Emerging Market for the Environment: A Guide to Emissions Trading* (1st edition, 2002).
UNESCAP, 'Module V: "Role and Assessment of Environmental Measures"' (ESCAP Virtual Conference, 'Integrating Environmental Considerations into Economic Policy Making Processes').
Van Asselt H, Brewer T and Mehling M, 'Addressing Leakage Competitiveness in US Climate Policy: Issues Concerning Border Adjustment Measures', (5 March 2009) *Climate Strategies*.
Van Calster G, 'Against Harmonisation – Regulatory Competition in Climate Change Law' (2008) 1 *Carbon and Climate Law Review* 89.
Van Der Mensbrugghe D and Roson R, 'Climate, Trade and Development' (TAIT second conference, 'Climate Change, Trade and Competitiveness: Issues for the WTO', Geneva, 16–18 June 2010).
Velders G et al., 'The Importance of the Montreal Protocol in Protecting Climate' (2007) 104(12) *PNAS* 4814.
Verrill C, 'Maximum Carbon Intensity Limitations and the Agreement on Technical Barriers to Trade' (2008) *Carbon and Climate Law Review* 1.
Wang X, Li JF and Zhang YX, 'Can Export Tax be Genuine Climate Policy? An Analysis on China's Export Tax and Export VAT Refund Rebate Policies' (2010) *IDDRI Idees Pour Le Debat* 08/2010.
Wei Q, Kitson L and Wooders P, 'Exposure of Chinese Exports to Potential Border Carbon Adjustments' (2011) *IISD Policy Brief*.

Weischer L. et al., 'Introduction – Climate and Trade Policies in a Post-2012 World', in *Climate and Trade Policies in a Post-2012 World* (UNEP 2009).

Werksman J, 'How Should a Post-2012 Climate Agreement Address Trade-Related Environmental Measures?' in *Climate and Trade Policies in a Post-2012 World* (UNEP 2009).

Wiers J., 'Multilateral Negotiations and Unilateral Discrimination from a World Trade Organization Legal Perspective', in *Climate and Trade Policies in a Post-2012 World* (UNEP, 2009).

Williams P, *A Handbook on Accession to the WTO* (Cambridge University Press, 2008).

Wooders P and Cosbey A, 'Climate-Linked Tariffs and Subsidies: Economic Aspects (Competitiveness and Leakage)' (TAIT second conference 'Climate Change, Trade and Competitiveness: Issues for the WTO', Geneva, 16–18 June 2010).

WTO, *Analytical Index: Guide to GATT Law and Practice* (Geneva: WTO, 1995).

WTO, 'Taxes and Charges for Environmental Purposes – Border Tax Adjustment', note by the WTO Secretariat, 2 May 1997, WT/CTE/W/47.

WTO, *WTO-UNEP Report: Trade and Climate Change* (World Trade Organisation, 2009).

WTO, *World Trade Report 2011: The WTO and Preferential Trade Agreements: From Co-Existence to Coherence* (World Trade Organisation, 2011).

Zhang ZX, 'Greenhouse Gas Emissions Trading and the World Trading System' (1998) *MPRA Paper* no. 12971.

Zhang ZX, 'Encouraging Developing Country Involvement in a Post-2012 Climate Change Regime: Carrots, Sticks or Both?' in *Climate and Trade Policies in a Post-2012 World* (UNEP 2009).

Zhou W, 'The Role of Regulatory Purpose under Articles III:2 and 4 – Toward Consistency between Negotiating History and WTO Jurisprudence' (2012) 11(1) *World Trade Review* 81.

찾아보기

<ㄹ>

<ㅁ>

<ㅂ>

<ㅅ>

<ㅇ>

<K>

<L>

<P>

<S>

<T>

<U>

<W>

역자 약력

박덕영

연세대학교 법과대학 졸업
연세대학교 대학원 법학석사, 법학박사
영국 University of Cambridge 법학석사 (LL.M.)
교육부 국비유학시험 합격
(현) 연세대학교 법학전문대학원 교수

대한국제법학회 부회장
한국국제경제법학회 회장
산업통상자원부 통상교섭민간자문위원
대한민국 국회 입법자문위원
법제처 정부입법자문위원
연세대 SSK 기후변화와 국제법센터장

Legal Issues on Climate Change and International Trade Law, Springer, 2016
중국의 기후변화대응과 외교협상 / 일본의 환경외교, 한국학술정보, 2016
국제환경법, 박영사, 2015 / 국제환경법 주요판례, 박영사, 2016
국제투자법, 박영사, 2012 / 국제경제법의 쟁점, 박영사, 2014 외
국제통상법, 국제환경법 분야 국내외 저서와 논문 다수

박영덕

고려대학교 법과대학 졸업
고려대학교 대학원 법학석사
연세대학교 대학원 법학박사
미국 Georgetown University Law Center 법학석사 (LL.M.), S.J.D. 과정 마침

정보통신정책연구원 위촉부연구위원
(현) 연세대학교 법학연구원 전문연구원

"한－미 FTA 통신서비스 기술·표준조치 조항의 이해", 국제경제법연구(2015.7) 외
국제통상법 분야 국내외 논문 다수

이주윤

연세대학교 문과대학 졸업
연세대학교 대학원 법학석사, 법학박사
독일 Saarland University 유럽법석사 (LL.M.)

프로그램심의조정위원회 연구원
한국법제연구원 초청연구원
(현) 연세대학교 법학연구원 전문연구원

EU법강의, 박영사, 2012 / 신법학개론, 박영사, 2011 외
국제법, EU법 분야 논문 다수

이준서

한양대학교 법과대학 졸업
한양대학교 법학석사, 법학박사

한국환경정책평가연구원 위촉연구원
한국법제연구원 부연구위원
(현) 한국법제연구원 연구위원

기후변화 대응을 위한 유럽연합의 재생에너지 법제와 정책 분석(Ⅰ), (Ⅱ), 한국법제연구원 (2014, 2015) 외 환경법, 에너지법 분야 논문 다수

탄소 관련 국경조정과 WTO법

초판인쇄 2016년 6월 15일
초판발행 2016년 6월 25일

저 자 Kateryna Holzer
역 자 박덕영·박영덕·이주윤·이준서 공역
펴낸이 안종만

편 집 한두희
기획/마케팅 조성호
표지디자인 조아라
제 작 우인도·고철민

펴낸곳 (주) 박영사
서울특별시 종로구 새문안로3길 36, 1601
등록 1959. 3. 11. 제300-1959-1호(倫)
전 화 02)733-6771
f a x 02)736-4818
e-mail pys@pybook.co.kr
homepage www.pybook.co.kr
ISBN 979-11-303-2907-9 93360

정 가 32,000원